甘肃

GANSU SHIKU ZHI

石窟志

2011年度国家出版基金资助项目
“十二五”国家重点图书出版规划项目

甘肃
石窟志

《甘肃石窟志》

主　　编：苏国庆　杨惠福　樊锦诗

执行主编：赵声良

撰　　稿：（以姓氏笔画为序）

马玉华　张元林　孙晓峰　赵声良　郑国穆

胡同庆　盛朝晖　董广强　魏文斌

摄影/绘图：（以姓氏笔画为序）

马玉华　乔兆福　孙志军　孙洪才　孙晓峰

孙儒僩　张伟文　李西民　宋利良　吴　健

赵之详　赵声良　胡同庆　郦伟堂　董广强

臧全红

国家出版基金项目
NATIONAL PUBLICATION FOUNDATION

“十二五”国家重点图书出版规划项目

敦煌研究院　甘肃省文物局　编

敦煌研究院学术文库

甘肃石窟志

GANSU SHIKU ZHI

读者出版传媒股份有限公司
甘肃教育出版社

图书在版编目（CIP）数据

甘肃石窟志 / 敦煌研究院，甘肃省文物局编. -- 兰州 ：甘肃教育出版社，2011.12（2019.8重印）
ISBN 978-7-5423-2585-3

Ⅰ. ①甘… Ⅱ. ①敦 … ②甘… Ⅲ. ①石窟—甘肃省 Ⅳ. ① K879.2

中国版本图书馆 CIP 数据核字（2011）第267259号

甘肃石窟志

敦煌研究院　甘肃省文物局　编

出 版 人　刘永升
责任编辑　孙宝岩
书籍设计　徐晋林

出　版　甘肃教育出版社
社　址　兰州市读者大道 568 号　730030
网　址　www.gseph.cn　E—mail　gseph@duzhe.cn
电　话　0931—8773145（编辑部）　0931—8435009（发行部）
传　真　0931—8773056
淘宝官方旗舰店　http://shop111038270.taobao.com

发　行　甘肃教育出版社　印　刷　成都市金雅迪彩色印刷有限公司
开　本　889 毫米 ×1194 毫米　1/16　印　张　28　字　数　650 千
版　次　2011 年 12 月第 1 版
印　次　2019 年 8 月第 2 次印刷
印　数　2 001~ 3 500
书　号　ISBN 978—7—5423—2585—3　定　价　380.00 元

“敦煌研究院学术文库”总序

樊锦诗

敦煌学从研究对象来说，主要包括三个方面：一是从藏经洞出土的古代文献（也称为敦煌文献、敦煌遗书）及其他文物，二是敦煌石窟，三是敦煌及丝绸之路的历史文化。

1900年敦煌莫高窟第17号洞窟（后被称为“藏经洞”）所藏的数万卷古代文献及纸本绢本绘画品始见天日，这是人类文化史上的重大发现。由于清政府的腐败，未能采取有效的保护措施，致使这些珍贵的文化遗产大部分流落海外。在其后的数十年里，敦煌文献受到世界汉学研究者的关注，很多学者投身于敦煌文献及艺术品的研究。敦煌文献包罗万象，涉及古代政治、经济、文学、语言学、科学技术等领域，一百余年来，有关敦煌文献的研究可以说汗牛充栋。“敦煌学”这一名称也源于对敦煌文献的研究。而随着对敦煌文献研究的深入，必然需要对敦煌本地历史、地理及相关遗迹进行调查研究。敦煌位于丝绸之路中西文化交流的要道，敦煌的历史又与中国西部发展，特别是丝绸之路发展的历史相关联，因而，对敦煌与丝绸之路历史文化的研究，也成为敦煌学的一个重要方面。对敦煌石窟的研究相对较晚，虽然法国人伯希和于1908年对敦煌石窟作过编号，并对洞窟内容作了详细记录，1914年俄罗斯奥登堡探险队也对莫高窟作过测量和记录，但伯希和除了上世纪30年代在法国出版过图录外，他的《敦煌石窟笔记》迟至上世纪80年代以后才正式出版，而奥登堡探险队的洞窟测绘记录则到了上个世纪末才由中国上海古籍出版社出版。由于敦煌地理位置偏远，在过去交通不便的情况下，到敦煌石窟的实地考察很难。当伯希和出版了敦煌石窟图录后，日本学者松本荣一因此写成了第一部敦煌图像考证的专著《敦煌画研究》（1937年出版），但作者却一辈子没有到敦煌石窟做过实地考察。1944年，敦煌艺术研究所成立，以常书鸿先生为首的一批研究人员在极其艰苦的条件下，开始对敦煌石窟进行系统的保护和研究工作。1950 年，敦煌艺术研究所更名为敦煌文物研究所，除了美术临摹与研究外，还加强了石窟保护工程的建设，并开展了考古研究工作。1984 年敦煌文物研究所扩建为敦煌研究院，增加了研究人员，并在石窟的科学保护、石窟考古、石窟艺术以及敦煌文献研究方面形成了较为集中的研究力量，取得了很多重要的成果。

进入 21 世纪以来，敦煌学的发展面临着新的机遇与挑战。敦煌莫高窟作为世界文化遗产地，其石窟的保护与研究工作受到国内外学术界的普遍关注。国家不断投入资金，支持敦煌学研究事业，国内外友好人士也给予广泛的援助。敦煌研究院与国内外学术机构的合作与交流也不断发展。可以说敦煌学研究工作进入最好的时代。近年来，敦煌研究院的研究人员在老一辈专家学者开创的道路上继续奋进，并在敦煌学的各个领域取得了令人振奋的研究成果。不少研究人员陆续获得“国家社会科学基金项目”以及省、部级学术研究项目的立项，敦煌研究院也设立了院级学术研究项目，加强了对学术研究资助的力度。

为了让新的研究成果尽快出版，以推动敦煌学研究事业，我们决定持续地编辑“敦煌研究院学术文库”，遴选出能代表本院学术研究成果的著作，陆续出版。“敦煌研究院学术文库”以推动敦煌学研究为宗旨，所收的著作，要在敦煌学及相关领域的研究上具有创新性、开拓性，在研究方法上具有启发性，对敦煌学研究产生积极的影响。

敦煌研究院将创造更好的学术环境，努力推动世界范围内的敦煌学研究持续向前发展。

目录 GANSU SHIKU ZHI

甘肃石窟概述

一、甘肃石窟形成的历史文化背景 / 〇〇二

二、甘肃石窟文化的源流 / 〇〇四

三、甘肃各地石窟概况 / 〇〇五

四、甘肃石窟的艺术特点与成就 / 〇〇八

第一章　敦煌莫高窟

第一节　十六国北朝石窟 / 〇一五

第二节　隋代石窟 / 〇四一

第三节　唐代前期石窟 / 〇五七

第四节　唐代后期石窟 / 〇九三

第五节　五代以后石窟 / 一一三

第六节　莫高窟重要附属文物 / 一三八

第二章　敦煌周边石窟

第一节　西千佛洞 / 一四七

第二节　五个庙石窟(附一个庙石窟)/ 一五四

第三节　榆林窟 / 一五九

第四节　东千佛洞 / 一八〇

GANSU SHIKU ZHI

目录

第三章　河西石窟

第一节　文殊山石窟 / 一九三
第二节　昌马石窟 / 二〇一
第三节　马蹄寺石窟群 / 二〇二
第四节　天梯山石窟 / 二一九
第五节　天梯山周边石窟 / 二三三

第四章　炳灵寺石窟及陇中石窟

第一节　炳灵寺十六国时期石窟 / 二三六
第二节　炳灵寺北魏石窟 / 二五一
第三节　炳灵寺西魏、北周、隋石窟 / 二五六
第四节　炳灵寺唐代及以后石窟 / 二六〇
第五节　炳灵寺石窟重要附属文物 / 二六六
第六节　寺儿湾石窟、法泉寺石窟、五佛寺石窟 / 二七二

第五章　麦积山石窟

第一节　麦积山北魏前期石窟 / 二七八
第二节　麦积山北魏晚期石窟 / 二八八
第三节　麦积山西魏石窟 / 二九六
第四节　麦积山北周石窟 / 三〇六
第五节　麦积山隋唐石窟 / 三一六
第六节　麦积山石窟重要附属文物 / 三二〇
第七节　仙人崖石窟与罗汉崖造像 / 三二二

目录 GANSU SHIKU ZHI

第六章　陇东南其他石窟

第一节　水帘洞石窟群 / 三二八
第二节　木梯寺石窟 / 三四〇
第三节　大像山及华盖寺石窟 / 三四三
第四节　法镜寺、佛爷台等石窟 / 三四六

第七章　庆阳北石窟寺

第一节　北石窟寺总述 / 三五〇
第二节　代表洞窟 / 三五一
第三节　北石窟寺重要附属文物 / 三七四

第八章　陇东其他石窟

第一节　泾川石窟群 / 三八〇
第二节　庄浪石窟群 / 三九〇
第三节　华亭石拱寺石窟 / 三九七
第四节　镇原石崆寺和玉山寺石窟 / 四〇七
第五节　合水地区石窟群 / 四〇八

后记 / 四一四
主要参考文献 / 四一七
图版目录 / 四一九
甘肃省石窟分布一览表 / 四二六
甘肃省石窟分布地图 / 四三四

麦积山石窟第 44 窟佛像　西魏

甘肃石窟概述

一、甘肃石窟形成的历史文化背景

甘肃位于中国的西北，地形呈西北至东南走向，西接新疆哈密，东与陕西南部的渭河平原相连。甘肃东部在春秋战国时期为秦国领地，秦汉统一以后，即与中原融为一体。甘肃西部的河西地区，自西汉以后，中原文化开始在这里发展起来。西汉武帝时期，对北方的匈奴进行了一系列军事打击，占领了河西走廊，于公元前121年设置了酒泉、武威二郡。公元前111年又从两郡中分出张掖、敦煌二郡，历史上称为“河西四郡”。与此同时，武帝还两次派张骞出使西域(第一次为公元前138年，第二次为公元前119年至公元前115年)，与西域的乌孙、大宛(今乌兹别克斯坦费尔干盆地)、康居(今中亚巴尔喀什湖与咸海之间地区)、大月氏、大夏(今阿富汗北部兴都库什山与阿姆河上游之间地区)等国建立了友好关系。随着汉朝政治与经济的发展，中国与西域诸国的经济文化交流越来越密切。西汉的丝织品、麻织品、漆器、铁器等先进的手工业品不断地输出到西域各国，而外国的葡萄、石榴、胡萝卜、橄榄等土特产及琉璃、西海布(呢绒)等手工业品也传入了中国。这条由西汉首都长安经河西走廊而通向中亚、西亚的交通要道，被中外历史学家称作“丝绸之路”。丝绸之路的开辟，使中国与西方各国的政治、文化、经济的交流日益频繁，揭开了世界文明史上重要的一页。而甘肃省地处丝绸之路的咽喉地段，由长安向西首先要经过甘肃东部陇西地段，越过黄河后，则进入河西地段，然后通过河西走廊而进入新疆。汉代在敦煌西设阳关和玉门关，隋朝裴矩在《西域图记》中说至西域所经“总凑敦煌，是其咽喉之地”(《隋书·裴矩传》)，所以，汉唐以来，对河陇的经营始终是影响中国与西方交流的重要问题。

汉末魏晋开始，中国北方政局动荡，东晋以后，晋王朝退守东南，各少数民族政权纷纷割据称王，形成了历史上的十六国时期，在甘肃就经历了“三秦”(前秦、后秦、西秦)与“五凉”(前凉、后凉、南凉、西凉、北凉)的统治。在这战火纷纷、政权频繁更迭中，佛教却蓬勃地发展起来了。

河西与西域接近，是我国最早接触佛教的地方之一，在佛教传入初期，来往于西域和中原的中外高僧们常常在敦煌、凉州等地停留，直接或间接地影响着本地佛教的发展。佛教的繁荣，使敦煌、凉州

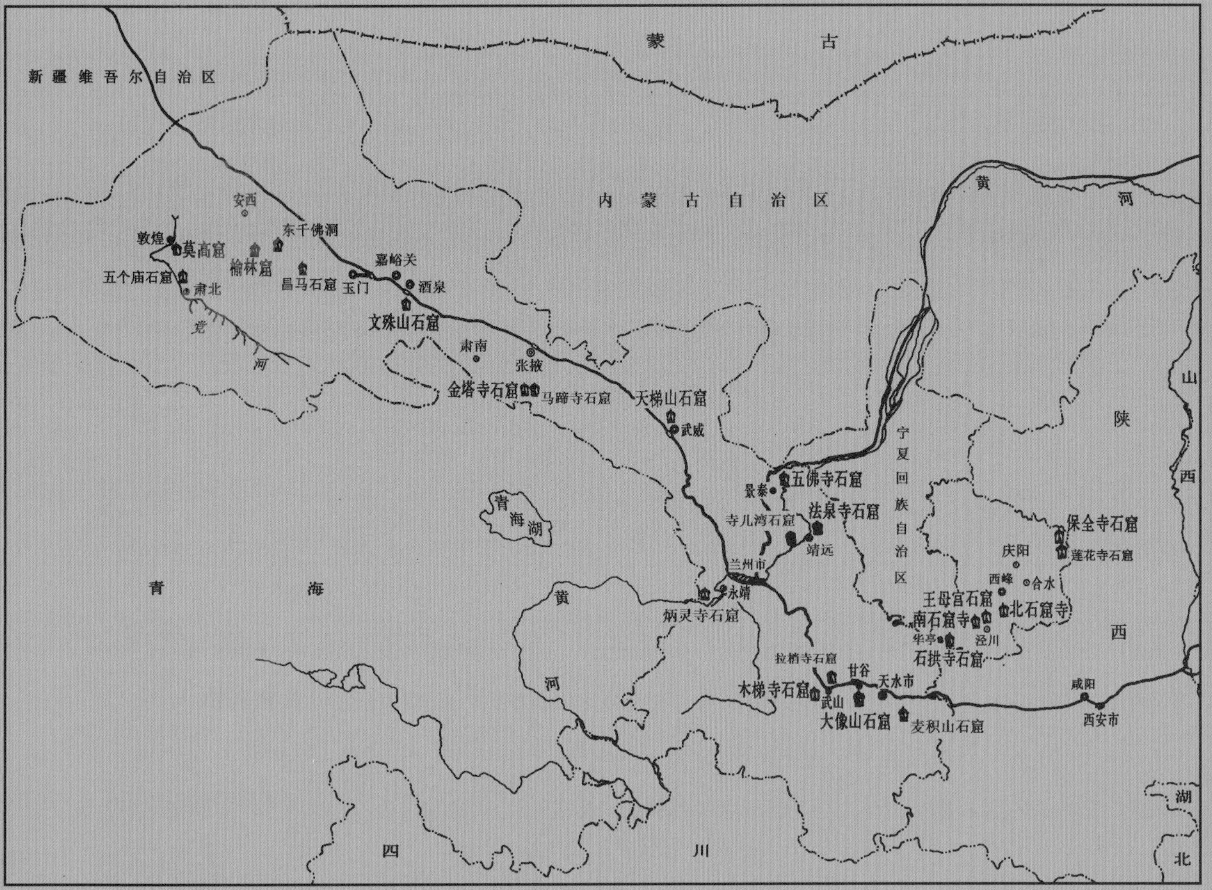

图1　甘肃省主要石窟分布图

等地都成为颇有影响的佛教都会。魏正始年间(240—249),月氏人竺法护在敦煌出家,晋武帝时,他随师游历西域诸国,带回了许多佛经,并在敦煌、长安、洛阳等地翻译、传播,名声大震,因他世居敦煌,所以人们称他为"敦煌菩萨"(《高僧传》卷一)。北凉灭西凉以后,罽宾僧人昙摩密多从龟兹来到敦煌,修建了寺院。《魏书·释老志》记载,"敦煌地接西域,道俗交得,其旧式村坞相属,多有塔寺",表明了敦煌在这一时期佛教的繁荣状况。这一时期,著名高僧鸠摩罗什在凉州长期传道。鸠摩罗什出生于龟兹,是龟兹的著名高僧。383年前秦吕光(386年,吕光自立为帝,国号凉,史称后凉)击败龟兹,把鸠摩罗什带到了凉州。鸠摩罗什留在凉州一带长达16年,他利用这一段时间学习汉语和钻研佛典。401年后秦姚兴派兵打败了后凉吕隆,接鸠摩罗什入关,待其以国师之礼,让他在长安的西明阁及逍遥园讲经和译经。鸠摩罗什于409年逝世。其晚年除了讲授佛经外,勤译佛经,共译经74部、384卷,并有弟子3000人(《高僧传》卷二),对佛学在中国的发展作出了杰出的贡献。北凉王沮渠蒙逊也十分崇信佛教,5世纪初期,罽宾来的高僧昙无谶在凉州一带进行译经和传道活动,对河西一带佛教影响很大,沮渠蒙逊每有国事,都要向昙无谶咨询(《高僧传》卷二)。沮渠蒙逊在凉州东南开凿石窟(据推测即现在的天梯山石窟),造丈六佛像。在甘肃东部一带,著名高僧玄高曾在当时西秦统治下的麦积山隐居,并有弟子百余人。当时外国僧人昙摩毗(一名昙无毗)也在陇西一带传道,玄高从昙摩毗受法。玄高的弟子玄绍后来隐居于堂述山，并在那里"禅蜕而逝"（《高僧传》卷十一），堂述山就是现在的炳灵寺石窟。而高僧昙摩毗的名字也见于炳灵寺壁画之中。

魏晋以来，各少数民族政权逐渐占据了中国北方大部地区，而这时，正是佛教在中国广为流传的时代。北方少数民族不像汉民族那样因深受儒家思想熏陶而对佛教采取较强硬的抵制，相反，大部分统治者都对佛教十分喜爱、大力倡导，并不惜耗费巨资，兴建寺院、开凿石窟。敦煌也在366年开始了石窟的营建，元魏东阳王元荣、北周建平公于义都在莫高窟开凿了大窟。在凉州，沮渠蒙逊于城东南开凿石窟，被称为"凉州石窟"。在凉州石窟开凿的时期，张掖附近的马蹄寺石窟、酒泉附近的文殊山石窟也相继开凿。后来北魏灭北凉，把凉州的大部分僧人接到首都平城（今山西省大同市），这些凉州高僧们成了北魏初期佛教的主导者，著名的凉州高僧昙曜还主持开凿了云冈石窟，可见凉州佛教的深厚影响力。甘肃中部永靖县的炳灵寺石窟，有西秦建弘元年（420年）题记，据考古方面的研究，现存洞窟中有的壁画和塑像可能还早于420年。在此前后，麦积山石窟也开始了营建。北魏以后，崇佛的风气影响全国，永平二年（509年），泾州刺史奚康生开凿了南、北石窟寺，陇东的王母宫石窟以及陇南的水帘洞石窟、石拱寺石窟等等，各地的石窟都相继开始了营建，而在十六国时期已形成规模的石窟群也在不断地扩建。北周时的秦州大都督李充信曾在麦积山开凿了大型洞窟（七佛阁）。这都说明了王室和地方长官对佛教石窟的营建起了很大的推动作用。

二、甘肃石窟文化的源流

石窟文化起源于印度，是佛教信仰的产物。佛教于公元前6世纪产生于古印度，创始人是乔达摩·悉达多（约前566—前486）。公元前3世纪的孔雀王朝时代，佛教达到极盛，并从印度向周边传播。公元前1世纪时，佛教经中亚传入我国于阗一带。大约在公元前后，佛教传入了中国内地，史载东汉永平十年（公元67年）汉明帝曾派遣蔡愔等人到西域迎接高僧摄摩腾、竺法兰到京都讲佛法，次年于洛阳城建立白马寺，作为高僧们宣扬佛法之地，白马寺就是正史上记载的中国最早的寺庙。但佛教初传中国时，受到了儒家思想和道家思想的强烈抵抗，佛教与儒、道之争一直持续了很长时间。而北方的少数民族则没有太强烈的儒家思想观念，佛教信仰很快就在其中流行开了。所以在东晋十六国时期，北方佛教石窟如雨后春笋般发展起来，各地都建起了很多佛寺与石窟。在佛教传入中国的早期，主要是由中亚沿丝绸之路而传入的。但同时还存在一条南传之路，即从印度经过东南亚地区而从海路或者从中国西南的云南等地传入中国南方。因而在南北朝时期，中国各地的佛教艺术呈现出风格多样的局面。

印度最早的石窟主要有两种型制，一种被称为"毗诃罗"（Vihara），意为精舍、僧房，是僧人们修行的场所。通常是中央开一个较大的厅，四壁各开一些小室，每一个小室可容一个僧人在里面修行。另一种被称为"支提"（Caitya），意为塔庙，在洞窟中央有塔，以供人们礼拜。毗诃罗窟和支提窟是相互配合而建的，因为僧人们在修行的同时，也需要拜塔。印度至今还保存着纳西克石窟、巴雅石窟、郡纳尔石窟、阿旃陀石窟、埃洛拉石窟等众多的石窟遗迹，时代较早的是公元前2世纪—公元前1世纪的，较晚的为公元5世纪—公元7世纪的，特别是阿旃陀石窟和埃洛拉石窟规模宏大，窟室众多，是印度石窟的代表。在印度，石窟具有与寺院相同的功能。

当佛教从印度传入中国时，首先是在新疆库车一带形成一个佛教文化中心，这里是古代的龟兹国，正是佛学大师鸠摩罗什的故乡。龟兹地区营建了大量的石窟，至今还保存着以克孜尔石窟为中心的众多石窟群。克孜尔石窟的中心柱窟保存着印度支提窟的某些特点，如平面为纵长方形，顶为拱券顶等，但印度式的佛塔并没有在洞窟内出现。龟兹式的禅窟也不像印度的规模那样大，主室极小，只是一个过道，在主室周围开凿一些小禅室。这些都说明佛教艺术在随着环境和社会的改变而变化。

甘肃早期石窟中保存着更多的印度式或西域式的特征，对于研究中国佛教艺术具有十分重要的意义。比如模仿印度式毗诃罗窟而营建的多室禅窟，仅在河西地区出现（如敦煌莫高窟第285窟、文殊山后山禅窟等），而龟兹样式的大像窟也仅在马蹄寺千佛洞出现，这两种石窟形式在中原都没有出现。在炳灵寺石窟早期壁画中，我们既可以看到西域式的表现手法，又可以看到魏晋以来中国式的绘画特点。但在敦煌北凉壁画中，其所呈现出的则主要是西域风格而没有中原风格。

在甘肃早期石窟中较流行的中心塔柱窟，具有西域中心柱窟的某些特征，但方形中心柱，体现着甘肃本土的特点。这一特点还对云冈及北方中心柱窟产生过重要影响。据《魏书·释老志》载："太延中，凉州平，徙其国人于京邑，沙门佛事皆俱东，象教弥增矣。"北魏在灭了北凉以后，把凉州的人迁往京邑（即平城，今大同市），于是凉州佛教向东传入了北魏。凉州高僧昙曜又在北魏任沙门统，并主持了云冈石窟的开凿。可以想象当时会有不少凉州僧人和工匠参与了云冈石窟的建造工程，而这些工匠大多是在凉州开凿过石窟的。所以凉州石窟不论是洞窟型制还是佛像的制作等都曾对云冈石窟的营建产生过影响。现存的河西诸窟可能不是凉州石窟的全部，但仍然存有凉州石窟的很多特点，对于探讨凉州石窟的本来面目以及其对云冈石窟的影响都具有重要的历史价值。

而当石窟文化在全国各地发展成熟之后，随着强大的中原文化的影响，中原式的石窟艺术又从内地影响到了甘肃。特别是隋唐以后，国家的统一和强盛，大大促进了石窟艺术在全国的发展，以首都长安为中心的佛教雕塑和壁画艺术很快就传播到各地，甘肃的石窟艺术中也出现了与中原一致的新风格。今天，在内地的唐代佛教寺院雕塑与壁画保存极少的情况下，甘肃的石窟壁画和彩塑就有着十分重要的意义。唐末五代以后，甘肃大部地区特别是河西地区与中原王朝的联系时断时续，石窟文化的交流也很少，甘肃石窟的发展趋向缓慢与保守。西夏和元代，在甘肃开凿的石窟或重绘的壁画，反映出既不同于以前各代，又与当时内地或南方迥异的新风格，特别是西夏和元朝统治者与西藏佛教的交流较频繁，而传来了藏传佛教的新风格，形成了这一时期甘肃石窟的又一特点。

三、甘肃各地石窟概况

佛教石窟寺院在甘肃各地分布较广，形成了甘肃传统文化的一大特色。据不完全统计，甘肃省各地现存石窟170余处，其中重要的就有60多处。除了拥有著名的敦煌莫高窟外，还有中国现存有明确文字纪年、时代最早的石窟——永靖炳灵寺石窟(420年)。此外,还有以雕塑艺术著称,号称“东方雕塑陈列馆”的天水麦积山石窟。甘肃省的石窟遗迹不仅数量多,而且时代早,在中国佛教史和艺术史上占有极其重要的地位。目前甘肃石窟中被列为世界文化遗产的有1处(敦煌莫高窟),全国重点文物保护单位的有13处,省级文物保护单位的有11处。(上述统计数字中,凡属合并项目的,只计一项,不再分开统计,如莫高窟与西千佛洞即合并为一项进行统计。省级文物保护单位中,则排除了已被列入全国重点文物保护单位的项目)石窟寺在甘肃古代文物遗址中占有十分突出的地位,成为甘肃古代文化的一大特色。

甘肃石窟的分布按地理位置来看大体可分为河西、陇中、陇南和陇东四个区域。在古代河陇文化的发展中,上述区域之间既相互关联,又有着自身的特点,共同构成了甘肃石窟文化内涵丰富、异彩纷呈的局面。

(一)河西地区石窟群

河西,自汉代设立河西四郡以来,就成为中国西北的要冲,到魏晋时期,已有深厚的汉文化基础。因其地接西域,也成为佛教传入的第一站。在魏晋时期中原纷争之时,河西一带保持了较长时间的稳定,成为甘肃石窟开凿最早的地区。隋唐以后,随着佛教的持续发展,河西以敦煌为中心,佛教石窟的营建更加繁荣。晚唐五代到北宋,张氏、曹氏归义军政权控制了以瓜、沙二州为中心的地区,使之保持了政治稳定、经济发展之势,同时,归义军政权都十分崇佛,在莫高窟、榆林窟修建了众多的石窟。此后,西夏、元、明、清时代,在河西各地都有寺院和石窟兴建,或将前代的石窟重修重绘。

河西佛教石窟的遗存最多,主要可分为两部分,一是敦煌石窟群,一是凉州石窟群。

敦煌石窟群,包括敦煌市的莫高窟、西千佛洞,肃北县的五个庙石窟,瓜州县的榆林窟、东千佛洞、旱峡石窟等。这一组石窟都属于敦煌文化圈内,以莫高窟为中心,延续时代最长,现存数量最多,又位于东西文化交流的要道,反映了各个时代中外文化交流而形成的丰富的文化内涵。莫高窟创建于366年,经历了北凉、北魏、西魏、北周、隋、唐、五代、宋、西夏、元10个朝代,1000多年间营建没有断绝,至今保存洞窟700多个,壁画45000平方米,彩塑2000多身,是中国乃至世界上保存洞窟最多,延续时间最长,内容最丰富,艺术最精湛的佛教石窟群。敦煌石窟的特点在于不论洞窟型制还是彩塑、壁画内容都较为完备,反映出1000年间完整的石窟艺术发展史。敦煌彩塑制作精美,个性突出,壁画更是内容丰富,魅力无穷。敦煌早期壁画以厚重的色彩渲染出浓烈的宗教气氛,叙事性的故事画引人入胜,菩萨及飞天的形象反映出西域和中原的不同艺术风格。唐代以后流行的大型经变画则体现了中国式佛教艺术的成熟,它以宏大的场面、众多的人物、富有深度的空间来表现华丽美妙的西方极乐世界,这是佛教的产生地印度不曾有过的绘画,反映了中国人的审美情趣。各时代供养人的画像,表现出不同时代的真实人物形象,对于我们了解和研究古代的肖像画艺术、古代服饰艺术等具有十分重要的意义。莫高窟于1987年被列入《世界文化遗产名录》。

凉州石窟群,包括武威天梯山石窟,张掖金塔寺石窟、马蹄寺石窟、文殊山石窟等,是甘肃省现存时代较早的几组石窟群，其中天梯山石窟可能就是历史上记载的“凉州石窟”，与历史上北凉王沮渠蒙逊在凉州所开的石窟相吻合，具有十分珍贵的历史价值。现存最早的大约为北凉时代所建，大部分也在北魏时期建成。由于“凉州石窟”对于云冈石窟的营建产生过重大影响，所以对于早期中国北方石窟的研究来说，河西石窟意义重大。河西石窟大部分都是中心塔柱窟，它来源于印度的支提窟(塔庙)，窟内中心有一个方柱，象征着佛塔，在方柱的四面开龛造像。其中张掖金塔寺石窟的浮塑菩萨与飞天，风格独特，是河西石窟在西域佛教艺术影响下最初的佛教造像。

(二)陇中石窟群

陇中的石窟以炳灵寺为代表，包括景泰的五佛寺石窟，靖远的寺儿湾石窟、法泉寺石窟等。炳灵寺石窟的第169窟开凿时代最早，是利用天然洞穴开凿而成的，一大洞窟中包含着很多小龛，其时代也各不相同。现存最早的题记年代为建弘元年(420年)，但窟中显然有一些比建弘年龛更早的绘塑。第169窟的佛像雕塑可以看出明显的犍陀罗艺术风格和印度笈多艺术风格，壁画中既有明显的西域风格，也有汉民族传统风格，反映了佛教艺术的最初的状况，对于研究石窟艺术的源流诸问题具有重要意义。炳灵寺经历北朝、隋、唐一直到明、清均有绘塑，部分洞窟还有石雕佛像，这在河西石窟中是较少见的。其他几处石窟古代的原作保存极少，现存大部分为近代重修重绘。

(三)陇南石窟群

包括天水市麦积山石窟，甘谷县大像山石窟、华盖寺石窟，武山县木梯寺石窟、拉梢寺石窟，西和县法镜寺石窟、八峰崖石窟等。其中麦积山石窟位于天水市东南、秦岭西端，因山形似麦垛而得名。十六国时期这里已开始了石窟的凿建，著名高僧玄高曾隐居于此，聚僧徒百余人，麦积山也逐渐成了佛教名胜。此后经北魏、西魏、北周、隋、唐至宋、元、明、清各代，均有营造，现存窟龛211个，大大小小的造像达7200余尊。现存石窟以北魏时期最多，占现存洞窟总数的三分之一，因此，麦积山石窟的雕塑对于了解和研究北魏佛教艺术具有十分重要的意义。麦积山的雕塑以细腻精致见长，被誉为“东方雕塑陈列馆”。特别是北朝时期的佛、菩萨和佛弟子形象，动作含蓄而自然，表情丰富而生动，通过眼眉及嘴角若不经意的神态而表现出丰富的内心世界，把外来的佛教形象表现得有血有肉，充满了人间情调。

武山水帘洞石窟群，包括拉梢寺、千佛洞、显圣池等处，其所存皆为利用天然洞穴制作的摩崖浮雕或壁画彩塑，特别是拉梢寺有北周时代秦州大都督尉迟迥题记的巨型摩崖浮雕，具有重要的历史价值和艺术价值。

(四)陇东石窟群

包括庆阳北石窟寺，泾川县南石窟寺、王母宫石窟，合水县保全寺石窟、张家沟门石窟、莲花寺石窟，镇原县石崆寺石窟，华亭县石拱寺石窟等。

陇东石窟群中规模最大的是位于庆阳市西峰区西南25公里处的北石窟寺，共有窟龛295个。其中第165窟规模较大，窟内进深15.7米，宽21.7米，高达14米，窟内七佛及相关雕塑形象高大，气势宏伟，颇具震撼力。据窟中的碑文记载，此窟为北魏永平二年(509年)泾州刺史奚康生所建。奚康生还在泾川开凿了南石窟寺第一窟，规模和型制与北石窟寺第165窟基本一样。北石窟寺保存的洞窟，所属时代从北魏、西魏、北周、隋、唐到宋代，其中以唐代开窟较多。除了南北石窟寺外，还有合水县保全寺、莲花寺等石窟，泾川县王母宫石窟，华亭县石拱寺石窟等为数众多的石窟寺。陇东地区石窟所存多为石雕像，与河西石窟主要为泥塑彩绘的情况有别，而且，由于地理位置接近陕西，大多与中原一带佛教石窟有着密切的关系。

四、甘肃石窟的艺术特点与成就

甘肃石窟不仅开凿的时代较早，而且各个时代的洞窟都有不同程度的保存，构成了一部相对完整的佛教石窟艺术史。早在十六国时期，莫高窟、天梯山石窟、金塔寺石窟、炳灵寺石窟、麦积山石窟等都已开凿。北魏时代是中国北方石窟开凿的一个高潮，甘肃东部有南、北石窟寺，王母宫等石窟兴建，麦积山、炳灵寺以及河西诸石窟的开凿也在不断地进行。北魏以后经西魏、北周，各地石窟开凿不断，特别是北周秦州大都督李充信在麦积山营建了七佛阁，陇右大都督秦州刺史尉迟迥在武山水帘洞营建了高达42米的摩崖大佛像。隋代，麦积山东崖和西崖各营建了摩崖大佛像。唐代以后，随着丝绸之路的繁荣，中外文化交流日益发达，以玄奘为代表的众多高僧来往于中国与中亚、印度之间，促进了佛教的兴盛。另外，由于帝王和地方官吏的倡导和支持，佛教在各地更为繁荣，寺院和石窟遍及全国，特别是武则天大力提倡佛教，下令全国造弥勒大像，在这一风气的影响下，甘肃也出现了不少大佛。莫高窟现存唐代洞窟二百多窟，还分别建造了高达35米和26米的巨型佛像，此外，在榆林窟、天梯山、炳灵寺以及甘谷大像山等处也分别营建了巨型佛像，体现出唐代的强大经济实力和佛教的昌盛。晚唐五代以后，虽说中原多事，但敦煌等地仍然继续着石窟的建造。西夏至元代，在莫高窟、榆林窟、东千佛洞，以及马蹄寺、文殊山等石窟中留下了不少雕塑和壁画作品。明清以后，在麦积山石窟、炳灵寺石窟及河西诸窟中都有对前代洞窟重修重绘的情况，虽说表现出艺术上的衰退，但从历史上来说也是一种时代的特点。

甘肃地处丝绸之路东西交流要道，石窟艺术中体现着外来风格和中原风格交织的情况，对于了解佛教艺术在中国的发展变化具有重要的参考价值。在炳灵寺石窟及河西诸石窟的早期洞窟中，我们可以看到具有明显龟兹风格的壁画。莫高窟北凉洞窟的彩塑有明显的犍陀罗风格。炳灵寺第169窟的一些佛像雕塑有印度笈多艺术的风格。莫高窟北凉268窟、文殊山后山残损的禅窟，其窟形都多见于龟兹及中亚一带，而鲜见于甘肃以东地区，具有龟兹风格的大像窟也仅见于马蹄寺千佛洞第1窟。敦煌莫高窟早期洞窟中的阙形龛形式，除了在文殊山石窟中可以见到，在别的石窟均未出现，是本地特有的艺术形式。天梯山、金塔寺、马蹄寺等河西石窟早期的中心柱窟形，也是具有凉州本土风格的窟形，后来对北魏以后中国北方中心柱窟的形成具有重要影响。北魏以后，随着中国北方的统一，中原文化也由东到西影响到了甘肃。从甘肃东部的石窟中，可以看出较浓厚的中原风格，而在敦煌石窟中，则往往出现中原风格与西域风格并列的状况。以上这些特点构成了甘肃石窟的独特性和丰富性。

甘肃石窟从地理上来看，东部地区的石窟雕塑较多，特别是陇东的南、北石窟寺的雕刻，规模较大，气势宏伟。麦积山、炳灵寺等石窟，虽然也有一部分石雕，但更多的是彩塑，麦积山石窟北魏的雕塑保存数量多，表现手法细腻，制作精致，人物形象和表情惟妙惟肖，充分体现出雕塑艺术的特长和优势。河西地区石雕较少，大多采用彩塑来表现佛像，马蹄寺千佛洞、金塔寺石窟保存了较多的北凉、北魏彩塑。敦煌莫高窟各时代都留下一些彩塑作品，特别是唐代彩塑制作精美，富有个性。

甘肃大部分石窟，由于岩质疏松，不适于雕刻，其洞窟中更多地采用壁画的形式来表现佛教主题。麦积山石窟和甘肃东部大多数石窟，因气候相对湿润，壁画保存极少，河西地区较为干燥，如敦煌等地石窟，保存了数量众多的壁画。特别是莫高窟，保存了十六国至元代 1000 年间各朝各代的壁画达 45000 平方米，对于我们了解古代壁画的发展及各时代绘画风格的演变，具有重要意义。

炳灵寺石窟保存了西秦或者更早时期的壁画艺术，是中国石窟中时代最早的，对于我们了解中国石窟初创期的面貌具有重要意义。天梯山石窟、马蹄寺石窟、文殊山石窟和敦煌莫高窟十六国、北朝的壁画，反映了西域艺术风格的传入以及在甘肃地区的演变。隋唐时代，曾经是我国寺院壁画发展的黄金时代，历史文献中对当时的两京（即长安和洛阳）寺观壁画的记载颇丰，而现在的西安、洛阳等地几乎看不到隋唐寺院壁画了。在这种状况下，为数众多且绘制精美的敦煌壁画就成了认识中国美术史上这一辉煌时期成就的参照物。敦煌唐代壁画中大量的经变画，从时事题材内容到表现形式都能与古代文献记载的唐代绘画相符合，其精湛的艺术成就，也是举世公认的。特别是其中的佛像、人物、山水等等都可以印证画史的记载。敦煌石窟壁画还反映了各时期的社会风情、生产状况、各民族人物风貌、不同人物的衣冠服饰，以及一些重要历史人物形象及相关的典章制度等等，成为中国历史研究的重要资料。

榆林窟、东千佛洞、文殊山石窟等地保存有大量的西夏壁画，不仅使我们认识了西夏的美术，而且，壁画中反映了西夏人物、衣冠服饰以及西夏时代的社会生活场面，如酿酒、冶铁、耕种等，鉴于历史上有关西夏文化的记载相对较少，因此，上述壁画对于我们了解西夏历史文化、认识西夏社会生活具有十分重要的意义。

图 2　莫高窟　外景

第一章

敦煌莫高窟

莫高窟俗称“千佛洞”，是甘肃省最大的石窟群。位于敦煌市东南25公里处鸣沙山东麓、宕泉河西岸的断崖上。坐西朝东，面向三危山。洞窟密布在南北长约2公里的崖面上，岩质为酒泉系砾石岩层，由积沙与卵石沉淀黏结而成，沙层疏松，不适于雕刻，故石窟中以泥塑彩绘为主。

莫高窟的始建年代，据唐代“李君修莫高窟佛龛碑”（此碑原出于莫高窟第332窟，现存敦煌研究院）记载，前秦建元二年（366年），高僧乐僔开创了莫高窟第一个洞窟。莫高窟第156窟北壁晚唐墨书《莫高窟记》的内容大体与“李君碑”一致，记述莫高窟始建于“秦建元之世”。而唐代敦煌写本《沙州地志》（P.2691）则记载，莫高窟始建于东晋永和九年（353年）。目前通常采用的说法为前秦建元二年。莫高窟的名称，晋时曾有“仙岩寺”之称，十六国前秦时名为“莫高窟”，隋末唐初曾名为“崇教寺”，元代称“皇庆寺”，清末称“雷音寺”。现存的石窟分为十六国北凉、北魏、西魏、北周、隋、唐（分为初唐、盛唐、中唐、晚唐）、五代、宋、回鹘、西夏、元共11个时代，历时1000多年。保存有壁画45000多平方米、彩塑2000多身、唐宋木构窟檐建筑5座。窟群分为南北二区，南区编号492窟，洞窟较密集，均有彩塑或壁画。北区编号243窟，大部分洞窟没有壁画和塑像，主要是古代僧侣的生活、修行窟，埋葬僧人遗骨的瘗窟等。

敦煌石窟从建筑型制来看，主要有以下几种：

一、禅窟。是僧人们用以坐禅修行的洞窟。分两类，一类为单室禅窟，主要分布在莫高窟北区，现存73个，窟室较小，窟内有禅床。一类为多室禅窟，中央有一个较大的主室，在主室周围开凿较小的禅室，僧人们在这些仅能容身的小禅室中修行。这种形式源于印度毗诃罗窟，开凿时代较早，主要在十六国北朝时期出现，以北凉第268窟、西魏第285窟为代表。

二、中心柱窟。源于印度的支提窟（塔庙窟），即在洞窟中央建一座佛塔，信众们进入石窟后，围绕佛塔右旋礼拜。敦煌的塔庙窟与印度稍有不同，平面为长方形，在洞窟的后部有一个方形的柱子，直通窟顶，称为塔柱，这是仿照佛塔的形式所建，在方形的塔柱上四面都开有佛龛，龛中各有佛像。中心柱窟的窟顶后半部是平顶，前半部多为人字披顶。所谓人字披是指中国传统建筑中人字形屋顶的形式。

三、殿堂窟。是敦煌石窟中为数最多的洞窟，通常平面为方形，在洞窟正壁开一大龛。这种洞窟的空间较大，如殿堂一样，所以被称为殿堂窟，因窟顶为覆斗形顶，也叫覆斗顶窟。所谓覆斗形顶，就是窟顶的形状如一个倒扣下来的斗。覆斗形顶来源于中国古代斗帐的形式，显然是中国传统建筑影响的产物。晚唐五代以后的殿堂窟往往正面不开龛，而在窟中央设中心佛坛，在坛上塑佛像，佛像背后有背屏达于窟顶。

四、大像窟。窟内塑巨型佛像，窟前还有相应的殿堂建筑，主要有第96窟（北大像）和第130窟（南大像）。

五、涅槃窟。窟中塑大型涅槃像，窟形也适应佛像而设，主要有第148窟、158窟。

六、僧房窟。主要集中在莫高窟北区。现存50个，是古代僧人们起居生活的地方。洞窟较宽敞明亮，窟中有灶、炕等生活设施。

敦煌地区没有可作雕刻的石材，因此以黏土制作塑像就成了营造佛像的主要手段，泥塑加以彩绘，称作“彩塑”。敦煌彩塑的制作方法是先用木棍做骨架，在木棍上扎上麦草、芦苇之类的干草束以便泥土能够附着在上面，然后敷上掺有杂草、兽毛等纤维的黏土，塑制出形状来，最后在泥塑的表面绘出颜色。这样的技法与新疆的克孜尔石窟，中亚的塔克西拉、哈达等地的彩塑技法是一致的。早期的敦煌彩塑流行浮塑的形式，塑像的背后总是与墙壁连在一起，隋唐以后才开始流行起圆塑的形式。唐代的大佛像多为石胎泥塑，即在开窟的同时，先在崖面上凿出佛像的大体形状，然后再以泥塑的形式塑制各个细部，最后加彩完成。彩塑的题材主要有佛、菩萨、弟子、天王、力士等形象，早期石窟中多为单尊像，隋唐以后主要是成组的彩塑，通常为一佛、二弟子、二菩萨、二天王的配置，有时一组佛像多达十数身。在彩塑艺术上，早期较多地受到印度、西域的影响，佛像有明显的印度犍陀罗风格，隋唐以后，来自中原的影响占主导地位，彩塑的塑造体现出中国化、写实化的倾向，并注重人物的性格特征和精神风貌的表现，出现了不少具有个性特点的菩萨、弟子、天王等优秀作品。唐代还出现了如第96窟、130窟高达二三十米的大佛以及第148窟、158窟长达十五六米的巨型卧佛，体现出当时的经济实力以及文化艺术的高度发达。

敦煌壁画的题材主要有七类：

一、佛像画。表现对象包括佛与弟子、菩萨、天王等，他们是被崇拜的对象，在洞窟中总是处于十分重要的位置。除了单独的佛像外，还有千佛和说法图。说法图就是描绘佛说法的场面，把佛陀、菩萨、弟子等形象都组合在一起，通常画出一组3身或5身的佛像，中央为佛陀，两侧为佛弟子、菩萨等。

二、以中国传统神话为题材，表现东王公、西王母及伏羲、女娲等中国传统神话传说中的形象。伏羲、女娲是中国古代传说中开天辟地之神，东王公和西王母是传说中的神仙，莫高窟第249窟、305窟等窟就画有东王公、西王母形象，第285窟画有伏羲和女娲的形象，其周围还有羽人、飞仙、开明、文鳐等神兽。这些形象在佛教石窟中出现，说明佛教开始接受中国传统文化，同时也说明了来自中原的新型的佛教艺术开始影响到了莫高窟。

三、佛经故事画。包括三种：1.佛传故事。主要讲述释迦牟尼生平事迹。2.本生故事。主要讲述释迦牟尼前世的故事。3.因缘故事。讲与佛相关的一些因果报应故事。

四、经变画。就是概括地表现一部佛经的主要内容，情节较多、规模较大的画。它不像佛经故事画那样单纯地表现一个有头有尾的故事，而是综合地表现佛经所记的场面。经变画是唐代以后敦煌壁画的主要题材，也是中国式的佛教艺术的代表，体现着中国人对佛教的理解和中国人的审美观。敦煌壁画中流行的经变画主要有：涅槃经变、维摩诘经变、弥勒经变、阿弥陀经变、观无量寿经变、法华经变、华严经变等。

五、佛教史迹画。表现佛教历史、传说的故事内容。自佛教从印度传到中国以来，有关中外高僧的神异传说广为流传，并在壁画中有较多反映，为研究佛教发展的历史提供了重要的资料。佛教史迹画内容十分丰富，较有名的有张骞出使西域图、东晋吴淞江石佛浮江、刘萨诃瑞像、五台山图等等。

六、供养人画像。出资修建洞窟的人被称为供养人。供养人画像不仅反映了洞窟修建时代的人物形象，而且还是研究那个时代人物、民族、服饰以及典章制度的重要资料。

七、装饰图案画。即在洞窟的顶部、龛沿周围、四壁交接处等绘制图案，使洞窟变得华丽。各时代的装饰图案反映了不同风格的装饰艺术。

莫高窟的营建到元代进入尾声。明代，由于朝廷无力经营敦煌，敦煌石窟荒废。清代，随着新疆的收复，朝廷开始重新经营敦煌，但由于佛教的衰落，莫高窟长期处于无人管理的状态。清道光年间，白彦虎造反，率部逃奔沙俄途经敦煌时，对洞窟有所破坏。1900 年，藏经洞（莫高窟第 17 窟）被发现，所藏的 5 万多件经卷文书以及绘画品公之于世，但由于清政府的腐败，大量的珍贵文物得不到应有的保护，当时居住在莫高窟的道士王圆禄（亦作王圆箓）便不时地私自处理这些文物，在藏经洞文物发现以后的十来年间，俄、英、法、日、美等国探险者相继到敦煌，通过不正当的手段从王道士手中获取大量的文物。1910 年，由于很多有识之士的呼吁，清政府下令把剩余文物全数运到北京。但王道士仍私自藏了不少，在以后几年间，日、俄、英等国探险家再次到敦煌时，王道士又分别卖给他们不少。王道士利用非法倒卖文物所得，对莫高窟进行了所谓的“补修”，用红、蓝等颜色涂在大量的古代彩塑表面，使这些彩塑失去了古代的原貌。由于上层栈道多已损坏，为了能进入上层的洞窟，他在洞窟之间的隔墙打通穿道，从而损坏了大量的古代壁画。1921 年沙俄白军数百人窜入敦煌，扎营莫高窟，窟中的壁画彩塑受到烟熏与刀刻涂画的破坏。1924 年美国人华尔纳到敦煌窃取壁画 12 块、彩塑菩萨 1 尊。1944 年国立敦煌艺术研究所成立，才开始了对敦煌石窟的系统保护和有计划的临摹与研究。新中国成立后，国立敦煌艺术研究所于 1951 年改名为敦煌文物研究所，1984 年扩建为敦煌研究院。1961 年莫高窟被列为中国第一批全国重点文物保护单位，1987 年被联合国教科文组织列入《世界文化遗产名录》。

莫高窟的洞窟编号过去有多家，包括英国人斯坦因、法国人伯希和、俄国人奥登堡以及敦煌官厅、高良佐、张大千、史岩和敦煌文物研究所所编共 8 家。在敦煌文物研究所编号公布之前，较有影响的是 1908 年法国人伯希和的编号（共 183 号）和张大千的编号（共 309 号）。1951 年敦煌文物研究所公布了较为全面和科学的编号，当时共 469 号。后来经过上世纪 60 年代考古发掘等，又发现了一些洞窟，编号增至 492 号，这就是现在通行的编号。莫高窟北区洞窟在 1995 年敦煌研究院进行考古清理之后，共编号 243 号。

第一节 十六国北朝石窟

十六国北朝时期是莫高窟营建的第一个阶段，现存石窟主要包括四个时期：1.十六国的北凉（401年—439年）；2.北魏，从太平真君六年平定西域到永熙三年期间（445年—534年）；3.西魏，北魏皇室东阳王元荣家族统治敦煌时期（535年—556年前后）；4.北周（557年—581年）。

莫高窟现存北凉时期的洞窟有第268、272、275等7个窟，是现存敦煌石窟中开凿最早的洞窟。这些洞窟型制包括多室禅窟、方形佛殿窟、纵长方形佛殿窟，兼有禅修、观像、礼拜作用。此时彩塑均为单身造像，题材内容有交脚坐佛、倚坐佛、交脚菩萨、思维菩萨。壁画内容主要有四类：1.本生、佛传故事画；2.尊像画；3.供养人像；4.图案纹样。北凉壁画人物造型采用西域式晕染法（即凹凸法），辅以铁线描，表现人物面部和肢体的立体感，现在面部轮廓及眼眶晕染部分均已变为黑褐色。

北魏洞窟现存10个，包括第251、254、257、259、260、263、265、273、441、487窟，多为有人字披顶的中心柱窟。中心柱正面开一大龛，塑交脚佛或倚坐佛像，其余三面分上下两层开龛。南北壁上层开阙形龛，内塑弥勒菩萨；下层龛内塑结跏趺坐佛像，佛像两侧或龛外两侧往往塑胁侍菩萨形象。北魏洞窟的壁画布局为：顶部画出人字披图案和平棋图案，四壁上部为绕窟一周的天宫伎乐，中部是千佛和本生、因缘故事画，下部是金刚力士（也称药叉）。

西魏洞窟现存11个，包括第246、247、248、249、285、286、288、431、432、435、437窟。窟形主要有中心塔柱窟、禅窟和覆斗顶殿堂窟。中心塔柱窟出现了四面各开一龛的形式。彩塑主要有：倚坐佛、禅定佛、苦修佛像、交脚菩萨、胁侍菩萨像等，主尊多为倚坐佛。佛像的两侧皆有胁侍菩萨像。壁画题材分为五类：1.尊像画。2.佛经故事画。3.传统神话题材。这是西魏新出现的主题。其形象包括东王公、西王母、伏羲、女娲、风神、雨师、雷公、霹电、飞廉、羽人、开明、禺强等。4.供养人画像。5.装饰图案画。壁画人物造型上出现两种风格：一是北魏西域风格的继续；一是新出现的中原风格，其特征是人物身材修长，相貌清瘦，眉目疏朗，即所谓“秀骨清像”。

北周洞窟现存16个，包括第250、290、291、294、296、297、298、299、301、428、430、438、439、440、442、461窟。北周时，敦煌大姓令狐氏、京兆望族韦稹、贵戚陇西李贤、建平公于义先后执政敦煌，政治清明，社会安定，“丝绸之路”畅通无阻，在这样的政治形势下，莫高窟开窟较多，并且出现了个别规模较大的洞窟，如第428窟面积达178.38平方米。北周的洞窟主要有中心柱窟和覆斗顶殿堂窟。塑像出现了一佛、二弟子、二菩萨的组合形式。彩塑造像头部方圆，五官清秀而较集中，上身较大，下身较短小。对佛弟子及菩萨的不同表情与性格特征表现得较细腻。北周石窟壁画题材与西魏一致，故事画出现了很多新内容，如须达拏本生、微妙比丘尼因缘、善事太子本生、福田经变、须阇提本生、睒子本生等；还出现了涅槃图，这是隋唐以后涅槃变的早期形式。人物画法既有西域式晕染法，又有中原式晕染法。

敦煌北朝的石窟是在河西文化的基础上发展起来的，最初主要受到西域艺术风格的影响，西魏以后，来自中原的艺术风格影响渐强，但敦煌石窟不论是中心柱窟还是多室禅窟既与西域的龟兹境内石窟不同，也与中原的云冈等石窟不完全相同，而是有着自身的艺术系统，反映着深厚的汉民族文化传统和地域特点。

第 268 窟

建于北凉，隋、宋重修。此窟主室编号为第 268 窟，所附 4 个小禅室，编号分别为第 267、269、270、271 窟，为一组多室禅窟。主室平面为纵长方形，近似甬道。主室高 1.7 米，宽 1.2 米，进深 3.7 米。正壁开圆券形浅龛，两侧壁对称地凿出仅容一人的方形平顶小禅室各两个。西壁龛内塑交脚佛像 1 身，手残，宽肩，窄腰，头部为宋代重修，面相浑圆，波浪形发髻，身穿偏袒右肩袈裟，内着僧祇支。龛内画华盖，佛两侧绘供养菩萨。龛外绘出火焰纹龛楣，龛两侧绘希腊爱奥尼式柱头。龛下壁面绘男女供养人，两侧壁绘坐佛、飞天、药叉等。窟顶浮塑套叠斗四平棋 4 方，平棋中彩绘莲花、飞天、化生、火焰纹等纹饰。主室壁画以土红为底色，人物比例适度，佛着右袒袈裟，菩萨和飞天上身袒裸，肩披长巾，下系长裙，跣足。主室的彩塑和壁画风格朴拙浑厚，手法简洁概括，并有浓郁的西域艺术色彩。

4 个小禅室系僧人坐禅修行之处，平面近似方形，平顶，最初窟室内可能是素壁无画，现存壁画均为隋代重绘。南壁西侧禅室（第 267 窟）顶部绘斗四藻井，其中有莲花、火焰和垂幔纹；南壁上绘千佛，中绘说法图 1 铺，下模糊；东西壁上绘千佛，下绘供养人（模糊）。南壁东侧禅室（第 269 窟）顶部存部分图案，南壁绘说法图 1 铺（残），下绘供养人像（模糊）；东西壁上绘千佛，下绘供养人像（模糊）。北壁门周围绘千佛。北壁东侧禅室（第 270 窟）北壁上绘千佛，中绘说法图 1 铺，下绘供养人像（模糊）；东西壁上绘千佛，中绘说法图各 1 铺，下绘供养人像（模糊）；南壁存千佛部分，门西存男供养人像 1 身。北壁西侧禅室（第 271 窟）顶绘说法图 1 铺，四周画忍冬边饰；北壁上绘千佛，中绘说法图 1 铺（清代穿壁凿洞被毁大半，现存菩萨 1 身）；东西壁上绘千佛，中绘说法图各 1 铺，下绘供养人像（模糊）；南壁门周围画千佛，东下部存供养人像 1 身。

第 272 窟

建于北凉，五代重修。主室前残存甬道，甬道顶五代画接引佛，南壁五代画不空绢索观音，北壁五代画如意轮观音。主室高 2.5 米，平面为方形，进深 4.6 米，宽 3.05 米。正壁（西壁）中央开穹隆顶圆拱龛，龛内彩塑倚坐佛像。佛像头部经清代重修，但身体大部分为原作；手臂已残，从臂部动作看，似做说法状；身着半披右肩的土红袈裟，内着僧祇支。佛身后背光和头光中绘千佛、飞天、忍冬纹及火焰纹，装饰华丽。佛像左右壁各绘胁侍菩萨 1 身，身体均呈形似“S”之扭曲状；头部微低，上身略倾，温文虔恭。龛南壁有小供养菩萨 7 身，北壁 6 身供养菩萨围绕胁侍菩萨，低头胡跪，合十礼拜。

窟顶近似穹窿形，中心浮塑斗四藻井。藻井中心为莲花，四个岔角分别绘出飞天形象。四壁的壁画大体分三段布局，上段均绘天宫伎乐和飞天；中段西壁龛两侧绘供养菩萨，南北壁绘小型说法图和千佛，东壁绘千佛；下段均绘三角垂帐纹。窟顶藻井四周围绕的西域式圆拱形建筑内，排列着一周边歌边舞的伎乐天人，有的演奏琵琶、横吹、长笛、法螺，击打腰鼓，有的伴随着音乐的旋律踏歌跳舞，动作刚健，热烈奔放。天宫伎乐外围绕一周裙衣飞扬的飞天，舒展双腿，挥巾起舞，悠然翱行，乘风飞腾。西壁佛龛南侧画供养菩萨20身，北侧画供养菩萨17身，与龛内佛像相结合组成一个大型说法场面。这些供养菩萨，分行排列，翩翩起舞，表现出"天竺伎"舞姿的特点。西壁佛龛两侧下部有五代绘供养人（模糊）。南北壁中央的说法图，以结跏趺坐佛为中心，两侧有菩萨、弟子、飞天作对称布局。五代改建甬道，并重绘甬道和四壁下段。清末，部分壁画遭破坏，其余保存较好。

第275窟

建于北凉，宋重修。平面为纵长方形。高3.51米，进深5.4米，宽3.4米。正壁中央塑主尊交脚坐弥勒菩萨，方形的佛座两侧各塑有一狮子。主尊塑像高3.4米，交脚而坐，面相丰圆，头戴三面宝冠，长发垂肩，胸挂璎珞，肩披长巾，腰着羊肠裙，裙上衣纹以方泥条间刻阴线表现。正壁壁画围绕彩塑主尊有左右侍立的胁侍菩萨；供养菩萨有坐有跪，或礼拜，或听法，或持花供养。南北壁上段对称地开凿列龛，西侧各有阙形方龛2个，龛内分别塑交脚弥勒菩萨；东侧存双树圆券龛各1个，龛内塑思维菩萨。

图3　莫高窟第275窟　内景　十六国

中段分别绘本生故事画和佛传故事画。下段绘供养人、供养菩萨和三角垂帐纹。前壁大部已被毁。南壁绘佛传故事中的出游四门，表现释迦牟尼身为太子之时，出王城四门，见生老病死四苦，深感人生无常，而决意出家之事缘。壁画以长卷式画面分别画出四个城门，太子悉达多从不同城门而出；每个场面中都有演奏乐器的乐伎出现；城门皆为中国式城门建筑。故事画下面有 1 排供养菩萨。北壁由西向东分别绘出本生故事画毗楞竭梨王身钉千钉、虔阇尼婆梨王剜身燃千灯、尸毗王割肉贸鸽、月光王施头、快目王施眼。故事画构图为横卷式单幅故事画的组画形式，每幅画有榜题 1 方，画面以人物为主体，平列安排，无远近大小之分。壁画涂土红底色，用色单纯、淳厚。

晚唐发生的地震使前壁大部崩塌。宋代于窟的中部建一土墙，将此窟一分为二，形成“前室”、“后室”，并对土墙、窟顶、土墙前的“前室”作了局部重绘。20 世纪 90 年代，经敦煌研究院用整体搬迁技术，完整地将五代墙壁搬迁后，色彩鲜艳的北凉原绘壁画始得重见天日。

第 259 窟

北魏早期洞窟。平面为长方形，进深 3.9 米，宽 4.3 米。窟室前半部塌毁，现存窟顶有宽大的人字披，高 4.3 米，后部为平顶，高 3.7 米。西壁突出部分似为未完成的中心塔柱，从全窟结构来看，可能是计划开凿中心柱窟，而中途因故改成现在的窟形。西壁中央开一大龛，内塑释迦、多宝二佛并坐。南北两侧及半塔的转角处，各塑菩萨 1 身，形成二佛、四菩萨的布局。塔北侧存有浮雕供养菩萨。释迦、多宝二佛并坐的题材出自《法华经·见宝塔品》，是北魏时期最流行的佛教内容之一，在云冈石窟、炳灵寺石窟、麦积山石窟都出现较多。南北壁相对各开两层龛，但有的已经塌毁，南壁上部存 3 个阙形龛，仅西侧二龛内有交脚菩萨像；下部存一圆拱龛，龛内中央为结跏趺坐的佛像，西侧存 1 身胁侍菩萨。北壁上部存 4 个阙形龛，其中东侧一龛内佛像已失，西侧二龛内塑交脚菩萨像，第三龛内为思维菩萨像。下层存 3 个圆拱龛，西起第一龛内塑禅定佛 1 身，左右各有 1 身胁侍菩萨；第二龛内塑倚坐佛，左右各有 1 身胁侍菩萨（残）；第三龛内塑 1 身禅定佛，西侧残存 1 身胁侍菩萨。诸龛之间绘千佛与供养菩萨。各壁下部绘金刚力士。各壁均以赭红敷底，其他色彩多褪色、变灰，只有装饰纹样中的石绿至今尚鲜亮醒目，使全窟呈现出一派典雅古朴的色调。塑像多被损毁，后有修补。原像塑造手法多有独到之处，西龛菩萨在半圆雕的形体上浅剔细填，雕、塑并用，别具匠心。北壁东侧圆券龛内的禅定佛笑容恬静含蓄，阴刻衣纹线条流畅，表现出民族审美情趣与传统技法纯熟的运用，此塑像在敦煌石窟中属上乘之作。

第 257 窟

建于北魏。中心塔柱窟，平面为方形，进深 9.62 米，宽 4.45 米。窟顶前部为人字披顶，高 5.16 米，后部为平顶，高 4.32 米。因东壁塌毁，人字披顶仅存少部分。中心塔柱东向面宽 3.28 米，南向面宽 3.32 米，西向面宽 3.28 米，北向面宽 3.3 米。塔柱四面开龛，东向面主龛内塑倚坐弥勒说法像。龛壁画菩萨20 身、飞天 4 身及佛背光图案。龛楣画化生及忍冬图案，龛梁有龙首装饰，龛外北侧存天王 1 身，龛上部存影塑供养菩萨。龛下塔座最下部有宋代绘供养人像（模糊）。塔柱其余三面均上下开龛。南

图 4　莫高窟第 257 窟　西壁　九色鹿本生(局部)　北魏

北向面上层均作阙形龛,内塑思维菩萨(南)和交脚菩萨像。南向面下部为双树龛(即在圆拱龛外浮塑出双树形),内塑苦修像,表现释迦在树下苦修的场面。北向面下层和西向面上下龛均为圆拱龛,内塑禅定佛像。各龛外两侧均塑菩萨像。雕塑造像手法写实,说法的弥勒像,表情庄重,肩圆胸阔,四肢修长。

本窟前部人字披顶东披塌毁,西披画供养天人持莲花,脊枋存部分平棋图案。后部平顶仅东南角存斗四平棋图案 2 方,其中 1 方中央表现莲池中裸体童子游泳,外侧四角表现 4 身飞天,边沿以忍冬装饰,是早期较为独特的形象。

四壁的壁画布局:上部画天宫伎乐通绕全窟,中画千佛,下绘故事画或说法图,最下层为药叉(金刚力士)。南北壁东侧人字披下画大型说法图,现大部已被毁;靠后部中央各画小型说法图 1 铺;南壁中层画沙弥守戒自杀故事;西壁绘九色鹿本生故事;西壁北段与北壁画须摩提女请佛故事。本窟的故事画在艺术表现上取得了很高的成就。它以长卷式连续画面表现情节,除了主要人物外,还表现山水、房屋、车马等背景,体现了汉晋传统的绘画风格。九色鹿本生是以从两头到中央的顺序来表现的,沙弥守戒自杀故事和须摩提女请佛故事均按从左至右的顺序表现一个个情节,这些表现手法成为北朝时期故事画表现的一般方法。画中长者衣汉式宽袍大袖，王者服天竺衣冠；房屋建筑则是汉式风格，反映了北魏时期外来的佛教艺术逐步汉化的过程。

第254窟

建于北魏。中心塔柱窟，平面为长方形，进深9.97米，宽6.64米。甬道北壁残存隋代画说法图1铺。窟顶前部为人字披顶，高4.53米，后部为平顶，高4.05米。中心柱四面开龛，东向面宽3.53米，南向面宽3.36米，西向面宽3.28米，北向面宽3.4米。中心柱正面（东向面）开一大龛，内塑交脚弥勒佛像，佛着袒右袈裟，双臂已失。佛两侧原各有彩塑胁侍菩萨2身，现南侧残存1身，北侧存2身。龛内上画飞天，佛座两侧画婆薮仙与鹿头梵志。龛外是浮塑龛楣，龙形龛梁，两侧有龛柱；龛上贴影塑供养菩萨；龛外北侧存1身菩萨。中心塔柱其余三面均开上下两龛，南北向面上层为阙形龛，内塑交脚弥勒菩萨像；下层为圆拱券形龛，内塑禅定像。西向面上层为双树龛，下层为圆拱龛，塑像均为结跏趺坐的禅定佛。在上层龛两侧均有影塑菩萨，但都已被熏黑，中心柱下部四面均绘药叉像。

窟顶人字披浮塑出仿木构建筑的脊枋、横梁及斗拱。在椽子之间绘出供养菩萨和忍冬、莲花纹样。

图5　莫高窟第254窟　北壁　尸毗王本生　北魏（隋重修）

图6　莫高窟第254窟　平剖面图

后部平顶上绘出相连续的平棋图案，平棋为斗四套叠的形式，中央绘莲花，四个岔角处绘出飞天或忍冬、火焰纹。在中心柱南北两侧顶部的平棋图案之间，各有一组双飞天形象。

东、南、西、北四壁的大致布局为：顶端画天宫伎乐，环绕全窟，其下大部画千佛或说法图与故事画，最下部画药叉。南北壁均在东侧人字披下开一阙形龛，内塑交脚弥勒菩萨。西侧开4个列龛，均为圆拱龛，内塑结跏趺坐的佛像。下半部南壁东侧画降魔变、萨埵本生故事；北壁东侧画难陀出家因缘故事、尸毗王割肉贸鸽本生。南北壁的西侧与中心柱相对的位置各画说法图1铺。西壁中部画白衣佛1铺。东壁上方中央开有方形明窗，门与窗的南北侧均画千佛。

此窟建筑布局严谨，雕塑、壁画皆承袭北凉风格而有所发展，是敦煌莫高窟早期艺术较为成熟的代表作。塑像比例合度，袈裟贴体，坐立诸像，腿部修长，头部广额丰颐，神态庄重。本窟故事画较有特色，均以单幅画构成，并以异时同图的方法，表现故事内容。在人物刻画、色彩晕染方面具有浓厚的西域风格，是北魏壁画的精品，在中国美术史上有重要价值和意义。此窟壁画、塑像、建筑虽经多次烟熏损毁，但艺术魅力至今犹存。本窟的千佛题记，也是莫高窟北魏墨书题记中保存得最好的一部分。

第251窟

建于北魏，部分经唐、五代重修。中心塔柱窟，平面为长方形，进深9.62米，宽6.78米。前部人字披顶高4.85米，后部平顶高4.14米。在洞窟后部有中心塔柱，塔柱东向面宽3.38米，南向面宽3.33米，西向面宽3.43米，北向面宽3.2米。中心柱正面开一大圆券龛，龛内塑趺坐佛1身，其部分为清代重修。龛外各塑一胁侍菩萨。龛上浮塑龛楣，龛楣上画化生、忍冬纹及火焰纹。龛两侧存影塑菩萨15身。塔座座沿画有忍冬纹，塔座下部存五代绘男供养人10身及中唐画药叉。中心柱南向面上层为阙形龛，龛内塑交脚菩萨；下层为圆券龛，内塑禅定佛1身，龛外两侧各塑胁侍菩萨1身。浮塑龛楣和龙首龛梁、龛柱。上下层龛外两侧有影塑，残存29身。塔座下画药叉。中心柱西向面，上层双树圆券龛内塑禅定佛1身；下层圆券龛内塑禅定佛1身，龛外南侧存胁侍菩萨1身。浮塑龛楣及龛梁、龛柱。上下层龛外两侧影塑存31身。座沿下画药叉。中心柱北向面，上层阙形龛内塑交脚菩萨1身，下层圆券龛内塑禅定佛像1身，龛外两侧各塑胁侍菩萨1身。浮塑龛楣、龛梁、龛柱。上下层佛龛两侧存影塑47身。塔座座沿下画药叉。窟顶人字披东披椽间画化生莲花，存13条。西披椽间画化生莲花16条。后部平顶画斗四莲花平棋16方。

四壁壁画大致布局为：上画天宫伎乐，中画千佛，下画药叉。南壁东侧上画天宫伎乐，与人字披脊枋、檐枋相接处有木质斗拱。人字披下部画大型说法图1铺，南壁西侧画千佛，千佛中央有说法图1铺，下部画药叉。北壁上部画天宫伎乐，与人字披脊枋、檐枋相接处有木质斗拱。人字披下部画说法图1铺，北壁西侧画千佛，千佛中央有说法图1铺，下部画药叉。西壁上部画天宫伎乐，中部画千佛，下部画药叉。东壁上部开明窗，明窗两侧上部画天宫伎乐，门北存部分千佛。

本窟是北魏时期壁画彩塑保存完好的中心柱窟，壁画用色浓厚、华丽灿烂，人物造型强健而富于动感，具有西域艺术风格。本窟还保存有大量的未经改修的影塑原作，十分珍贵。

图 7　莫高窟第 251 窟　中心柱东向面

第 260 窟

建于北魏，宋代重修。加修窟门于东壁前，形成内壁。1920 年因白俄罗斯人居住，熏毁严重。本窟为中心柱窟，前部人字披顶高 4.94 米，后部平顶高 4.02 米。平面为长方形，进深 9.89 米，宽 5.93 米。中心柱东向面宽 3.38 米，南向面宽 3.2 米，西向面宽 3.25 米，北向面宽 3.43 米。中心柱东向面开一圆券龛，龛内塑倚坐佛像 1 身，龛外两侧各有 1 身胁侍菩萨立像。龛楣画忍冬莲花纹，浮塑龛梁、束帛龛柱，龛上部存影塑供养菩萨 51 身。塔座下部有宋画男供养人像。中心柱南向面上层开阙形龛，内有交脚菩萨 1 身，龛外两侧有胁侍菩萨各 3 身，存影塑供养菩萨 29 身、化生 3 身。下层双树圆券龛内塑苦修像 1 身，龛外两侧有胁侍菩萨各 2 身，存影塑供养菩萨 14 身。塔座座沿为北魏画边饰，下部画药叉 4 身。中心柱西向面上层圆券龛内塑趺坐佛 1 身，龛外两侧有菩萨像各 3 身，存影塑菩萨 20 身、化生 2 身。下层圆券龛内塑趺坐佛 1 身，龛外两侧有胁侍菩萨像各 2 身，存影塑供养菩萨 9 身、化生 1 身。塔座下部画药叉 4 身。中心柱北向面上层阙形龛内塑交脚菩萨 1 身，龛外两侧存菩萨各 2 身，存影塑供养菩萨 22 身。下层圆券龛内塑趺坐佛 1 身，龛外两侧有菩萨各 2 身，存影塑供养菩萨 15 身。塔座下部画药叉。

四壁的壁画布局：上部为天宫伎乐，中部画千佛，下部为药叉。西壁千佛的中央画禅定佛 1 铺。南壁东侧中央画降魔变，其下有宋画供养人 1 排，西侧中央画说法图 1 铺。北壁东侧千佛中央画鹿野苑说法图 1 铺，其下有宋画女供养人 1 排，西侧中央有说法图 1 铺。东壁经北宋重修，残存宋画文殊变。

第 263 窟

建于北魏，北宋末期至西夏初重修。窟形本为人字披顶，中心柱窟。西夏时缩小窟门，故东壁与人字披顶东披被土坯墙封闭。至 19 世纪末，西夏所砌土坯墙坍塌，被封闭的北魏壁画始现，其渲染勾勒，笔触如新。20 世纪初叶俄国人奥登堡窃去千佛、天宫伎乐、降魔变等北魏壁画若干幅，现藏于俄国圣彼得堡爱尔米塔什博物馆。

主室平面为长方形，进深 9.3 米，宽 5.8 米。前部人字披顶高 4.58 米，后部平顶高 4.08 米。中心柱东向面宽 2.98 米，南向面宽 2.67 米，西向面宽 3.01 米，北向面宽 2.65 米。中心塔柱已被改为盝顶帐形大龛，内置西夏塑佛、菩萨、弟子共 7 身。壁画装饰均系西夏初所作，中心柱其他三面各画飞天、垂幔、供养菩萨，下绘火焰珠供宝。南、西、北三壁表层亦为西夏画垂幔、千佛、供宝。壁画石绿涂底，千佛已变黑，呈清冷色调。南北壁人字披下绘有飞天。

1942 年剥离表层壁画数处：西壁上端中部剥出底层圆券龛，内存北魏塑禅定佛 1 身，龛下剥出北魏壁画白衣佛说法图 1 铺。南壁东端人字披下剥出北魏塑禅定佛一龛，龛下剥出北魏画降魔变 1 铺。南壁东端上部北魏画天宫伎乐、千佛、供养人 15 身，下部五代画供养人 2 身。南壁后部又剥出北魏画三佛说法图 1 铺。北壁东侧人字披下剥出北魏圆券龛，内塑禅定佛 1 身，龛下剥出北魏画鹿野苑说法图 1 铺，东端存北魏画天宫伎乐、千佛及供养比丘 4 身，下为五代绘男供养人 2 身。北壁后部又剥出北魏画说法图 1 铺。东壁保存北魏画 3 身天宫伎乐、部分千佛、10 身供养比丘，下部五代绘男供养人 9 身。

壁画层位说明：北魏（5 世纪中期）建成此窟，北宋至西夏曾有过一次局部整修，将北魏壁画塑像彻底覆盖。后来西夏砌墙倒塌，露出部分北魏壁画，到 20 世纪 40 年代，大部分北魏主题壁画始被剥出。此窟的重要之处在于令人能目睹 1400 年前北魏壁画、彩塑的原貌。特别是壁画被剥出之始，鲜艳的肉色还未变灰，叠晕的层次还未变黑，晕染的亮色还未变成“小字脸”。此窟绘画技巧纯熟严谨，墨线勾勒、眉目点染、线描与色彩的结合等，都明显地受到龟兹画风的影响，但是人物的外部风貌与内心表现，又反映着本地深厚的汉晋文化传统。虽然金色的臂钏璎珞、垂青大绿的衣裙和朱红的底壁形成强烈的色调对比，但其整体却并不失一种淳厚、和谐之氛围。第 263 窟这批新剥出的北魏壁画，对于了解北魏时期壁画、塑像色调的原貌及其变色的过程和原因都具有重要意义。

第 248 窟

始建于北魏末西魏初，五代重修。甬道顶残存五代画趺坐佛。主室为中心塔柱窟，主室平面为长方形，进深 5.16 米，宽 3.81 米。前部人字披顶高 3.58 米，后部平顶高 3.21 米。中心柱东向面宽 1.77 米，南向面宽 1.82 米，西向面宽 1.79 米，北向面宽 1.71 米。塔柱四面各开一龛，东向面龛内塑结跏趺坐说法佛 1 身，佛着通肩袈裟，身体较瘦。龛外两侧各塑菩萨 1 身，菩萨额角高广，细目薄唇，下颏浅小，显得娇小稚气。龛壁画佛光和供养天人，龛楣画火焰纹。浮塑龙首龛梁、束帛龛柱。西向面双树龛内塑苦修释迦像，面颊清癯，身体羸弱，颈部干瘦，透过袈裟肋骨隐隐可见，这是苦修像中的代表作品。塔柱南

图 8　莫高窟第 248 窟　中心柱东向面

北两向面各塑禅定佛 1 身，并各有菩萨塑像侍立两侧。塔柱四壁贴有浮塑供养菩萨，现多脱落残毁，唯东向面龛上完整地保存着浮塑飞天 1 身，飘带上扬，裙裾徐落，胡跪捧花于莲花上，表现了“从天而降”的瞬间动态。中心柱东、南、北三向面下部座身各存部分供养人像，最下部均画药叉。

人字披东披画持花供养菩萨，西披画供养飞天。脊枋画斗四平棋图案。四壁上部画天宫伎乐，下部画药叉环绕全窟。南北壁东侧人字披下各画大幅说法图，西侧画千佛，最下部画药叉。东西壁中部画千佛、下部画药叉。此窟是北魏艺术转入西魏时代的代表作，塑像已出现清瘦之像，壁画中如飞天体态轻盈，反映出北魏以来的西域风格与来自中原的新风格同时并存的状况。

第 431 窟

建于北魏，初唐时将此窟向下挖，并在下部重绘壁画。宋代太平兴国五年（980 年）重修了窟檐与前室。前室为宋代木构窟檐，三间四柱，柱作八棱形，斗拱六铺作三抄单拱造。前室宽 5.91 米，进深 1.77 米，高 3.69 米。窟檐前梁题记中有“维大宋太平兴国五年岁次庚辰二甲辰朔廿二日”之年代记载，后梁文字题记为“窟主节度内亲从知紫亭县令兼衙前都押衙银青光禄大夫检校刑部尚书兼御史大夫上柱国阎员清”，说明此窟檐为太平兴国五年任紫亭县令的阎员清所建。窟檐内外的拱眼壁及窗枋画伎乐、飞天、菩萨、弟子、花卉图案等。顶部画千佛、飞天、十方赴会佛。西壁门上有愿文榜题，榜题两侧宋画水月观音各 1 铺；门两侧上部各绘十方佛赴会、毗沙门天王赴会，下部宋画男女供养人。南壁宋画法华经变，其下部宋画供养人。北壁宋画华严经变，其下部宋画供养人。甬道长 1.2 米，宽 1.35 米，高 2.14 米。甬道顶画孔雀明王 1 铺，甬道南壁宋画男供养人，甬道北壁宋画女供养人。

主室平面为长方形，进深 5.8 米，宽 4.56 米。前部人字披顶高 4.26 米，后部平顶高 3.85 米。中心柱东向面宽 2.19 米，南向面宽 2.19 米，西向面宽 2.29 米，北向面宽 2.62 米。中心柱四面各开一龛，东向面龛内塑倚坐佛 1 身，龛两侧各有胁侍菩萨 1 身。其余三面龛内各塑禅定佛，龛外两侧分别塑胁侍菩萨 1 身。南向面龛外东侧画佛传故事乘象入胎，西侧画骑马逾城。这是敦煌壁画中对称地表现这两个佛传情节时代最早者。西、北向面的佛龛两侧分别画供养菩萨。中心柱塔座以下壁画为唐宋重绘。东向面为宋画说法图 1 铺，男女供养人各 4 身；南向面初唐画说法图 1 铺；西向面初唐画释迦、多宝说法图 1 铺；北向面初唐画说法图 1 铺，两侧分别有男女供养人及侍从。

窟顶前部人字披两披为北魏画莲花、摩尼宝珠、供养天人等，后部平顶绘斗四平棋。四壁上部为北魏画天宫伎乐，中部为千佛。南壁千佛中央画说法图 1 铺，两侧分别有供养菩萨 1 列。下部初唐画屏风画，内容为九品往生。最下部为初唐画供养人 1 列。西壁千佛中央有白衣佛 1 铺，其下为初唐画十六观，最下部为初唐画供养人及牛车、马匹等。北壁千佛中央画禅定佛 1 铺，其下为初唐画未生怨故事，最下部为初唐画供养人及侍从 1 列。东壁门上部有一券顶龛，内有北魏塑交脚菩萨 1 身；门南北两侧有唐画天王各 2 身，宋画供养菩萨和供养人等。

第 435 窟

建于北魏晚期，五代重修。甬道顶和北壁残存五代壁画。主室为中心塔柱窟，平面为方形，进深 4.7 米，宽 4.17 米。前部人字披顶高 3.79 米，后部平顶高 3.21 米。由于早年东壁塌毁，晚清王圆禄又妄凿穿道，东壁与窟门大部被毁，南北两壁人字披下说法图亦遭破坏。但存留下来的绘塑，大都颜色鲜亮、形象完整。

中心柱东向面宽 1.95 米，南向面宽 2.1 米，西向面宽 2.13 米，北向面宽 2.01 米。中心柱东向面开一大龛，龛内塑倚坐弥勒说法像，龛外南北各塑金刚力士 1 身，化生龛楣上方有浮塑禅定佛、二胁侍菩萨、二飞天、三供养菩萨，其余均残毁。龛沿上原绘北魏供养人，龛沿下五代重绘供养人。中心柱南北向面均作双层龛，上层为阙形龛，内塑交脚弥勒；下层为圆拱券龛，各塑禅定佛。龛两侧均塑胁侍菩萨。西向面，上层龛内塑禅定佛，下层圆拱龛内原塑苦修像，上下两龛侧均塑有胁侍菩萨，共 4 身。中心柱四面上端原有影塑供养菩萨，现存留者极少。下部座身均画金刚力士。窟顶人字披两披各画莲花飞天，长裙裹脚与飞扬上举的飘带构成了极富韵律的动态。后部平顶画莲花飞天斗四平棋图案。此窟四壁上有天宫伎乐通绕全窟。南北壁人字披下各画说法图 1 铺，均残毁不全。南北壁西侧与西壁均画千佛，西壁正中画白衣佛 1 铺。四壁下端画成列的金刚力士，扭臂跳跃于山岳间。此窟由于绘塑色彩饱满鲜亮，青、绿、赭、白清晰触目，在魏窟中别具一格。

第 249 窟

建于西魏初。主室为方形覆斗顶殿堂窟，进深 4.57 米，宽 5.8 米。窟顶中心高 4.98 米。窟顶正中藻井绘垂莲、火焰、忍冬、莲花纹。四披壁画内容丰富，西披中间为阿修罗王，赤身，四目四臂，头顶青天，足立大海，手擎日月，双龙卫护，身后为须弥山和“忉利天宫”。须弥山两侧画雷公、霹电、风神、雨师、朱雀、羽人、乌获及迦楼罗、飞天等，颇有雷电交加、风雨并至之势。东披上部中间画二力士承托摩尼宝珠，左右飞天护持，朱雀和孔雀相对飞翔。力士以下画倒立的胡人，腾跃的乌获，龟蛇相交的玄武和兽身九首人面的人皇。北披上部正中的东王公已残，但其乘坐的四龙车仍可见。南披的西王母头梳高髻，大袖长袍，乘坐三凤车，车上有华盖，车后旌旗飘动。东王公和西王母的前后有乘翔龙、鸾凤持节的方士、文鳐、大鲵、乌获、开明、禺强、羽人、飞廉、飞天等神灵卫护。画面笔触奔放，飞荡灵动，表现山神海灵、怪物形象，营造出神仙世界风驰电掣、飘忽无定的气氛。四披下部绕窟一周表现人间大地，但见山峦重叠，林木葱茏，野兽出没，猎人驰骋。

正壁开一圆券形大龛，内塑倚坐佛 1 身，头部重修，主尊佛像内着斜领僧衹支、交领大袖襦服，外罩对襟红色袈裟，胸前系小结，手残。龛外两侧原有菩萨 2 身，现已被毁，在南北两壁靠近佛龛的地方各有 1 身菩萨，颈饰项圈，上身斜披络腋，下着长裙，一手拈花贴胸，一手下垂，足踏莲花。菩萨的头部和双手均为后代重修。龛内佛像后面绘火焰纹佛光，佛座两侧画婆薮仙和鹿头梵志，以及供养菩萨，龛上部画飞天。龛沿浮塑龛柱与龙首龛梁，龛楣画莲花化生。龛外两侧上部画天宫伎乐，其下有飞天和供

图9 莫高窟第249窟 内景 西魏

图 10 莫高窟第 249 窟 窟顶南披 西王母 西魏

养菩萨。下部龛沿画忍冬纹。

东、南、北壁上段画天宫伎乐绕窟一周。东壁大部被毁，南北壁中段画千佛，千佛中央各画说法图 1 铺，说法图下部画供养人像 1 列，最下部画药叉。

此窟彩塑和壁画的人物造型和表现技法为两种风格的混合：一种人物造型、服饰、晕染、线描、底色、色彩等特征，继承北魏艺术遗风，但菩萨身材修长，面部清秀；另一种人物身材修长，面目清秀，褒衣博带，线描运笔疾速洒脱，壁画以白粉为底，敷以青绿色彩，色调清新明朗，但肌肤晕染仍沿用北魏流行的凹凸画技法，用白粉点眼和鼻。此窟前壁全部坍塌，窟顶东披和北披局部残毁，其他基本完好。

第 285 窟

建于西魏。主室北壁发愿文中存有西魏大统四年（538 年）、五年（539 年）题记，是敦煌石窟中最早的有确切开凿年代的洞窟。分前后室。前室平面为横长方形，进深 2.91 米，宽 5.44 米，高 3.55 米。窟顶为一面斜坡形，存宋画残痕。前室西壁门上有小窟（第 286 窟），门南残存宋画供养人像，底层可见中唐画，最底层为西魏壁画。门北为第 287 窟，存宋画男供养人像。甬道高 1.91 米，长 1.31 米，宽 1.2 米。甬道顶画趺坐佛 1 身（残），南壁中唐画不空绢索观音 1 铺，北壁中唐画如意轮观音 1 铺。

主室平面为方形，进深 6.2 米，宽 8.8 米。顶为覆斗形，顶中央高 4.72 米。窟室中央设有低矮的方台，正壁中央凿一圆券形大龛，两侧各有一小龛。南壁和北壁对称地开凿小禅室各4个。西壁龛内彩塑主尊善跏坐佛像，头部残，着褒衣博带式袈裟，内着僧祇支，胸前露出带饰。两胁侍菩萨像上半身残，身躯扁平。佛身后画火焰纹背光，两侧上部画飞天，下部画供养菩萨。中央佛龛两侧的小龛内各塑一禅僧像结跏趺坐，着田相格袈裟，做禅修状。北侧禅僧像头已被毁，南侧禅僧保存完整，可见低头沉思状。两龛内壁均在上部画飞天像，下部画比丘像。

窟顶中心方井画华盖式藻井，井心画垂莲和火焰、忍冬、云气纹；井外四周饰垂幔、彩铃，四角垂挂兽面口衔玉佩羽葆流苏。四披壁画象征天地宇宙。西披二飞天高捧莲花供养侍佛，两侧有手足敲踏连鼓的雷公；东披二力士共举莲花摩尼宝珠，宝珠两侧的伏羲、女娲，人身蛇尾，穿大袖衫，披长巾，手持规、矩和墨斗，胸前圆轮中分别为三足乌和蟾蜍；南披为莲花摩尼宝珠和二飞天扶持；北披为莲花和二飞天。四披中穿插绘出雨师、霹电、乌获、飞廉、三皇、羽人、朱雀、飞天等。诸神或腾跃翱翔，或昂首奔驰，空中天花飞旋，流云飘动，满壁风动。四披下部绕窟一周画山峦林木、飞禽走兽，山林间有草庐禅僧，山林里有刺杀野猪、追捕野羊、野牛奔驰、饿虎嚎叫等场景。在如此动乱喧嚣的环境中，禅僧们裹衣

图11 莫高窟第285窟 内景 西魏

图12 莫高窟第285窟 平剖面图

端坐，闭目沉思，好像听而不闻，表明他们的修炼已到较高境界。

西壁上部主要画诸天外道形象，有日天、月天、诸星辰、摩醯首罗天、毗瑟纽天、鸠摩罗天、毗那夜迦天及供养菩萨等，下部画四天王、婆薮仙等，最下部龛沿画忍冬纹边饰。

南壁上段画伎乐飞天和五百强盗成佛故事，以长卷式画面贯通南壁，画面以山水、建筑为背景，场面较大。中段东端画化跋提长者因缘、度恶牛缘故事，西端画婆罗门闻偈舍身本生故事，四禅室间壁面画沙弥守戒自杀因缘故事。每一个禅室门上部皆画忍冬禽鸟纹龛楣图案，下部画药叉。东起第一禅室内存元代建塔座，窟顶画莲花华盖；南壁画说法图 1 铺；东西壁各画趺坐菩萨 1 铺，其两侧皆画佛塔。第二、三禅室内存西魏画项光、背靠。第四禅室南壁西魏画项光、背靠（模糊），东壁西夏画供养人 1 身，禅室门外存元代塔座。

北壁上段画说法图 7 铺，每铺下有发愿文和男女供养人像；西起第 2、5、7 铺说法图下部的发愿文题记保存较完整。

北壁西起第 2 铺题记为：

夫至极□旷正为尘罗所约圣道归趣
非积垒何能济拔是以佛弟子比丘辩化仰
为七世父母所生母父敬造迦叶佛一区并二菩
萨因此微福愿亡者神游净土永离三途现
在居眷位太安吉普及蠕动之类速登常乐
大代大魏大统四年岁次戊午八月中旬造

北壁西起第 5 铺题记为：

夫从缘至果非积集无以成功是以佛弟子
滑□安上为有识之类敬造无量寿佛
一区并二菩萨因斯微福愿佛法兴隆魔事
微灭后愿含灵抱识离舍三途于八难现在老苦
往生妙乐齐登正觉
大代大魏大统五年四月廿八日造

北壁西起第 7 铺题记为：

夫从缘至果非积集无以成功是以佛弟
子滑黑奴上为有识之类敬造无量寿佛

图13　莫高窟第285窟　窟顶东披　伏羲、女娲　西魏

一区并二菩萨因斯微福愿佛法兴隆魔事

微灭后愿含灵抱识离舍三途八难现在老苦

往生妙乐齐登正觉

大代大魏大统五年五月廿一日造讫

北壁中段禅室间壁面画千佛、供养菩萨。每一个禅室门上部皆画忍冬禽鸟纹龛楣图案，下部画药叉。东起第一禅室内北壁西魏画一禅僧像（模糊）。第二禅室内存一元修佛塔（残），北壁西魏画一禅僧像（模糊）。第三禅室北壁西魏画一禅僧像（模糊），禅室门口存元修残塔。第四禅室北壁西魏画一禅僧像（模糊），旁有西夏文题记10行，其上画一塔、供养人像4身，禅室门口存元修残塔。

东壁门上画三佛，门两侧上段画无量寿佛说法图各1铺，每铺下方有发愿文和男女供养人画像，下段画药叉。

此窟窟形、彩塑、壁画都与禅修有关。窟内彩塑和壁画的人物造型和绘画技法有两种风格，一种为西壁壁画，底色涂土红，菩萨等人物身体裸露较多，肌肤以凹凸法晕染，线条遒劲挺拔；另一种为窟顶和南、北、东壁壁画以及彩塑，人物身材修长，相貌清瘦，眉目疏朗，面带笑容，神情潇洒，佛和菩萨穿汉式褒衣博带式服装，面部使用中原传统的面颊涂红色的晕染法，表示立体感。如南壁上部1列12身伎乐飞天，为典型的中原"秀骨清像"造型，均面朝正壁主尊方向飞翔，或奏乐，或散花供养，姿态优美，富有韵律，空中飘浮的天花和流云，增加了动势。全窟壁画以白粉为底色，上敷朱、紫、青、绿等色，色调清新明快，线描运笔疾速飘举，秀逸潇洒。北壁供养人形象虽小，表情动态饶有风趣，有穿大袖襦服的汉族形象，有着毡帽袴褶、脑后垂小辫的鲜卑族形象，榜题上有阴安归、滑黑奴、史崇姬、在和、难当、乾緆（緆非"婦"。原文如此）等姓氏。特别是部分题记被完整地保存下来，使我们得知造窟的年代正是由洛阳而来的东阳王元荣任瓜州（敦煌）刺史时期，具有重要的历史价值。

第288窟

建于西魏，唐、五代重修。分前后室。前室平面为横长方形，进深3.27米，宽5.48米，高3.23米。一面披顶，顶部存五代画观音普门品。西壁门上有愿文题榜，两侧画毗沙门天王各1铺（模糊）。门南北底层露出西魏画天王，中层有唐画，表层为五代画，均模糊不清。南壁底层露出西魏画天王，中层有唐画，表层残存五代画维摩诘经变，下为五代画供养人像（模糊）。北壁底层露出西魏画残迹，中层唐画千手千钵文殊，表层为五代画（模糊）。

甬道高2.09米，长1.36米，宽1.27米。甬道为盝形顶，中央五代画药师经变1铺，南北披五代画垂幔。甬道南壁五代画不空绢索观音1铺，下部壸门内画供宝。北壁五代画如意轮观音1铺，下部壸门内画供宝。

主室平面为纵长方形，进深6.27米，宽4.84米。前部人字披顶高3.76米，后部平顶高3.49米。中央有中心塔柱，中心柱东向面宽2.25米，南向面宽2.57米，西向面宽2.01米，北向面宽2.45米。中心柱正面开一龛，内塑倚坐佛，龛外两侧塑菩萨像各1身；龛壁画背光，两侧画菩萨各4身；龛楣画化生和菩萨，龛两侧浮塑束帛龛柱，龛上部存部分影塑千佛。塔座下部画药叉。南向面上层圆券龛内塑禅定佛1身，龛外残存胁侍菩萨1身，影塑存2身；下层圆券龛内塑苦修像1身，龛外胁侍已被毁，仅存壁画菩萨与飞天。塔座下部画药叉。西向面上层圆券龛内塑交脚佛像1身，龛外两侧存胁侍菩萨各1身，影塑千佛存1身；下层圆券龛内塑禅定佛1身，龛外残存胁侍1身，龛两侧画菩萨、飞天和化生。塔座下部画药叉。北向面上层圆券龛内塑禅定佛1身，龛外存胁侍菩萨2身；下层圆券龛内塑禅定佛，残存胁侍1身，龛楣画莲花忍冬图案，龛两侧画菩萨、飞天。塔座下部画药叉。

窟顶前部为人字披顶，后部为平顶。人字披两披的椽间画莲花、忍冬、宝珠、禽鸟等图案。脊枋画莲花水池。后部平顶画斗四莲花、火焰、飞天叠套方井图案，其方井桁条上的边饰有忍冬、云气、几何等纹样。

四壁壁画分段布局，上段绘天宫伎乐一周。中段南北壁前部相对绘说法图各1铺，西壁中部绘白衣佛说法图，其余壁面在土红底色上遍画千佛。下段绘三角垂帐纹。东壁门南北两侧千佛下面各有1列供养人，门南为女供养人，门北为男供养人，比丘持花在前引导，后随窟主，戴冠着袍，项有曲领，腹前束蔽膝，脚穿笏头履，衣摆曳地数尺，有童仆随侍提携；童仆着袴褶，跟随身后，并张伞盖、执障扇，后面还有马夫1身、马1匹。

此窟说法图，佛像庄严，其白毫、白鼻梁、白眼睑、白耳轮，是西域叠染手法的特点。构图完整稳定，色调沉静柔和,是北朝保存较完整的大型说法图。壁画中的菩萨上体半裸,下系长裙,身材修长,混合运用了西域浓色叠染的凹凸法和中原式晕染法,既表现了人物袒胸露臂的妩媚,又表现了人物潇洒飘逸的神韵。主室壁画绚丽的色彩保存如初。

第 432 窟

建于西魏,西夏重修。有前后室。前室进深 1.45 米,宽 5.24 米,高 3.86 米。前室壁画均为西夏画,门上画五方佛,门南北两侧各画垂幔、赴会佛 2 铺,南侧底层露出西魏和五代残画部分。南北壁画垂幔、项光、花卉,南壁底层露出五代画天龙八部。

甬道长 1.18 米,宽 1.13 米,高 1.2 米。甬道盝形顶中央西夏画团花图案,南北披画帷幔。南北壁均为西夏画供养菩萨。

主室为中心柱窟,进深 5.31 米,宽 4.61 米。前部人字披顶高 3.77 米,后部平顶高 3.47 米。中心柱东向面宽 2.17 米,南向面宽 2.18 米,西向面宽 2.28 米,北向面宽 2.1 米。中心柱上的彩塑为西魏原塑,部分色彩为西夏重绘。

中心柱东向面圆券龛内塑倚坐佛,龛外两侧塑菩萨像各 1 身;龛壁画火焰纹背光,两侧各画飞天、菩萨等形象。浮塑龛楣、龙首龛梁、莲花龛柱,两侧影塑供养菩萨和化生。座沿为西夏画图案,座下西夏画说法图 1 铺,壸门内画供宝。

中心柱南向面上层塑禅定佛,两侧各塑二菩萨,残存影塑 3 身。下层圆券龛内塑禅定佛 1 身,龛外两侧各塑菩萨 1 身。龛壁画火焰纹背光,两侧画化生和供养天人。浮塑忍冬龛梁、束帛龛柱,龛楣画火焰纹。龛两侧存影塑 7 身。座沿西夏画边饰,塔座西夏画五菩萨,壸门内画供宝。

中心柱西向面上层塑禅定佛,两侧各塑二菩萨,残存影塑菩萨 6 身。下层圆券龛内塑苦修像,龛外两侧各塑一菩萨。龛壁画火焰纹背光,两侧画化生和供养天人。浮塑忍冬龛梁、束帛龛柱,龛楣画火焰纹。龛两侧存影塑 6 身。座沿西夏画边饰,塔座西夏画四菩萨,壸门内画供宝。

中心柱北向面上层塑一禅定佛,两侧各塑二菩萨,残存影塑 6 身。下层圆券龛内塑一禅定佛,龛外两侧各塑一菩萨。龛壁画火焰纹背光,两侧画化生和供养天人。浮塑忍冬龛梁、束帛龛柱,龛楣画火焰纹。龛两侧存影塑 5 身。座沿西夏画边饰,塔座西夏画五菩萨,壸门内画供宝。

窟顶全部是西夏画团花图案。四壁的壁画均为西夏重绘,上部画帷幔,中部为千佛,下部为壸门供宝。南北壁人字披下分别画有莲花供宝与二飞天。南壁破损处露出底层西魏壁画。

本窟彩塑基本保持原貌,佛像比例适度,菩萨面相清秀圆润,衣饰华丽,特别是中心柱北向面的菩萨,身体清瘦,衣饰繁富,是当时中原风格影响下的作品。

第 461 窟

建于北周,位于莫高窟北区。覆斗顶窟,高 3.39 米,进深 2.88 米,宽 2.82 米。窟顶藻井画斗四莲花井心,四披有垂角帷幔。西披中部画摩尼宝珠,两侧各画二伎乐飞天,下有天宫栏墙。南北披同样画伎乐飞天和天宫栏墙。东披大部被毁。西壁不开龛，上画垂幔，中画一龛，内有释迦、多宝二佛并坐像，两侧绘十大弟子和四大菩萨，龛楣画睒子本生，描绘睒子和盲父母深山修行、国王出猎、睒子中箭、盲父母抚尸痛哭等情节，首尾完整，装饰性很强。下部画龛座，男供养人 1 身、女供养人 3 身。龛两侧画佛弟子 5 身、菩萨 2 身。南北两壁画千佛。本窟壁画以白底土红线描为主，色调爽朗，除东壁已残之外，余皆色彩如新。人物形象面相方圆而略带清瘦，犹存西魏遗风。

第 428 窟

建于北周，五代重修。系莫高窟大型洞窟之一，北朝窟之最大者。中心柱窟，分前后室。前室壁画为五代重绘，宽 11.63 米，现大部塌毁。顶部中间为五代画药师经变 1 铺，南北两侧各画说法图 1 铺。

西壁门上五代绘趺坐佛存 4 身，门南上画垂幔，下画东方天王，门北上画垂幔，下画西方天王。南壁上画垂幔和飞天，下画南方天王。北壁上画垂幔与飞天，下画北方天王。甬道高 2.91 米，长 2.28 米，宽 2.22 米。甬道壁画为五代重绘，盝形顶存曼荼罗一角，南北披画垂幔，甬道南壁画曹议金父子供养像及侍从，北壁画回鹘公主及女供养人 3 身。

主室平面为纵长方形，进深 13.77 米，宽 10.73 米。前部为人字披顶，高 5.7 米，后部为平顶，高 4.73 米。后部中央有中心塔柱。中心柱东向面宽 5.57 米，南向面宽 5.52 米，西向面宽 5.91 米，北向面宽 5.49 米。中心柱四面各开一圆券龛。彩塑和壁画内容基本一致，均为龛内塑趺坐佛 1 身、弟子 2 身，龛外塑菩萨 2 身，龛壁画火焰纹背光，两侧上部画飞天，下部画供养菩萨。浮塑龛楣、龙首龛梁、莲花龛柱。龛外两侧画供养菩萨。座沿画供养人像，下部座身画药叉。塑像面形较圆，五官集中，眉目清秀。上

图 14　莫高窟第 428 窟　东壁　萨埵太子舍身饲虎　北周

图 15 莫高窟第 428 窟 内景 北周

半身相对较长，下半身较短。中心柱四面龛外残存树枝，最初是在佛龛两侧用以表现菩提树的，今大部分已失。

窟顶前部人字披东西披椽间各画禽鸟、莲花、忍冬图案 17 条，后部画斗四莲花飞天图案平棋 30 方，其中有裸体飞天 8 身。南北两侧顶部西端，各有一组双飞天。南侧的平棋之间还有两组对虎图案。

四壁壁画布局，从上到下分四段，第一段贴影塑千佛 5 排；第二段为说法图、故事画等；第三段为供养人 3 排；第四段为垂帐纹。南壁东侧人字披下绘说法图 1 铺，其下为影塑千佛；中段自东起分别绘说法图、卢舍那佛、说法图、经行佛、说法图，其中卢舍那佛袈裟中表现出天界、人间、地狱三界的场景，是同类作品出现时代最早的。西壁上部为影塑千佛；中部南起画说法图、金刚宝座塔、说法图、涅槃变、释迦多宝并坐说法图，其中金刚宝座塔为中央一大塔，四角各有一小塔，中央塔中表现释迦降生的场面，这一题材在敦煌壁画中是唯一一例，有的学者认为是五分法身塔，涅槃变也是敦煌壁画中最早出现的涅槃画面，具有重要的研究价值。北壁东侧人字披下部绘说法图 1 铺，其下为影塑千佛，中段东起为说法图、降魔变、说法图、经行佛 2 铺。东壁门上部影塑千佛，中段门北画须达拏本生，门南画萨埵太子本生，两铺故事画分别以三段长卷式构图的形式，按顺序详细表现故事的情节，是敦煌壁画早期连环画的代表作。四壁下部均绘供养人 3 排，最下为垂帐纹。

本窟壁画人物比例适中，动感强烈，以西域式晕染法为主，用色浓重，但变色也十分严重，大部分人物都改变了原貌，仅剩下较粗的黑色轮廓线。此窟绘供养人数量多达 1186 身，是敦煌石窟中供养人形象最多的一窟。据唐代碑文记载，北周时建平公于义任瓜州刺史，曾在莫高窟建一大窟。现存北周洞窟中，本窟规模最大，因此，有学者推测此窟可能为建平公所建。

第 290 窟

建于北周，宋代重修。主室前残存甬道，长 0.73 米，宽 1.33 米，高 2.17 米。甬道盝形顶北披残存宋画垂幔。甬道北壁存宋画女供养人像 1 身。

主室为中心柱窟，平面为长方形，进深 5.47 米，宽 4.7 米。窟顶前部为人字披顶，高 3.48 米，后部为平顶，高 3.3 米。中心柱东向面宽 2.65 米，南向面宽 2.36 米，西向面宽 2.93 米，北向面宽 2.49 米。塔柱四面开单层龛。东向面圆券龛内塑倚坐佛，两侧为二弟子，龛外两侧各塑一菩萨。龛壁佛光两侧各画一弟子，下南侧画鹿头梵志，北侧画婆薮仙。龛楣画莲花忍冬。浮塑龙首龛梁、莲花龛柱。两侧影塑已失。座沿画忍冬纹边饰，座身画供养人 1 排，其下画药叉。南向面圆券龛内塑倚坐佛，两侧为二弟子，龛外两侧各塑一菩萨。龛壁佛光两侧各画一菩萨。龛楣画莲花、忍冬。浮塑忍冬龛梁、莲花龛柱。两侧影塑已失。座沿画忍冬纹边饰，座身画供养比丘 1 排，其下画三角垂幔。西向面圆券龛内塑交脚菩萨，两侧为二胁侍菩萨，龛外两侧各塑一菩萨。龛壁佛光两侧各画一菩萨、一弟子。龛楣画莲花、忍冬。浮塑忍冬龛梁、束帛龛柱。座沿画忍冬纹边饰，座身画马夫与马，两侧为供养比丘、供养人，其下画三角垂幔。北向面圆券龛内塑倚坐佛，两侧为二弟子，龛外两侧各塑一菩萨（1 身头被毁）。龛壁佛光两侧各画一菩萨。龛楣画莲花、忍冬。浮塑忍冬龛梁、束帛龛柱。座沿画忍冬纹边饰，座身画供养人 1 排，其下画三角垂幔。

窟顶人字披的两披绘佛传故事画。东西两披各分上、中、下三层绘长卷式画面，由东披上段南端起，至北端转入中段，又到中段南端转下段，再由下段北端转接西披上段北端，然后与东披同样按“S”形走向延伸，最后至西披下段南端，转接平顶的画面，全图方告结束，总长 27.5 米。画面主要依据《修行本起经》而绘，描绘了能仁菩萨从入梦投胎，树下诞生，而为悉达多太子，到最后出家成道的全过程，总共87 个画面，是北朝时期内容最丰富、表现最细腻的故事画。其中的掷象、相扑、射铜鼓，以及交龙车、丧车、路祭等场景还反映了古代体育、民俗等丰富的社会生活场景，具有重要的研究价值。后部平顶，在塔柱东侧画鹿野苑说法图，两侧有 8 身飞天，塔柱南、西、北侧分别画分饰莲花、忍冬、飞天的斗四平棋共 11 方。

四壁壁画布局上部为伎乐飞天，中部为千佛，其下为供养人，最下部为药叉。南北壁东侧在人字披下部各有 1 铺说法图。

本窟的彩塑佛像皆肉髻扁平，肩宽，腿短，膝盖粗壮，为北周典型形象。长卷式佛传壁画情节丰富，描绘细腻，为敦煌壁画故事画代表作。洞窟后部平棋四角还画出裸体飞天，线条简练，形象准确。四壁上部的伎乐飞天则宽袍大袖，灵动轻盈。中心柱后壁表现供养人的画面中还画出胡人驯马图，神态生动，富于生活气息。

图16 莫高窟第296窟 内景 北周

第 296 窟

建于北周，五代、清重修。前室西壁门上部残存壁画说法图（五代绘），门南五代画北方毗沙门天王1铺，门北五代画南方毗琉璃天王。甬道为盝顶形，高 1.74 米，长 1.27 米，宽 0.99 米。甬道顶五代画接引佛 1 铺，南北壁五代画说法图各 1 铺。

主室为覆斗顶殿堂窟，平面为方形，进深 4.24 米，宽 3.95 米，高 3.48 米。窟顶藻井画莲花忍冬飞天井心，千佛、忍冬、垂幔铺于四披。四周环绕忍冬、禽鸟图案与千佛。窟顶四披为故事画，西披龛楣以北至北披西段，画微妙比丘尼因缘故事；北披东段画福田经变；西披龛楣以南至南披、东披画善事太子入海故事。四披下部画伎乐飞天和天宫栏墙。

西壁开一圆券龛，龛内塑一倚坐佛、二弟子（北侧弟子清修），龛外两侧塑二菩萨（均为清代重新妆銮）。龛壁画火焰化佛背光，两侧各画一飞天、四弟子、一菩萨，下部南侧画鹿头梵志，北侧画婆薮仙。龛楣画忍冬化生，浮塑龙首龛梁、莲花龛柱。龛外南侧上画西王母，下画二菩萨，北侧上画东王公，下画二菩萨。龛下愿文榜题南侧画白虎，北侧画苍龙。

南北两壁分三段，上段为千佛；中段为故事画，北壁画须阇提本生，南壁画五百强盗成佛故事；下段为药叉。东壁上段为千佛，中段画供养人，下段画药叉。

此窟虽属小型窟，却画了五种故事画，均以长卷式连环画的形式，详细描绘故事情节，场面众多，绘制细腻，表现人物以线描为主，辅以色彩晕染，反映了北周时期敦煌壁画故事画的高度成就，特别是微妙比丘尼故事曲折动人，为敦煌壁画中所仅有。善事太子本生、须阇提本生和五百强盗成佛故事，具有一定的忠、孝思想，反映了南北朝后期，佛教思想在与中国传统儒家思想经过较长时期的相互斗争之后，逐步开始相融合。在众多的佛经故事中，带有忠君爱国及孝道思想的内容得到突出表现，缓解了儒佛之间的冲突，从而使佛教在中国得以顺利发展。

第二节　隋代石窟

隋代在莫高窟营建历史上是一个极为重要的时代，具有承前启后的意义。公元 581 年，隋文帝建立隋朝，589 年统一全国。隋朝统治集团大力崇佛。隋文帝仁寿元年（601 年），诏令在全国三十州立塔，朝廷分遣名僧大德送舍利入塔供奉。当时，长安净影寺高僧智嶷奉召送舍利塔至瓜州崇教寺，即现在的莫高窟，从此，智嶷便在莫高窟修行，直至唐初。智嶷曾师从慧远学习《法华经》、《维摩诘经》、《涅槃经》、《华严经》、《十地经论》等经、论，隋代莫高窟佛教事业之兴，智嶷功不可没。隋炀帝继位后，在崇佛的同时，也更加重视经略河西及西域地区，加强丝路贸易。他曾把张掖设为西域互市之地，任裴矩为西戎使者，还于大业三年（607 年）令裴矩到敦煌招西域诸国首领入朝。他自己更于大业五年（609 年）亲巡河西，于张掖召见西域诸胡二十七国使者，举办互市贸易盛会。而敦煌，则是中原与西域交通中的重镇。据裴矩所撰《西域图记》所载，当时中原与西域交往的北、中、南三条主要通道，皆"总凑敦煌"，谓敦煌"是其咽喉之地"。丝路贸易和人员往来的频繁,促进了当时文化和艺术的交流与繁荣,也促进了敦煌莫高窟的营建。有隋一代,莫高窟兴建了80多个洞窟,再加上重修前代洞窟,总数约100个洞窟,这在莫高窟1000多年的营建史上是极为罕见的。

隋代的莫高窟在艺术风格和内容上呈现出一些阶段性的特点,一般分为三期:第一期(581—589),即隋开皇年间,开窟7个;第二期(590—612),即隋开皇十年至大业八年间,开窟32个;第三期(613—626),即隋大业九年至唐武德九年间,开窟43个。三期中,以后二期建造数量最多。隋代洞窟型制主要以覆斗顶窟为主,其次为前部为人字披顶,后部为平顶,或前部为平棋,后部为人字披顶的洞窟,也有少数洞窟沿袭了早期的人字披中心柱窟型制,其中个别洞窟还将中心柱改为须弥山形式。隋窟大部分只在西壁开一龛,但也开始出现南、西、北三壁开龛的布局,即所谓的"三壁三龛窟",而且还出现了内外双重龛形式。龛内增设佛床,塑像流行一佛、二弟子、二菩萨组合。一些立佛像高达三四米,造型上具有头大、腹鼓、腿短的特点。特别是"三佛"组合成为隋窟塑像的一大特点,其中以第420、427窟为代表。此外,隋窟中还出现了不在壁面开龛,而是在壁前设低佛床,在其上立塑像的新形式。壁画内容除了继续沿用早期的佛传、佛本生、因缘故事画外,还新出现了画面内容和布局较为简单的净土经变、维摩经变、法华经变、弥勒经变等经变画。情景安排上,也由早期的注重叙事性转而向表现场景、表现人物为主发展,使画面的表现更趋丰富。用色上,在保留早期笔力刚劲、较为疏朗的风格的同时,汲取中原敷金彩、重青绿、间朱赭的用色特点,形成了华丽细腻的画风。而且,隋代壁画中开始出现大量反映丝路贸易和中外交通的画面,如对马联珠纹边饰图案等。在装饰纹样和图案上,传统的花鸟、忍冬纹与新传入的西亚波斯风格的纹样如狮凤纹、联珠、狩猎纹、兽禽纹等并用。总之,敦煌的隋窟壁画,在南北朝石窟艺术的基础上,通过对不同时期、不同地域、不同风格的艺术的大胆吸收和创新,开始了莫高窟艺术在形式、技法和风格上的新的探索,并由此使隋代的莫高窟艺术呈现出别具一格、承前启后的艺术风貌。

第244窟

建于隋代,五代、西夏重修。前室原可能为人字披顶,现多已坍塌,存西披,上有西夏画团花图案。前室表层壁画均为西夏所绘。西壁门南底层有五代画龙王礼佛图。甬道盝形顶为西夏绘画,南北壁残存五代画男供养人各1身、侍从数身。南壁供养人榜题存"……伊西……节度使检校中书令……曹□□",北壁供养人榜题存"男敕河西归义军节度押……国……曹元德一心供养"。可知其当分别为曹议金、曹元德父子供养像。

主室为覆斗顶窟,平面呈方形,宽6.2米,进深6.13米。窟顶藻井存隋画仿木构建筑部件,垂角帷幔铺于四披。四披画千佛。本窟很小,塑像却有11身。南、西、北壁不开龛,于壁前下部设一周低佛床,上分塑3铺大型造像组合。其中西壁为一趺坐佛、二弟子、二胁侍菩萨像;南壁为一立佛与二胁侍菩萨立像,佛像高达4米,胁侍菩萨高达3米以上;北壁为与南壁塑像等高的菩萨立像与二胁侍菩萨立像,三壁塑像为"三世佛"组合。其中南壁东侧1身胁侍菩萨,一反以往多见的敦实方正的菩萨塑像造型,体形

图 17 莫高窟第 244 窟 内景

轮廓浑圆，而且一腿稍弯曲，造成自然倾斜的动态感，打破了菩萨塑像端正直立的呆板姿势。衣纹图案华丽，色彩搭配柔和协调。塑像整体上比例适度、体态婀娜、服饰华丽，是这一时期彩塑的代表性作品。

南壁上部画天宫栏墙及飞天；中部分为上、中、下三段画 8 铺说法图；下部佛床西夏画壸门，内各有伎乐形象 1 身。西壁上部画天宫栏墙及飞天伎乐；中部火焰形佛光两侧画说法图 2 铺；下部画弟子、菩萨、莲花化生童子数身，佛床五代画壸门及伎乐。北壁上部画天宫栏墙及飞天伎乐；下部分上、中、下三段画 8 铺说法图，佛床西夏画壸门及伎乐。东壁隋画飞天、趺坐说法图 1 铺，门上五代画说法图 1 铺；门西画立佛 1 铺；门南北隋画说法图各 2 铺，西夏画供养菩萨及壸门、供宝等。

第 276 窟

建于隋代，西夏重修。主室进深 4.37 米，宽 3.28 米，高 3.49 米。覆斗顶窟，平面呈方形。窟顶西披隋画释迦、多宝二佛并坐说法图 1 铺：圆券形龛内，二佛并坐于长方形的硕大莲台上，中间还绘有一方形小塔。二佛外侧各绘 1 身立菩萨。莲花龛柱、彩帛忍冬龛梁和火焰形龛楣。龛外有西夏补修羽人 2

身，隋画飞天1身。北披存隋画飞天1身、残画一角。

西壁斜顶方口龛内存隋塑趺坐佛、弟子、菩萨各1身，多有残损。龛顶隋画火焰形佛光与双树，龛内南北壁西夏画飞天与云气，龛下存隋、西夏所绘供养人形象。龛外南北侧分绘文殊菩萨和维摩诘像，表现维摩诘经变中的文殊问疾品。本窟之维摩诘经变不同于其他隋窟的是，其以两尊单身立像表现维摩、文殊二者，除仅以山花树石为背景外，并无建筑。画中的维摩居士坐于树下，头戴纶巾，手执羽扇，长髯飘须，面带微笑，充满智慧与自信。这也是敦煌壁画中最早出现的维摩诘形象。文殊菩萨身上的线描则细腻地表现出菩萨的温雅气质。画面上描绘的山岳树木是研究隋代山水画的珍贵资料。南壁画说法图1铺，下画女供养人1排。北壁画说法菩萨1铺、胁侍菩萨2身，下画男供养人1排。东壁门北存天王一角，多已模糊。

第281窟

建于隋代大业年间，五代和西夏重修。现前室西壁门北侧底层露出五代画毗沙门天王1铺，下部存五代画男供养人3身，皆有榜题。其中一方为："北方大圣毗沙门天／王拥□国界境四塞□(清)平／□□(前)正兵马使银青光……太子宾客兼录事尹安住。"甬道长0.742米，宽1.115米，高1.66米。甬道顶底层有五代画。

主室为覆斗顶窟，平面呈方形，宽2.4米，进深2.5米，高2.8米。西壁设马蹄形佛床。主室表层壁画均为西夏重绘，窟顶西夏画交杵井心。南壁底层露出隋画供养人，其中东起第3身着窄袖黄袍，束革带，着乌靴，与文献记载的隋代官服大体相符，有榜题"大都督王文通供养"。西壁底层露出隋画坐佛、弟子、供养人各1身。北壁底层露出隋画女供养人5身。

第282窟

建于隋代晚期，清代曾补修塑像。前室西壁门南北各存部分隋画忍冬纹饰。主室宽2.8米，进深2.7米，高3米。窟顶前部为平顶，后部为人字披顶，全绘千佛。

西壁开一内外双层方口龛，内层塑一佛、二弟子，外层塑二菩萨。内层龛壁画弟子4身；外层龛顶画火焰忍冬龛楣、飞天6身，龛西壁两侧画缠枝莲花龛柱，南北壁各画三菩萨、一化生，龛沿画龛梁与联珠纹边饰。龛下正中残存愿文题榜1方，可识读者为：

> □□□□相□□释伽像及二菩／萨四天王……就□□／……法界□生□七世父母所生／父母田□□擢一时成佛／……大业□(九)年七月十一日造讫

题榜南侧画女供养人，北侧画男供养人，各数十身。

南北壁前皆隋塑一佛、二菩萨(菩萨皆失一，余皆清修)。壁面画千佛，其下各存女供养人数身。东壁门南北各画千佛，其下皆有女供养人像残痕。

第 292 窟

隋代所建大型洞窟之一，盛唐、五代、西夏、清重修。前室进深 2.23 米，宽 6.19 米，高 3.92 米。前室顶多已坍塌，原可能为人字披顶。顶西披残存盛唐画千佛、西夏补画千佛各 1 铺；西壁门南北各塑金刚力士 1 身，门南侧五代画千手千眼观音 1 铺，底层露出隋画故事画，门北侧存五代残画，底层露出隋画故事画；南壁五代画普贤变 1 铺；北壁五代画文殊变 1 铺。甬道长 1.67 米，宽 2.15 米，高 2.77 米。甬道顶五代画药师佛 1 铺，南北壁各存五代画天王 1 铺、供养人 1 排。

主室为中心塔柱窟，平面呈方形，宽 6.7 米，进深 10.3 米。前部为人字披顶，高 5.87 米，后部为平顶，高 4.84 米。中心柱东向面不开龛，南、西、北三向面各开一浅龛，内分塑一禅定佛、二弟子。这些塑像虽经清代重新敷彩，但仍保持隋代风貌，皆头大体壮，肩宽腹圆，面相略方而结实，衣饰华丽。在中心柱东向面和南北壁前部各塑高大的一佛、二菩萨像，3 铺大佛构成“三佛”的组合形式，分别高 4.36 米、4.56 米、4.56 米。

人字披顶东披画千佛；西披中央凿浅龛，内画三世佛，大部分已被毁，龛两侧各画天王、神将、菩萨、弟子等 7 身，残存的供养菩萨面部贴金。后部平顶南侧存千佛 1 铺，北侧存西夏补画千佛部分。主室四壁分上、中、下三段。上段画飞天绕窟一周，飞天下有天宫栏墙；中段绘千佛；下段绘药叉力士。飞天体态轻盈，在飘带和衣裙的烘托下充分表现出飞行疾进的动势。中段的千佛，以土红为底，佛袈裟以四种颜色为一组，有规律排列，使单调的壁面富有变化。

第 295 窟

建于隋代，清重修塑像。小型人字披顶窟，平面呈方形，宽 1.25 米，进深 1.57 米。西壁开一龛。窟高 2.21 米，窟顶人字披东披画千佛，西披画涅槃图 1 铺。这幅涅槃图是隋代画工在北朝涅槃图像的基础上，吸收中亚、西域图像的一些因素而新创的一种单幅画式的涅槃经变。画幅虽小，但布局合理，主题突出。主要情节有双树入灭、弟子举哀、佛母奔丧等。画面描绘细腻、秀丽，在人物表情的具体刻画上比早期又前进一步，在表现佛弟子们各种悲痛哀悼的表情动作上更为传神，色彩表现也更加丰富。画面还着意描绘了跪在佛足处、双手抚佛双足的迦叶形象。该铺涅槃经变是敦煌石窟同类题材经变画的代表作之一。

西壁圆券形龛内塑一佛、二弟子（清修），龛壁南北两侧各画二弟子，龛楣画火焰形宝珠，龛外南北两侧各画二弟子、一菩萨。龛下画男女供养人及供养比丘、比丘尼数身。女供养人形象身着隋代通行的大袖长裙，姿态温婉。南壁画千佛，中央画说法图 1 铺，下画女供养人及垂幔。北壁画千佛，中央画说法图 1 铺，下画男供养人及垂幔。东壁画千佛。

第 302 窟

建于隋代初期，宋和清重修。前室顶大部坍塌，原可能为人字披顶。顶西披存宋画千佛 2 排。西壁门两侧存宋画毗沙门天王赴哪吒会各 1 铺，门南存宋画如意轮观音 1 铺及四龙王礼佛图，门北存宋画

图18　莫高窟第302窟　内景　隋代

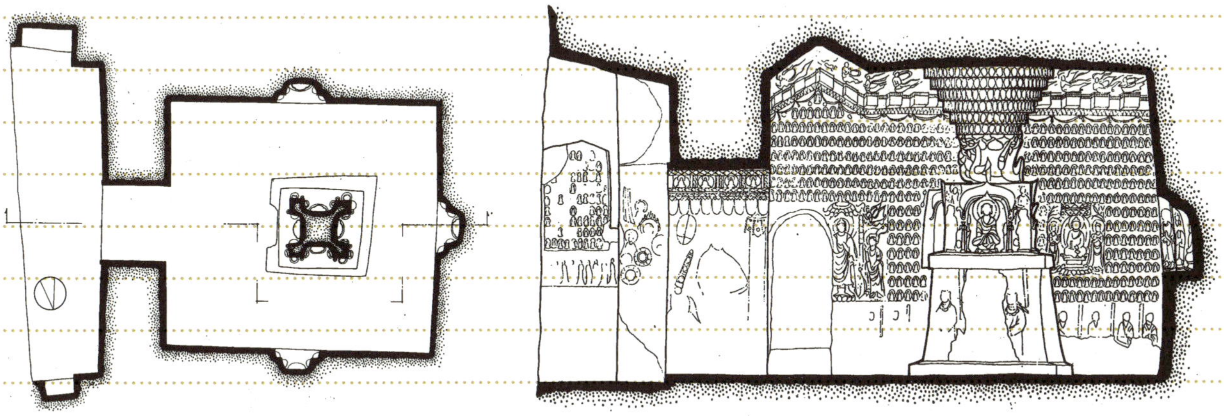

图 19 莫高窟第 302 窟 平剖面图

不空绢索观音 1 铺及四龙王礼佛图。南北壁各残存宋画部分。甬道长 0.97 米，宽 1.06 米，高 1.95 米。盝形顶中央宋画千手千眼观音变 1 铺，南壁宋画男供养人及侍从，北壁宋画女供养人及侍从。

主室平面略呈长方形，宽 3.5 米，进深 3.9 米。窟顶前部为人字披顶，高 3.17 米，后部为平顶，高 2.96 米。中心柱做须弥山状，上部为圆形七级倒塔，上六级原贴有影塑千佛，现已大部剥落，最下一级塑出仰莲，并有四龙环绕；下部为四方形塔座，塔座的东面宽 1.13 米，南面宽 1.23 米，西面宽 1.13 米，北面宽 1.14 米。中心塔柱分上下两层，上层四面开龛，内塑一佛、二弟子或一佛、二菩萨，下层壁画重层。

窟顶前部人字披以白色为底色，与四壁土红底色形成对比，东西披各分上下两段，以横幅长卷形式“出画”故事画。东披上画尸毗王割肉贸鸽、毗楞竭梨王身钉千钉、快目王施眼、月光王施头等 8 幅横卷式本生故事画，下画睒子本生；西披上画萨埵太子本生，下画福田经变，为敦煌同类题材代表作。后部平棋顶多为西夏重绘，仅存部分隋画。

四壁以土红为底色，壁画内容分为上、中、下三段。上段绕窟一周画飞天伎乐及帷幔；中段以千佛为主体，中间有说法图，说法图中的华盖样式多变、装饰华丽，佛身后除了菩提树外，还增画了垂杨柳等，南壁前部还画有药师佛 1 铺，北壁前部还画有释迦、多宝二佛并坐 1 铺，后被穿洞所破；下段表层壁画为宋画供养人，多处底层露出隋画痕迹。中心柱底座北向面下层壁画隐约可见“开皇四年六月十一日”等字样，据此可知此窟开凿于开皇四年（584 年）左右，故又称“开皇四年窟”。

第 303 窟

建于隋代初期，五代和清重修。前室进深 1.42 米，宽 3.05 米，高 2.98 米。顶存五代画趺坐佛 7 身，西壁门北存五代画弥勒经变 1 铺，南北两壁各存五代画天王 1 铺，现均已模糊。甬道长 1.02 米，宽 1.07 米，高 1.98 米。甬道顶存五代画说法图 1 铺，南壁存五代画如意轮观音变 1 铺，北壁存五代画不空绢索观音变 1 铺。

主室为中心塔柱窟，平面呈方形，宽 3.35 米，进深 3.35 米。前部人字披顶高 3.16 米，后部平顶高 2.89 米。本窟中心塔柱做须弥山状，上部为圆形七级倒塔，上六级原贴有影塑千佛，最下一级塑仰莲及莲茎，四龙环绕；下部做方形两层台座，承托倒塔。台座上层四面各开一圆券形龛，内各存清塑佛像 1 身及隋塑清修佛弟子、菩萨像。中心柱东向面底座上排中央有完整榜题一条:“僧是大喜故书一字书师平咄子。”榜题南北两侧相向而立数身男性供养人,其中北侧为首供养人形体高大,戴帕首,着翻领大衣,旁有随从4人,推测可能为该窟窟主。

窟顶前部人字披东西两披以上下两段横幅长卷的形式表现法华经变中的观音普门品。其中东披为救诸苦难,西披为三十三现身。后部平顶中央做方井,方井内塔顶四周做圆表垂幔,四角画禅定佛各1身,周围画千佛。四壁内容分上、中、下三段。上段绕窟一周画天宫伎乐,中段画千佛,下段画供养人和山林野兽。其中中段南壁中央画经行佛1铺,北壁中央以龛形表现多宝塔,画释迦、多宝二佛并坐于一双狮座上。二佛中间有一覆钵形宝塔,塔刹为九级相轮。这也是敦煌“二佛并坐”图像中在二佛之间绘有宝塔的最早图例。龛外两侧各有1身菩萨侍立。佛座下正前方,左右各有1身蹲狮,隔着中间的摩尼宝珠和宝瓶对望。在多宝塔台基两端,各画一力士,双手上举,以示承托宝塔。这铺“二佛并坐”与此前表现见宝塔品内容的“二佛并坐”画面相比,画面元素更趋多样化,特别是增加了出场人物数量和建筑形象,显示出更多的叙事性特点,具有一定的创新意义。

第305窟

建于隋代初期,五代和清重修。前室进深1.65米,宽3.89米,高3.28米。顶存五代残画部分,西壁门上五代画七佛,门南北各存五代画普贤变和文殊变1铺,南北壁各存五代残画1铺。甬道长1.96米,

图20 莫高窟第305窟 窟顶北披 东王公

宽 1.06 米，高 1.18 米。甬道顶存五代画地藏 1 铺，南壁存五代画如意轮观音经变 1 铺，北壁存五代画不空绢索观音经变 1 铺。

主室为覆斗顶窟，平面呈正方形，宽 3.75 米，进深 3.85 米，高 3.35 米。窟室正中设一方坛，坛上塑像。窟顶为华盖式斗四藻井图案，三兔莲花井心，内岔角绘 4 身有翼兽，外岔角绘 4 身飞天，垂幔、四角环佩流苏铺于四披。东西披上各画摩尼供宝，两侧画飞天各 4 身。南披画乘凤车形象 1 铺，北披绘乘龙车形象 1 铺。关于这两个形象，多认为其分别为东王公、西王母，也有认为其分别为“帝释天”、“帝释天妃”的。此外，南北披还出现了代替早期持节仙人的飞行比丘形象。整个窟顶以满绘极富动感的天花、流云、飞天、比丘等形象来烘托氛围，艺术效果很强烈，是隋代同类题材艺术中的代表作。

西、南、北壁正中各开一方形龛，龛内各有隋塑一佛及清塑二弟子、二菩萨。四壁绘千佛，下部隋画供养人及三角形垂幔。其中西壁中央圆券形龛内顶画菩提树，浮塑束帛龛柱，画火焰形龛楣。龛外南侧绘释迦降服火龙 1 铺，北侧绘说法图 1 铺。在主室北壁龛下有“□(开)皇五年正月”的发愿文字样，据此可知此窟完工于开皇五年(585 年)左右，故又称“开皇五年窟”。

第 390 窟

建于隋代晚期，五代、清重修。前室进深 1.31 米，宽 6.37 米，高 3.8 米。壁画皆为五代所绘。其中西壁门两侧画毗沙门天王赴会图，门南上画不空绢索观音变 1 铺，中画报恩经变 1 铺；门北中存阿弥陀经变大部。南北壁残存五代绘弟子、菩萨及供养人像，多已模糊。甬道长 1.46 米，宽 1.69 米，高 2.2 米。甬道顶五代画地藏与十王厅，中有“道明和尚”题记，南北壁各为五代画普贤变、文殊变，下存女供养人，多已模糊。

主室为覆斗顶窟，平面呈方形，宽 6 米，进深 6.17 米，高 5.89 米。窟顶为莲华缠枝花卉藻井，四披铺垂角联珠纹帷幔，下饰以环形联珠纹和镶边，这也是本窟藻井图案的一大特色。四披画千佛。西壁开一双层龛。龛内主尊为倚坐菩萨，左右塑二弟子(已失)、四菩萨(清修)。内层龛顶绘飞天 12 身，飞天姿态各异，上下翻飞，飘动的飘带与火焰纹相呼应，在土红色的背景衬托下使画面呈现出十分热烈的气氛。火焰形佛光南北两侧各画菩萨 9 身，下分画婆薮仙与鹿头梵志。外层龛顶画火焰莲花龛楣，并以联珠纹装饰带将整个画面分为上下两层。上层绘摩尼宝珠火焰纹，下层中央绘 1 身坐姿菩萨，两侧绘缠枝莲花。整幅龛楣图案色彩华丽、热烈，呈现出隋唐之交龛楣图案的过渡性特征。龛顶画飞天 6 身，龛壁两侧画龙首龛梁、莲花龛柱。龛外南北两侧壁画分上、中、下三段，上段画天宫栏墙，中段画坐佛各 7 铺，下段分别画男、女供养人及侍从。

四壁上部均绘飞天，飞天下有天宫栏墙建筑，这些飞天，体态轻盈，飘逸秀美。南北壁以说法图为主，布局对称，说法图中的佛大都结跏趺坐。南壁上画伎乐飞天 10 身、坐佛 15 铺；中画头戴化佛冠、手执杨柳枝的倚坐观音说法图 1 铺，两侧画趺坐佛 18 铺；下隋画穿高腰裙衫的女供养人 26 身，其下五代画供养人 9 身。北壁上画天宫栏墙、飞天 10 身、坐佛 15 铺；中画头戴化佛冠的菩萨说法图，两侧画趺坐佛 18 铺；下隋画男供养人 47 身，其下五代画男供养人 28 身。东壁最上部画一佛、二菩萨趺坐佛说法图 17 铺,东壁门上沿隋画七佛 1 铺,门南北各画趺坐佛 8 铺,下为供养牛、马车、车夫及五代画男供养人数身。

第 394 窟

建于隋代晚期,五代、清重修。前室长 0.61 米,宽 1.86 米,高 1.78 米,顶大部坍塌,原可能为人字披顶。前室皆为五代绘画,西披顶存不知名密教经变一角。甬道长 0.71 米,宽 1.09 米,高 1.37 米,南壁存五代画趺坐佛 3 身。

主室覆斗形顶,平面呈方形,进深 3.59 米,宽 2.52 米,高 2.7 米。主室窟顶藻井为莲花缠枝花卉井心,边框饰以联珠纹,垂幔铺于四披。整体上,藻井外饰层次增多,垂幔变短,呈现出向唐代藻井图案演变的过渡性特征。四披画千佛。西壁开一内外层斜顶龛,龛内清塑佛 1 铺 5 身。外层龛沿画联珠纹边饰。龛外南北侧上部各画释迦、多宝佛说法图 1 铺。说法图画面构成简单,并不是常见的"以龛示塔"的形式,仅表现出二佛相对结跏坐于莲座上,二佛上方共有一华盖,均无胁侍。中部各画菩萨 1 身。南壁西起存趺坐佛说法图、头戴化佛冠的倚坐菩萨说法图各 1 铺,下存男供养人 7 身,比丘、比丘尼各 1 身。北壁画说法图 2 铺,下存男女供养人及比丘、比丘尼数身。东壁门上画药师经变 1 铺,门南北各画天王 2 身。

第 397 窟

隋代始凿,初唐完工,五代、清重修。前室进深 1.68 米,宽 3.16 米,高 3.91 米,顶部大多坍塌,原可能为人字披顶。顶西披存五代画密教禅定佛 1 铺,西、南、北壁三壁五代画经变已模糊。甬道高 2.22 米,盝形顶中央五代画于阗等地佛教史迹画,南北披五代画瑞像图各 8 铺,南北壁各存五代画男供养人像 2 身。

主室为覆斗顶窟,平面呈方形,宽 5.4 米,进深 5.35 米,高 5.67 米。窟顶是三兔莲花藻井图案。井心大莲花中所绘三兔,呈顺时针方向首尾相连,相互追逐。三兔画三耳,三耳成三角形,每兔仍各有两耳,形成旋转的动感。同时,三耳合成的等边三角形使动感极强的图案十分稳定。大莲华四周缠枝花卉变化丰富,边框饰以联珠纹。四披画千佛。

西壁开一双层龛。龛内的一佛、二弟子、四菩萨,为清代重修。内层龛顶绘化佛火焰形佛光,南侧画夜半逾城,北侧画乘象入胎,南侧龛壁下画婆薮仙,北侧龛壁下画鹿头梵志。外层龛顶画火焰莲花坐佛龛楣,坐佛两侧各有 1 身胡跪供养菩萨。在龛楣中画坐佛,在隋代三窟中独此一例。此外,外层龛顶还绘有数身飞天。飞天的飘带飘动的方向与火焰纹摆动方向一致,飞天姿态各异,分外活跃,动感极强,使画面呈现出十分热烈的气氛。龛下还有初唐画城阙一座。其他三壁隋唐时期绘千佛及说法图,壁面之间用白色联珠纹相连。南北壁初唐画供养人各 2 身。此窟千佛以土红为底,佛的袈裟以红、绿、蓝、白、黄等诸色有规律地交叉配置,形成"光光相接"的艺术效果。

第 404 窟

建于隋代，清重修。甬道长 0.73 米，宽 1.09 米，高 1.83 米，南北壁残存力士 1 铺。

主室前部为人字披顶，后部为平顶，平面呈方形。宽 2.67 米，进深 3.55 米，人字披顶高 3.32 米，平顶高 2.77 米。窟顶人字披及后部平棋顶皆满绘千佛。西壁开一内外双层方口龛，龛内隋塑一趺坐佛、一菩萨。内层龛顶画菩提树，不同于通常绘飞天的做法。龛内壁画火焰佛光，两侧各画四弟子。外层龛顶画化佛伎乐火焰形龛楣，龛沿画联珠纹边饰。龛外南北侧上画飞天，飞天开始脱离北朝比较僵硬、笨拙的体形、体态，向灵动、轻盈化发展，色彩也变得丰富、华丽，体现出一种过渡期的特点。外层龛口内两侧各画二菩萨，菩萨显得文静典雅，姿态更加女性化，是敦煌壁画中最美的艺术形象之一；而且出现了着俗装的菩萨形象，衣饰华丽，接近现实人物。南北壁分上、中、下三段，上部绘飞天及天宫栏墙，并以青色晕染天空，使窄细的壁面显得空旷深远，这种用色方法在隋代石窟中很少见到。飞天形象体态轻盈，描绘细致，是隋代飞天的代表作之一。南壁千佛中央画倚坐菩萨说法图 1 铺，北壁千佛中央画趺坐佛说法图 1 铺。说法图中龛楣绘画精细，色彩富丽。东壁门两侧下画供养车马。

第 407 窟

建于隋代，宋、清重修。宋代缩修窟门。盝形顶甬道长 1.03 米，宽 1.05 米，高 2.09 米，中央宋画菩萨 1 身，南北壁各残存部分宋画。

主室为覆斗顶窟，平面呈方形，宽 4.37 米，进深 6.36 米，高 4.68 米。窟顶藻井井心为八瓣重层大莲花，莲花中央为三耳两两相接、呈逆时针方向奔跑的三兔，基本布局与第 397 窟相同。大莲花外侧，8 身童子形、比丘形和菩萨形飞天围成一圈，亦呈逆时针方向飞行。飞天轻盈的身姿在充满动感的飘带、天衣的衬托下更显灵动、婀娜。井心外侧，三角纹、莲花纹和菱形纹构成的垂角帷幔铺于四披。整个窟顶壁画，用笔精致细腻，色彩富于变化，同时又显示出调和与淡雅的一面，是隋代装饰图案的代表作之一。四披上满画千佛。

西壁开一内外层双口龛，龛内隋塑一佛、一弟子、四菩萨及清塑弟子 1 身。在佛的头光及身光外围皆绘有一圈忍冬纹环饰带，忍冬纹中夹有飞禽、兽头等图案，显示出显著的中亚艺术特色。龛内南侧 2 身菩萨保存完好，菩萨面形长方，轮廓已较圆润，裙带长垂，裙摆下角微向外扬，有开唐初彩塑先河之势。内层龛顶壁画飞天 8 身，外层龛顶画莲花化生摩尼珠龛楣，龛内西壁两侧画龛梁、龛柱。这种完全以绘画来表现佛龛龛楣、龛柱、龛梁的手法，被认为是唐代无龛楣佛龛的过渡形式。龛内画飞天及供养菩萨各 1 身。其中供养菩萨描绘秀美写实，活似现实中的美少女。龛外南北侧分画千佛及男女供养人。南北壁上部各为隋画千佛，下部为隋、宋时期所绘男女供养人数身；东壁门上画说法图 1 铺，门南北两侧宋画供养人数身。

第 412 窟

敦煌隋代洞窟之一，经五代、清重修，现顶已残毁。主室为方形，宽 5.15 米，进深 6.28 米。西壁开内外层双层龛，内隋塑一佛、八弟子(清修)，外层两侧清塑二弟子，隋塑二菩萨。内层龛顶隋画飞天 26 身，两侧龛壁各画菩萨 10 身，外层龛顶画莲花化生火焰龛楣，龛楣中央莲花上绘一交脚菩萨，其左右两侧各绘有伎乐化生童子演奏乐器。外层龛西壁两侧浮塑龙首龛梁，南北壁各存四弟子。龛外西壁南北两侧下各存男女供养人数身。龛下表层中央存五代天符年间重修题记 1 方。这方题记为红底墨书，高 0.45 米，宽 0.28 米，现前部已缺失，内容如下：

……先造□(变)……极乐之宫……/者□罪□□□□(成)□(既)□(就)□(告)□毕功愿使龙……/府主司□(空)延祥宝□(祚)□(一)□(境)□(咸)□□□□□亡……/□□(箱)不竭应有兄弟己躬吉□百□(福)夫□但……/道□变其功口建修崇诱引共口(成)……虽无……其词曰/□□(迦)□(大)□(圣)……分身百……□(倾)心……/亡过幽□(识)能若若因贺族兄弟……阴□(天)□(文)春校药乐于兮□(同)□(心)□□(达)/□(万)□(载)□(长)/……功毕庆赞今晨略□(题)□□虔□(仰)三□(道)/……□(天)福……年……月……日□(题)记

龛下北侧存上下两排供养人，上排为隋代供养比丘，下排为五代供养人，其中下排南起第 1 身题名“□□沙门道祥一心供养”。窟内南壁东侧塑菩萨立像 1 身，壁画千佛，下西侧画女供养人 13 身。北壁东侧塑菩萨立像 1 身，壁画千佛，下西侧画男供养人 1 排。

第 417 窟

开凿于隋灭陈之后。窟室平面呈方形，宽 2.55 米，进深 2.25 米。前部人字披顶高 4.6 米，后部平顶高4.09 米。前部人字披顶壁画原定名“故事画”，现重新定名为“横卷式金光明经变”。其中东披画舍身品中的萨埵饲虎本生、睒子行孝故事各 1 铺，西披画流水长者子品中的流水长者子救鱼故事 1 铺。此幅经变是隋代唯一一铺金光明经变，而且比画史记载的金光明经变的出现还要早一个多世纪。后部平顶画药师经变 1 铺、弥勒上生经变 1 铺，西侧画东王公(也有人认为是“帝释天”)，南侧画西王母(也有人认为是“帝释天妃”)。

西壁开一内外层方口龛，内塑一佛、二弟子、二菩萨，龛外两侧悬空塑半跏坐菩萨各 1 身。内层龛壁画化佛火焰佛光，两侧各画二弟子；外层龛顶浮塑火焰龛楣，龛西壁两侧浮塑彩绘忍冬龛梁、莲花龛柱，南北壁各塑二弟子。龛外上沿浮塑龙首龛梁，两侧浮塑彩绘莲花龛柱。龛外两侧画维摩诘经变，南侧文殊，北侧维摩诘。龛下存三法轮。

南北壁上画天宫栏墙、飞天，中画千佛(模糊)。

图 21 莫高窟第 419 窟 西壁龛内 彩塑 隋代

第 419 窟

建于隋代，西夏重修。前室多已坍毁，原可能为人字披顶，现顶西披残存土红色椽条部分。西夏时曾缩修西壁窟门，现存甬道宽 1.16 米，长 0.89 米，门北残存西夏画文殊变部分。

主室平面为方形，宽 4.24 米，进深 4 米。前部人字披顶高 3.52 米，后部平顶高 4.35 米。主室窟顶前部人字披顶东西披绘佛教故事画。东披上三行画须达拏太子本生，下一行绘萨埵太子本生，西披上二行画法华经变譬喻品，下一行绘萨埵太子本生。其中须达拏太子本生三行画面 50 多个情节呈"S"形布局展开，间以山水树林、楼阁建筑，疏密有致、重点突出。法华经变譬喻品中的"火宅喻"，以鸟瞰式表现方式勾画出数重城垣和房屋楼阁，构图富有特色。本铺无论从构图还是色彩上，都与 420 窟的法华经变非常相似。画家采用工整细致的描绘手法，以青绿色调为主，无论屋宇庭园、花石树木、飞禽走兽，以至人物活动都刻画得生动细致，显示出受到中原绘画艺术影响的风格。后部平顶绘弥勒上生经变。位于窟顶西部南侧的乘凤车的帝释天妃形象及飞奔的飞天诸神形象，使整幅画面产生出强烈的动感。西壁开一斜顶圆券龛，内塑一佛、二弟子、二菩萨，突破早期"1 铺 3 身"的简单组合，发展为"1 铺 5 身"的格局。而且彩塑面相和形体变得丰满圆实，袈裟变得厚重有质感，衣纹在阶梯式的基础上进一步简化，显示出从北朝晚期"秀骨清像"式向唐代"丰肌秀骨"式转变的过渡期特征。龛顶内壁画散花飞天

6身，龛内壁南北两侧各画三弟子，下各画婆薮仙与鹿头梵志。浮塑龛楣，上画火焰莲花化生，龛两侧浮塑龙首龛梁、莲花龛柱。龛外两侧绘维摩诘经变，其中南侧画文殊及弟子、菩萨，北侧画维摩诘及弟子、菩萨。南北两壁分上、中、下三段。其中南北上段画天宫栏墙；中段画千佛，中央绘说法图各1铺；下段绘供养人和药叉。东壁门两侧上画千佛，下画供养及车、马、药叉。

第420窟

建于隋代，宋和西夏重修。前室损毁严重，原可能为人字披顶，现西披存西夏画团花图案部分，底层露出隋画。西壁门上开一小龛，门南北侧各存西夏画说法图2铺，南北壁存西夏画头光、垂幔，其中北壁底层露出宋画供养人。甬道长1.07米，宽1.14米，高2.21米，存西夏画团花、垂幔等。

主室为方形覆斗顶窟，宽6.31米，进深5.66米，高5.72米。窟顶为斗四莲花藻井，三兔莲花井心。藻井内岔角绘童子形飞天，外岔绘有翼兽，方井外框饰以忍冬狮子联珠纹。四边垂幔铺于四披。垂幔呈鳞片形和垂角形多层重叠的形式，色彩以黑、褐、赭红为主色，显得沉着、厚重、古朴。在窟顶的四披绘有大幅的法华经变：北披序品，西披方便品，南披譬喻品，东披观音普门品。各场面间以树石花卉、塔庙寺院、流泉莲池、行云飞花等景物作为分隔，构图自由，疏密适当。这样场面宏大的画面，为唐代大幅经变画的发展开了先河，其中之"灵鹫山"、"商人遇盗"等画面皆为敦煌壁画代表作。

南、西、北壁各开一龛。西壁龛龛口为双层，龛内塑一佛、二弟子、四菩萨，皆隋代原作。塑像形体结实，比例匀称，菩萨像更具女性味。内层龛顶画飞天15身，两侧各画六弟子、六菩萨，北侧下画鹿头梵志。外层龛顶画火焰化生龛楣，龛楣以联珠纹装饰带为界，分为上下两部分。上绘火焰纹，下绘缠枝莲花纹。缠枝间绘演奏各种乐器的伎乐童子。整个龛楣绘制精细，纹样组合富有特点。两侧浮塑龙首龛梁，画莲花龛柱。南北壁各画二菩萨、二飞天。龛上部画飞天14身。其中西壁龛外南侧手持柳枝的观音菩萨，是室内塑像中的佳作，菩萨裙上描绘有波斯联珠狩猎纹图案纹样，是隋代丝绸之路贸易和中西文化交流兴盛的物证。西壁龛外南北两侧上部画维摩诘经变之文殊问疾品，下部画十大弟子和八大菩萨。南、东、北三壁大面积绘制千佛，千佛五色相间，错落有致，造成"光光相接"的艺术效果。两壁中

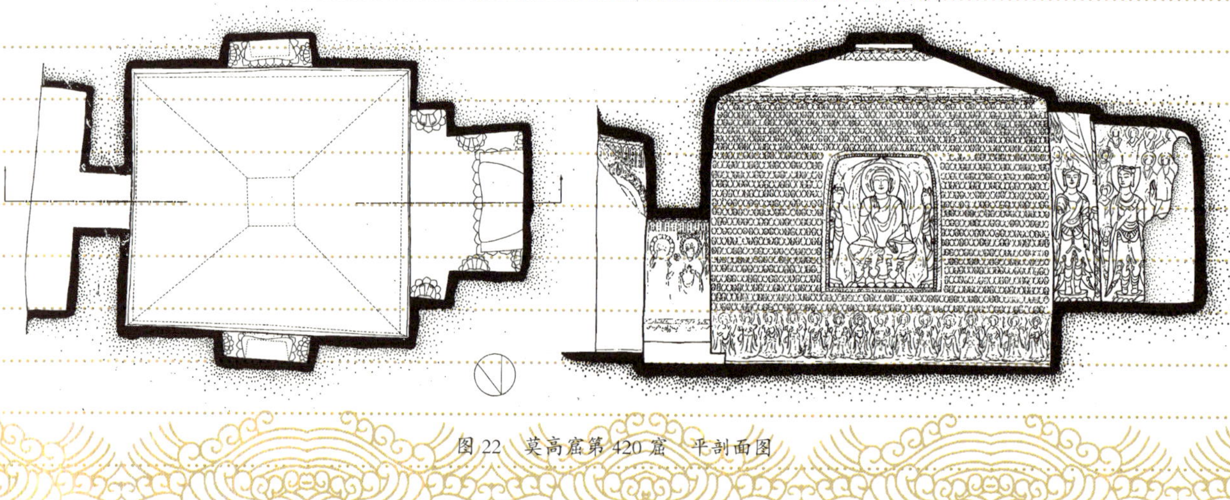

图22 莫高窟第420窟 平剖面图

央开一方形浅龛，内塑一佛、二菩萨，两侧绘弟子。其中南北壁龛内下部两侧各画一狮子，龛上龛外两侧隋画千佛。三壁龛下宋绘供养菩萨各数十身；东壁门上绘制说法图，佛居中结跏趺坐于金刚宝座之上，左为观音，右为大势至，十大弟子分列于后，上方华盖悬空，菩提树青翠繁茂，两身飞天持鲜花赶来礼佛，构图平稳均衡，着色浑厚朴实。门两侧上隋画千佛，下宋画供养人。该窟是隋代具有代表性的“三壁三龛窟”之一。

第 427 窟

建于隋代，宋重修。前室和主室均保存完好，是隋代大型窟之一。前室有宋代新修三间四柱木构窟檐一座。前室进深 3.4 米，宽 6.65 米，高 4.03 米。木结构窟檐大梁上有宋代墨书题记：

维大宋乾德八年岁次庚午正月癸卯朔二十六日戊晨敕推诚奉国保塞功臣归义军节度使特进检校太师兼中书令西平王曹元忠之世刱创建此窟檐记

图 23　莫高窟第 427 窟　内景　隋代

图 24 莫高窟第 427 窟 平剖面图

檐内外柱头上绘有花鸟、迦陵频伽、伎乐数身以及说法图。顶东披椽条间宋画千佛、莲花，西披存隋画涅槃佛 1 身，宋重画为涅槃变。西壁门南侧存宋画水月观音，北侧画金刚杵观音；门南北各存隋塑宋重妆金刚力士 1 身，高皆约 3.7 米。南北壁各存隋塑宋重妆天王 2 身，高皆约 3.6 米，头戴宝冠，身穿甲胄，脚踏地鬼。

甬道长 1.42 米，宽 2.19 米，高 2.82 米。南北两壁分别为宋画男女供养人数身。南壁为归义军节度使曹元忠供养像及侍从。西向第 1 身榜题："……□（检）□（校）太师兼书令西平王曹元□（忠）一□（心）……"北壁为曹元忠妻凉国夫人浔阳翟氏供养像及侍从。

主室为大型的中心柱窟，前部为人字披，后部为中心柱，平面呈纵长方形，宽 7 米，进深 10.55 米。人字披顶高 5.48 米，平顶高 4.56 米。前部人字披窟顶及后部平顶遍绘千佛。原来千佛均贴有金箔，至今部分犹存，金光闪闪。人字披脊枋上绘伎乐莲花卷草边饰，其大小角度变化丰富，造型生动，是精美的装饰图案。

中心柱东向面不开龛，前面塑一佛、二菩萨立像，佛高 4.83 米，与南北壁前部所塑一佛、二菩萨组合成“三佛”布局，为隋代特有的造像组合，称“三世佛”，或称“三身佛”，抑或称“弥勒三会说法”。佛的身光、头光及龛楣尖皆饰以金箔。中心柱南、北、西三面开龛，龛内均隋塑一佛、二弟子。本3铺几乎等高的大立佛再加上前室隋塑四天王像、二力士像，总数达28身之多。中心柱三面龛沿上绘有“须达拏本生”故事，画面高0.3米，总长11米，画面描绘细腻，色彩艳丽。

四壁分为上、中、下三部，上部飞天伎乐绕窟一周，共计108身，其体态轻盈，活泼多变，为隋代飞天艺术之代表；中部遍绘千佛，其中南壁中央绘卢舍那佛1身，西壁及北壁中央绘说法图1铺；四壁下部绕窟一周为宋代所绘供养人行列。菩萨塑像僧祇支上饰联珠狮凤菱格纹，锦裙上饰棋格团花纹，反映出隋代织锦工艺和技术已有很高的水平，也反映出波斯装饰艺术因素对其的影响。

第三节　唐代前期石窟

唐朝历史近300年，莫高窟开窟造像数量极大，为莫高窟各历史时期之最。莫高窟的唐代石窟大体分为初唐、盛唐、中唐和晚唐四个时期。习惯上又以安史之乱为界，把唐代分为前后两个时期，前期为初唐、盛唐，后期为中唐、晚唐。

莫高窟初唐时期，指从唐朝建立到长安四年（618—704）期间的敦煌石窟艺术。这一时期，莫高窟新建洞窟46个，代表窟有第203、209、220、332、334、335、321、328、329、322、57、96、123窟。初唐石窟可分武德（618—626）、贞观（627—649）、高宗及武则天（650—704）三期。武德时期，石窟型制与绘塑制作仍沿袭隋末，以覆斗形窟顶双层龛为主。佛、菩萨额颅方圆、表情庄重、衣褶简练流畅，装饰纹样除沿用忍冬纹外，还出现大量的莲花葡萄纹。反映净土思想的阿弥陀净土变、维摩诘经变增多。贞观以后，中原文化频繁西传，莫高窟艺术进入一个新时期，贞观十六年（642年）建造的第220窟是其代表。此窟南壁的阿弥陀净土变、北壁的药师经变和东壁的维摩诘经变正是净土思想风行的反映。整窟壁画出自高手，是敦煌壁画中的精品。武周时期，由于武则天虔佛，故洞窟建造颇多，题材丰富，水平较高。彩塑出现了如第205、328窟中这类艺术性很高的佛、弟子和菩萨像。又如证圣元年（695年）所造35.5米高的弥勒大佛（第96窟），虽经后代重修，但从其身材比例、神态坐姿仍可窥见原作的高超水平。壁画色彩鲜艳，装饰效果强，尤其是窟顶藻井，图案复杂，变化多样，红、绿、青、赭颜色对比强烈，具有富丽堂皇的热烈气氛（如第329、334等窟）。经变多为通壁的大幅西方净土变、维摩诘经变、涅槃经变和弥勒上生下生经变。净土世界构图宏伟的宫殿楼阁，雕栏水榭，尽皆人间帝王的华贵气派。人物刻画细腻，无论菩萨、飞天、舞乐、化生、供养人，在姿容形貌和衣着饰物上都力求表现形体美和净土世界的欢乐、华贵。

莫高窟盛唐时期，指唐神龙元年至建中二年（705—781）期间的敦煌石窟艺术。这一时期，莫高窟新建洞窟97个。按其艺术风格可分为三期。第一期从神龙元年至太极元年（712年），包括中宗李显、睿宗李旦统治时期所开凿的洞窟，以第217、215、205等窟为代表。第二期从开元元年（713年）至天宝十四载（755年），包括玄宗李隆基统治的40余年所开凿的洞窟，这一时期凿窟最多，以开元时期的第130、41、45、46、66、320、444、445、446等窟和天宝时期的第172、171、103、79、180、185等窟为代表。第三期从至德元年(756 年)至建中二年(781 年),包括肃宗李亨、代宗李豫、德宗李适三代,以第 148、194、31、123、199 等窟最为著名。各期窟形大多承袭初唐型制,以覆斗形窟顶西壁开龛的殿堂式为主,龛内塑像,东壁正中开门,四壁均绘壁画。也有少量的异形窟,如开元九年(721 年)开凿的南大像,从地面到窟顶雕塑一弥勒坐像;又如第二期第 46 窟北壁塑七佛龛,南壁塑涅槃龛与西龛说法佛陀、弟子、菩萨、天王诸像组成一窟三龛的形式。这一期还出现了长方帐形龛,如第 79 窟将佛陀、弟子诸像安置于佛床上,上为盝形顶帐盖,塑像身后绘"屏风"。此期特别重要的是开凿了第 148 窟即涅槃大窟,南北两壁各开一帐形龛,分别绘塑如意轮观音与不空绢索菩萨。这种窟形尚属首见。盛唐石窟的装饰图案是敦煌图案中最精美者,凡佛光、藻井、边饰、服饰图案等,皆色彩绚丽,纹样细致、变化多样。以图案为主的藻井,形式都不雷同,色调、纹样组合皆各具异趣。盛唐彩塑与壁画形成绘塑结合的典范,是唐代泥塑艺术保存至今的极为珍贵的实物。内容以释迦佛或弥勒佛为中心,两侧各塑二弟子、二菩萨、二天王、二力士,在像后的龛壁上绘八弟子、六菩萨、二天王,形成龛内环侍释迦佛或弥勒佛的十大弟子、八大菩萨、四大天王。这种绘塑结合,使佛龛内产生一种层次分明、济济一堂的艺术效果。由于净土思想与涅槃学说的盛行,盛唐第一、二期敦煌壁画多绘大乘经典的变相,到第三期才有大量密宗题材出现。根据《敦煌莫高窟内容总录》统计,盛唐壁画题材有观无量寿经变 20 铺,法华经变(包括观音普门品、见宝塔品)16 铺,维摩诘经变 3 铺,弥勒上生下生经变 14 铺,阿弥陀净土变 7 铺,华严经变 1 铺,药师净土变 3 铺,天请问经变 1 铺,如意轮观音变 1 铺,不空绢索观音变 2 铺,涅槃变 3 铺,普贤变 3 铺,文殊变 3 铺,报恩经变 2 铺,千手千眼观音变 3 铺,观音藏摩尼宝胜佛变 1 铺,佛教史迹画 2 铺。以上各类经变,显示了壁画题材随着时代的易移在不断变化,其中净土思想仍是敦煌地区的主要信仰。特别是对弥勒净土信仰,从十六国到盛唐,始终是莫高窟塑像与壁画的重要题材。753 年,密宗大师不空三藏应河西节度使哥舒翰之邀,到凉州设坛灌顶,使内地兴起的汉密艺术开始西传。公元 845 年会昌灭佛后,此类壁画在中原被毁除殆尽,而莫高窟第 148 窟的密宗壁画至今犹存,成为中国佛教艺术中少见的宝贵实物。

第 203 窟

位于莫高窟南区中部。初唐创建,宋代重修。前室残,平面呈长方形;主室平面为方形,覆斗形顶,西壁开一龛。

前室残,宽 4.86 米,进深 1.25 米,高 3.3 米。西壁门上残存宋代重修愿文题榜,两侧画毗沙门天王赴哪吒会;门南、门北为宋画维摩诘经变,门南文殊、门北维摩诘。南壁残存宋代密教画,中有宋修穿道。北壁中有宋修穿道,穿道门顶及东西壁宋画说法佛各 1 身。门东宋画药师佛,门西画水月观音,门上存佛 1 身。

盝形顶甬道,进深 0.88 米,宽 1.12 米,高 1.98 米。盝形顶中央存宋画,南北各画趺坐佛 5 身。南壁宋画男供养人存 1 身(模糊),北壁宋画女供养人存 1 身(模糊)。

主室高 5 米,宽 4.6 米,进深 4.5 米,平面近方形。窟顶藻井画莲花井心,垂幔铺于四披,四披画千佛。西壁圆券龛内初唐塑立佛倚山像1身、菩萨2身。两侧力士台下塑狮子2只,台上宋补塑力士2身。龛壁浮塑山峦,上画四飞天,佛光宋代重涂色。龛外南侧初唐壁画,上为维摩诘经变(维摩诘),中为观音1身,下为供养比丘1身、女供养人3身。龛外北侧初唐壁画,上为维摩诘经变(文殊),中为观音1身,下为供养比丘1身、男供养人4身。南壁画千佛,千佛中画说法图1铺,两侧画千佛、二飞天。北壁壁画构图同南壁,亦于千佛中画说法图1铺,两侧画千佛、四飞天(下被后代涂刷)。东壁门上为千佛4排、七佛1铺、宋画供器;门南北初唐画天王各2身,宋画供养菩萨各1身、男供养人各1身。

第209窟

位于莫高窟南区中部。初唐创建,五代、清重修。前室残,残存部分为长方形,人字披顶。主室为覆斗形顶,西壁设佛坛,窟中央存有清代修建三坛。

前室顶原影塑千佛,现全部脱落。西壁门北存五代画女供养人1排。

甬道进深1.31米,宽1.13米,高2.15米。南北壁存五代残画。

主室高3.97米,宽5.83米,进深6.13米。平面近方形。中央三坛上清塑3身。窟顶藻井画石榴葡萄井心,垂幔铺于四披。西披画乘象入胎、夜半逾城,东、南、北披各画说法图1铺。西壁佛光两侧画观无量寿经变的未生怨、十六观,画中妇女梳高髻,长裙曳地,图中近山复叠,远山掩映,风格清新淡雅。佛坛下五代画供养菩萨4身、供养人9身。南壁画弥勒菩萨倚坐说法图1铺,下画供养菩萨10身,西端为故事画1铺。北壁画说法图1铺,下画供养菩萨10身,西端为故事画1铺。东壁门上画说法图3铺;门南五代画供养比丘1身、初唐画说法图1铺;门北五代画供养比丘1身,下为女供养人8身、初唐画说法图1铺。

第220窟

位于莫高窟南区中部。初唐创建,中唐、晚唐、五代、宋、清重修。主室为覆斗形顶,西壁开一龛。

前室西壁门北宋画天王(残),下为第221窟。

外甬道平顶,高2.02米,宽1.22米,进深1.56米;内甬道盝形顶,高2.11米,宽2.12米,进深1.61米。中央宋画四臂观音1铺,南北披宋画趺坐佛各6身。南壁表层宋画男供养人1身(模糊)。底层壁画正中开一方口龛,龛内南壁中唐画一佛、二弟子、二菩萨、二飞天;东壁中唐画一佛、二菩萨;西壁中唐画一佛、二菩萨,下中唐画吐蕃装男供养人2身、汉装女供养人1身。龛上中影塑三佛(残)、画一坐佛,两侧各为中唐画一佛、二菩萨。龛外东侧中唐画男供养人2身。龛外西侧中唐画女供养人1身、五代翟奉达墨书题记1方。龛下晚唐画立佛1身、比丘3身、男供养人2身、女供养人3身。北壁表层残存宋画三女供养人头像(模糊)。底层五代画贫女化文殊故事,东侧文殊1身、西侧观音1身,下存发愿文1方、男供养人7身。

主室高4.98米,宽5.68米,进深4.92米。平面近方形。窟顶藻井宋画卷瓣莲花团龙井心,垂幔存于东、南、北三披,底层露出初唐藻井图案及千佛。四披宋画十方赴会佛、千佛(西、南披残)。西壁平顶

图 25 莫高窟第 220 窟 南壁 阿弥陀经变 初唐

敞口龛内唐塑一佛、二弟子、二菩萨（清修）。龛顶画说法图 1 铺（存部分）、飞天 6 身。龛内西壁浮塑佛光，两侧各画二弟子、一项光；南北壁各画一化佛、一菩萨、二弟子、二项光。龛沿画波状卷草边饰。龛下初唐画供养人 7 身（模糊），上存宋画供养人 2 身。龛外南侧画普贤变，力士台下宋画供养人（模糊）；龛外北侧画文殊变，力士台下初唐画供养人 5 身、宋画供养人 3 身（模糊）。

南壁初唐画阿弥陀经变 1 铺。北壁初唐画药师经变 1 铺（中有贞观十六年题记）。

东壁门上画 3 身说法佛 1 铺（正中为倚坐佛）、男女供养人各 1 身（有贞观十六年愿文题榜 1 方）。门南北初唐画维摩诘经变：门南维摩诘、宋画男供养人 1 身（模糊）；门北文殊，画面下部为前来问疾之帝王及其大臣，场面宏大，人物形象逼真，可与传世《帝王图》媲美。门北上存宋画千佛、花卉部分，下存比丘尼1 身。

此窟底层初唐壁画于 1943 年被剥出，其中南壁原有宋画佛教史迹画。根据题记可知此窟为初建于唐贞观十六年（642 年）的翟家窟，中唐、晚唐、五代曾一再增修。甬道南北壁 1975 年经敦煌文物研究所剥离处理，将底层壁画移出。

本窟重要题记、发愿文附录：

甬道南壁小龛外西侧供养人题记：

大成元年己亥岁□□迁于三山危□□镌龛□□□圣容立□（像）/ 唐任朝议郎敦煌郡司仓参军□□子翟通乡贡明经授朝议 / 郎行敦煌郡博士复于两大像中□造龛窟一所庄严素 / 质图写尊容至龙朔二年壬戌岁卒即此窟是也 /……九代曾孙节□□□守随军参谋兼侍御史翟奉达 / 检家谱……

甬道北壁中央文殊师利变下彩绘发愿文：

清士弟子节度押衙守随军□谋银 / 青光禄大夫检校国子祭酒兼御史中丞 / 上柱国浔阳翟奉达抽撤□贫之财 / 敬画新様大圣文殊师利菩萨一躯并 / 侍从兼供养菩萨一躯及□□观世音 / 菩萨一躯标斯福者先奉为造窟 / 亡灵神生净土不坠三涂之灾次□(为)我 / 过往慈父长兄勿溺幽间苦难长遇善 / □兼为现在老母合家子孙无诸灾 / 障报愿平安福同萌芽罪弃涓流 / 绝笔之间聊为颂曰 / 大圣文殊瑞相巍巍光照世界感现千威 / 于时大唐同光三年岁次乙酉三月丁 / 巳朔廿五日辛巳题记之耳

主室东壁门上方中央发愿文：

弟子昭武校尉柏堡镇将……/ 工……玄迈敬造释迦……/……铺□严功毕谨申诵……/ 大师释迦如来弥勒化及……/□含识众□□台尊容……/……福家□三空……/□□有情共登净……/……四月十日……/……/ 贞观十有六年敬造奉

北壁药师净土变下方供养人题记：

贞观十六年岁次壬寅奉为天云 / 寺律师道弘法师□奉□

第 332 窟

俗称“圣历窟”，又名“李克让窟”。位于莫高窟南区北部。初唐创建，五代、元、清重修。前室残，人字披顶，平面为长方形。主室前部为人字披顶，后部为平顶，有中心方柱，柱东向面与南北壁前部各塑立佛 1 铺，西壁开一龛。此窟原存武周圣历元年(698 年)李克让所建“重修莫高窟佛龛碑”，后移存敦煌研究院陈列中心。

前室进深 2.1 米，宽 7.08 米，高 3.48 米。顶西披存五代画如意轮观音变 1 铺、千手千眼观音变 1 铺。

西壁门南北五代画龙王礼佛图(模糊)。南北壁各为五代画弟子、菩萨、天王(模糊)。

甬道高 2.38 米,宽 1.47 米,进深 1.65 米。顶中央五代画六臂观音,南北披画垂幔。南壁五代画文殊变;下元画男供养人 3 身、侍从 2 身(底层露出五代画男供养人 2 身),五代画男供养人 4 身。北壁五代画普贤变;下元画女供养人 2 身、侍从 1 身(底层有五代画男供养人 2 身),五代画男供养人 3 身。

主室宽 7.54 米,进深 8.81 米,前部人字披顶高 5.02 米,后部平顶高 4.62 米。中心方柱东向面塑一佛、二菩萨立像 1 铺,上画文殊、普贤各 1 铺;南向面画卢舍那佛 1 铺;西向面画药师佛 1 铺;北向面画灵鹫山说法像 1 铺。窟顶前部东披画千佛;西披中画释迦多、宝佛 1 铺,南北侧画千佛。后部平顶画千佛。

图 26　莫高窟第 332 窟　平剖面图

图 27　莫高窟第 332 窟　西壁　涅槃像　初唐

西壁横长圆券龛，宽 7.01 米。龛内存涅槃佛 1 身，长 5.61 米，菩萨残像 2 身。龛顶画娑罗树林，飞天存 5 身。龛壁画佛母奔丧，南侧存一飞天（模糊），北侧存二飞天。龛沿画佛卷草边饰。龛上画飞天。佛床画垂角纹床围，床柱间画珍禽异兽。龛下画供器，两侧各画供养菩萨 7 身，两端各画一比丘。龛外南北侧画菩萨各 1 身。

南壁前部塑一佛、二菩萨立像 1 铺，上画赴会佛 2 铺；后部画涅槃经变 1 铺，下画女供养人（模糊）。北壁前部塑一佛、二菩萨立像 1 铺，上画赴会佛 2 铺；后部画维摩诘经变 1 铺，下画男供养人 1 排。东壁门上画珞珈山观音 1 铺；门南画五十菩萨图，下画供养比丘 3 身；门北画灵鹫山说法像 1 铺，下画供养比丘 3 身；门沿五代画菩萨 2 身。

第 334 窟

位于莫高窟南区北部。初唐创建，五代、清重修。主室为覆斗形顶，西壁开一龛。

前室进深 1.67 米，宽 1.43 米，高 2.16 米。平面为长方形。西壁门上存五代愿文题榜（模糊）；门南北五代画维摩诘经变：门南文殊、门北维摩诘。南壁五代画药师经变 1 铺（被毁），西侧存十二大愿（模糊）。北壁五代画观无量寿经变 1 铺（西端十六观）。

甬道为盝形顶，进深 1.63 米，宽 2.03 米，高 2.58 米。顶中央五代画佛教史迹画（于阗牛头山、毗沙门天王决海等），底层初唐画千佛。南北披五代画瑞像图（模糊）。南壁五代画男供养人 2 身，下画壶门供宝 4 个。北壁五代画女供养人 2 身，下画壶门供宝 4 个。

主室进深 8.79 米，宽 5.77 米，高 5.86 米。平面为长方形。窟顶藻井画团龙井心，卷草、花卉铺于四披，四披画千佛（西披部分被毁）。西壁平顶敞口龛，宽 4.27 米。龛内初唐塑一佛、二弟子、二菩萨、二天王（清修）。龛外南北侧台上各为清塑一天兽。龛顶画说法图 1 铺。龛壁浮塑佛光，两侧画维摩诘经变，南侧文殊、北侧维摩诘，后随听法从众。龛沿画百花卷草、四瓣团花边饰。龛外南侧画千佛，下力士台下存女供养人 2 身、侍从 4 身。龛外北侧画千佛，下力士台下存男供养人 2 身、侍从 4 身。龛下正中五代画供器，两侧各画供养菩萨 3 身。南壁上画千佛，中画净土变 1 铺，下画女供养人 1 排(模糊)。北壁上画千佛，中画阿弥陀经变 1 铺，下画男供养人 1 排(模糊)。东壁门上画十一面观音变 1 铺；门南画千佛，下画供养人及牛车(模糊)；门北画千佛，下画供养人及驼马。

第 335 窟

位于莫高窟南区北部。初唐创建，中唐、宋、元、清重修。前室为人字披顶，主室为覆斗形顶，西壁开一龛。门上有垂拱二年(686 年)题记；西壁龛北侧有长安二年(702 年)题记；北壁有圣历年间(698—700)张思艺敬造题记。

前室长 1.66 米，宽 6.24 米，高 4.49 米。平面近方形。顶西披存千手眼观音变 1 铺，两侧分画不空绢索观音变 1 铺、如意轮观音变 1 铺(均残)。西壁门上存宋代残画；门南北各存宋代画维摩诘经变部分(模糊)。南壁存中唐残画一角、宋代残画一角，中为第 336 窟入口。北壁存宋代残画一角。

甬道长 1.56 米，宽 1.55 米，高 3.29 米。顶存中唐画药师佛部分。南壁残存中唐画供养比丘 1 身。北壁残存中唐画说法图 1 铺，下为第 337 窟口。

主室长 7.59 米，宽 5.46 米，高 5.61 米。平面为长方形。窟顶藻井画牡丹团花井心，卷草、垂幔铺于四披，四披画千佛。西壁平顶敞口龛，龛沿高 1.06 米，宽 3.81 米。龛内唐塑一趺坐佛、一弟子(清修)，清塑一弟子、四菩萨。龛顶画见宝塔品。龛壁浮塑佛光，两侧画法华经变从地涌出品及灵鹫山。龛口内南侧画劳度叉斗圣变(劳度叉)，北侧画劳度叉斗圣变(舍利弗)。龛沿画半团花边饰。龛上画牡丹花瓣边饰，龛下元代画菩萨(残)。龛外南侧画大势至菩萨 1 身(残)，北侧画观音 1 身。南壁画阿弥陀经变 1 铺(面部后修)。北壁画维摩诘经变 1 铺，此为同期同类题材规模之最。画中山峦重叠，林木丛生，维摩、文殊各坐帷帐、莲台，遥相对坐，画面上方有驾云赴会听法之四众和维摩文殊论法过程中的种种神通变化图，下有帝王、各国王子及其随从听法礼敬。画面人物众多，杂而不乱。东壁门上画阿弥陀佛等 1 铺；门南画说法图 5 铺、药师佛 1 身、千佛部分，下元画菩萨 4 身；门北中唐画说法图 1 铺(宋代描)，下元画菩萨 4 身。

本窟重要题记、发愿文附录：

东壁门北上角发愿文：

垂拱二年五月十七日净信优婆夷高奉为亡夫及男女/见在眷属等普为法界含生敬造阿弥陁二菩萨兼阿难/□(迦)□(叶)像一铺妙□真容相好具足卅二圆满百福□□/……

北壁维摩经变下端中央功德记：

……□……六月/……□(大)□无/……□写具□(莱)之慈/……艺□□光□久逝永难

□(智)□(讬)往脩/……而钟声隐□□(敬)于兹所尽维……□祖高蹈而□(空)百亿含霝□/……□□国张思艺敬造

西壁龛北帐门观音菩萨前下淡墨书:

长安二年二匝廿日……

第321窟

位于莫高窟南区北部。初唐创建,五代、清重修。主室为覆斗形顶,西壁开一龛。

前室西壁门南画地狱变(1965年被剥出),门北五代残画下有初唐画迹,重层覆盖,内容不详。

甬道为盝形顶,长1.4米,宽1.37米,高2.55米。顶中央存五代残画宝盖与供桌,南北披五代画垂幔。南壁五代画普贤变(残),北壁五代画文殊变(残)。

主室进深5.49米,宽5.23米,高5.6米。平面近方形。窟顶藻井画团花井心,卷草与半团花垂幔铺于四披,四披画千佛(南披毁部分)。西壁平顶敞口龛内初唐塑趺坐佛1身、力士2身(清修),清塑弟子、菩萨各2身。龛顶画赴会佛3铺,散花天人2组,飞天8身及鹦鹉、花卉等。龛壁浮塑佛光,两侧画飞天4身,双菩提树,项光各3个,迦陵频伽各2身。龛沿画波状卷草边饰。龛上画七佛1铺(胁侍菩萨9身)。龛外南北侧画千佛,南侧力士台上清塑天兽各1身,下存初唐画菩萨(模糊)。南壁画十轮经变1铺:中央画说法场面,佛陀居中,菩萨、天人两旁侍立;画面四周绘经文中各情节,有农作、围猎、力士斗殴、杀生剥

图28 莫高窟第321窟 西佛龛 全景

皮、上供、燃灯、造塔、坠崖、火烧、水淹、杀头等场景。北壁画阿弥陀经变 1 铺，下五代画男供养人 1 排（模糊）。东壁门上中画倚坐佛说法图 1 铺，两侧画趺坐佛说法图各 1 铺；门南中画立佛1 铺、菩萨 2 身，下五代画男供养人 1 排（模糊）；门北中画十一面观音变 1 铺，下五代画男供养人 1 排（模糊）。

第 328 窟

位于莫高窟南区北部。初唐创建，五代、西夏重修。前室残，人字披顶。主室为覆斗形顶，西壁开一龛。

前室顶西披存西夏椽条图案 1 铺。西壁门上存西夏画说法图 1 铺（模糊）；门南存西夏壁画部分（模糊）；门北表层存西夏壁画（模糊），底层存五代画龙王礼佛 1 铺。北壁存五代画天王 1 铺。

甬道为盝形顶，高 2.43，宽 1.26，进深 1.65 米。顶中央西夏画棋格团花，南北披西夏画垂幔。南北壁西夏画供养菩萨各 3 身。

主室高 5.44 米，宽 5 米，进深 4.85 米。平面近方形。窟顶藻井西夏画交杵卷莲井心，回纹卷草铺于四披，四披西夏画棋格团花图案。西壁斜顶敞口龛内初唐塑一趺坐佛、二弟子、二菩萨、二供养菩萨，此组造像，为莫高窟最精彩的造像组合之一。其中佛像北侧弟子迦叶，身着色彩沉着的水纹田相格袈裟，通肩严身，下露色彩灿烂的百褶锦裙，端正直立，双眉紧蹙，眼眉斜垂，嘴角两侧斜挂两道深深的皱纹，深现迦叶苦修虔诚之特点；与之成鲜明对比，佛南侧的阿难，则被塑成一位俊秀、聪明的青年形象。龛外两侧台上各塑一供养菩萨（龛外南侧两台上供养菩萨于 1923 年被美国人华尔纳盗走）。龛顶初唐画倚坐佛说法图 1 铺。龛壁佛光两侧各画四弟子、一菩萨、一项光。龛上西夏画垂角幔帷。龛下及两侧台下西夏画供器、供养菩萨 6 身。南北壁西夏画，上为垂幔，中为净土变各 1 铺，下为壸门供宝各 1 排；西

图 29　莫高窟第 328 窟　西壁龛内　全景　初唐

端为供养菩萨各 1 身，下为花卉。东壁门上西夏画净土变 1 铺；门南北为供养菩萨共 7 身（门南 3 身、门北 4 身），下为壶门供宝 1 排。

第 329 窟

位于莫高窟南区北部。初唐创建，五代、清重修。前室残，人字披顶。主室为覆斗形顶，西壁开一龛。

前室顶西披五代画不空绢索、千手千眼、如意轮 3 铺观音变（均残）。西壁门上存五代愿文题榜，两侧五代画毗沙门天王赴哪吒会（模糊）。门南北五代画八龙王礼佛图各 1 铺（模糊）。南北壁存弟子与菩萨残画痕迹。

甬道盝形顶，长 1.47 米，宽 1.15 米，高 2.03 米。顶中央五代画故事画，南北披五代画趺坐佛各 5 身。南壁五代画供养比丘 3 身，北壁五代画男供养人 1 身。

主室长 6.97 米，宽 4.88 米，高 5.13 米。平面为长方形。窟顶藻井画莲花飞天井心，垂角幔帷铺于四披，藻井井心法轮旋转，外围飞天环绕，行云流转，飘然生风。四披各画伎乐天 3 身，下画千佛。

西壁斜顶敞口龛内初唐塑一趺坐佛、二弟子、四菩萨（清修）。龛顶画夜半逾城（南侧）、乘象入胎（北侧）、伎乐天、雷神等。龛壁化佛火焰佛光两侧各画弟子 4 身及人非人、飞天、化生等，下北侧画婆薮仙，南侧画鹿头梵志。龛下存供养菩萨 6 身。龛外南北侧上画千佛，下画莲花童子各 2 身。

南壁初唐画阿弥陀经变 1 铺，下五代画比丘 3 身、女供养人 23 身。北壁初唐画弥勒经变 1 铺（被美国人华尔纳盗走 2 方），下五代画男供养人 17 身。东壁门上画说法图 4 铺；门南画说法图 1 铺、男女供养人各 1 身，下画供养牛车与供养人 1 排；门北画说法图 1 铺，下画供养马群与男供养人 1 排。

本窟重要题记、发愿文附录：

甬道北壁五代供养人像列西向第 1 身题名：

施主大唐河西归义军节度管内左马……青□禄大夫……/骑常侍……史大夫上柱国清□（河）……养

同列第 2 身题名：

男归义军……

甬道南壁夹墙内墨书供养人题名：

其窟一龛索都头翟押衙二人同修记

甬道南壁五代供养人像列西向第 2 身题名：

图 30　莫高窟第 329 窟　窟顶　藻井　初唐

故兄……僧政□(知)□(三)□(窟)……阐扬三教大法师赐紫沙门/善才供养

同列第 3 身题名:

□(故)……供奉大德兼……/……管内释门都……

第 322 窟

位于莫高窟南区北部。初唐创建,五代重修。主室为覆斗形顶,西壁开一龛。

甬道为盝形顶,高 1.88 米,宽 0.83 米,进深 0.75 米。顶中央五代画趺坐佛 1 铺,南北披画结跏趺坐佛,各存 2 身。

主室高 3.98 米,宽 3.45 米,进深 3.47 米。平面为方形。窟顶藻井画缠枝葡萄井心,垂角幔帷铺于四披,四边各画伎乐天 4 身环绕,四披画千佛。

西壁开内外层方口龛,外层龛沿高 0.83 米,宽 2.47 米,进深 1.5 米;内层龛宽 1.98,高 1.91 米。龛内塑一趺坐佛、二弟子、二菩萨、二天王。佛高 1.75 米，弟子高 1.47 米，菩萨高 1.59 米，天王高 2.13 米。天王鼻高翼宽，浓眉大眼，为胡人形象，反映了当时中原与西域各族之间交往的史实。内层龛顶画飞天 10 身，龛西壁浮塑佛光，两侧画弟子各 2 身，下南侧画鹿头梵志、北侧画婆薮仙（被后代用土红涂去）；南壁画二弟子、一化生；北壁画二弟子。外层龛顶画一佛、二弟子、二人非人，龛南壁画夜半逾城、化生，北壁画乘象入胎。龛沿画葡萄蔓草、菱格纹边饰。龛下五代画供器、供养人（模糊）。龛外南侧画维摩诘经变（维摩诘），下为供养菩萨 1 身。龛外北侧画维摩诘经变（文殊），下为供养菩萨 1 身。

南壁画千佛，中央为倚坐说法图 1 铺。北壁画千佛，中央为阿弥陀经变 1 铺。东壁门上画说法图 3 铺；门南画药师立佛 1 铺；门北画一菩萨、四坐佛；门沿五代画供养菩萨。

本窟重要题记、发愿文附录：

西壁龛下北侧五代供养人像列南向第 1 身题名：

……社人队头令狐住子一□供养

同列第 2 身题名：

社人……一心供养

同列第 7 身题名：

社人队头□□□/令狐□□一心供养

西壁龛下南侧五代供养人像列北向第 1 身题名：

……临坛大德沙门志……

同列第 4 身题名：

……节度押衙祭酒市礼银青光……

同列第 5 身题名：

社人□（节）□（度）□（押）衙知画匠□（录）□（事）□（潘）/□□……

322

图 31　莫高窟第 322 窟　内景　初唐

第 323 窟

位于莫高窟南区北部。初唐创建，五代、西夏、清重修。前室残，人字披顶。主室为覆斗形顶，西壁开一龛。

前室顶西披西夏画团花图案 3 幅(被毁)。西壁门南西夏画普贤变；门北西夏画文殊变(模糊)。底层有五代画千佛、初唐残画。南壁为第 324 窟，存西夏残画。北壁为第 325 窟，存西夏画说法图部分。

甬道高 2.08 米，进深 1.92 米，宽 1.67 米。顶西夏画团花图案。南北壁画供养菩萨各 3 身。

主室高 5.02 米，长 5.11 米，宽 5.2 米。平面为方形。窟顶藻井画团花井心，垂幔铺于四披，四披画千佛。西壁平顶敞口龛内初唐塑倚坐佛 1 身，弟子、菩萨各 2 身(清修)。龛顶画菩提宝盖、二飞天。龛壁初唐浮塑山峦(清修)。龛上画化佛、云气。龛下西夏画趺坐佛，底层有五代、初唐残画。龛外南北两侧画圭纹边饰。南壁上部画千佛；中部画佛教史迹画：西晋吴淞江石佛浮江、东晋杨都金像出渚(大都被美国人华尔纳盗劫破坏)、隋文帝迎昙延法师入朝等；下部画菩萨 8 身。北壁上部画千佛；中部画佛教史迹画：汉武帝获得匈奴祭天金人与张骞出使西域、释迦浣衣池与晒衣石、佛图澄之神异事迹、阿育王拜尼乾子塔、康僧会感应故事等。东壁门上画千佛，下五代画不动佛、弥勒菩萨等 11 身；门南画佛教戒律画，下西夏画趺坐佛 4 身；门北画佛教戒律画(部分被美国人华尔纳盗劫破坏)，下西夏画趺坐佛 3 身。

图 32　莫高窟第 323 窟　西佛龛

图 33　莫高窟第 323 窟　南壁　石佛浮江故事　初唐

第 57 窟

位于莫高窟南区中部。初唐创建,晚唐重修。主室为覆斗形顶,西壁开一龛。

前室西壁门上晚唐画弥勒说法图,门两侧晚唐绘天王赴会(模糊):门南南方琉璃天王(模糊)、门北北方毗沙门天王(模糊)。

甬道晚唐重修盝形顶,高 2.17 米,宽 1.39 米,进深 1.06 米。顶中央画药师经变,南北披画释迦牟尼、尸弃、拘留孙、拘那含牟尼诸佛共 8 身。南北壁各画供养比丘 2 身。

主室宽 3.91 米,进深 3.75 米,高 4.12 米。平面为方形。窟顶藻井画双龙莲花井心,垂幔铺于四披,四周环绕飞天(被熏毁)。四披画千佛(被熏毁)。西壁内外层圆券龛内塑一趺坐佛、二弟子、四菩萨(失一)。内层龛宽 1.74 米,深 1.23 米,壁画火焰莲花项光、背光,两侧各画一弟子、飞天。外层龛宽 2.45 米,深0.61 米,龛顶为火焰莲花龛楣,两侧为飞天各 1 身;龛西壁两侧画龛柱、思维菩萨各 1 身,南北壁各画菩萨 1 身。龛上画飞天 6 身,向中间供器相对飞行。龛下画供器,两侧画供养菩萨各 5 身。龛外南侧上画夜半逾城,中为二菩萨,下为供养菩萨 2 身。龛外北侧上画乘象入胎,中为二菩萨,下为供养菩萨2身。南壁画千佛，中央为说法图1铺，下初唐画女供养人1排（模糊）。北壁画千佛，中央为说法图1铺，下晚唐画女供养人1排（模糊）。东壁门上画千佛，下初唐画七佛（晚唐修甬道盝顶时被凿毁）；门南北上各画千佛，中各画说法图1铺，下被毁。

第96窟

唐代称"北大像"，俗称"大佛殿"。为莫高窟第一大窟。位于莫高窟南区中部。初唐创建，民国重修。通顶大佛窟。

前室为九层楼第一层，进深4.39米，宽15.65米。西壁门上民国画佛教画，门南北民国画禅门十二时及其他佛教画，并嵌有民国二十五年（1936年）《敦煌千佛洞九层楼碑记》1方。南北壁民国画诸接引佛。

甬道高5.33米，宽4.73米，进深5.75米。

主室长11米，宽18.55米。平面为长方形。西壁初唐塑倚坐弥勒佛像，高35.5米。据莫高窟第156窟唐代所书《莫高窟记》："延载二年，禅师灵隐共居士阴祖等造北大像，高一百四十尺。"可知此像为武周延载二年（695年）所修造。后经晚唐、宋、西夏、清、民国各代多次重修，为中国现存第三大佛像。窟外建有九层木构建筑，高45米。楼体依崖顺势而起，一至八层为五间六柱大型两角窟檐，檐角上翘，有线脊，下垂风铎。第九层为八角顶，上竖宝瓶，高3米。1999年，敦煌研究院对第96窟窟前遗址进行发掘，得知唐、西夏、元代时的地面情况，从而测得了大佛的确切高度。

第217窟

位于莫高窟南区中部。创建于盛唐，晚唐、五代、清重修。前室残，人字披顶，平面近方形。主室为覆斗形顶，西壁开一龛。

前室顶西披存晚唐部分残画。西壁门上残存供器及盛唐画供养人，门南北晚唐画天王（模糊）。南壁晚唐画文殊变，存部分（模糊）。北壁晚唐画普贤变，存部分（模糊）。

甬道为盝形顶，高2.07，宽1.21，进深1.52米。南北披晚唐画地藏与十王各5身。南北壁画供养人各2身。

主室宽5.02米，进深4.81米，高4.65米。平面近方形。窟顶藻井画团花井心，卷草、垂幔铺于四披，四披画千佛（部分被毁）。西壁平顶敞口龛内唐塑趺坐佛1身（清修）。龛顶画释迦说法图1铺，南侧被毁；北侧：释迦为四众说法、释迦回迦比罗卫城、罗睺罗出家。龛内西壁浮塑佛光，两侧共画弟子4身、项光2个；南北壁各画菩萨2身、弟子2身、项光2个。龛沿画小团花、菱形纹边饰。龛下画供器，两侧画供养人。龛外南侧画大势至菩萨1身，龛外北侧画观音1身。南壁画法华经变1铺（中央为序品，下为药王菩萨本事品、譬喻品等，东侧为妙庄严王本事品、随喜功德品等，西侧为化城喻品等），其中以青山绿水为主的化城喻品，标志着盛唐山水画之成就。（关于此铺经变的主题，近年来学术界有不同看法，本书依据《敦煌石窟内容总录》的记载，仍按法华经变来解释）北壁画观无量寿经变1铺（西侧未生怨、东侧十六观）。东壁画法华经变观音普门品1铺。门北沿五代画沙门洪认供养像。

图 34　莫高窟第 96 窟　大佛　初唐

图35　莫高窟第217窟

本窟重要题记、发愿文附录：

甬道北壁晚唐供养人像列西向第1身题名：

男□□□□度押□银青光……察/兼御史中丞刘……

同列第2身题名：

男节度……兵马使银青光禄大夫检校太子/宾客兼试殿中临刘怀德再缋□□□□

甬道南壁晚唐供养人像列西向第1身题名：

亡祖父前节度押衙银青光禄大夫检校国子/祭酒□察□□刘□朝一心供养

主室西壁龛下盛唐供养人像列南向第4身题名：

……□(副)尉右□(毅)卫凉州番/……将员外□(置)同正……/绯鱼袋上柱国恩□

同列第6身题名：

……守左卫□(正)守左卫延州延□(川)/……都尉上柱国……

西壁龛外北坛南壁盛唐供养人像列西向第3身题名：

□男□戎校尉守左毅卫翊前右郎/将员外置同正员外□(郎)紫金鱼袋/上柱国词琼

据伯希和笔记补：

男清信……刘承化一心供养/安国寺沙门□(陈)……/上柱国刘怀念/上柱国□(德)□(畅)/□(张)新妇宋氏

南壁法华经变下中央盛唐发愿文：

发愿文/盖闻……/不去无……佛言……识身□……/菩提之心……尊……/身于……

□……之求境界迥心尽为……/于人……识幸非来无门……/觉生死之无常智善贤之……假/得□非……火……来……可……/地是……/……佛……/随机……施之……汉于之遇……/……逆去……恒……曰恨矣/□(兴)之□(门)有人之□知……识……佛弟子……

东壁门北沿五代供养像题名：

应管内释门都僧政京城内外临坛/供奉大德毗尼藏主阐扬三教大法师/赐紫沙门洪认一心供养

第45窟

位于莫高窟南区中部。创建于盛唐，中唐、五代重修。前室为平顶，平面为长方形，残。主室为覆斗形顶，西壁开一龛。

前室高3.24米，进深1.42米，宽4.46米。顶中部五代画千手千眼观音1铺，南侧五代画密教观音1铺，北侧五代画如意轮观音变1铺。西壁门上五代画毗沙门天王赴哪吒会，两侧五代画行脚僧各1

图36 莫高窟第45窟 西壁龛内 彩塑 盛唐

图 37　莫高窟第 45 窟　西壁龛内　迦叶像　盛唐

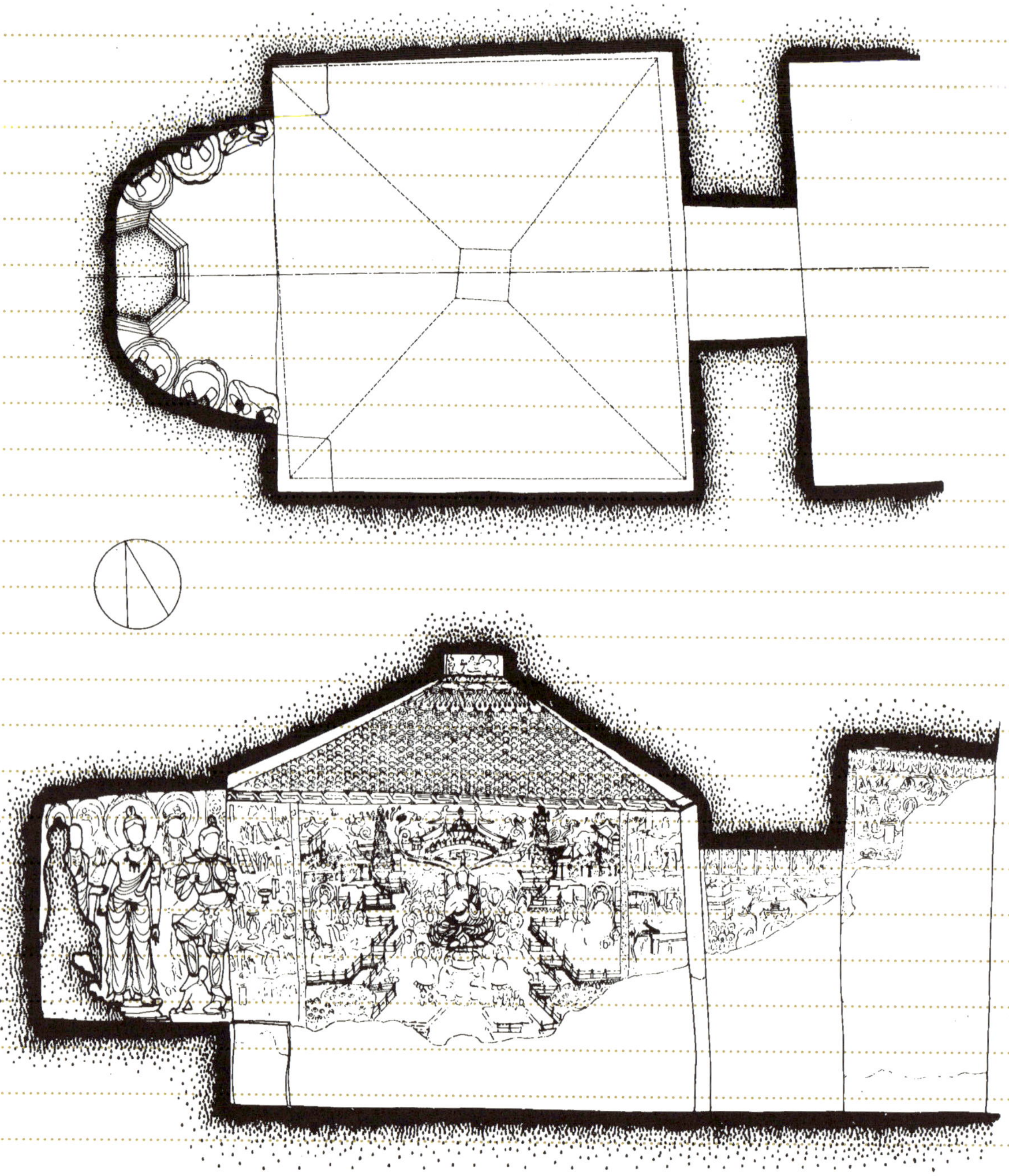

图 38 莫高窟第 45 窟 平剖面图

身(存部分),门南北残存五代画经变。南壁残存五代画经变。北壁残存五代画华严经变 1 铺。

甬道为盝形顶,高 2.36 米,宽 1.42 米,进深 1.22 米。顶中央五代画佛教史迹画,南北披五代画瑞像图各 8 幅。南北壁各存五代画经变一角。

主室宽 4.58 米,进深 4.39 米,高 4.06 米,平面近方形。窟顶藻井画团花井心,垂角帷幔铺于四披,四披各画千佛。西壁平顶敞口龛内塑趺坐佛、阿难、迦叶、观音、大势至及南、北天王各 1 身。这铺塑像,为莫高窟彩塑组合精品之一:释迦庄严肃穆,迦叶老成持重,阿难温顺恭谨,观音、大势至健美热情,两天王威武雄健，各尽其妙。龛顶画见宝塔品，下为菩提宝盖。龛壁佛光两侧盛唐画菩萨各 2 身。龛外北侧中唐画地藏 1 身，龛外南侧中唐画观音 1 身。南壁盛唐画观音经变 1 铺，其中有胡商遇盗、航海遇难、牢狱之灾、大辟、求男得男、求女得女等世俗场景，以反映观世音菩萨的大慈大悲和救苦救难。北壁盛唐画观无量寿经变 1 铺（东侧未生怨、西侧十六观），下被毁。东壁门上无画；门北中唐画地藏、观音各 1 身，下被毁；门南盛唐画观音 1 身，下被毁。

第 23 窟

位于莫高窟南区中部。创建于盛唐，中唐、五代重修，清重修塑像。主室为覆斗形顶，西壁开一龛。

前室顶残存五代画千佛部分。西壁门上存五代画垂幔、趺坐佛 2 身（有西夏文刻画题记 1 条），门南存天王像局部（大部模糊）。南壁为第 24 窟，窟门上五代画垂幔及飞天、天王各 1 身。

甬道为平顶，高 2.18 米，宽 1.48 米，进深 1.46 米。顶存五代画降魔变部分。南壁存五代画不知名密教经变中的日天，余全被毁。

主室高 4.91 米，宽 4.51 米，进深 4.55 米。平面为方形。窟顶藻井画莲花井心。西披画弥勒经变，南披画观音普门品，北披画阿弥陀经变，东披画法华经变。西壁盝形顶帐形龛，龛沿高 0.83 米，龛高 2.13 米，宽 2.91 米，深 2.61 米，内清塑佛 1 铺 7 身。龛顶中央画棋格团花，四披存药师佛立像 13 身、供养菩萨 5 身。龛内南壁存天王 1 身、菩萨 3 身（近代重描），北壁存中唐画天王 1 身、菩萨 2 身（近代重描）。龛沿画团花、海石榴卷草边饰。龛外北侧上画地藏 1 身，下为菩萨 2 身（模糊）。北天王台西、北面存盛唐画男供养人共 3 身。南壁画法华经变（见宝塔品、观音普门品、化城喻品等）。北壁画法华经变（序品、药草喻品、譬喻品等），其中药草喻品以大雨来临时农民在田间紧张耕作、收割、运送稻禾以及农妇田头送茶饭等写实场景来表现“佛法如云，云降雨以润万物”这一主题，很富生活气息。东壁门上画法华经变（常不轻菩萨品）。门南北画法华经变诸品。

第 79 窟

位于莫高窟南区中部。创建于盛唐，五代重修。前室为人字披顶，平面为长方形，残；南北两壁各开一龛，亦残。主室为覆斗形顶，西壁开一龛。

前室进深 2.43 米，宽 5.15 米，高 3.88 米。顶西披画立佛 3 铺（残），存五代残画。西壁门上有一龛。门南北画金刚力士各 1 身（模糊）。南壁西段画千手千眼观音变（残），东段五代画未知名经变 1 铺（残）。北壁西段画卢舍那佛（残），东段存五代残画。

甬道高 2.62 米，宽 1.46 米，进深 1.65 米。南壁存五代画男供养人一角，北壁存五代画女供养人部分。

主室高 4.73 米，宽 3.9 米，进深 4.02 米。平面为长方形。窟顶藻井画团花井心，垂幔铺于四披，四披画千佛。

西壁盝形顶帐形龛内塑一佛、二弟子、四菩萨，龛外两侧塑二天王。龛顶中央画棋格团花，东西披各画七立佛、二供养菩萨、花卉,南北披各画三立佛、二供养菩萨、花卉。龛内西北壁画屏风4扇,南北壁各画一菩萨、一屏风(屏风中皆画树下人物,内容待考)。龛沿画半团花边饰。龛外南北侧各画一佛、一菩萨。

南壁画千佛。北壁画千佛(下毁)。东壁门上五代画说法图(残),门南北各为盛唐画千佛(下被毁)。

第103窟

位于莫高窟南区中部。创建于盛唐,清重修。主室为覆斗形顶,西壁开一龛。

前室西壁门北存天王像部分(模糊),南壁为第105窟,北壁为第104窟。

甬道为平顶,高2.07米,宽1.73米,进深1.37米。南壁画地藏菩萨1身(残)。

主室高4.6米,宽3.82米,进深3.86米。平面为方形。窟顶藻井画团花井心,卷草、垂幔铺于四披,四披画千佛。西壁平顶敞口龛内唐塑趺坐佛1身、菩萨2身(清修),清塑弟子4身。龛顶存部分云气残画。龛内西壁存一弟子头像,南北壁各画一菩萨、三弟子、一项光。龛沿画团花、波状卷草纹边饰。龛外南北侧画菩萨各1身。南壁画法华经变1铺(东侧妙庄严王本事品、西侧化城喻品),下残。北壁画观无量寿经变1铺(西侧未生怨、东侧十六观),下被毁。东壁画维摩诘经变:门上佛国品;门南维摩诘,下权方便品;门北文殊,下模糊。其中维摩诘、文殊师利、帝王、大臣、各国王子、罗汉、天人、舍利弗等人物形象均神形皆备,线条劲健。尤其维摩诘,箕坐方榻,裸双足,手持麈尾,身体前倾,眼睁口张,形象生动,似正与文殊辩法论道,清谈名士风范跃壁欲出。

第41窟

位于莫高窟南区中部。建于盛唐。主室为覆斗形顶,西壁开一龛。

前室西壁门上五代画趺坐佛5身。

甬道高1.47米,宽1.18米,进深0.77米。顶及南北两壁存五代时期残画。

主室高2.87米,宽2.49米,进深2.42米。平面近方形。窟顶画团花井心藻井,垂幔铺于四披,四披画千佛。西壁开平顶敞口龛,龛沿高0.51米,龛高1.43米,宽1.63米,深0.63米。龛内存唐塑一佛、二弟子1铺,龛顶画宝盖、云气。龛壁画八弟子、二项光。龛沿画半团花边饰。主室南壁画千佛,中部画说法图1铺,以一佛、二弟子、二菩萨为组合,人物面形丰腴,菩萨头戴卷云宝冠,眼呈弓形,裙上饰六瓣小花。北壁千佛西起第6、7行之间存有开元十四年(726年)题记:“开元十四年□(五)月十一日记□。”构图同南壁,千佛中亦画说法图1铺。东壁门上画千佛,门南北各画菩萨1身,模糊不清。

第180窟

位于莫高窟南区南部。创建于盛唐,中唐、五代、清重修。主室为覆斗形顶,西壁开一龛。

甬道为盝形顶,高2.04米,宽1.03米,长1.37米。顶中央五代画接引佛1身,南北披五代画坐佛,各存5身(原7身)。北壁存五代画女供养人头部。

图 39　莫高窟第 103 窟　东壁　维摩诘像　盛唐

主室高 4.76 米，宽 4.99 米，长 4.51 米。平面近方形。窟顶藻井中唐画茶花环枝井心，垂幔铺于东、南披；西、北披存盛唐画藻井垂幔。四披画千佛，其中西披为盛唐画（部分被毁）；南披上为盛唐画 1 排，中为中唐画5 排，下为五代补画（存 9 身）；北披上为盛唐画 1 排，余为中唐画（部分残毁）；东披上为盛唐画 1 排，中为中唐画，下为五代补画（存 12 身）。西壁平顶敞口龛内唐塑倚坐佛 1 身（清修），清塑弟子 5 身、天兽 2 身。龛顶画翅头末城释迦说法（残），下盛唐画宝盖及赴会诸佛。龛内西壁佛光两侧画弟子各 4 身，执幡天女各 1 身，女剃度、听法高僧、马宝、象宝、轮宝、玉女宝（南侧）及兵宝、珠宝（北侧）；南壁东起画乘象入胎 1 铺、罗刹 1 身、儴佉王妃 2 身；北壁东起画罗刹 1 身、儴佉王等。龛沿画百花蔓草边饰。龛外南侧盛唐画普贤变。龛外北侧盛唐画文殊变（五代重描）。南壁中唐画药师经变 1 铺（东侧十二大愿、西侧九横死）；西端观音菩萨 1 身。北壁中唐画观无量寿经变 1 铺（东侧未生怨、西侧十六观），东侧下角被穿洞损毁；西端观音 1 身。东壁门上中唐画坐佛 8 身，门南中唐画菩萨 5 身（其一为五代重妆），门北中唐画观无量寿经变 1 铺（南侧未生怨、北侧十六观）。

本窟重要题记、发愿文附录：

西壁龛外南侧菩萨像旁供养人题名：

清信佛弟子张承庆为身染患发心造二／菩萨天宝七载五月十三日毕功

北壁西端菩萨像脚下中唐供养人题名：

清信佛弟子……／供养

南壁西侧观音像侧中唐供养人题名：

观世音菩萨弟子阚日荣奉为慈亲蕃中隔别敬造

第 319 窟

位于莫高窟南区中部。创建于盛唐。主室为盝形顶，西壁设坛。

主室高 3.81 米，宽 4.02 米，进深 3.87 米。平面近方形。窟顶中央存三团花，团花边饰铺于四披。西、南、北披画千佛。西壁马蹄形坛高 0.76 米，深 1.21 米，上塑一趺坐佛、二弟子、二菩萨、二天王（脚下有地神），佛、弟子、菩萨、天王高分别为 2.14 米、1.79 米、1.88 米、1.81 米。其中菩萨发髻高耸，上身裸露，饰璎珞环钏，披巾带，腰系红绿色镶金边锦裙，相对游戏坐于莲台上，仪容俊美大方。天王头束髻，红眉发，髭须，身披铠甲，内着绿花短红裙，长鞘靴，叉腰握拳，气势威武。西壁中部浮塑佛光，两侧各画弟子 3 身、项光 1 个（南侧模糊）。南北壁各存千佛部分，西端各画一弟子、二菩萨、一项光。

第 320 窟

位于莫高窟南区中部。创建于盛唐，中唐、宋、元重修。主室为覆斗形顶，西壁开一龛。

甬道为盝形顶，高 2.1 米，宽 1.15 米，进深 1.47 米。顶中央宋画团花图案存部分，南北披宋画垂幔各存部分。南壁宋画菩萨存 1 身。

主室高 4.61 米，宽 4.22 米，进深 4.38 米。平面近方形。窟顶藻井画云头牡丹团花井心，垂角彩铃铺于四披，四披画千佛。西壁平顶敞口龛，龛沿高 0.81 米，龛宽 3.18 米、深 1.76 米、高 2.42 米。龛内塑一佛、二弟子(失一)、二菩萨，顶画弥勒说法图 1 铺(一角被毁)。龛壁浮塑佛光，两侧各画弟子 4 身、菩萨 1 身。龛沿画半团花边饰。龛外南北侧各画观音。龛下表层宋画男女供养人与狮子，底层盛唐画供器(模糊)。南壁画千佛，中央画释迦说法图 1 铺，图中两胁侍菩萨于 1924 年被美国人华尔纳盗走。说法图上方菩提宝盖装饰华丽，两对散花飞天相对追逐，前后呼应，造型优美，因年深日久，变为褐色，俗称"黑飞天"，为莫高窟飞天中之精品。南壁下宋画男供养人 17 身。北壁画观无量寿经变 1 铺，东侧未生怨、西侧十六观。东端中唐画菩萨 1 身、供养比丘 1 身；西端中唐画菩萨 1 身，下模糊。下宋画女供养人 17 身。东壁门上部宋画千佛；门南宋画供养菩萨 2 身，下男供养人(模糊)；门北宋画供养菩萨 2 身、元画供养菩萨 1 身。

第 130 窟

位于莫高窟南区南部。创建于盛唐，宋重修。通顶大佛窟，主室为覆斗形顶，东壁上有二层明窗，甬道南北壁各开一龛。

甬道平顶，高 8.29 米，宽 4.15 米，进深 5.91 米。顶存宋画团花残迹。南壁上部盝形顶帐形龛内残存佛、菩萨塑像及莲座。马蹄形佛床。龛内南壁浮塑佛光，两侧经宋重画(模糊)；东西壁存宋残画，底层露出盛唐残画。龛下画太原王氏母女及仆从供养像(模糊)。北壁上部盝形顶帐形龛内残存一佛、二弟子、一菩萨及莲座(均经宋重修)。马蹄形佛床。龛顶残存盛唐画卷草、宋画棋格团花。龛内北壁存宋画花卉，底层露出盛唐画弟子(残)；西壁有宋残画，底层露出盛唐画菩萨 1 身、弟子；东壁存宋残画，底层露出盛唐画菩萨。龛下画晋昌郡太守乐庭瓌等供养像。

主室高 28.26 米，宽 10 米，进深 9.76 米。平面为方形。窟顶藻井画团龙井心，西披画佛光火焰，东、南、北披画团花图案。西壁盛唐塑倚坐弥勒像(即南大像，高 26 米)。大佛两侧宋画菩萨(部分残毁脱落)。南北壁画胁侍菩萨各 1 身，部分经宋重涂色，周围宋画菩萨，下被毁。东壁宋画菩萨，底层盛唐画涅槃经变。门上方开上下两层明窗，上层明窗顶宋画团花图案。南壁上宋画供养菩萨 1 排，存 6 身；下宋画龙王礼佛，存 3 身。北壁上部宋画供养菩萨 1 排，存 3 身；下宋画龙王礼佛，存 2 身。

甬道南壁龛下唐画太原王氏母女及仆从供养像，现已模糊。但经早期专家研究，复原临摹后的画面极其炫丽华美。王夫人体态丰腴，高髻簪花，衣着华丽，雍容华贵，神情虔敬，画工精美，用笔纯熟，色彩艳丽，与中唐周昉笔下《簪花仕女图》人物如出一笔，为盛唐巨型人物画中之精品。

本窟重要题记、发愿文附录：

图 40 莫高窟第 130 窟 倚坐弥勒像 盛唐

甬道北壁供养人像列西向第1身题名：

朝议大夫使持节都督晋昌郡诸军事守晋□(昌)□(郡)太/守兼墨离军使赐紫金鱼袋上柱□(国)乐庭瓌供养时

同列第2身题名：

男朝散郎……清□(道)率府兵……

同列第3身题名：

男承奉郎吏部……

甬道南壁供养人像列西向第1身题名：

都督夫人太原王氏一心供养

主室东壁门北侧底层原有题记4行，被张大千剥掉。原题记是：

浙江东道弟子张□/□魏博弟子石弘载/□咸通七年三月廿八日□□/□□□□□□耳

西壁大佛塑像后壁画上端北侧土红书：

石国奴

前述题名下侧土红书：

薛员□(会)

据伯希和笔记补：

东壁门南侧沥粉堆金供养人题名：

故权敕谒(竭)诚□(奉)化功臣河西一十……

东壁门北侧沥粉堆金供养人题名：

皇□(妣)勅受秦国□(广)□(平)……

第 172 窟

位于莫高窟南区南部。创建于盛唐，宋、清重修。前室残，人字披顶。主室为覆斗形顶，西壁开一龛。

前室宽 5.01 米，进深 2.27 米，高 3.24 米。平面为长方形。顶残存宋画经变。西壁门上宋愿文题榜两侧画毗沙门天王赴哪吒会，门南北宋画维摩诘经变：门南文殊、门北维摩诘。南壁宋画千手千眼观音变 1 铺，中被凿成穿洞。北壁宋画千手钵文殊变 1 铺，中被凿成穿洞，穿洞上方宋画趺坐五方佛 1 铺。

甬道为盝形顶，高 2.02 米，宽 1.17 米，进深 1.59 米。顶中央宋画团花图案，南北披宋画垂幔。南壁宋画供养菩萨 3 身(模糊)，中部为第 173 窟窟门。北壁宋画供养菩萨 4 身。

图 41　莫高窟第 172 窟　北壁　观无量寿经变　盛唐

主室高 5.24 米，宽 5.07 米，进深 4.79 米。平面近方形。窟顶藻井画团花井心（模糊），圆形网缦铺于四披，四角各一飞天，四披画千佛。

西壁平顶敞口龛内唐塑倚坐佛 1 身，弟子、菩萨、半跏菩萨、天王各 2 身（清修）。龛顶画 3 身佛说法、飞天、云气，下画菩提宝盖。龛内西壁浮塑佛光，两侧各画一弟子；南北壁各画弟子 3 身、项光 3 个。龛沿画菱纹边饰。龛下画壶门 9 个，内画供器、伎乐。龛外南北侧画执幡天女各 1 身、项光各 1 个。

南壁画观无量寿经变 1 铺（西侧未生怨、东侧十六观），西端画观音 1 身、男女供养人各 1 身；下宋画男供养人 9 身（模糊）。

北壁画观无量寿经变 1 铺（西侧生怨、东侧十六观），西端画观音 3 身；下宋画女供养人 1 排，底层盛唐画供养人（模糊）。北壁壁画人物、建筑之布局及空间处理，为同时期之杰作。正中上方有 3 座大殿，前后二殿为单层，中殿为两层，单檐庑殿顶，两侧各置单层配殿，配殿左右又各置二层楼阁，单檐歇山式顶，以廊庑与后殿相接，廊庑转角处置角楼。三殿前大平台画佛、二胁侍及诸菩萨。又前面有 3 座小平台，左右为 16 身两组乐队，中间二舞伎对舞。下方有 5 座小平台。平台之间及平台与殿堂之间均以斜道、小桥相连，整个画面杂而不乱。

东壁门上画净土变 1 铺；门南上画地藏、观音等四菩萨，中画普贤变，下模糊；门北上画药师等四菩萨，中画文殊变，下宋画女供养人 1 排（模糊）。

第 384 窟

位于莫高窟南区北部。盛唐始建，中唐完成，五代、清重修。前室为人字披顶，平面近方形。主室为覆斗形顶，西、南、北壁各开一龛。

前室宽 3.78 米，进深 4.02 米，高 3.68 米。顶东西披各存中唐画千佛一角。西壁门上中唐画说法佛 1 铺，门沿南北存五代画菩萨及男供养人；门南中唐画南方天王 1 身，台上五代塑一天兽；门北中唐画东方天王 1 身，台上五代塑一天兽。南壁中唐画千佛（存部分）。北壁中唐画千佛，东端中唐画普贤变（中被凿一穿洞）。

甬道宽 1.11 米，进深 1.28 米，高 1.86 米。顶五代画地藏与十王厅。南壁五代画弥勒经变 1 铺，下五代画男供养人 6 身。北壁五代画药师经变 1 铺，下五代画男供养人 6 身。

主室宽 4.45 米，进深 5.8 米，高 4.41 米。平面为长方形。窟顶藻井盛唐画团花井心，垂角幔帷铺于四披，四披盛唐画千佛。

西壁平顶敞口龛，龛沿高 0.59 米，龛宽 3.51 米，高 1.84 米，深 1.58 米。龛内盛唐塑一趺坐佛、二弟子、二菩萨、二供养菩萨，龛外两侧台上塑二天王（清重妆）。龛顶五代画菩提宝盖、赴会佛与菩萨。龛壁盛唐画化佛佛光，两侧各存四弟子、二项光，南侧存一供养菩萨。龛沿盛唐画波状卷草、团花边饰。龛外南侧中唐画趺坐佛（宝胜如来）、飞天、天王从卒各 1 身。龛外北侧中唐画趺坐佛 1 身、花卉。龛外两侧台下五代画供养菩萨 8 身。龛下五代画供器，两侧存供养菩萨 9 身。

南壁平顶敞口龛，龛沿高 0.78 米，龛宽 2.11 米，高 1.81 米，深 0.64 米。龛内盛唐塑一倚坐佛、二菩萨(清重妆)。龛壁盛唐画化佛佛光、团花、项光;中唐画菩提宝盖,两侧画飞天、弟子。龛沿盛唐画团花、卷草边饰。龛外东侧中唐画六臂不空绢索观音变1铺。龛外西侧中唐画佛1身(广博身如来)。龛下五代画供养菩萨3身、女供养人10身、侍从1身。

北壁平顶敞口龛,龛沿高0.74米,龛宽2.15米、高1.85米、深0.74米。龛内盛唐塑一趺坐佛、二菩萨(清重妆)。龛壁盛唐画化佛佛光、卷草项光,中唐画二飞天、二弟子。龛沿中唐画半团花、波状卷草边饰。龛外东侧中唐画六臂如意轮观音变1铺。龛外西侧中唐画趺坐佛1身。龛下五代画供养菩萨3身、女供养人9身。

东壁门上方中唐画七佛;门南中唐画菩萨2身(五代重描);门北画北方毗沙门天王1身;门沿五代画花卉。

第445窟

位于莫高窟南区中部。创建于盛唐,五代、西夏重修。主室为覆斗形顶,西壁开一龛。

甬道为盝形顶,高1.79米,宽1.09米,进深2.02米。顶中央存五代画观音(残),南北披各为五代画七佛趺坐像。

主室高4.61米,宽5.25米,进深5.3米。平面为方形。窟顶藻井于东、南、北披存部分珠网、璎珞。四披各存西夏画千佛部分。西壁敞口龛内塑一趺坐佛、二弟子、二菩萨、二天王(其一残毁),龛外两侧台上各塑一菩萨。龛顶存西夏画部分。龛内西壁存残画婆罗门,南北壁各存三弟子、三项光(残)。龛沿画卷草、一整二半团花边饰。龛下存五代画供器、女供养人残痕。

南壁画阿弥陀经变1铺(遭烟熏,中部1方被盗,东角被凿一穿洞),下西夏画男供养人1排(模糊)。

北壁画弥勒经变1铺(上部五代重描),此为莫高窟唐代同类作品中之极品。佛弟子、菩萨及天众侍立,国王献宝,国王、太子、王妃求做沙门剃度出家,迦叶禅窟,罗刹扫城,女子五百岁出嫁,树上生衣,老人入墓,一种七收,弥勒托生等情节场景,都有条不紊,一一呈现,布局合理。北壁下部西夏画女供养人1排(残)。

东壁门上画地藏菩萨1身,门南画千佛,门沿五代画菩萨、飞天、供宝(均残)。

第148窟

位于莫高窟南区南部。创建于盛唐,晚唐、西夏、清重修。此窟为李大宾于唐大历十一年(776年)或稍前所建,故称"李家窟"、"大历窟"。前室人字披顶,南壁存《大唐陇西李府君修功德碑记》、《唐宗子陇西李氏再修功德记》碑。主室为拱形顶,西壁设涅槃佛坛,南北壁各开一龛。

前室高5.18米,宽15.13米,进深2.59米。平面为长方形。顶西披残存唐画说法图。西壁门南中唐塑(清修)力士、天王各1身,天王从众3身,狮子1只;门北中唐塑(清修)力士、天王各1身,天王从众3身,狮子1只。

甬道为盝形顶,高 4.21 米,宽 3.31 米,进深 3.07 米。盝形顶盛唐画报恩经变,中央残存序品部分,南披残存恶友品部分,北披残存孝养品部分。南壁存西夏画男供养人 1 身。北壁存西夏画女供养人 2 身。

主室高 7.63 米,宽 16.82 米,进深 8.66 米。平面为长方形。窟顶盛唐画千佛。

西壁坛上塑释迦涅槃像(卧佛)1 身,佛坛高 1.37 米,宽 16.82 米,深 5.69 米。佛坛上通长佛床高 0.3 米,卧佛长 14.36 米。涅槃像后塑佛弟子、天人、各国王子、佛姨母、菩萨等举哀像 72 身(唐塑清修),其后壁面盛唐画涅槃经变。坛下底层晚唐画供养人。

南壁盝形顶(无北披)帐形龛内原塑如意轮观音 1 身(已被毁),现置一趺坐佛像,系从别处移来。龛顶中央画密教观音变 1 铺(大部被毁),东披画四臂观音 1 铺,南披画八臂观音 1 铺,西披画三头六臂观音 1 铺。龛内南壁背光两侧各画屏风 1 扇,东侧上部浮塑日天,西侧上部浮塑月天,下画如意轮陀罗尼咒诸愿;东壁画屏风 3 扇,内画如意轮陀罗尼咒诸愿;西壁画屏风 2 扇,内画如意轮陀罗尼咒诸愿。龛上画弥勒上生下生经变 1 铺,龛下西夏画供养比丘。龛外东侧盛唐画文殊变(西夏涂改),龛外西侧盛唐画涅槃经变(后接西壁)。

北壁盝形顶(无南披)帐形龛内原塑不空绢索观音 1 身(已被毁),现置一趺坐佛像,系从别处移来。龛顶中央画欢喜藏摩尼宝胜佛 1 铺,东西披各画药王菩萨 1 铺,北披画地藏菩萨 1 铺。龛内北壁背光两侧浮塑日天、月天各 1 身(东侧日天失)。下画屏风 2 扇,内画梵天请问不空绢索神咒。东西壁画屏风各 3 扇,内各画不空绢索神咒诸品。龛上画天请问经变 1 铺;龛下西夏画男供养人 1 排,底层有唐画供养人 1 排痕迹。龛外西侧画涅槃经变(前接西壁),龛外东侧画普贤变。

东壁门上盛唐画千手千眼观音变 1 铺(部分经西夏涂改);门南盛唐画观无量寿经变 1 铺(北侧未生怨、南侧十六观,部分经西夏涂改),下西夏画男女供养人 12 身;门北盛唐画药师经变(北侧十二大愿、南侧九横死,部分经西夏涂改),下西夏画男供养人 21 身。

本窟重要题记、发愿文附录:

西壁涅槃佛坛下底层晚唐供养人像列北向第 3 身题名:

弟子银青光禄大夫检校园子祭酒守凉/州左司马兼御史大夫上柱国陇西李明振/一心供养

同列第 13 身题名:

男宣奉郎守左武卫长史赐/绯鱼袋上柱国弘益一心供养

同列第 14 身题名:

故锡将仕郎守沙州司马□/……索□鼎供养

同列第 15 身题名：

侄留应供养

同列第 16 身题名：

征仕郎守左武……

第 123 窟

位于莫高窟南区南部。创建于盛唐，五代、清重修。前室为人字披顶，平面为长方形。主室为覆斗形顶，西壁开一龛。

前室高 2.13 米，宽 2.08 米，长 1.38 米。平面为方形。顶五代画观音说法（观音戴五佛冠）。西壁门上五代画垂幔；门南五代画观音 1 身，下画男供养人 3 身（模糊）；门北五代画持钵菩萨 1 身，下画男供养人 3 身（模糊）。南壁五代画菩萨 1 身，下存男供养人 4 身。北壁五代画菩萨 1 身，下存男供养人 3 身。

甬道高 1.54 米，宽 0.7 米，长 0.72 米。顶五代画说法图 1 铺。南北壁五代画菩萨各 1 身。

主室高 2.61 米，宽 1.83 米，长 1.8 米。平面为方形。窟顶藻井画团花井心，垂幔铺于四披，四披画千佛。

西壁平顶敞口龛，龛沿高 0.77 米，龛高 1.22 米、宽 1.26 米、深 0.71 米。龛内清塑佛 1 铺 5 身。马蹄形佛床画男供养人 1 排。龛顶画菩提宝盖、飞天 2 身。龛内西壁佛光两侧各画弟子 1 身，南北壁画弟子各 5 身。龛口内沿画菱形、一整二半团花边饰。龛下中央为建窟功德记 1 方：“……/……/……□著信义昭□（载）于……/……山□信藉修命□□□……/……/……”功德记文末原有“武周万岁三年”题记，今已泯蚀不清。功德记两侧画女供养人各 1 排。

南壁画阿弥陀经变 1 铺，下五代画男供养人 10 身（模糊）。北壁画弥勒经变 1 铺，下五代画女供养人 12 身。东壁门上画七佛，门南北画天王各 1 身。

第 194 窟

位于南区崖面南段三层。建于盛唐，晚唐、西夏重修。覆斗顶窟。

甬道长 1.24 米，宽 1.17 米，高 1.7 米。甬道顶画说法图 1 铺。南壁晚唐画不空绢索观音变 1 铺。北壁晚唐画如意轮观音变 1 铺。门南北晚唐画天王各 1 身（模糊）。西壁门上晚唐画说法图（模糊）。南壁晚唐画 5 身男供养人已模糊。北壁晚唐画天王 1 身，东为第 195 窟入口。

主室进深 3.57 米，宽 3.57 米，高 3.36 米。西壁开一盝顶帐形龛，龛内有盛唐塑倚坐佛 1 身，弟子、菩萨、天王各 2 身；龛外南北侧力士台上各塑力士 1 身。主尊佛像内着锦缘大袖绿襦，外披团花紫袈裟，神情庄严温和。左右分别侍立两弟子，大弟子迦叶双手合十，老态深沉，恭谦侍立；小弟子阿难是个少年比丘的形象，内着交领锦缘绿襦，锦裙，云头履，双手交于腹前，面露微笑。南北两身菩萨双目低垂，帔巾回绕，重裙垂地。两天王像身材魁梧，顶盔披甲，战裙缚袴。一个横眉怒目，一个粲然而笑，形成鲜明对比。还有龛外北侧的力士，上身赤裸，下系短裙，两腿分立，一手握拳挥举，一手用力按掌，使全身的肌肉都凸起，两目圆睁。整铺塑像既从属于建筑空间，又能独立欣赏。另外，雕塑上的彩绘图案华丽精致，立体的塑像和平面的绘画相结合，更增加了视觉上的丰富效果，显得虚实相间，气韵互贯，体现出我国民族传统绘画的特点。

龛沿有云气纹（存部分）、海石榴卷草边饰。南力士台下画西夏供养人，存 7 身（模糊）。北力士台下画西夏男供养人，存 2 身（模糊）。

南壁画维摩诘经变 1 铺（上被毁），画中维摩、文殊同处一壁，分东西相对而坐，各自的像下有听法诸众，其中有中国帝王和文武大臣，也有西域及四邻诸国王子、使者。全图 25 人，形貌不同，服饰各异。

北壁画观无量寿经变 1 铺（西侧未生怨、东侧十六观）。下存盛唐画供养人男 5 身、女 6 身，西夏画女供养人 4 身（上部残），底层剥出盛唐一坐佛。

东壁门上存千佛部分；门南画地藏、观音各 1 身，唐画女供养人 1 身；门北画千佛，下画观音 1 身，唐画男供养人 1 身。窟顶大部分已坍塌，仅残存窟顶北披比丘头像。

第四节　唐代后期石窟

唐代后期的莫高窟，是以唐德宗建中二年（781 年）河西为吐蕃所统治而划分界线的。这以后的历史共 126 年。其间吐蕃统治 67 年（习称中唐），张议潮家族统治 57 年（习称晚唐）。

天宝十四年（755 年），安史之乱起，唐政府被迫调动河、陇精锐部队平叛内乱，河西防务空虚，吐蕃乘虚占领陇右并进攻河西，由此统治敦煌 67 年。由于吐蕃统治者非常崇信佛教，加上敦煌未受中原“会昌法难”的影响，所以这一时期敦煌的寺院经济膨胀，遁入空门之人遽然增多，佛教文化大为兴盛，敦煌莫高窟仍然开窟不止。中唐时期新开凿的洞窟就有 48 个，又重修了 28 个洞窟和完成盛唐未完工的 9 个洞窟，其数量和规模都超越了盛唐时期。

唐朝大中二年（848 年），沙洲民众首领张议潮趁吐蕃内乱率众起义，逐走吐蕃统治者并次第收复河西州郡，使西北广大地区回归唐朝，唐朝在敦煌建立了归义军，使百年受阻的丝绸之路再度畅通。自张议潮起义，到李唐最后一年的 66 年间（大中二年至天佑四年，即公元 848 年—907 年），就是莫高窟的晚唐时期。

张议潮收复河西初期，就派遣其兄张议潭到唐都奉献河西十一州图籍，以示维护国家统一。唐宣宗授张议潮为河西十一州节度使，领归义军，驻节沙州（敦煌）。因张氏家族笃信佛教，因此，晚唐短短数十年间，在莫高窟共开凿了 71 个新窟，续建和重修了前代的 11 个洞窟。

中唐时期的洞窟型制以殿堂窟、涅槃窟为主；晚唐时期的洞窟型制以中心佛坛式、方形深龛式、中心龛柱式为主。洞窟的内容是主体雕塑佛像和四壁及顶部的壁画。吐蕃时期（中唐）的彩塑，承袭唐代前期内容，在正面大龛里，有释迦像、三世佛、七世佛窟，有以佛为中心并与两侧的弟子、菩萨、天王、力士等组成的群像；壁画内容与唐代前期略同，主要有佛像画、经变画、瑞像画、供养人画像、装饰图案等五类，其中仍以经变画为主。中唐时期的代表洞窟有第 158、159、112、231、237 等窟。张议潮时期（晚唐）的彩塑，大体继承了吐蕃时期的题材和风格，仍然保持了 1 铺 7 身或 9 身塑像的布局。龛内多为小型塑像，而中心佛坛上塑像的规模超过了吐蕃时期。晚唐时期的代表洞窟主要有第 156、9、12、85、17、196 等窟。

第 158 窟

位于南区崖面南段五层。该窟又称“涅槃窟”，俗称“卧佛洞”。建于中唐（781—848）吐蕃统治时期，西夏重修。此窟平面为横长方形，窟顶呈盝形顶。

甬道长 2.72 米，宽 3.45 米，高 3.53 米。顶中央西夏画团花图案，南披西夏画趺坐佛 10 身，北披趺坐佛存 6 身。南壁底层中唐画比丘 4 身、吐蕃装供养人 2 身；下西夏画壶门供宝 1 排（模糊）。

主室进深 7.25 米，宽 16.5 米，高 6.43 米。西壁设佛坛，高 1.55 米，南北通长 16.5 米。佛坛上塑释迦涅槃像 1 身，长 15.78 米，南壁塑迦叶佛立像 1 身，北壁塑弥勒佛倚坐像 1 身，共同组成过去（迦叶佛）、现在（释迦佛）、未来（弥勒佛）“三世佛”。这组塑像有坐有卧有站，皆造型准确、比例适中、色彩典雅，尤其是涅槃像用绘塑结合的手法将佛像塑造得体态柔软、面相丰腴，神情安详如睡，通肩袈裟的衣纹随身体的起伏而变化，圆润流畅。是敦煌彩塑的代表作品。西壁画天龙八部、梵释天人、弟子、菩萨及散花飞天 5 身。坛下中间为净土变一龛。龛外南侧画南方毗琉璃天王、金刚力士、舍利弗入灭等，龛外

图 42　莫高窟第 158 窟　平剖面图

图 43 莫高窟第 158 窟 释迦涅槃像

北侧画北方毗沙门天王、金刚力士、外道谤佛等。

南壁塑迦叶佛立像 1 身,佛光东侧画大势至菩萨、飞天、供养菩萨各 1 身,西夏画供养比丘 1 身(有回鹘文题记)。佛光西侧画弟子举哀图、菩萨、飞天。这幅描绘十大弟子举哀的画面,上部神情安详肃穆的菩萨和下部哀恸大哭、踉跄前扑的弟子,形成鲜明的对比,增加了悲痛哀伤的气氛。

北壁塑倚坐弥勒佛 1 身,座下西夏画供养比丘 2 身、男供养人 1 身。佛光东侧画观音、飞天各 1 身。西侧画佛母闻噩耗及各国王子举哀图:服饰各异的各国王子,因在悲痛中失去控制,分别以割耳、刺胸、剜心、剖腹等不同方式举哀。这些人物形象都是研究中西、中亚及西北民族风俗极为重要的形象资料。

东壁门上画如意轮观音变 1 铺,两侧画供养菩萨各 1 身;门南画思益梵天问经变 1 铺,下画屏风 8 扇,内画梵天等诸问;门北画金光明经变 1 铺,下画屏风 8 扇,内画流水长者子品、舍身品。

窟顶中央南起画南方净土 1 铺、千佛、上方净土 1 铺、千佛、北方净土 1 铺。东披南起画赴会菩萨、东南方净土 1 铺、赴会菩萨、东方净土 1 铺、赴会菩萨、东北方净土 1 铺、赴会菩萨。西披南起画赴会菩萨、西南方净土 1 铺、赴会菩萨、西方净土 1 铺、赴会菩萨、西北方净土 1 铺、赴会菩萨。这是“十方净土”中的九方净土。南披画普贤变,两侧画赴会菩萨。北披画文殊变,两侧画赴会菩萨。

图 44　莫高窟第 159 窟　西壁龛内　彩塑　中唐

第159窟

位于南区崖面南段五层。建于吐蕃统治时期,宋、西夏重修。覆斗顶帐形龛殿堂窟。

甬道长1.45米,宽1.45米,高2.17米。顶西夏画团花图案,南北壁存西夏画壸门供宝各5个。西壁门上有供养比丘残像。门南北各画天王像。南壁画阿弥陀经变(存部分)。北壁为第160窟入口,存残画。顶西披存千佛一角。

主室进深4.96米,宽4.52米,高4.79米。窟顶覆斗形顶井心画缠枝茶花,四披画垂幔、千佛。门南北画天王像。西壁开一盝顶帐形龛,龛内马蹄形佛床上中唐彩塑1铺,主尊已被毁,现存弟子迦叶、阿难各1身,菩萨、天王各2身,造型姿态、衣饰均与盛唐第194窟基本相似,为中唐彩塑之精品。四壁壁画布局,变为一个壁面分为上下两部分,上部画2~3幅经变,下部列绘多幅屏风画,画中内容均为上部经变的情节。这是吐蕃时期将各宗各派的经变绘于一窟的布局格式,形式新颖,容量增大,可称为吐蕃式布局风格。西壁帐门两侧上半部各画普贤变、文殊变,普贤变下屏风内画普贤事迹与五台山图。普贤乘象轿,象征恢廓宏大。五台山图中,文殊乘青狮执如意,遥视前方,上有宝盖悬顶,左右有天龙八部护卫,前后有天女献花、昆仑奴驯狮导行、伎乐演奏、天童起舞、帝释天率眷属赴会。

南北两壁上半部各画3幅经变的净土式说法图,下为屏风画。东壁门南北侧上半部是维摩诘经变,其中吐蕃赞普听法图中,主要表现了吐蕃赞普及其臣属居于前首,其他国王和王子立于他们之后。吐蕃人头戴红毡冠,发髻垂于两鬓,着翻领左衽长袍,束腰带,佩剑,足蹬乌靴,手托香炉,状极虔诚。这种对赞普和各国国王前后次序的调整以及对赞普行列的着意描绘,反映了吐蕃统治敦煌这一政治历史的现实状况,也留下了当时吐蕃赞普、侍从的着装和仪仗制度等资料。本窟画中兰叶描尤精,起笔落毫,起承转合,皆与形象融为一体;色彩清淡雅逸,素静爽朗。

东壁画维摩诘经变:门上佛国品;门南维摩诘,门北文殊;下画屏风3扇,内画善权方便品。

第112窟

位于南区崖面南段二层。建于中唐,宋、清重修。平面为方形,覆斗顶小型殿堂窟。

甬道长0.71米,宽0.79米,高1.81米。顶为宋代重画说法图(模糊)。

主室进深2.37米,宽2.42米,高3.2米。平面为方形。窟顶覆斗形顶中心画四云头团花井心,垂幔铺于四披。四坡中部为禅定佛,其余满绘千佛。西壁开盝顶帐形龛内唐塑一佛、二弟子、二菩萨(清修)5身像。下马蹄形佛床,有壸门6个,内饰伎乐,弹琴歌舞。龛顶中央画棋格团花。西披画九坐佛,两侧各画一菩萨。南北披各画六坐佛,两侧各画一供养菩萨像。东披画十二坐佛,两侧各画一化生。龛内三壁画屏风6扇,内容为九龙灌顶、剃度说法等,仿效唐代宫廷“六扇联屏”制度。龛沿画海石榴卷草边饰。龛上画帐顶图案,两侧画飞天各1身。龛下画文殊、普贤、五台山等。龛门两侧画文殊变、普贤变。南壁西起画金刚经变、观无量寿经变各1铺,下屏风画模糊。北壁西起画报恩经变(两上角论议品,西下角亲近品,东下角序品)、药师经变各1铺,下屏风画模糊。东壁门上画降魔变,门南画大势至变,门

图 45　莫高窟第 112 窟　南壁　观无量寿经变之乐舞图　中唐

北画观音经变各 1 铺(残)。

从窟内结构、壁画内容和风格看,此窟应属于从盛唐转向吐蕃统治时期的过渡作品,已显示出这一时期石窟明显的特点。如经变画增多,从大乘净土经变步入一壁多经变,汇集各宗各派经变于一窟。在这个不到 4 平方米的小窟里,容纳了 9 种经变。经变虽画幅不大,但内容丰富,结构严密,技艺精湛。其中反弹琵琶的伎乐天,反背琵琶,踏足而舞,舞带展卷,神情沉着自然。此窟的壁画,是盛唐、中唐之际的代表作。

第 231 窟

位于南区崖面九层楼北侧二层。建于中唐吐蕃统治晚期(约 839 年),宋代重修。平面为方形,覆斗顶殿堂窟。

前室宽 3.94 米,高 7.46 米。前室顶宋画千手千眼观音变 1 铺;南侧为不空绢索观音变 1 铺,北侧为如意轮观音变 1 铺(均部分被毁)。西壁门上宋画珞珈山观音 2 铺(下残),中间为重修愿文题榜;门南北宋画经变(残),底层露出中唐画天王各 1 身(残)。南壁宋画楞伽经变 1 铺(存部分),底层中唐画天王项光。北壁宋画被毁,底层露出中唐画天王(残)。

甬道进深 1.8 米，宽 2.13 米，高 1.8 米。顶中唐画千手千眼观音变 1 铺。南壁宋画曹元忠供养像（模糊）。北壁宋画浔阳翟氏供养像（模糊）。

主室进深 6.75 米，宽 6.2 米，高 6.77 米。窟顶藻井画狮子卷瓣莲花井心，卷草、垂幔铺于四披，四周环绕伎乐飞天。四披画千佛，千佛中央画说法图各 1 铺。西壁开一盝顶帐形龛，内设马蹄形佛床，上有唐塑一佛、二弟子像。龛顶画棋格团花，四披为吐蕃时期敦煌壁画新出题材瑞像图。龛沿画团花边饰。龛上画帐顶图案（内画千佛 19 身）。龛下宋画男供养人 6 身、侍从 2 身、女供养人 6 身。龛外南侧画普贤变，上画东方不动佛等趺坐佛 4 身。龛外北侧画文殊变，上画西方无量寿佛等趺坐佛 4 身。南壁西起画观无量寿经变 1 铺，下画屏风 4 扇，内画未生怨、十六观；法华经变 1 铺，下画屏风 4 扇，内画观音普门品等；天请问经变 1 铺，下画屏风 4 扇，内画天诸问。再下画壸门 11 个（模糊）。北壁东起画弥勒经变、华严经变、药师经变，每铺经变之下各画屏风 4 扇，内画九横死、十二大愿、嫁娶、收获、回城、下生等。东壁门上画阴处士父母供养像、男女侍从各 1 身；门南画报恩经变 1 铺，下画屏风 4 扇，其中 1 扇画天王，3 扇画恶友品；门北画维摩诘经变 1 铺，下画屏风 4 扇，其中 1 扇画天王，3 扇画权方便品等。

屏风画以相应的经变故事情节为内容，使经变主体更完美、更单纯，同时也使故事情节得到独立的发展。此外，把供养人画像画于东壁门上的特殊位置，也是这一洞窟的首创。

第 237 窟

位于南区崖面南段二层。建于吐蕃统治敦煌的早期，西夏、清重修。平面为方形，覆斗顶殿堂窟。前室进深 2.76 米，宽 7.96 米，高 3.55 米。西壁门上西夏画帝释天及二天女，南北侧西夏画水月观音；门楣西夏画菩萨存 2 身；门南北西夏画大部被剥去，底层中唐画天王各 1 身（被毁）。

甬道进深 2.07 米，宽 2.1 米，高 2.39 米。甬道南壁西夏画男供养人像及侍从像（各残存 1 身）。北壁西夏画女供养人像 2 身（模糊）。顶西夏浮塑团龙，四周西夏画团花平棋图案。

主室进深 7.33 米，宽 7.09 米，高 6 米。窟顶藻井画三兔卷瓣莲花井心，四披画千佛，千佛中央画多宝塔各 1 铺。西壁开一盝顶帐形龛，马蹄形佛床上存清塑 5 身。龛顶中央画棋格团花，四披所画瑞像图及佛教史迹画在王玄策的《西国行传》及玄奘的《大唐西域记》中多有记载，共 41 幅。其中瑞像计 37 种，分外国瑞像、西域瑞像和河西瑞像三类。其中西披的犍陀罗双身瑞像，造型奇特，双头四臂，脚下有两人胡跪供养。榜题："分身瑞像者干陀罗逻国贫者二人出钱画像其功致远一身两头。"此窟也是莫高窟瑞像图和瑞像画最多、保存最完好的洞窟。龛内西、南、北壁画屏风（画）10 扇，主要内容为善事太子故事、菩萨苦行故事、转轮圣王故事、萨埵饲虎故事等。

南壁东起画弥勒经变、观无量寿经变、法华经变各 1 铺。经变画下画屏风各 4 扇，主要内容为普门品、未生怨、十六观、收获、嫁娶、降生、回城等。北壁西起画华严经变、药师经变、天请问经变各 1 铺。经变画下画屏风各 4 扇，主要内容为华严诸品、九横死、十二大愿、梵天诸问等。东壁画维摩诘经变：门南维摩诘，门北文殊。下画屏风各 4 扇，内画善方便品、佛国品。

此窟在色彩上以石绿、石青、赭红、黑和白为主，使整窟色调温婉柔和，人物造型结构严谨准确，尤其瑞像图中的人物，虽然很小，但线描自然流畅，人物的肌肉结构晕染细腻，颇有西域人物画的遗风，是这一时期难得的艺术佳作。

第365窟

位于莫高窟南区崖面中层。顶层为第366窟，下层为第16窟。又名“洪辩窟”，古称“七佛堂”。建于中唐，宋、清重修。横券顶长方形窟，西壁设佛坛。窟前依崖统建三层木构窟檐，即三层楼。据主室佛床床沿吐蕃文题记及洪辩和尚汉文发愿文，此窟建于吐蕃统治沙州时期(832—834)。窟主洪辩，为吐蕃时期沙州释门教授，归义军初期受唐敕封为河西都僧统。

前室进深4.17米，宽11.02米，高5.92米。西壁门南北各为清画二天王。

甬道进深1.21米，宽2.49米，高3.76米。南北壁各残存供养菩萨。

主室进深1.39米，宽12.75米，高6.18米。西壁有横贯全窟的长方形佛坛，坛上中唐塑并列7身结跏趺坐禅定佛塑像(清修头部)。莫高窟以“七世佛”塑像为主尊的洞窟仅此一窟。壁上中唐画菩提宝盖、佛光各7个(宋填色)，南北侧各画赴会佛1铺，上各画千佛1排。坛下有中唐吐蕃文题记、汉文写经，两侧宋画菩萨存20身。

南北壁宋画，上为净土变各1铺，下各为垂幔，中为净土变各1铺(部分被毁)。西端上各画听法菩萨4身，中各画菩萨1身，下各画壶门供宝11个。

东壁上宋画垂幔；门上画说法图1铺(下被毁)，门南画净土变1铺；下画壶门供宝7个。柱上画听法菩萨11身，下画壶门供宝3个。

此窟壁画有重层，表层为西夏时期的说法图、净土变及供养菩萨，满壁以石绿为底色，色彩单调少变化；底层为吐蕃时期的壁画。窟顶宋画团花图案。

第468窟

位于南区崖面南段二层。建于中唐，五代重绘。洞窟平面呈方形，覆斗形顶，西壁开一龛。

前室进深0.98米，宽2.67米，高2.29米。顶五代画千佛(模糊)。西壁门上存五代愿文题榜，门南北各存五代画金刚力士。南壁上存五代残画，下存五代画男供养人3身。北壁上存五代残画，下存五代画女供养人3身。

甬道长1.17米，宽0.78米，高1.52米。顶五代画趺坐菩萨1身，南北壁存五代画菩萨各2身，下画壶门各3个。

主室进深2.59米，宽2.51米，高3.09米。窟顶藻井画三兔莲花井心，璎珞垂幔铺于四披。西披画法华经变序品，两角画观音普门品；南北披各画法华经变观音普门品之三十三现身；东披画法华经变见宝塔品，两角画普门品。西壁开盝顶帐形龛，龛内现存唐彩塑一菩萨、二弟子(残)。龛顶中央画棋格团花，西披画趺坐佛4身，两端各画菩萨1身；南披画趺坐佛3身，两端各画化生1身；北披画趺坐佛

3 身，两端各画化生 1 身；东披画趺坐佛 4 身，两端各画化生 1 身。龛内西、南、北三壁绘 6 扇屏风(画)，主要内容为药师经变中的十二大愿。其中的建筑和人物画得很细致。龛沿画卷草边饰。马蹄形佛床，有壸门供宝 9 个。龛上画帐顶图案。龛下画女供养人 11 身，中有五代回鹘文愿文题榜 1 方。龛外南侧画普贤变，龛外北侧画文殊变。人物造型修长，线描流畅，白壁之上以粉绿、土红、白、黑色为主，色彩温婉清雅，是这时期的代表之作。

第 156 窟

位于南区崖面南段四层。又名“张议潮窟”。此窟建于唐咸通六年至八年(865—867)之间。为沙州刺史张淮深为其叔父河西十一州节度使张议潮所造的功德窟。覆斗形顶，平面为方形，西壁开一龛。

前室进深 7.33 米，宽 1.65 米，高 6.35 米。前室顶中间画降魔变，南侧画法华经变，北侧画父母恩重经变。西壁门上画七佛，门南画南方毗琉璃天王 1 铺(模糊)，门北画北方毗沙门天王 1 铺(模糊)。南壁画西方毗楼博叉天王(大半被毁)。北壁画东方提头赖吒天王(大半被毁)，西上角有墨书《莫高窟记》。

甬道进深 1.93 米，宽 2.16 米，高 2.49 米。顶画未知名曼荼罗 1 铺(一半被毁)，南壁画张议朝、张淮深等男供养人 5 身，北壁画广平宋氏等女供养人 3 身。

主室进深 6.37 米，宽 6.25 米，高 6.31 米。窟顶藻井画卷瓣莲花井心，卷草、垂幔铺于四披。西披画弥勒经变，南披画法华经变，北披画华严经变，东披画楞伽经变。

西壁盝顶帐形龛内马蹄形佛床上塑倚坐佛 1 身(头被毁)。马蹄形佛床壸门内画伎乐共 14 身、供器 2 件。龛顶中央千手千眼观音变 1 铺。西披画八臂宝幢菩萨、三面四臂菩萨各 1 铺，南披画不空绢索观音变 1 铺，北披画如意轮观音变 1 铺，东披画金刚三昧菩萨、金刚思维菩萨各 1 铺。龛内西、南壁画屏风各 4 扇，内画十二大愿；北壁画屏风 4 扇，内画九横死、竖幡、燃灯、斋僧。龛沿画卷草边饰。龛上画饕餮纹帐顶图案。龛下画供器，南北侧各画执蟠供养人 1 身，南侧画供养比丘及男供养人各 3 身、侍从 5 身，北侧画供养比丘尼 4 身、女供养人 5 身、侍从 3 身。龛外南北侧分别画普贤变、文殊变。

南北壁上部画有思益梵天问经变、阿弥陀经变、金刚经变、报恩经变、药师经变、天请问经变各 1 铺；下绘有长卷式历史题材“河西节度使张议潮统军出行图”与“宋国河内郡夫人宋氏出行图”，各长达 8.88 米。张议潮于公元 858 年在沙洲率众起义，使河西一带脱离吐蕃的统治，被唐王朝敕封为归义军节度使，统领瓜、沙、伊、西等 11 州，是敦煌当时当地的民族英雄。张议潮出行图的构图由南壁西端起，首先是以军乐和歌舞为前导的仪仗队，但见旌旗招展、鼓乐喧天，使前进的大军显得威武雄壮。仪仗队后面是持旌节以示权柄的军将。张议潮穿红衣，骑白马，鞭马过桥。画工将张议潮的身材画得高大于周围所有官属侍从，强调了他的显贵身份，同时又把他画于全画面的中段，更突出了其作为主要人物的形象。而与之相对的宋国河内郡夫人(即张议潮夫人)宋氏出行图，规模与张议潮出行图相仿，但其所展示的社会生活画面更为丰富。画面前部是杂技“戴竿”：一壮汉顶竿，竿上四小儿悬臂勾脚正在做着各种惊险的表演。杂技后为四人舞及乐队，其后为行李车。画面中段稍后部分，宋氏夫人和簇拥护卫其

的女官奴婢均骑马而行。整个画面具有贵族妇女春游时煊赫华贵的气氛。其丰富的内容,如军仗、军乐、仪仗、兵制、运输、狩猎、杂技、邮驿、服饰、交通等大量社会历史民俗资料,具有重要的研究价值。张议潮、宋国夫人出行图是现实生活的写照,也是敦煌壁画中歌颂现实人物历史画卷前所未见之重要作品。

东壁门上画男供养人 3 身、女供养人 1 身、侍从 2 身;门南画金光明经变 1 铺,下为张议潮统军出行图(前接南壁);门北画维摩诘经变 1 铺,下为宋国夫人出行图(前接北壁)。

第 196 窟

位于南区崖面南段四层,距地面 30 余米。为莫高窟高层洞窟之一,也是莫高窟现存最早的木构窟檐建筑。建于晚唐。覆斗形顶,设中心佛坛,坛上背屏连接窟顶,殿堂式窟形。

图46　莫高窟第156窟　南壁　张议潮出行图(局部)　晚唐

前室进深4.51米，宽9.53米，高4.76米。存晚唐木构窟檐。顶被毁，仅崖上存部分棋格团花。西壁门上画七佛，北侧有女供养人1身；门南画南方毗琉璃天王1铺(模糊)；门北画北方毗沙门天王1铺，下存供养人痕迹。南壁上画高僧与净人传戒，下残存供养比丘2身。北壁上画高僧传戒律图并题记2方；下西侧存一土碑龛(碑首画毗沙门天王1铺，龛顶画宝珠，龛两侧壁各画菩萨1身)，东侧画说法图1铺(模糊)。

甬道进深3.8米，宽2.3米，高3.35米。甬道顶为盝形顶，中央画千佛变，南北披画说法图各3铺。甬道南壁画男供养人2身、侍从4身，北壁画节度使索勋父子供养像、侍从5身。

主室进深10.3米，宽9.57米，高8.3米。窟顶藻井垂幔残存于东、西、北披。西披上画赴会佛3铺、飞天4身，下画千佛及菩萨3身、化生1身；南披存千佛一角、菩萨2身；北披上画赴会佛3铺，下画千佛及菩萨 3 身;东披存千佛部分及菩萨 4 身、飞天 2 身。覆斗顶背屏式中心佛坛长 5.06 米,宽 6.56 米,高0.82 米。马蹄形佛床上存趺坐佛、迦叶、阿难、半跏菩萨、天王各 1 身。佛坛上的彩塑都较大,除佛头外,均为原作。背屏正面画菩提宝盖,下北侧画十一面观音、女供养人各 1 身,南侧画菩萨 1 身;南侧面存白描比丘头像;北侧面存女供养人 1 身、童子 2 身。尤其佛坛北侧彩塑菩萨,丰润硕壮,肤色莹白,安详而端庄,半跏游戏坐于高 2.65 米的莲座上,有很强的立体感。唐代后期彩塑保存下来的很少,而这铺彩塑是晚唐雕塑的代表作品。

西壁整壁画劳度叉斗圣变。这幅画根据《降魔变文》绘制,是莫高窟同类题材壁画中较好的作品。其内容讲述须达长者为购祇陀园造精舍迎佛说法,引起舍利弗同六师外道斗法,最后劳度叉失败,六师外道全部皈依释佛。此画在构图上新颖而颇具巧思,主要表现了斗法的第六回合。画面以斗法、观法为主体,通过传统的对称手法的运用处理,表现了舍利弗化巨风吹拔大树这一瞬间发生的戏剧性的场面。舍利弗稳坐莲台之上,指挥若定;而被狂风席卷的劳度叉阵营,石飞树拔,帐帷倾斜,劳度叉惊惶失措,其部众东倒西歪、无处藏身。整幅壁画满壁白底,没有作任何的特殊处理,但通过那些纷乱翻飞的衣角,狼狈倒歪的人体动态及对树、帷帐的处理,生动地表现出了风的动感。这样大的画幅,处理得主次分明,井然有序,人物造型很生动,表现手法别具一格,显出了画工高超的艺术造诣和技巧。是这一时期宏伟的创新之作。

南壁西起绘法华经变、阿弥陀净土变、金光明经变各 1 铺,下画屏风 15 扇,其内画菩萨及女供养

图 47 莫高窟第 196 窟 木构窟檐建筑 晚唐

人。北壁西起画华严经变、药师经变(部分残)、弥勒经变各1铺,下画屏风,其内画菩萨。东壁门上画未知名密教经变1铺;门南画文殊变,周围环绕赴会菩萨18组,下画供养比丘10身;门北画普贤变,周围环绕赴会菩萨18组,下画男供养人10身、侍从2身。

第138窟

位于南区崖面南段一层。又名“阴氏窟”。建于晚唐,五代、元、清重修。此窟为覆斗顶中心佛坛式大型窟。

前室进深4.51米,宽10.12米,高4.24米。顶中部为清修木构平顶;南端晚唐画六臂观音1铺;北端覆斗形顶,画茶花井心,四披画千佛。木构窟檐门内南侧方柱南向面画男供养人数身(残),西向面元代画菩萨1身。木构窟檐门内北侧方柱西向面元代画菩萨1身。西壁门上所画被清修木质顶篷遮去,门南画南方天王(被熏毁),门北画北方天王(模糊)。南壁元代画坐佛1身(模糊)。北壁上层元代画坐佛1身,两侧元代画男供养人4身;下层为第139窟窟门。

甬道长4.61米,宽2.89米,高4.05米。盝形顶中央画千佛变,南北披各画药师佛立像14身。南北壁元画供养菩萨各4身,下各画壶门若干。

主室进深14.76米,宽12.71米,高7.8米。中心佛坛上晚唐塑趺佛1身(清修),清塑送子娘娘等12身,八臂观音1身、胁侍2身。马蹄形佛床东面浮塑壶门30个,下佛坛浮塑壶门7个(均模糊)。佛床西面存壶门7个,下佛坛浮塑壶门4个,画狮子。佛床南北面壶门不存(被清代内容覆盖),下佛坛浮塑壶门各6个,画伎乐。背屏正面画菩提宝盖、卷草佛光、四飞天、花卉,背面画接引佛,南北侧面画化生、飞天。窟顶藻井绘茶花串环井心,四周环绕飞天。四披千佛中间各画说法图1铺。

西壁画药师佛1铺,南北侧画赴会菩萨;下画屏风18扇,内各画弟子、菩萨。南壁东起画天请问、法华、阿弥陀、金刚、楞伽经变各1铺;下画立佛、地藏、弟子各1身,菩萨10身,男供养人10身。北壁西起画金光明经变、报恩经变、药师经变、华严经变、弥勒经变各1铺;下画药师佛、弟子各1身,菩萨5身、供养比丘7身,女供养人7身、从女3身。东壁门上画安国寺尼智惠性等男女供养人共10身;门南画维摩诘经变1铺,下画女供养人15身;门北画报恩经变,下画女供养人7身、从女2身。

第9窟

位于南区崖面北头底层。唐大顺元年(890年)建,宋、元重修。前部为覆斗形顶,后部为平顶。有中心龛柱。柱东向面宽3.64米,柱西向面宽3.60米,柱南向面宽2.79米,柱北向面宽2.84米。柱东向面开一盝顶帐形龛。

前室进深1.88米,宽6.49米,高3.55米。人字披顶西披宋画密教观音3铺(大部残毁),南端1铺为如意轮观音变。西壁门上宋画毗沙门天王赴哪吒会,门北宋画毗沙门天王1身(残)。

甬道进深2.25米,宽1.63米,高2.77米。顶中央画佛教史迹画,有吴淞口石佛浮江、毗沙门与舍利弗决海等故事。南北披画瑞像图各存8幅。

甬道北壁存供养人 2 身。第 1 身题名:

……光禄大夫检校司徒同中书门下平章事食……

……实……万户侯赐紫金鱼袋南阳郡开国公张承奉一心供养

第 2 身题名:

……瓜州刺□(史)……光禄大夫检校左□□□□□□□(散骑常侍兼御史)大夫上柱国□(陇)西郡李弘定一心供养

甬道南壁存供养人 2 身。第 1 身题名:

敕归义军节度管内观察处置押蕃落等使银青光禄大夫□□□□检校右散骑常侍兼□(御)史大夫索勋供□(养)

第 2 身题名:

朝散大夫沙州军使银青光禄大夫检校左散骑常侍兼御史大夫上柱国陇西郡李弘谏一心供养

主室进深 8.52 米,宽 5.58 米,高 3.71 米。中心龛柱东向面开一盝顶帐形龛,龛内马蹄形佛床上清塑 1 铺 9 身,存屏风故事画 8 幅(扇 / 条)。龛顶中央画棋格团花;西披画趺坐药师佛 9 身,两侧画供养菩萨各 1 身;南北披画趺坐药师佛各 6 身,两侧画供养菩萨各 1 身;东披北侧存趺坐药师佛 1 身、供养菩萨 1 身。龛外北侧上画日天,中画金刚力士、狮子;龛外南侧上画月天,中画金刚力士、狮子,下画壸门 3 个。南向面元画趺坐佛 4 层 16 身。西向面元代画篙山神送柱图(白描画),其墨线起稿直接画的人物和界画建筑未着色。此图线条清晰流畅,其中一人物表现为风来遮面,衣袍袖带均迎风扬起的动作颇为生动,是敦煌白描画佳作与研究敦煌壁画底稿之原始资料。北向面元画趺坐佛 5 层 20 身。

东披画弥勒经变,西、南、北三披画华严经变各二铺。

西壁画楞伽经变,南壁画劳度叉斗圣变,北壁画维摩诘经变。东壁门两侧分别绘文殊变和普贤变及供养人画像。

窟顶前部藻井的中心方井特别小,画莲花一朵,莲花花心绘一双头共命鸟。周沿有回纹、团花、菱形纹,卷草边饰中又画有石榴、卷瓣莲、茶花等纹样,外围垂角、帷幔、彩铃、流苏铺于四披。图案完整,色彩如新,是此时期的代表作品。

第12窟

位于南区崖面北头二层。又名“索义辩窟”。建于晚唐,五代、清重修。覆斗顶殿堂窟。

前室进深2.02米,宽6.68米,高3.93米。西壁门南侧画南方天王1铺,下画男供养人、驼、马、供品1排(模糊);门北侧画北方天王1铺,下画男供养人1排(模糊)。南壁残存赴会菩萨4组,下画供养比丘1身。北壁残存赴会菩萨4组(其中1组已模糊)。顶残存晚唐画千佛6排、五代画千佛2排。

甬道长2.04米,宽2.54米。

主室进深6.6米,宽6.25米,高6.57米。窟顶藻井画狮子莲花井心及团花、回纹、菱纹、卷草、幔帷,周围环绕伎乐飞天16身。四披画千佛,千佛中央画说法图各1铺。

西壁开一盝顶帐形龛,龛内马蹄形佛床上为清代塑一佛、二弟子、四菩萨、二天王。龛外两侧分别画文殊变和普贤变。南壁西起画法华经变、观无量寿经变、弥勒经变,下屏风画分别对应各经变画诸品。北壁西起画华严经变、药师经变、天请问经变,下同样为屏风画。东壁门北画维摩诘经变,下画屏风画;门南画报恩经变,下画屏风画。东壁门上画男女供养人各1身,中央有题记:

窟主沙州释门都法律和尚金光明寺僧索义辩……

晚唐时期经变画世俗性强,生活气息浓郁。此窟经变画也有不少精彩之处,如南壁弥勒变下屏风画中根据《弥勒下生成佛经》所画的,表现弥勒净土世界里女子500岁始嫁的“婚礼图”:客人们坐于青庐中,新郎着土红袍跪拜于地,而新娘着绿衣红裙立于新郎身旁,这正是沿袭了武则天以来结婚时男拜女不拜的风俗。在西壁门北侧,有护法四天王中的北方天王毗沙门的画像,又名“多闻天”,头戴翼冠,全身披甲,满饰团花、狻猊、饕餮等图案。右手持兵杖,左手托宝塔,体魄雄健,为晚唐天王形象的代表作。

第14窟

位于南区崖面北头二层。建于晚唐,宋、清重修。前部为覆斗形顶,后部为平顶。有中心塔柱。柱东向面宽3.2米,柱西向面宽3.24米,柱南向面宽2.17米,柱北向面宽2.1米。柱东向面开一龛。

前室宽4.71米,高2.78米。甬道进深1.56米,宽1.3米,高2.02米。

主室进深4.16米,宽4.86米,前部覆斗形顶高4.12米,后部平顶高3.17米。有中心方柱连通窟顶。在中心柱东向面盝顶敞口龛内,马蹄形佛床上存清塑1铺7身。西壁画千佛,下画屏风11扇,内各画一菩萨。南壁画金刚杵观音、十一面观音、不空绢索观音、千手千眼观音变各1铺,下画屏风16扇,内各画一菩萨。北壁画金刚杵观音、观音经变、如意轮观音、千手千钵观音变各1铺,下画屏风16扇,内各画一菩萨。北壁的如意轮观音,密号“持宝金刚”,微倾的头上戴化佛宝冠。有六臂,右第一手轻触额头做思维相;第二手持如意宝珠,表示满足众生祈愿;第三手持法轮,交脚盘腿坐于宝池莲花座上，下有二天人手托莲花。观音造型比例适度，裙上装饰华丽，神态恬静。相对称的构图画了四大天王、菩萨、伎乐天、婆薮仙、辩才天、金刚等。整窟以泥土墙为底色，赋色以青赭为主，色调温和。线条运用柔中有刚，绘制规整，保存完好。东壁门上画释迦、多宝佛1铺；门南画普贤变，下画屏风4扇，内各画一菩萨；门北画文殊变，下画屏风4扇，内各画一菩萨。窟顶藻井井心画两个相交成"十"字的金刚杵，以方胜纹、团花纹为边饰，四面各画说法图1铺。这样面积大、构图复杂的方井在莫高窟很少见。

第85窟

位于南区崖面中段底层。又名"翟家窟"。由公元862年—867年继任洪辩担任河西都僧统的翟法荣和尚创建。为晚唐大型洞窟之一。五代、元、清重修。覆斗顶中心佛坛式窟。

甬道长3.89米，宽2.56米，高3.78米。盝形顶中央画千佛变，南北披各画瑞像图14幅。西壁门南残存元画文殊一角，门北残存元画普贤（模糊）。南壁晚唐画男供养人3身、侍从7身（五代重描）。北壁晚唐画供养比丘1身（即翟僧统）、供养人3身、侍从1身（五代重描）。南壁存部分供养人题记。

第1身题名：

……都僧统兼京城内……

……大法律沙门□荣俗姓翟敬造……

第2身题名：

弟将仕郎守敦煌县尉承庆□□

第3身题名：

侄男河西节度押衙兼监察御史怀恩

主室进深10.05米，宽9.58米，高8.09米。覆斗形顶，窟顶藻井画狮子莲花井心，卷草、垂幔铺于四披，四披分别绘楞伽经变、法华经变、弥勒经变、华严经变。中心佛坛上现存晚唐塑像释迦、迦叶各1身，清塑阿难像1身。西壁整壁画劳度叉斗圣变，南壁东起画报恩经变、阿弥陀净土变、金刚经变，北壁西起画密严经变、药师经变、思益梵天问经变。南、北、西三壁经变画下均为屏风画贤愚经变，是现存较全面地绘制贤愚经变的最早作品。

南壁的报恩经变中之"恶友品"，又名"善友太子入海品"。故事讲述了古印度波罗奈国太子善友为济众生入海赴龙宫求取摩尼宝珠，获宝归途中，被弟弟恶友刺瞎双眼，夺取宝珠。善友流落利师跋国为王宫看守果园，悲于不幸遭遇，常于园中弹筝抚弦以抒情怀。利师跋国公主听筝知音，萌发爱情，与善友结为夫妇。婚后，善友披露太子身份，双眼复生。故事情节婉转曲折，表现了主人公的悲欢离合和纯真的爱情，十分动人。其中"树下弹筝"一图，表现了太子抚筝解心中郁闷，公主闻声而来，二人在绿树浓荫的幽静环境中相对而坐，倾心交谈，抚琴而歌。画面简洁，情景交融，是富有诗意的绘画佳作。东壁门上南侧画金光明经变 1 铺，北侧画维摩诘经变 1 铺，下均为比丘、比丘尼供养像。

第 16 窟

位于莫高窟南区北段底层。其上为第 365 窟(七佛堂)，顶层为第 366 窟。三窟窟前倚崖统建 3 层木构窟檐，即"三层楼"，又名"吴僧统窟"。窟主吴和尚即晚唐河西都僧统洪辩。此上下 3 层洞窟似为吴和尚独立开凿的系列窟。建于晚唐，宋、清重修。覆斗顶中心佛坛式窟。

前室进深 4.29 米，宽 10.83 米，高 7.39 米。

甬道进深 7.6 米，宽 3.98 米，高 4.72 米。顶中央宋画棋格团花图案。南北披宋画璎珞垂幔。南壁宋画说法图存 2 组，下画供养菩萨 1 排，残存 3 身(模糊)，中部光绪三十二年(1006 年)嵌《重修千佛洞二层楼功德碑记》1 方。北壁宋画说法图存 6 组，下为供养菩萨 8 身(2 身模糊，1 身被毁)，底层为第 17 窟入口，即藏经洞。

主室进深 16.2 米，宽 13.7 米，高 10.32 米。是莫高窟最大的背屏式洞窟。窟顶藻井宋浮塑彩绘团凤四龙井心，回纹、卷草铺于四披，四披画棋格团花。中心佛坛上清塑佛 1 铺 9 身(佛座及主像衣裙、下肢为宋时原作，清代涂改)。马蹄形佛床，东面壸门存 21 个，有晚唐画护法神将；西、南、北面存壸门共 34 个，有晚唐画狮子 17 只、金刚力士 18 身。坛上背屏连接窟顶，背屏正面宋画菩提宝盖，晚唐画双凤衔环卷草背光、迦陵频伽卷草项光；南北侧面宋画飞天、菩萨各 1 身，赴会佛各 1 组。西、南、北壁上宋画垂幔，下画千佛。东壁门上宋画垂幔，下画千佛。门南北上画垂幔，下画千佛。四壁壁画为重层，表层绿底千佛为西夏所绘，色调单一，形象如出一模，疏于变化；底层有晚唐壁画。

第 17 窟

位于莫高窟南区北段底层第 16 窟通道北壁。即著名的"藏经洞"，又名"鸣沙石室"、"敦煌石室"。建于唐大中五年至咸通三年(851—862)间，宋、清重修。坐北朝南，覆斗顶影塑窟。此窟是晚唐释门河西都僧统洪辩的禅窟。

主室进深 2.87 米，宽 2.74 米，高 3.02 米。西壁嵌有大中五年(851 年)"洪辩告身碑"。北壁贴壁建长方形禅床式低坛，坛上泥塑洪辩像。洪辩在吐蕃时期充沙洲释门都法律兼摄行教授。大中五年唐王朝敕封他为京城内外临坛供奉大德兼河西释门都僧统知沙洲僧政法律三学教主，并赐紫衣。是河西享有崇高地位的僧人。其塑像背部现一骨灰袋，故知这身彩塑像是高僧洪辩的"真容"塑像，高 0.94 米，身穿田相袈裟，通肩裹体，泥条流畅自然，结跏趺坐，做禅修状。此像造型写实，神态庄重沉静，是十分珍贵的高僧写真像。塑像身后即北壁，画有两株茂盛的菩提树，枝叶相接，以示洪辩在菩提树下坐禅。左侧树下画 1 身比丘尼，双手捧持对凤团扇，树间挂一水壶。菩提树右侧画 1 身近事女，头梳双髻，形

图 48　莫高窟第 16、17窟　甬道　晚唐

图 49　莫高窟第 17 窟　内景　晚唐

体丰腴，身着晚唐时女子流行的装束，左手托巾，右手持杖，树间挂一挎袋。这幅画用线流畅大气，衣褶的晕染和树叶正背面不同的设色，反映出匠师高超的艺术造诣。

1900 年（清光绪廿六年）6 月 25 日，道士王圆禄偶然发现藏经洞，这是 20 世纪中国乃至世界最伟大的考古发现之一，也是人类文化史上永载史册的大事。敦煌藏经洞出土了敦煌遗书中最大宗文献，这批数量多达 5 万余件的古代写本和刻本以及其他各种珍贵文物，其内容涉及从两晋到北宋近千年间的政治、经济、军事、宗教、文学、文字、艺术、天文、地理、医学、印刷等社会科学和自然科学的许多学科。因此，在世界上形成了一门新兴的综合性学问——敦煌学。

藏经洞文物的发现，为学术界研究敦煌提供了多方面的极其珍贵的文献资料，也为研究我国近两千年学术文化发展打开了又一扇大门，具有重要的学术价值。

第 94 窟

位于莫高窟南区北段底层。建于晚唐，宋、清重修。覆斗顶中心佛坛式窟。

前室进深 11.05 米，宽 4.27 米，高 10.4 米。西壁门上存晚唐残画，尚可辨识有天王、力士。

甬道进深 1.45 米，宽 1.45 米，高 2.17 米。盝形顶中央宋画团花图案，南北披宋画垂幔。

甬道北壁上宋画十方佛五铺，中宋画供养菩萨 7 身；底层有晚唐供养人题记：

叔前河西一十一州节度管内观察处置等使金紫光禄大夫检校吏部尚书兼御史大夫河西万户侯赐紫金鱼袋右神武将军南阳郡开国公食邑二千户实封二百户司徒讳议□(潮)

甬道南壁上宋画十方佛5铺,中宋画供养菩萨8身;底层有晚唐供养人题记:

金紫光禄大夫检校户部尚书直左□(金)吾卫大将军兼□(御)史大□(夫)赐紫金鱼袋南阳郡开国公讳议潭

主室进深14.34米,宽17.1米,高10.63米。窟顶藻井宋浮塑团龙井心,卷草、帷幔铺于四披,四披宋画棋格团花。设中心佛坛,坛上背屏连接窟顶,马蹄形佛床上现存宋塑清改修的趺坐佛1身,清塑弟子、菩萨各2身,另有道教老君1身。佛坛及马蹄形佛床各面壶门内画供宝。背屏正面宋画菩提宝盖、二飞天、二供养菩萨,浮塑卷草火焰佛光;背面宋画接引佛;南北侧面宋画供养菩萨各1身。西壁上宋画飞天,中画千佛,底层有唐画;下画贤愚经变。南壁上宋画飞天一条,中画千佛,底层有唐画(部分脱落)。北壁上宋画飞天一条,中为千佛,底层有唐画女供养人宋国夫人,屏风画贤愚经变、出行图等。壁画部分脱落。东壁上宋画飞天一条,门上宋画千佛变(门上画大莲花,门南北各画千佛),底层有唐画供养人残像。

第五节　五代以后石窟

五代、北宋时期(906—1036),敦煌处于曹氏归义军政权(914—1036)的统治之下。

天祐三年(906年),张议潮之孙、归义军节度使张承奉自称"白衣天子",建国号"西汉金山国"。后梁乾化四年(914年),瓜沙曹氏接替西汉金山国张承奉政权,重建归义军。曹议金及其子元德、元深、元忠先后任节度使。辖区缩小为瓜、沙二州六镇。

曹氏时期的敦煌,社会相对安宁,丝路畅通,商业繁荣,使者往来不绝。曹氏家族的统治者,十分崇尚佛教,开凿了一批规模巨大的洞窟,并且还建置了隶属于官府的画院、伎术院,民间也成立了画行,形成了院派特色,聚集了一批能工巧匠,使沙州(今敦煌)成为河西走廊地区的佛教中心。

在曹氏政权120多年的统治期间,莫高窟又开凿了41个洞窟(五代26个,北宋15个),其中有明确造窟纪年题记的有第98、100、256、25、61、469、53、5、55、454、449等窟和天王堂,另外还重修了248个前代的洞窟(五代151个,北宋97个)。这一时期的洞窟型制大多沿袭晚唐的中心佛坛覆斗顶殿堂窟格式,但洞窟规模更大,更为宏伟壮观。曹氏政权后期还出现了第377窟的梯形顶窟形和第443窟的穹隆顶窟形。此外,维修旧窟时,还给一些洞窟装修了木构窟檐和栈道,如有纪年题记的第427、444、431窟。

由于曹氏时期的洞窟大多开在崖面下层,进出方便,所以塑像毁坏甚多,现存塑像中以五代第261

窟和宋代第55窟为代表，均保留了唐代余风，也具有五代风采。

这一时期的壁画在内容上仍以经变画为主要题材，有19种之多，基本承袭了晚唐规范，但描绘的具体内容有所增加，且多以变文为依据。故事画也出现了规模空前的鸿篇巨制，如五代第98窟屏风画，描绘了来自《贤愚经》的30多个故事。又如第61窟的佛传故事画也增加了一些新内容，连屏33扇，共131个画面。供养人画像的规模也更为宏大，甬道和东壁两侧，是绘制窟主和宗族显贵画像的地方，画像既多且高大，如第98窟所绘的曹氏父子和张氏家族成员以及于阗国王像等，第100窟的曹议金与回鹘公主出行图中的人物。出现了一些新题材，如第72窟的刘萨诃变相、第61窟的五台山图以及第220窟的新样文殊等，其反映了佛教进一步中国化并和儒、道思想相结合的过程。壁画中呈现的多种多样的社会生活场面，为研究当时当地的社会历史提供了丰富的形象资料。

不过，曹氏时期的经变画、故事画以及供养人画像等，其构图和人物造型都有公式化倾向。

大约在宋天圣六年至景祐四年间(1028—1037)，归义军政权被沙州回鹘或西夏政权所取代。10世纪后期至12世纪初叶，世居瓜沙地区的回鹘族，逐渐形成一股强大势力。在曹氏家族衰微、无力抵御外力入犯的情况下，瓜沙地区的回鹘族于1030年前后掌握了瓜沙政权，史称“沙州回鹘”。有学者认为沙州回鹘政权统治瓜沙地区的时间为北宋景祐三年至治平四年(1036—1067)。

而据正史记载，11世纪上半叶，党项族以灵州、夏州为中心，“西掠吐蕃健马，北收回鹘锐兵”，占领了瓜、沙等十余州，“东尽黄河，西界玉门，南接萧关，北控大漠”，地跨今甘肃、陕西、宁夏等省，是为西夏。北宋年间，党项攻陷甘州，天圣八年(1030年)，瓜州王曹贤顺率千骑前往投降。西夏大庆元年(北宋景祐三年，1036年)，景宗李元昊率兵取瓜、沙、肃三州，此后西夏遂尽得河西之地，立国近200年(1036—1227)。现有学者认为西夏政权统治瓜沙地区的时间为北宋治平四年至元太祖二十二年(1067—1228)。

沙州回鹘时期，开凿洞窟1个，重修洞窟15个。窟形因循宋制。艺术上，早期沿袭宋窟遗风，后期则形成了具有简略粗放、构图疏朗、色调明快、装饰趣味浓郁、人物造型圆润丰满的民族风格。尤其在用色上，多以铁朱为底，配以少量石绿、石青和纯白色，色调温和，少晕饰，具有典雅富丽、重视装饰效果的特点。其风格显然受到吐鲁番地区伯孜克里克高昌回鹘艺术的影响。另外，在题材上新出现了十六罗汉图、行脚僧图、编织纹、波状云头纹卷草边饰和回鹘族男女供养人画像等，形成题材、风格上独具特点的沙州回鹘艺术，其中以第97、409窟为代表。

西夏时期，开凿洞窟1个，重修洞窟60个。窟形因循宋制。彩塑出现供养天女新题材，面相、服饰均如宋塑。壁画题材主要是千佛、简略形式的净土变、高大的供养菩萨行列等。壁画底色除沿袭宋代石绿敷底外，新创以铁朱染壁为底的格调。经变画比宋代更趋简单化、程式化，装饰性加强，菩萨与人等身，整齐排列，但千相一面，缺乏生气和个性。这时颇有特色的是一些团凤、团龙藻井等装饰图案，其中以第16、130、234窟为代表。

1227年，蒙古成吉思汗灭西夏，同年三月破沙州。至元十七年(1280年)置沙州路总管府，河西走廊完全为蒙古贵族所统治。自元太祖二十二年(1228年)占据沙州至明洪武五年(1372年)冯胜西征、沙州归明，计 144 年。

蒙元时期，莫高窟新开洞窟 8 个，重修洞窟 19 个。窟形有中心柱窟和覆斗顶窟。元朝疆域大于汉唐时期，中断的“丝绸之路”复通，西藏也正式归于中央政权。西宁王速来蛮和其妃屈术等又在敦煌修建皇庆寺，弘扬佛教。这一时期的艺术，吸收了许多新的外来技艺，一展新貌。塑像除了泥制的彩塑外，还采用了夹纻新工艺制成雕像。壁画所绘的内容，主要有千手千眼观音、密宗曼荼罗双身像、骡子天王、舍利宝塔、炽盛光佛等。按内容又可以分为汉族地区流行的显密和藏族地区流行的藏密两大系统。前者以第 3 窟和第 95 窟为代表，后者以第 465 窟为代表。在艺术表现形式上，表现显密内容的，是在前期绘画技艺的基础上，加以发展和创新，绘制出新颖的题材和画面；另一种是以吸收西藏等地传来的新因素、新技法，创作出新作品。

1368 年，朱元璋建立明朝。在中原局势初步稳定之后，1372 年，明朝征西将军冯胜出西道取甘肃，攻兰州、西凉、永昌和瓜、沙二州，敦煌归属明朝。但明军不久就在吐鲁番的进逼下全部东撤，在肃州以西修筑了嘉峪关。公元 1516 年，敦煌为吐鲁番占领，嘉靖三年（1524 年），明朝关闭了嘉峪关，敦煌孤悬关外，莫高窟“佛像屡遭毁坏，龛亦为沙所埋”。

清雍正三年（1725 年），重新设置敦煌县，从关内移民屯田，敦煌经济开始复苏。由于移民中有不少人信奉佛教，莫高窟的香火又兴旺起来。

同治十年至十二年（1871—1873），陕西回民白彦虎率起义军围攻敦煌时，“遂将佛龛半付灰烬，令人有不忍目睹之状”。后敦煌士民重塑、重修了大量造像和少量壁画。

1900 年，王道士发现藏经洞，同时对一些洞窟、造像、壁画进行了清理、重塑、重妆。

1922 年，白俄阿连阔夫率残部 500 多人，由新疆逃窜到敦煌，驻扎在莫高窟约 8 个月之久，窟内烟熏火燎，塑像、壁画被肆意毁坏。

民国十七年至二十四年（1928—1935），敦煌寺庙僧人集合“官绅农商各界”，“八易春秋，用金一万二千余元”，将北大像木构建筑由残破的五层楼改建为“工程巩固，巍峨壮观”的九层楼。

清代时期开凿洞窟 2 个，重修洞窟 218 个；民国时期重修洞窟 2 个。这一时期的艺术，以重修、重妆为主，重修或重塑的雕塑有 1182 身之多，重绘的壁画约 200 多平方米，另外有重修或改建的木结构建筑 6 处。塑画题材主要为道教内容，如玉皇、老君、真武、灵官、八仙、赵公元帅以及钟馗、门神、送子娘娘、牛头马面、判官等，也有一些山水花鸟及暗八仙等图案。另外，第 233 窟佛坛东面下沿清代所绘的 26 身男供养人像很有特色，可能是清代的戍边将士。第 96 窟（九层楼）殿前门窗上民国时期（1930 年前后）所绘的一组十二生肖图，则具有浓厚的生活气息，其丰富的构图内容为全国罕见。

第 6 窟

位于南区北段上层。坐西向东。建于五代，西夏重修。分前后室，主室平面近方形，覆斗形顶，西壁开一龛。前室与主室之间有甬道相连。甬道宽约 1.25 米，深 1.9 米，高 2.8 米；主室宽 3.9 米 ~ 4.1 米，深 4.5 米，顶高 4.6 米；西龛距地面高 0.8 米，宽 1.8 米，深 1.36 米，龛内高 2.5 米。

前室顶部残存说法图 3 铺。西壁门南绘劳度叉斗圣变(舍利弗),下方存壸门 5 个,内西夏绘花卉。南壁残存劳度叉斗圣变部分,下方存壸门 1 个,内西夏绘花卉。

甬道盝形顶中央绘水月观音、地藏与十王厅,南北披各绘千佛 7 身。南北壁西夏各绘供养菩萨 3 身。

主室窟顶藻井绘团龙鹦鹉井心,卷草、回纹、垂幔铺于四披,四披各绘说法图 1 铺。

西壁盝顶帐形龛顶中央绘棋格团花图案,东西披各绘趺坐佛 5 身、化生 2 身,南披绘趺坐佛 3 身、化生 1 身、莲花 1 枝,北披绘趺坐佛 3 身、化生 2 身。龛内西壁绘观音,南侧绘优婆离、迦旃延、阿难、目乾连等五弟子,北侧绘舍利弗、须菩提等五弟子;南壁绘阿修罗、迦楼罗、揭路荼等五神将,月藏、明慧、日光等四菩萨,下方存壸门 3 个,内绘供宝、花卉;北壁绘紧那罗等四神将,妙吉祥、宝智等四菩萨,下方存壸门 3 个,内绘供宝、花卉。龛上绘团花、山花蕉叶帐顶图案,两侧存趺坐佛各 3 身。龛下绘供养香炉,两侧各绘一宝瓶、一狮子。龛外南侧绘普贤变,下方西夏绘供养菩萨 2 身;北侧绘文殊变,下方西夏绘供养菩萨 2 身。

南壁西起绘阿弥陀经变、法华经变各 1 铺,下方西夏绘供养菩萨 9 身。北壁西起绘药师经变、华严经变各 1 铺,下方西夏绘供养菩萨 9 身。东壁绘维摩诘经变 1 铺:门上佛国品;门南文殊,下方西夏绘供养菩萨 2 身;门北维摩诘,下方西夏绘供养菩萨 5 身。

本窟壁画保存完整,色彩鲜艳,部分榜题字迹清晰,西壁龛内所绘的十大弟子、天龙八部等,均为五代时期的代表作。

第 35 窟(附第 36 窟)

位于南区北段下层。坐西向东。建于五代,宋、西夏重修。分前室和主室(前室即编号第 36 窟)。前室为人字披顶;主室为覆斗形顶,西壁开一龛。前室与主室之间有甬道相连。甬道宽 1.9 米,深 1.5 米,高 3.5 米;主室宽 6.6 米,深 7.6 米,顶高 6.15 米;西龛距地面高 0.75 米,宽 3.48 米,深 3 米,龛内高 3.6 米。

前室顶部西披绘说法图 3 铺(残)。西壁门南、门北绘龙王礼佛图,门南下方存供养人 1 身,门北下方存供养人 6 身。南壁绘文殊变,北壁绘普贤变。

甬道顶部绘十一面八臂观音变 1 铺,南北壁绘供养菩萨各 2 身。

主室窟顶藻井浮塑团龙井心,四披绘棋格团花、垂幔等。

西壁盝顶帐形龛内马蹄形佛床下绘壸门,龛顶中央绘团花图案,四披绘垂幔边饰。龛内西壁绘坐佛,浮塑背光,绘花卉;南北壁绘坐佛、花卉等,坐佛计 13 身。龛上绘 4 身飞天及山花蕉叶等;龛外南北侧绘千佛。

南北壁均绘千佛。东壁门上绘莲花化佛,门南、门北均绘千佛。

前室和甬道顶部为五代时期所绘,其他多为宋代重绘。

1964 年,在该窟窟前清理出西夏时期建造的殿堂遗址。台基南北宽 13.5 米,东西进深 8.35 米,高

0.38 米。台基立面包砖，上下出沿呈束腰形。殿基山柱和内柱的底部，垒筑一道土石结构的基础。台基东侧中部修台阶。殿堂原为南北面阔三间，阔 7.45 米，东西进深二间，长 5.1 米。地面铺设花砖。

前室壁画内容，据敦煌遗书 P.3564《莫高窟功德记》，为梁幸德、释愿清于公元 934 年—935 年所绘。其西壁龙王礼佛图、南壁文殊变、北壁普贤变，均为五代壁画中的代表作。

第 61 窟

又名“文殊堂”或“文殊洞”，位于南区中段下层。建于五代后汉天福十二年至后周广顺元年（947—951）之间，元代重修。平面为方形，覆斗顶殿堂窟。设中心佛坛，西面有背屏通连窟顶。甬道宽 3.9 米，深 9 米，高 4.8 米；主室宽 13 米，深 14 米，顶高 10 米，四壁高 6 米。

甬道盝形顶绘六联环团花图案，南北披绘璎珞垂幔；南壁上沿绘千佛 1 排，下绘炽盛光佛 1 铺，西端存扫洒尼供养像 1 身；北壁上沿绘千佛 1 排，下绘炽盛光佛 1 铺及助缘僧，均为元代所绘。

主室窟顶藻井绘团龙鹦鹉井心，垂幔铺于四披。四披上绘十方诸佛，下绘千佛。西披千佛下绘飞天 6 身、供养菩萨 2 身，南披千佛中央绘南无天觳音佛 1 铺，北披千佛中央绘南无最胜音佛 1 铺，东披千佛中央绘南无东方不动佛 1 铺。顶东南角绘东方提头赖吒天王（大部被毁），西南角绘南方毗琉璃天王，西北角绘西方毗楼博叉天王，东北角绘北方毗沙门天王。

主室中心佛坛上塑像俱毁，仅背屏上存有文殊菩萨坐骑狮子的尾巴。背屏正面绘菩提宝盖、菩萨、天王、力士，背面绘立佛 1 铺。南侧面绘如意轮观音，北侧面绘不空绢索观音。双层马蹄形佛坛，东面上层有壸门 24 个，下层有壸门 8 个；南面上层有壸门 11 个，下层有壸门 5 个；西面上层有壸门 6 个，下层有壸门 4 个；北面上层有壸门 11 个，下层有壸门 5 个。壸门内均绘供养天人，多已模糊。

南壁上部西起绘楞伽经变、弥勒经变、阿弥陀经变、法华经变、报恩经变各 1 铺，下部东起绘曹氏家族女供养人 17 身、屏风 9 扇。屏风内绘佛传，东起：云童子求师至树下诞生。西壁上部绘五台山图 1 铺，下部绘屏风 15 扇。屏风内绘佛传，南起：第 1 扇：击鼓报喜、九龙灌浴；第 2 扇：阿私陀仙占相；第 3 扇：七日丧母；第 4 扇：姨母养育；第 5 扇：八岁就学；第 6 ~ 7 扇：向师忍天学艺；第 8 扇：游观农务；第 9 扇：树下思维、造三时殿；第 10 ~ 12 扇：角技议婚；第 13 扇：太子结婚；第 14 扇：后宫娱乐；第 15 扇：出游四门、决意出家。北壁上部西起画密严经变、天请问经变、药师经变、华严经变、思益梵天问经变各 1 铺，下部绘屏风 9 扇（西起画佛传夜半逾城至均分舍利）、曹氏家族女供养人 16 身。东壁绘维摩诘经变：门上绘佛国品；门南上部绘文殊，下部绘回鹘公主等女供养人 8 身；门北上部绘维摩诘，下部宋代绘供养比丘尼 3 身及于阗公主等女供养人 4 身，五代绘女供养人 4 身。

以上壁画除注明者外，其他均为五代所绘。

1963 年，在该窟窟前清理出上下两层殿堂遗址。下层为宋初修建，平面为横长方形，南北面阔 12.15 米，东西进深 8.15 米；上层为元代遗址，台基范围在下层遗址基础上缩小，为元代皇庆年间（1312—1313）所建，后西宁王速来蛮又于至正十一年（1351 年）重修。

第 61 窟是曹议金之子曹元忠夫妇所建的功德窟，窟内所绘的供养人，有曹议金、曹元忠、曹延禄

理之寺
河北道山門東

图 50　莫高窟第 61 窟　西壁　五台山图（局部）

三代及其眷属与敦煌世家大族、甘州回鹘、于阗回鹘姻亲的画像，从中可以探知当时曹氏归义军错综复杂的社会关系网络，同时也是珍贵的服饰形象资料。西壁所绘制的五台山图，宽 13 米，高 3.6 米，图中所画的寺院、城郭等建筑与地理分布，以及行旅、朝山、送供等社会生活场景，大多是当时现实世界的真实写照，有珍贵的历史价值。南、西、北壁下部所绘制的屏风画佛传故事，不仅内容丰富，榜题完备清晰，而且画中的人物形象、衣冠服饰、房舍田园、音乐舞蹈、农耕生产等都中国化了，充分显示了中国特色和民族风格。元代甬道南北壁重绘的炽盛光佛陀罗尼经变，规模宏大，其内容与当时人们祈愿消灾有关，同时也反映了古代东西方天文学体系的融汇情况。

第 72 窟

位于南区中段下层。坐西向东。建于五代，清代重修。分前后室。前室残，前室南壁为第 73 窟。主室平面为方形，覆斗形顶，西壁开一龛。前室与主室之间有甬道相连。甬道宽 1.25 米，深 1.25 米，高 2.18 米；主室宽 6.15 米 ~ 6.45 米，深 6.5 米，顶高 5.8 米；西龛距地面高 1.18 米，宽 3.4 米，深 2.3 米，龛内高 2.8 米。

甬道壁画已被毁。

主室窟顶藻井井心被毁，卷草、回纹、璎珞幔帷铺于四披。四披各绘赴会佛 3 铺，下绘千佛(中央各绘说法图 1 铺)。

西壁盝顶帐形龛内有五代原塑清代重妆一佛、二弟子、二菩萨。龛顶中央绘棋格团花，西披绘瑞像图 8 幅、供养菩萨 2 身，南北披各绘瑞像图 5 幅、供养菩萨 1 身、化生 1 身，东披绘药师佛 8 身、供养菩萨 2 身。龛内西壁上绘垂幔，下绘屏风 4 扇，屏风内绘萨埵太子本生；南壁垂幔下绘屏风 3 扇，屏风内绘萨埵太子本生、尸毗王本生；北壁垂幔下绘屏风 3 扇，屏风内绘萨埵太子本生、鹿母夫人故事。龛沿绘卷草纹饰。龛上绘垂幔、帐顶图案。龛外南侧上绘圣者泗州和尚、毗沙门天王赴哪吒会，中绘普贤变，下部模糊；龛外北侧上绘圣者刘萨诃像、毗沙门天王赴哪吒会，中绘文殊变，下部模糊。

南壁上绘垂幔，中绘刘萨诃因缘变相，下部被毁。北壁上绘垂幔，中绘弥勒经变 1 铺，下部模糊。东壁门上绘垂幔，门南、门北存劳度叉斗圣变部分(模糊)。

本窟南壁所绘刘萨诃因缘变相内容最为丰富，情节甚多，有榜题 30 多条，是非常珍贵的佛教史迹画资料；北壁所绘的弥勒经变，画风严谨、精细，亦为五代壁画中之佳作。

第 98 窟

第 98 窟，又名“大王窟”，位于南区南段下层。坐西向东。建于五代后梁贞明至后唐同光年间(915—925)，清代重修。平面近方形，覆斗顶殿堂窟。设中心佛坛，西面有背屏通连窟顶。甬道宽 3.69 米，深约 6.8 米，高 4.9 米；主室宽 12.6 米，深 15.2 米，顶高 10.45 米，四壁高 5.9 米。

甬道盝形顶中央绘佛教史迹画(东端残)，南披绘瑞像图，存 6 幅(东端残)，北披绘瑞像图，存 7 幅(东端残)；南壁绘曹议金父子等供养像 8 身、侍从 2 身；北壁绘张议潮、索勋等供养像，存 6 身(东端残)。

主室窟顶藻井绘团龙鹦鹉井心，垂幔铺于四披。四披上绘十方诸佛赴会，下绘千佛（中央画说法图各 1 铺）。顶东南角绘东方提头赖吒天王、西南角绘南方毗琉璃天王、西北角绘西方毗楼博叉天王、东北角绘北方毗沙门天王各 1 铺。

主室中心佛坛上存坐佛 1 身（清重修）、弟子 2 身（清塑）、侍女 1 身（别处移来），共 4 身。双层马蹄形佛坛，上层：东面壸门 22 个，内绘供养菩萨，南、西、北面壸门各 12 个，内画供宝；下层：东面壸门 7 个，南北两面壸门各 6 个，西面壸门 4 个，皆绘伎乐。背屏正面绘菩提宝盖、四飞天，下绘二天王；背面画立佛 1 铺，下画归义军节度诸押衙供养像 1 列；南北侧面各画飞天 1 身、菩萨 1 身。

南壁西起绘弥勒经变、阿弥陀经变、法华经变、报恩经变各 1 铺，下绘曹氏家族女供养人 17 身、屏风 13 扇。屏风内绘贤愚经变诸品，东起：第 1～4 扇：梵天请法六事品；第 5～6 扇：摩诃萨埵以身饲虎品；第 7 扇：二梵志受斋品；第 8 扇：海神难问船人品；第 9 扇：恒伽达品；第 10～11 扇：须阇提品；第 12 扇：波斯匿王女金刚品；第 13 扇：金财因缘品。屏风下绘供养比丘及归义军节度诸押衙供养像 1 列。西壁绘劳度叉斗圣变 1 铺，下绘屏风 16 扇。屏风内绘贤愚经变诸品，南起：第 1 扇：华天因缘品；第 2 扇：降六师品、慈力王血施品；第 3～7 扇：降六师品；第 8 扇：摩诃斯那优婆夷品；第 9～10 扇：散檀宁品；第 11～12 扇：月光王施头品；第 13 扇：五百盲儿往返逐佛缘品；第 14 扇：富那奇缘品；第 15 扇：出家功德尸利苾提品、沙弥守戒自杀品；第 16 扇：被毁。屏风下画归义军节度诸押衙供养像 1 列。北壁西起绘天请问经变、药师经变、华严经变、思益梵天问经变各 1 铺，下绘屏风 13 扇。屏风内绘贤愚经变诸品，西起：第 1 扇：迦旃延教老母卖贫品；第 2 扇：盖事因缘品；第 3 扇：善求恶求缘品；第 4～6 扇：善事太子入海品；第 7 扇：净居天请佛洗品；第 8～9 扇：无恼指鬘品；第 10 扇：檀腻鞞品、贫女难陀品；第 11 扇：师质子摩头罗世质品、象护品；第 12 扇：象护品；第 13 扇：波婆离品。屏风下绘归义军节度诸押衙供养像 1 列，屏风以东绘曹氏家族女供养人 17 身。东壁绘维摩诘经变：门上画权方便品；门南绘文殊，下绘于阗国王李圣天等男女供养人 11 身；门北绘维摩诘，下绘回鹘公主等男女供养人 7 身。其中于阗国王李圣天及其皇后曹氏等供养像为天福五年至九年间（940—944）曹元深任归义军节度使时重绘。

1964 年，在该窟窟前清理出五代建造的殿堂遗址。现残存台基和殿堂遗迹，台基南北宽约 21 米，东西深 10.2 米，残高 0.8 米；殿堂建筑原南北面阔三间，东西进深二间，南北长 11.16 米，东西进深 6.6 米。

第 98 窟是归义军节度使曹议金的功德窟。窟内现存供养人画像 251 身，仅次于第 428 窟；现存供养人题名 163 条，位居莫高窟之首。充分反映了当时曹氏家族之兴盛，势力之强大，具有重要的历史价值，也是珍贵的服饰形象资料。曹氏归义军节度府设有画院，由画院画师们在此窟绘制的 11 铺巨型经变，规模宏伟，前所未有，艺术水平虽不及唐代，但仍保留唐风余韵，是五代壁画中之最佳代表。

第 100 窟

又名"天公主窟"，位于南区南段下层。坐西向东。建于五代后唐清泰二年至后晋天福四年（935—939），清代重修。平面为方形，覆斗顶殿堂窟，西壁开一龛。甬道宽 3.5 米，深 6.8 米，高 4 米；主室宽 9.3 米，深 9.3 米，顶高 7.6 米，四壁高 5.1 米；西龛距地面高 1.1 米，宽 5 米，深 2.8 米，龛内高 4 米。

前室西壁门南、门北各绘天王 1 铺;南北壁残存天王各 1 铺。

甬道盝形顶南披残存瑞像图 2 幅;南壁绘曹议金父子等供养像 5 身、侍从 6 身;北壁绘回鹘公主等女供养像 10 身、侍女 5 身。

主室窟顶藻井绘团龙卷瓣莲花井心,垂幔铺于四披。四披上绘十方诸佛赴会,下绘千佛(中央画说法图各 1 铺)。顶东北角绘东方提头赖吒天王、东南角绘南方毗琉璃天王、西南角绘西方毗楼博叉天王、西北角绘北方毗沙门天王各 1 铺。

西壁盝顶帐形龛内清塑一佛、二弟子、二力士,龛外两侧台上清塑一文殊、一普贤。马蹄形佛床。龛顶中央绘棋格千佛(仅存两角),西披绘趺坐佛 12 身,南北披绘趺坐佛各 5 身。龛内西壁佛像背光南北侧绘弟子各 5 身、菩萨各 4 身;南壁绘妙高山王菩萨、梵王及阿修罗、迦楼罗等天龙八部 6 身,菩萨 1 身,鬼卒 2 身;北壁绘菩萨及阿修罗、迦楼罗、乾达婆王等天龙八部 8 身。龛外南侧上绘药师佛赴会,中绘普贤变,下绘曹议金统军图(起首);龛外北侧上绘药师佛赴会,中绘文殊变,下绘回鹘夫人出行图(起首)。

南壁西起绘报恩经变、阿弥陀经变、弥勒经变各 1 铺,下绘曹议金统军图。北壁西起绘思益梵天问经变、药师经变、天请问经变各 1 铺,下绘回鹘公主出行图。东壁绘维摩诘经变:门南绘文殊,下绘曹议金统军图(结尾);门北绘维摩诘,下绘回鹘公主出行图(结尾)。

1963 年,在该窟窟前清理出五代建造的殿堂遗址。现残存台基和殿堂遗迹,台基南北长 15.8 米,东西深 10 米,残高 0.6 米;殿堂建筑原南北面阔三间,东西进深一间,南北长 10 米,东西进深 5.5 米。

第 100 窟是曹元德任归义军节度使期间所建,这时曹议金已经去世,窟主为其回鹘夫人,由长子元德主持修建工作。窟内四壁下方所绘制的曹议金及其回鹘夫人出行图,全长 34.35 米,残高约 1 米,是敦煌壁画中仅次于张议潮统军出行图的第二幅出行图。图中出现了穿圆领衫、高鼻深目髯须的回鹘等少数民族骑士形象,证明曹议金统率的队伍的确是一支多民族的军队,也反映了中原干戈扰攘的五代时期,地处边陲的敦煌却保持着民族和睦、社会相对安宁的局面;图中出现了一组手持白鹘“标帜”的“回鹘使节”,特别突出了曹氏政权与回鹘政权的政治联姻关系;图中仪仗队中的舞伎和乐伎等,是重要的乐舞和民俗资料。

第 108 窟

又名“张都衙窟”,位于南区南段下层。坐西向东。建于五代后唐清泰二年至后晋天福四年(935—939),清代重修。平面为方形,覆斗顶殿堂窟,设中心佛坛。甬道宽 2.75 米,深 5.7 米,高 3.9 米;主室宽 10.3 米,深 11.25 米,顶高约 7 米,四壁高 5.15 米。

甬道顶中央存佛教史迹画一半,南北披绘瑞像图,各存 10 幅;南壁绘曹议金、曹元德等供养像 7 身;北壁存男供养像 7 身。

主室窟顶藻井井心已被毁,垂幔铺于四披。西披残存部分千佛,南、北、东披上各绘十方诸佛赴会,下皆绘千佛(中央绘说法图各 1 铺)。顶四角各绘天王 1 铺,西北角被毁,东南角、西南角残,东北角绘北方毗沙门天王 1 铺。

主室中心佛坛上存五代塑一趺坐佛、二弟子、四天王(清修)。

南壁西起绘弥勒经变、阿弥陀经变、法华经变、报恩经变各 1 铺,下绘供养人 10 身、从女 4 身、屏风 6 扇。屏风内绘贤愚经变诸品,东起:第 1~2 扇:梵天请法六事品(残存部分);第 3 扇:梵天请法六事品(昙摩钳,下残);第 4 扇:梵天请法六事品(尸毗王本生);第 5~6 扇:摩诃萨埵以身饲虎品。西壁绘劳度叉斗圣变(大部脱落)。北壁西起绘药师经变、华严经变、天请问经变等 4 铺,下绘屏风 4 扇。屏风内绘贤愚经变诸品:第 1 扇:内容不明;第 2 扇:师质子摩头罗世质品(残);第 3 扇:内容不明;第 4 扇:优婆离品(残)。屏风以东绘女供养人 9 身、从女 4 身(仅存头部)。东壁绘维摩诘经变:门上佛国品;门南文殊,下绘曹氏家族女供养人 5 身(下部被毁);门北维摩诘,下绘供养比丘尼 4 身、女供养人 3 身(下部被毁)。

1965 年,在本窟窟前清理出五代建造的殿堂遗址。现残存台基和殿堂遗迹,台基南北长 15.1 米,东西深 7.8 米,残高 0.4 米;殿堂建筑原南北面阔三间,东西进深一间半,南北长 9.9 米~10 米,东西进深 5.2 米。在今遗址南山墙外侧面发现一则游人题记:“乾祐二年六月二十三日节度押衙张盈润题。”

第 108 窟的窟主是归义军应管内衙前都押衙张淮庆,即曹议金的妹夫。张、曹两家都是 9 世纪至 10 世纪的敦煌大族,窟内供养人画像与题名真实反映了敦煌大族之间的联姻关系。敦煌遗书 S.192 为本窟贤愚经变的榜题底稿,对于壁画的制作过程具有重要的研究价值。该窟东壁所绘维摩诘经变中,人群中出现的类似昆仑奴形象扛举巨型供器的力士,以及体魄雄健、衣饰华丽的仪卫武士,亦为其他洞窟维摩诘经变中少见的形象。

第 146 窟

位于南区南段下层。坐西向东。建于五代,宋、元、清重修。覆斗顶殿堂窟,设中心佛坛,坛上背屏连接窟顶。甬道宽 2.6 米,深 5 米,高 3.5 米;主室宽 8.5 米,深约 9.5 米,顶高 8 米。

甬道盝形顶中央绘佛教史迹画,南北披各绘瑞像图 11 幅;南壁存宋绘菩萨 3 身(模糊),西端有民国五年(1916 年)《重修千佛洞宝贝殿功德碑记》木碑嵌于壁间;北壁存宋绘供养菩萨 2 身、元绘供养菩萨 4 身(底层宋初画隐约可见)。

主室窟顶藻井绘团龙卷瓣莲花井心,卷草、垂幔铺于四披。西披上绘西方无量寿佛 1 铺,两侧绘十方佛赴会各 1 组,下绘千佛;南披上绘十方佛赴会 3 组,下绘千佛,千佛中央绘南方宝相佛 1 铺;北披上绘十方佛赴会 3 组,下绘千佛,千佛中央绘北方天鼓音佛 1 铺;东披上绘十方佛赴会 3 组,下绘千佛,千佛中央绘东方不动佛 1 铺。顶东北角绘东方提头赖吒天王、东南角绘南方毗琉璃天王、西南角绘西方毗楼博叉天王、西北角绘北方毗沙门天王各 1 铺。

主室中心佛坛上宋塑趺坐佛 1 身(清修);清塑弟子、菩萨、供养菩萨各 2 身,力士 4 身。背屏正面宋绘菩提宝盖,下清绘丹凤朝阳;背面绘接引佛 1 身;南北侧面绘菩萨各 1 身。双层马蹄形佛坛,东面上层有壸门 23 个,内画火珠;下层有壸门 8 个,内西夏妆供养人 4 身(模糊)、宋绘伎乐 6 身(模糊)。

西、南、北面上层有壶门共 30 个，下层有壶门共 16 个，均绘供宝。

南壁西起绘弥勒经变、阿弥陀经变、法华经变、报恩经变各 1 铺，下东起宋绘供养菩萨 6 身、屏风 7 扇。屏风内绘贤愚经变诸品：第 1～4 扇：梵天请法六事品；第 5～6 扇：摩诃萨埵以身饲虎品；第 7 扇：二梵志受斋品。西壁绘劳度叉斗圣变 1 铺，下绘屏风 10 扇。屏风内绘贤愚经变诸品，南起：第 1 扇：海神难问船人品；第 2 扇：恒伽达品；第 3 扇：须阇提品；第 4 扇：盖事因缘品；第 5 扇：波斯匿王女金刚品；第 6 扇：内容不明；第 7 扇：散檀宁品；第 8～10 扇：善事太子入海品。北壁西起绘天请问经变、药师经变、华严经变、思益梵天问经变各 1 铺，下绘屏风 7 扇。屏风内绘贤愚经变诸品：第 1～3 扇：无恼指鬘品；第 4 扇：檀腻輢品；第 5 扇：师质子摩头罗世质品；第 6 扇：象护品；第 7 扇：波婆离品。屏风以东宋绘供养菩萨 6 身。东壁绘维摩诘经变：门上佛国品；门南文殊，下宋绘供养菩萨 5 身；门北维摩诘，下宋绘供养菩萨 5 身。

劳度叉斗圣变是曹氏时期规模最大的一种经变，第 146 窟西壁所绘是该时期画得最好的一幅。这幅劳度叉斗圣变宽 8.35 米，高 3.1 米，现存榜题 43 条，且写得比经文和变文还详细生动，与画面场景相映成趣；图中所绘外道人物多为红头发、红胡须、红眉毛、绿眼睛，明显是少数民族或外国人形象，而对面的舍利弗等正面人物则是汉人，由此可见当年敦煌汉人的民族自信心和自豪感；图中所绘外道信女身着当时平民女子的日常衣着，楚楚动人的形象，十分真实感人。

第 55 窟

位于南区中段下层。坐西向东。建于宋建隆三年（962 年）前后，西夏重修。平面近方形，覆斗顶殿堂窟，设中心佛坛，坛上背屏连接窟顶。甬道宽 3.4 米，深 8.8 米，高 4.2 米；主室宽 11.6 米，深12.6 米，顶高 8.88 米，四壁高 5.8 米。

前室西壁门上有一敞口龛，龛内西壁隐约能见坐佛 1 身。

甬道盝形顶中央西夏绘团花图案；南北披皆西夏绘璎珞幔帷，下各绘散花飞天；南壁表层存西夏绘飞天 1 排、供养菩萨数身，底层剥出宋初绘男供养人像局部；北壁表层存西夏绘飞天 1 排、供养菩萨数身，底层剥出宋初绘女供养人像局部。

主室窟顶藻井绘双龙卷瓣莲花井心，垂幔铺于四披，四周环绕伎乐天。西披绘弥勒经变、南披绘法华经变、北披绘华严经变、东披绘楞伽经变各 1 铺。窟顶东北角绘东方提头赖吒天王、东南角绘南方毗琉璃天王、西南角绘西方毗楼博叉天王、西北角绘北方毗沙门天王。

主室中心佛坛上塑弥勒三会 1 铺，现存倚坐佛 3 身、菩萨 3 身、迦叶 1 身、力士 2 身、天王 1 身，共 10 身。背屏正面（东面）绘菩提宝盖、飞天 2 身、持幢菩萨 2 身；背面（西面）绘经行佛 1 身；南北侧面绘供养菩萨各 1 身。设马蹄形佛床。佛坛西面无画，南北面各绘供宝、狮子（残）。

南壁东起绘弥勒经变（东西两侧绘弥勒世界诸事）、观无量寿经变（东侧十六观、西侧未生怨）、报恩经变（东侧论议品、西侧孝养品）、观音经变（东西两侧绘三十三现身）各 1 铺，下绘屏风 12 扇。屏风内绘贤愚经变诸品：第 1～9 扇：梵天请法六事品；第 10～12 扇：摩诃萨埵以身饲虎品。西壁绘劳度叉

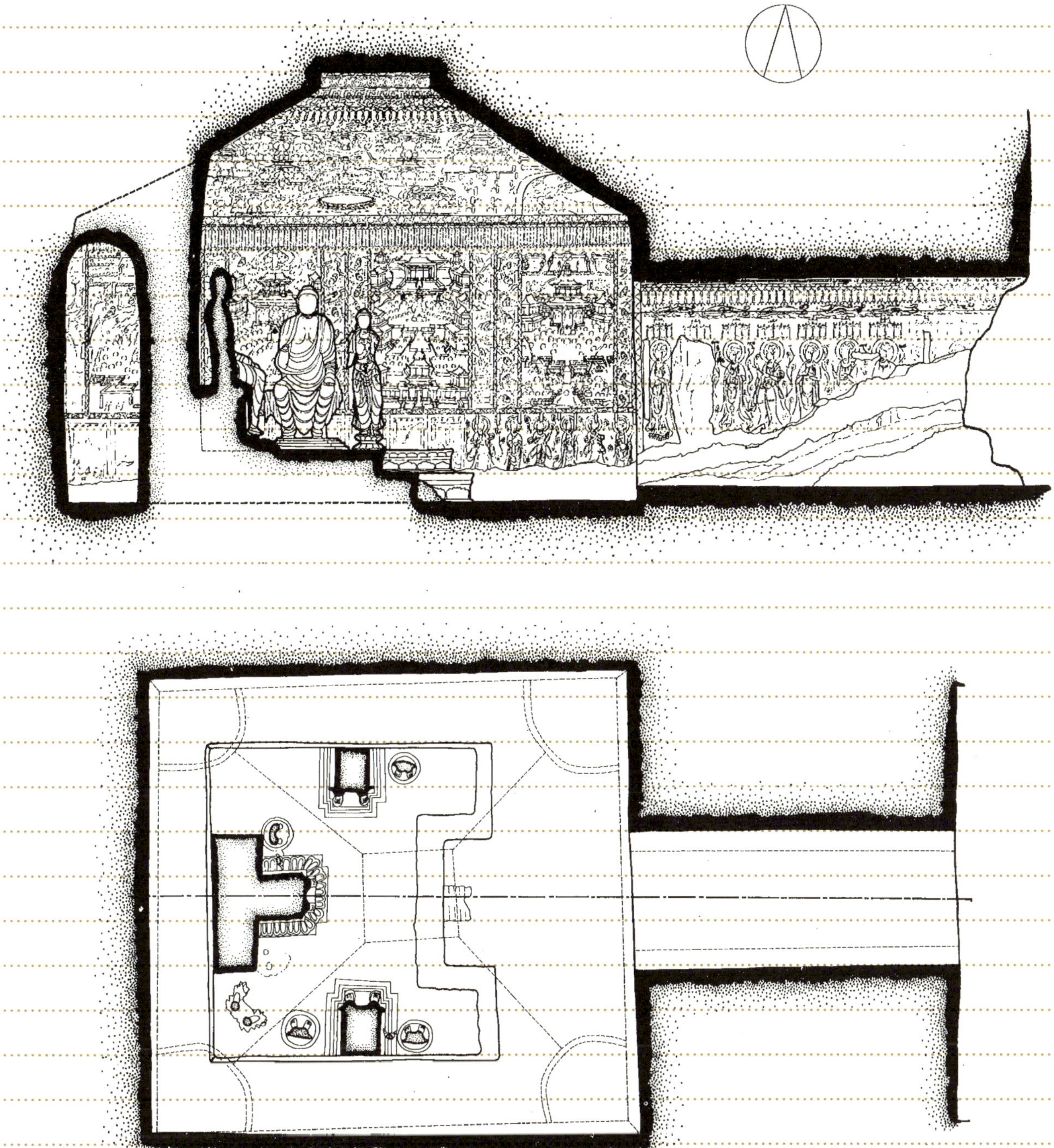

图 51 莫高窟第 55 窟 平剖面图

斗圣变 1 铺，下绘屏风 14 扇。屏风内绘贤愚经变诸品：南起：第 1 ~ 2 扇：摩诃萨埵以身饲虎品；第 3 ~ 7 扇：内容不明；第 8 扇：海神难问船人品；第 9 扇：恒伽达品；第 10 ~ 14 扇：内容不明。北壁西起绘佛顶尊胜陀罗尼经变、思益梵天问经变、药师经变、天请问经变各 1 铺，下存屏风 11 扇。屏风内绘贤愚经变诸品：第 1 扇：内容不明；第 2 ~ 4 扇：须阇提品；第 5 ~ 11 扇：内容不明。屏风以东西夏绘供养菩萨 6

图52 莫高窟第55窟 中心佛坛 彩塑 宋代

身。东壁门上绘七佛以及菩萨、化生各 1 身，飞天 2 身；门南绘金光明经变 1 铺（北侧舍身品、南侧长者子流水品），下被毁。门北绘密严经变 1 铺，下西夏重绘供养菩萨 6 身。

20 世纪 60 年代，在该窟窟前清理出五代建造的殿堂遗址。现残存台基和殿堂遗迹，台基南北长 20.5 米，东西深 11.4 米，残高 0.62 米；殿堂建筑原南北面阔三间，东西进深二间，南北长 9.9 米～10.05 米，东西总进深 6.8 米。第 61 窟窟前下层殿堂遗址与第 55 窟窟前殿堂遗址的包砖台基有明显的叠压关系，前者压在后者底层砖之上。

第 55 窟的窟主为曹元忠，窟内所绘的供养人画像及其题记都是研究曹氏时期的重要史料。窟内的弟子、天王等塑像和观音经变、金光明经变、弥勒经变等壁画，是莫高窟宋代艺术中的佳作。

第 76 窟

位于南区中段下层。坐西向东。建于唐代，宋、元、清重修。覆斗顶殿堂窟，设中心佛坛。甬道宽 2.45 米，深 4.15 米，高 3.6 米；主室宽 9.3 米，深 10.45 米，顶高 6.12 米。

甬道盝形顶中央元绘接引佛；南披元绘幔帷，底层宋绘屏风；北披元绘幔帷，底层宋绘屏风、唐绘璎珞边饰；南壁表层残存元绘菩萨 2 身，底层宋绘屏风；北壁表层残存元绘菩萨 2 身，底层宋绘屏风。

主室窟顶藻井浮塑团龙卷瓣莲花井心，四披绘千佛。

主室中心佛坛上宋塑趺坐佛 1 身（清修），佛座下存宋绘供养菩萨 1 身。

西壁宋绘经变 1 铺（模糊）。南壁上宋绘飞天 10 身，下西起宋绘观无量寿经变、千手千眼观音经变、法华经变各 1 铺。北壁上宋绘飞天 10 身，下西起宋绘药师经变、十一面千手千眼观音经变、华严经变各 1 铺。东壁上宋绘飞天 10 身，门上绘七宝，门南北绘八塔变（2 排，下排残毁，上排南起：门南为第一塔“释迦降生”、第三塔“初转法轮”，门北为第五塔“降服六师”、第七塔“猕猴献蜜”）。

窟内所绘飞天色调清淡雅致，造型秀丽生动，体态轻盈，是莫高窟北宋时期飞天的代表作。东壁所绘八塔变，尤具特色，这种表现佛传故事的构图形式颇为新颖；画面中的人、物、景都相当简明扼要；图中的人物无论贵贱，大多裸体穿犊鼻裤，这在敦煌壁画中亦较为少见。

第 454 窟

又名“太保窟”，俗称“娘娘殿”，位于南区中段第三层。坐西向东。建于北宋开宝七年至太平兴国五年（974—980）之间，清代重修。覆斗顶殿堂窟，设中心佛坛。甬道宽 2.7 米，深 5.8 米，高 4 米；主室宽 10.2 米，深 11.3 米，顶高 7.4 米，四壁高 5 米。

前室顶西披存残画文殊等。西壁门上有一龛，龛内绘三观音，两侧绘文殊、普贤；门南、门北上各绘十方赴会佛，下绘毗沙门天王赴哪吒会（模糊）。南壁上绘十方赴会佛，下模糊。

甬道盝形顶中央绘佛教史迹画 1 铺，南北披各绘瑞像图 16 幅；南壁绘曹氏家族男供养人 1 排 7 身，后有侍从 3 身；北壁绘男供养人 1 排 8 身（疑为瓜州贵族慕容氏供养像，模糊），后有侍从。

主室窟顶藻井浮塑团龙井心（部分被毁）。东披绘弥勒经变，南披绘法华经变，西披绘法华经变见宝塔品，北披绘华严经变。窟顶东北角绘东方提头赖吒天王、东南角绘南方毗琉璃天王、西南角绘西方毗楼博叉天王、西北角绘北方毗沙门天王。

主室中心佛坛上清塑送子娘娘 1 铺 12 身（"文革"中被破坏），西面清塑假山，南北面清绘花鸟屏风各 6 扇。

南壁东起绘楞伽经变 1 铺，下绘女供养人 5 身；观无量寿经变 1 铺，下绘女供养人 7 身；报恩经变 1 铺，下绘屏风画须达拏太子本生；天请问经变 1 铺，下绘屏风画须达拏太子本生。西壁绘劳度叉斗圣变 1 铺，下绘屏风画须达拏太子本生与佛传。北壁西起绘佛顶尊胜陀罗尼经变 1 铺，下绘屏风画佛传；思益梵天问经变 1 铺，下绘屏风画佛传；药师经变 1 铺，下绘女供养人存 7 身；梵网经变 1 铺，下绘供养人 6 身。东壁绘维摩诘经变：门上佛国品；门南文殊，下绘于阗国王等供养像 6 身；门北维摩诘，下绘回鹘公主等供养像 6 身、比丘尼 2 身。

第 454 窟，修建于曹元忠执政时期，最后完成于曹延禄执政时期，窟主为归义军节度使曹延恭及其夫人慕容氏。窟内所绘供养人画像及其题名，是研究曹氏时期的重要史料。甬道顶部所绘于阗牛头山的故事以及两披的瑞像图，是值得关注的佛教史迹画。中心佛坛上被毁的清塑送子娘娘像（存有图片资料）和现存的清绘花鸟屏风画，则是莫高窟清代艺术中的佳作。

第 449 窟

位于南区中段第三层。坐西向东。建于中唐，后经宋代重修。平面为方形，覆斗形顶殿堂窟，西壁开一龛。甬道宽 1～1.1 米，深 1.6 米，高 2 米；主室宽 3.2～3.7 米，深 3.3 米，顶高 4 米；西龛距地面高 1 米，宽 2.25 米，深 1.3 米，龛内高 2 米。

甬道盝形顶中央存残画菩萨一部分，南北披各存趺坐佛 4 身。南壁宋绘曹延禄供养像（模糊）。北壁宋绘于阗公主等供养人 2 身（模糊）。

主室窟顶藻井宋绘团龙卷瓣莲花井心，卷草、垂幔铺于四披。东披存卷草、垂幔、飞天等，南、西、北披绘千佛（中央各绘一塔，塔内绘一佛、二菩萨，塔两侧绘飞天各 1 身）。

西壁盝顶帐形龛顶中央宋绘棋格千佛，西披绘瑞像图共 25 幅、供养菩萨 4 身。龛内西壁残存佛座部分，两侧各绘五弟子、五菩萨；南北壁绘天龙八部。马蹄形佛床下壸门内绘狮子、供器。南侧帐扉顶宋绘金刚杵观音，西壁绘如意轮观音，南壁绘地藏菩萨。北侧帐扉顶宋绘杨柳枝观音，西壁绘不空绢索观音，北壁绘宝檀香菩萨。龛沿宋绘十坐佛。龛上宋绘山花蕉叶、十二坐佛帐顶图案。龛下正中宋绘供器，两侧绘供养菩萨 2 身、女供养人 4 身、男供养人 1 身、比丘尼 5 身。龛外南侧上宋绘赴会佛 3 铺、下宋绘卢舍那佛 1 身。龛外北侧上宋绘赴会佛 3 铺、下宋绘药师佛 1 身。

南壁西起宋绘法华经变 1 铺，下画屏风 2 扇绘涅槃、起塔；无量寿经变 1 铺，下画屏风 2 扇绘未生怨；天请问经变 1 铺，下画屏风 2 扇绘十六观。北壁西起宋绘华严经变 1 铺，下画屏风 3 扇绘华严诸品；药师经变 1 铺，下画屏风 3 扇绘十二大愿；弥勒经变 1 铺，下画屏风 2 扇绘九横死。东壁门南为宋绘报恩经变 1 铺（上残），下绘男供养人 4 身；门北为宋绘报父母恩重经变 1 铺（上残），下绘供养比丘

6身。

本窟重新修建时期根据供养人画像和题记推断，大约在曹延禄执政初期，与第431窟窟檐修建时期大体相同。窟内所重绘壁画内容和形式在宋代均属常见，颇具代表性。而西壁龛形的帐扉结构在敦煌仅寥寥数例，值得关注。

第427窟窟檐

莫高窟现存5座唐宋窟檐建筑中，保存最完好、规模最大的是第427窟窟檐。此窟位于石窟群南区中段偏北的第三层，原来是一个有中心塔柱的隋代洞窟。宋初，在该窟前室全部重新彩绘壁面，重新妆銮彩塑，并重建了窟檐。在窟檐当心间的承椽枋底上有墨书题记："维大宋乾德八年岁次庚午正月癸卯朔二十六日戊辰敕推诚奉国保塞功臣归义军节度使特进检校太师兼中书令西平王曹元忠之世刱建此窟檐记。"因乾德仅有6年，故"乾德八年岁次庚午"，应为北宋开宝三年(970年)，即此窟的重建年代。

此木构窟檐为三间，单层，通面阔6.76米，进深3.44米，四阿顶。除板门和飞子是以后修配者外，其他构件基本上都是原物。柱作八角形；斗拱为六铺作，向外挑出三层华拱。斗拱尺度雄大，伸出较远，显示出了唐代风格的影响。屋檐平直，屋角不起翘，不同于内地唐宋及以后的所有木构建筑的实例，而与敦煌壁画中通常的画法一致。它表明壁画形象有其可靠的现实依据，这对于建筑史研究具有重要意义。

第437窟窟檐

第437窟，亦是典型的北魏中心塔柱式窟。宋初，窟内壁画全部重绘。窟檐本身没有留下关于修建时代的题记，但窟内供养人题名中有"……归义军……节度……西平王曹元忠供养"字样，与第427窟的情况相同，所以此窟修造的时间应与第427窟相当。此窟檐亦为三间，面阔为4.86米，进深约1.42米，四阿顶。柱作八角形；斗拱原状为五铺作，向外挑出两层华拱，比第427窟少一层，但1951年重修时增加了一层，故现状为斗拱六铺作，向外挑出三层华拱。依原状，其内部劄牵(梁以上的连系结构)向外斜下由柱头方伸出后即斜割结束，很类似于西安大雁塔门楣石刻所示梁头略伸出后即行裁去的做法。

现存窟檐上的脊与鸱吻是1951年重修时仿第431窟的实物做出的。

第444窟窟檐

第444窟是一个盛唐洞窟。据窟檐题记，窟檐建于"大宋开宝九年岁次丙子"，即公元976年。此窟窟檐最小，也是三间单檐，通面阔仅4.26米，进深仅约1.14米，故乳栿上也只有一缝承椽枋，斗拱也是五铺作双抄单拱。北角柱退进到北岩壁以南0.4米，又无南壁，所以与第196、431窟相同，也有四条乳栿，乳栿上均无劄牵。它与其他窟构主要相异之点是没有角乳栿和角拱，其柱头方、罗汉方等，都在伸

图 53　莫高窟第 431 窟　窟檐外景

出角柱柱头铺作后即垂直截去，故屋顶是悬山式。

第431、437、444窟窟檐，柱子都与栈道挑梁对位，但柱下仍设通长鋜脚，只是第444窟的鋜脚颇薄。鋜脚之用，可能是继承了第427窟的做法。它的挑梁与柱不相对位，鋜脚便是必设之物。大概鋜脚也利于加强各柱柱根的联系，同时也利于施工找平，所以稍晚的3个洞窟也都采用了。

第431窟窟檐

第431窟，是典型的北魏中心塔柱式窟。壁画曾经初唐重绘，宋初又重绘了前室壁画并修建窟檐。此木构窟檐亦为三间，单层，面阔4.9米，进深1.97米，四阿顶。亦为八角柱，其斗拱和屋檐的做法亦与第427窟几乎完全相同。从汉明器、画像石、画像砖以及晋唐绘画资料来看，平直无角翘的屋檐做法是早期中国建筑的一个特征。在内地，屋角起翘自唐代起已渐流行，唐宋之交得到普及，而地处边陲的敦煌宋代窟檐和壁画却仍保持着这一早期的特征。这座窟檐的屋顶上有泥塑的正脊与鸱吻，鸱吻上端伸出一鸟头形，与山东泰宁宋代甘露庵相近。敦煌窟檐虽然在总体形象上有显著的唐代风格，但它的某些细部包括斗拱各分件的比率等仍与同期的辽宋建筑有许多近似之处。

在窟檐当心间的承椽枋底上有墨书题记"曹延禄之世刱建此窟檐记"，文首纪年为"大宋太平兴国伍年岁次庚辰二月甲辰朔廿二日乙丑"，可知修建窟檐和绘制前室壁画即在此时(980年)。

第97窟

位于南区中段下层。坐西向东。建于唐代，回鹘、清代重修。主室平面近方形，覆斗顶殿堂窟，西壁开一龛。甬道宽1.3米，深1.2米，高2.2米；主室宽3.1米，深3.3米，顶高3.5米，四壁高2.5米；西龛距地面高0.9米，宽1.92米，深1.15米，龛内高1.73米。

主室窟顶藻井回鹘绘团龙井心，联珠卷云纹铺于四披(被熏毁)，四披绘团花图案。

西壁盝顶帐形龛内唐塑弟子2身(清修)，清塑一佛、二弟子、二天王。马蹄形佛床。龛顶中央回鹘绘团花图案；西披菩提宝盖，南北披绘飞天各1身，东披绘卷云纹。龛内西壁浮塑佛光，两侧各为回鹘绘一童子飞天，下绘花卉；南北壁绘花卉。龛上回鹘绘十方佛趺坐像10身，龛下被后代涂盖。龛外南北两侧回鹘绘观音各1身。

南北壁回鹘绘十六罗汉各6身，两端绘执花供养比丘各1身。东壁门南、门北回鹘绘十六罗汉各2身，下模糊。

本窟十六罗汉图的部分榜题底稿见于敦煌遗书S.1589、P.3504、北服27号、北皇50号，据此可探讨壁画的绘制过程。十六罗汉像造型各异，形象奇特，其手法与五代绘制十六罗汉的大师贯休之手法如出一辙。罗汉图中的男女侍从和西壁龛内童子飞天的形象、发式、衣饰等都具有明显的北方少数民族特征，具有重要的探讨价值。

图 54　莫高窟第 97 窟　南壁　戌博迦罗汉

第 245 窟

位于南区中段第二层。坐西向东。建于回鹘时期。覆斗形顶，西壁开一龛。甬道宽 0.6 米，深 0.8 米，高 1.35 米；主室宽 2.2 米，深 2.45 米，顶高 2.8 米，四壁高 2.1 米 ~ 2.2 米；西龛距地面高 0.6 米，宽 1.2 米，深 0.7 米，龛内高 1.6 米。

甬道盝形顶中央绘团花，南北披各绘云头花纹边饰。南北壁各存供养菩萨 2 身(模糊)。

主室窟顶藻井绘团龙井心，四披绘团花。

西壁圆券龛内塑倚坐佛 1 身。佛床设双层金刚座。龛顶绘菩提宝盖。龛壁佛光两侧各绘胁侍菩萨 1 身。龛下绘供养花盘,两侧绘供养菩萨各 1 身,南侧存男供养人 2 身,北侧存女供养人 2 身。龛外南侧绘药师佛 1 身,龛外北侧绘药师琉璃光佛 1 身。

南北壁绘说法图各 1 铺。南壁下西端存女供养人 4 身(模糊),北壁下存女供养人 6 身。东壁门上绘毗婆尸等五佛及供器,门南绘文殊变,门北绘普贤变。

本窟南、西、北壁下方所存的供养人画像虽然模糊,但也是非常珍贵的民族史、服饰史形象资料。窟顶藻井所绘的团龙保存犹新,线描清晰,其形象生动,描绘细腻,设色单纯、清雅、和谐,是历代龙图像中的佳作之一。

第 409 窟

位于南区北段第二层。坐西向东。建于五代,后经回鹘、清代重修。分前后室。前室已残,主室前部为人字披顶,后部为平顶,西壁开一龛。甬道宽 1.1 米,深 1.2 米,高 2.2 米;主室平面为方形,宽 4.5 米,深 4.9 米,高 4.5 米;西龛距地面高 1.1 米,宽 3.3 米,深 2 米,龛内高 2.5 米。

前室西、北壁各残存回鹘画部分。

甬道顶中央回鹘绘团花图案,南北披各绘花卉。南北壁为回鹘绘药师佛、菩萨各一。

主室窟顶前部东西披回鹘绘团花,后部平顶回鹘绘团花(残)。

西壁内外层方口龛内塑一趺坐佛、二弟子、二菩萨、二天王(清修);龛下南侧塑乘象普贤 1 身,北侧塑乘狮文殊 1 身(清修)。龛顶回鹘绘菩提宝盖、二飞天。内层回鹘龛西壁绘菩提树、花卉,南北壁各绘花卉。外层龛西、南、北壁各为回鹘绘千佛。龛外南北侧上回鹘绘垂幔,中回鹘绘千佛。龛下回鹘绘供器,两侧各绘供养菩萨,下绘壶门供宝。

南北壁回鹘绘,上为垂幔,中为千佛,下为壶门供宝。东下角各被凿一穿洞。东壁上回鹘绘垂幔,门上绘千佛和发愿文榜题 1 方(已无文字);门南绘回鹘王供养像 1 身、王子 1 身、侍从 7 身;门北绘回鹘王妃供养像 2 身、童子 1 身,底层露出五代供养人一部分,下回鹘绘壶门供宝。

本窟东壁所绘的回鹘王及其王妃、王子、侍从等供养人像,其服饰与新疆吐鲁番高昌时期的回鹘供养人画像类似,为极其珍贵的民族史、服饰史形象资料。

第 3 窟

位于南区北段上层。坐西向东。建成于元代至正十七年(1357 年)前后,清重修。主室平面近方形,覆斗顶殿堂窟,西壁开一龛。甬道宽 0.84 米,深 1.03 米,高 1.74 米;主室宽 2.8 米,深 2.48 米,顶高 3.42 米,四壁高 2.41 米;西龛距地面高 0.38 米,宽 1.68 米,深 1 米,龛内高 2.08 米。

甬道盝形顶已被毁,北壁绘菩萨 1 身。

主室窟顶藻井浮塑四龙井心,四披绘联泉纹图案。

西壁开盝顶帐形龛,龛内清代塑八臂观音 1 身(头缺),背后塑假山。龛顶中央绘团花图案,四披绘

图 55 莫高窟第 3 窟 平剖面图

图 56 莫高窟第 3 窟 北壁 十一面千手眼观音像 元代

云头纹、回纹、卷草、联珠纹边饰。龛内西壁两侧绘双勾墨竹，南北壁绘菩萨各 2 身。龛外南侧上、下绘披帽菩萨各 1 身。龛外北侧上绘披帽菩萨 1 身，下绘执瓶菩萨 1 身。

南壁绘十一面千手千眼观音变 1 铺（观音居中，两上角飞天各 1 身，东侧帝释天，西侧梵天女，东下趺坐梵天女，西下婆罗门）。北壁绘十一面千手千眼观音变 1 铺（观音居中，两上角飞天各 1 身，西侧吉祥天，东侧婆薮仙，西下三头八臂金刚、象头毗那夜迦，东下三头六臂金刚、猪头毗那夜迦）。东壁门上绘趺坐佛 5 身，门南绘净瓶观音 1 铺（甘露施饿鬼），门北绘散财观音 1 铺（七宝施贫儿）。

第 3 窟西壁龛外北侧有“甘州史小玉”题记，而第 444 窟有史小玉至正十七年（1357 年）题记，因此，有人推测此窟完成于 1357 年左右。此窟为莫高窟蒙元时期的汉密观音窟。在壁画制作上，地仗系以沙、土、石灰混合的三合土一次完成，色彩可以渗入壁画，黏结牢固，更无画后剥落之病，与宋代李明仲《营造法式》上的制壁方法类似，是敦煌元代壁画制作的新成就。在艺术语言上，此窟壁画突出地展示了线描造型的功能，如以细而莹润的铁线表现人物面部和肌肤，以棱角毕露的折芦描体现布料衣纹厚重的质感，以游丝描画蓬松的须发，以丁头鼠尾描表现力士隆起的肌肉等，不同质的物体以不同的线描去表现，体现了变化中统一完善的造型美。

第 95 窟

位于南区中段下层。坐西向东。建于元代。前部顶被毁，后部有中心柱，中心柱东向面开一龛。主室宽 5 米 ~ 5.5 米，深 7.7 米，顶高 4.8 米，四壁高 4 米。

甬道顶绘六字真言团花。

主室中心柱东向面盝顶帐形龛内塑六臂观音，两侧各塑一天王、二菩萨。龛顶绘六字真言团花。龛内西壁佛光两侧绘观音、大势至，南北壁各绘菩萨 3 身。中心柱南北向面绘罗汉，各存 2 身（残）。中心柱西向面无画。

西壁存罗汉 2 身。南壁存罗汉 3 身（残）。北壁存罗汉 2 身（残）。

本窟所塑、绘内容亦属于当时汉族地区流行的显密系统，对于全面了解蒙元时期的敦煌佛教艺术颇有帮助。

第 465 窟

位于北区北段二层。坐西向东。建于元代至大二年（1039 年）之前。由前室、甬道、主室组成。前室平面近方形，覆斗形顶，宽 6.05 米，深 6.9 米，顶高 4.9 米；甬道宽 1.5 米，深 1.75 米，高 3 米；主室平面为长方形，覆斗形顶，宽 8.85 米，深 9.8 米，顶高 5.75 米；主室中心偏后处设一圆坛，圆坛周长 14.84 米。

前室西壁门上绘菩萨 1 身，两侧画花卉；门南北各绘塔 1 座。南北壁各绘塔 1 座。

甬道顶绘云气；南北壁绘牡丹花。

主室窟顶藻井及四披绘五方佛：藻井绘大日如来 1 铺，东披绘阿閦佛 1 铺（象座），南披绘宝生佛

图57 莫高窟第465窟 内景 元代

1铺(迦楼罗座),西披绘无量寿佛1铺(孔雀座),北披绘不空成就佛1铺(马座)。

中心佛坛有4层,每一层向上收缩成圆锥形,上层绘壸门28个,下层绘壸门30个,第三层绘壸门32个,最底层绘壸门36个,内绘佛像、供宝瓶、宝珠等。

西壁绘曼荼罗3铺。南起单身双臂(单弓交手金刚杵),四周小图像19幅;双身(执金刚钵、铃),四周小图像19幅;单身(执钵、执刀),四周小图像存18幅。南壁绘曼荼罗3铺。东起双身(执弓箭),四周小图像21幅;双身(牛座),四周小图像20幅;双身(人皮),四周小图像20幅。北壁绘曼荼罗3铺。东起单身(七头十四臂),四周小图像20幅;双身(十六臂执钵),四周小图像20幅;中间主像毁,周围小图像存20幅。东壁门上绘金刚5身(中为"大威德")、供养比丘4身(南北两侧各2身);门南绘曼荼罗1铺:骡子天王等3组,火焰童子4身,下屏风6扇;门北绘曼荼罗1铺、毗那夜迦等24身。

据伯希和1908年考察记录,第465窟中最早的题记为"至大二年四月十五日",故该窟的建窟下限不会晚于1309年。窟中所绘内容为中国现存最早的藏密艺术,也是元代艺术之佼佼者。此外,在各幅画中还绘有许多人碓米、纺织等生产场面,以及风首箜篌等精美乐器,这些都是研究元代社会的珍贵形象资料。

图 58　第 465 窟　南壁中央　喜金刚　元代

第六节 莫高窟重要附属文物

在莫高窟及其附近,尚保存不少重要文物,对于全面了解莫高窟艺术很有帮助。如莫高窟崖体山顶的天王堂、宕泉河东岸的僧人舍利塔和道士塔、成城湾的华塔、三危山老君堂的慈氏塔,莫高窟前面的上寺、中寺、下寺三座佛道寺观遗址,以及曾立于洞窟内外的十余方碑刻等,其所属时代或唐、五代、宋,或西夏、元,或清代、民国;其内容不仅涉及莫高窟开凿之始、延续发展乃至藏经洞被发现之经过或事由,涉及当时敦煌及河西地区的史实,同时也涉及古代建筑、雕塑、壁画等诸多方面。

天王堂

天王堂,位于莫高窟崖体南区和北区交接处的鸣沙山顶上,其地恰好处在从敦煌县城走近路抵莫高窟崖上的入口附近,现在仍有一段斜坡沙路由窟区可以爬到山顶。天王堂大约修建于公元 984 年前后,即归义军政权的曹延禄时期。

该天王堂为土坯砌建,其外观作单檐方塔形式。塔通高约 11 米,底边长 7.5 米。东向面开一门,门前原接建木构抱厦,已坍毁。门外两侧曾各有塑像 2 身,已毁不存。南、北、西向面各建一佛台,仅西向面有佛、菩萨像的背光和莲花座等遗存。

塔内平面为方形,塔内砌一马蹄形土坛,坛上靠后壁(西壁)正中建须弥座,上塑右袒、颈下有饰物的菩萨装坐像 1 身(经后世重妆),两侧各绘一大一小菩萨立像。南北壁从西向东各有菩萨像 3 身、天王像 2 身。东壁(前壁)门南绘比丘、男供养人像各 1 身,门北绘比丘尼、女供养人像各 1 身,门上有《敦煌王曹□□圣天公主□□□□□□□建□□寺功德记》(有学者考证为曹延禄及其夫人于阗公主的发愿文)。各壁上方绘赴会佛或说法图之类。

塔内顶部为圆形穹隆顶,顶正中绘圆盖,盖心为外绕金刚杵一匝的菩萨坐像,其外流云、化佛各一匝,再外立四幢,幢间东绘金刚杵,南绘羯摩杵,西绘莲花,北绘摩尼宝珠。圆盖下方环列八菩萨,皆三面,有四臂、六臂、八臂三式,坐像与舒坐像相间布置。均为密教题材。

从整个土塔建筑内部的坛基、造像和壁画内容来看,这里可能是一处以修持密法为主题的坛场或活动中心。

成城湾华塔

成城湾华塔,位于莫高窟南约 2 公里处的成城湾山冈上,大约建造于北宋,约公元 960 年至 1000 年前后。

华塔由土坯砌成,外面涂以草泥,表面再抹以细泥,浮塑各种装饰。塔平面为八角形,通高 9 米余。塔基底部是简单基台,上叠两层须弥座,须弥座下部有覆莲。塔身正面(西面)开圆券门,其余三面砌圆券假门,塑有束莲门柱、火焰形或双龙戏珠门楣等;从塔的四斜面遗有衣裙残段和塔基伸出的残木棍头来看，四面原都有天王塑像。塔内有小方室，穹隆顶，室内已被严重熏黑，隐约可辨有壁画，不开门的三面各绘经变 1 铺，穹隆顶绘华盖，中心是盘龙，以下依次是卷幔、团花、回纹、卷草以及流云、千佛等。塔顶塑莲瓣 7 层，下 3 层每层 16 瓣，各瓣高低相间并上下相错，每个高瓣上有 1 座小方塔；上 4 层每层为 8 瓣，亦上下相错并各瓣均有 1 座小方塔，总计 80 瓣、56 塔；下层莲瓣较大，形象较复杂，愈上愈渐缩小并简化。顶端八角台座上又立较大的小方塔 1 座，只存塔身，最高处露出木刹柱。

该塔之所以在塔顶塑以一层层花瓣、一层层小塔，可能是依据《华严经》来借此表现一种无穷无尽的宇宙观——“莲花藏世界”，故称华塔。

老君堂慈氏塔

原位于距莫高窟东面约 15 公里处的三危山之山谷之中，为老君堂的附属建筑。1981 年迁建于莫高窟园林内。大约建造于北宋，约公元 980 年至 1035 年之间。

该塔为土木结构八边形小型单层塔，每间面阔 1.12 米，通径 2.69 米，柱高（包括普拍方厚）1.89 米，连基座通高约 6 米。塔中部为土坯砌塔室，外绕柱廊，有八柱。塔壁与檐柱之间，除正面（原为南面，移建后为西面）外各面均砌小台，台壁以飞马纹、龙纹及凤纹花砖贴砌；四斜面小台上各泥塑天王 1 身，三正面各绘天王 1 身。塔壁正面开方门，门口两侧浮塑双龙，门上绘方匾 1 方，墨书“慈氏之塔”4 字；门内为方形小室，穹隆顶，顶绘团龙井心，下为垂幛纹；室内左右两壁绘文殊、普贤，正壁前曾有近代所塑弥勒像 1 身，移建后被弃去。8 根檐柱上有斗拱，檐下有木椽一周，上有八角攒尖塔顶及塔刹，塔刹为须弥座，上承覆钵、七重相轮、华盖和宝珠。

原塔锭脚下无基座，锭脚直接置于略隆起的土阜上。搬迁时曾深挖塔底，无所获。移建后加建了块石基座。

此塔小巧玲珑，型制古朴，比例适度，是难得的古建筑小品。

王道士塔

王道士，即王圆禄。王道士于民国二十年（1931 年）死于莫高窟下寺之后，其弟子赵明裕和徒孙方至福在莫高窟宕泉河东岸的戈壁滩上为其建造了墓塔，并于王道士去世百日时为其树碑立传。

该塔为土塔，方形砖包塔基；塔体为一宝瓶形，土坯砌成，外以草泥覆之；塔刹为三级葫芦形，烧制而成；基座为六角形。塔通高约 7 米，底每边长 1.1 米，通径 2.8 米。

墓塔坐北向南，正面（南向面）镶一木质墓志。此墓志是研究王道士及其与莫高窟、藏经洞关系的重要资料之一，其中记有王道士简单的生平，和他在莫高窟的活动事迹，也有对藏经洞发现之事的记载。该墓志为木质阴刻，高 1.74 米，宽 0.75 米。题头“太清宫大方丈道会司王师法真墓志”。碑首中间篆刻“功垂百世”4 个大字，两旁各刻一龙；正文 431 字，文字四周阴刻回文图案；文字从右往左竖写。

从早年的照片可以看到，当时道士塔前有三个小坟堆，甚为特殊；周围较为空旷。

图 59 老君堂慈氏塔

上寺、中寺、下寺

上寺、中寺、下寺为莫高窟现存三座佛道寺观遗址。

上、中二寺相连，均为佛教寺院，坐东向西，与第100窟和108窟相对，相距约60余米。在清末道士王圆禄修建三清宫之前，莫高窟仅存这两座寺院，南边的称上寺，北边的称下寺；有了三清宫之后，把三清宫称为下寺，原来的下寺则改称中寺。

上寺，又名“天竺寺”，亦名“雷音寺”。建筑面积为590.73平方米。创建时代不明。20世纪40年代，山门的门额上曾有过“天竺寺”和“雷音寺”的匾额，到20世纪90年代该山门的装板上仍有墨书“雷音寺”三字隐约可见；两侧立枋上有红底墨书的对联，上联“绿水青山多妙趣”，下联“白云芳草自知心”，字迹亦隐约可见。

中寺，又名“雷音寺”，亦名“皇庆寺”。建筑面积为738.18平方米。创建时代不明。清乾隆三十七年（1772年），住持李心能与徒源修募化重修。原有重修木匾悬于寺门（1954年被取下存放），正面从右往左横刻“雷音禅林”4个大字，右侧竖行墨书年款：“大清乾隆叁拾柒年肆月初捌日悬。”左侧竖行书重修者名款：“募化重修住持李心能（以上皆朱书）徒源修（此3字墨书）。”4个大字下方从右往左书朝山会首、儒学生员、老农、乡约、女会首、画工等93人的姓名。寺分为前后两院，后院向北另有一门，门上曾有墨书“皇庆寺”3字。

上、中二寺均为土木结构，坐东向西，西面开一正门，院内中间一大殿，院内两侧为廊柱式厢房；整个院落被大殿分隔为前院和后院，靠东面处亦曾有后殿。上寺南侧和中寺北侧分别建有一排牲口棚。

在上寺的大殿正面檐墙方格中，绘有唐僧师徒四人一马往西天取经图，主要为取经途中孙悟空等与各妖魔鬼怪斗法的场面。另外，大殿前廊山墙南北壁原均有壁画，北壁被粉刷不清，南壁似为叶公好龙的故事，绘一条龙在乌云翻滚的天空中游动，一老人望着巨龙做惊恐状。

20世纪40年代以前，上、中二寺分别为藏传喇嘛住持，其中上寺为喇嘛易昌恕及其徒弟徐汉卿居住，一直到20世纪70年代先后去世。1941年张大千来莫高窟临摹壁画，曾住在上寺。1943年常书鸿来莫高窟，成立国立敦煌艺术研究所，改中寺为办公室，两排牲口棚被改为职工宿舍。上、中二寺于2004年经全面修复后，分别被改为敦煌研究院院史陈列馆与常书鸿纪念馆。

下寺，又名“三清宫”，亦名“太清宫”，为道教宫观。坐北向南，距莫高窟三层楼（第16窟）约10余米。由道士王圆禄建造于1908年5月。建筑面积约为860平方米。下寺南大门上方有一横额木匾，正中从右往左刻写“三清宫”3个大字，左右两侧竖写小楷字，右侧为“楚北云游沐浴住持王圆禄弟子赵明裕姚明善创修”，左侧为“光绪戊申蕤宾月新修郭维德学书”。

下寺亦为土木建筑，廊柱式结构。南面开正门，西面开一小门。北面为正殿建筑，两侧二小耳房，东西两侧各一排厢房。正殿内北壁（正壁）有像台，曾塑有道教三尊像（已全被毁），东西壁绘有道教故事画，正殿外廊墙东西壁绘有貌似天王像等。南大门外侧西壁绘二道士，东壁绘二光头人物。

下寺自创建起一直为道士王圆禄及其弟子住持，至20世纪40年代被国立敦煌艺术研究所接管。2000年被维修一新，改为敦煌藏经洞陈列馆。

20世纪40年代以前，整个莫高窟南区一千余米的洞窟大体被分为三段，分别由上寺、中寺、下寺主管，即上寺主管九层楼大佛殿以南，中寺主管九层楼大佛殿至古汉桥一段，下寺主管古汉桥以北；又分别以今第138、454、344窟为各自辖区的"娘娘殿"，收取香火钱。

李君修慈悲佛龛碑

简称"圣历碑"、"李义碑"、"李克让碑"，别作"李怀让碑"、"李克让修莫高窟佛龛碑"等。唐代莫高窟石碑，武周圣历元年（698年）五月沙门寥廓立于莫高窟第332窟。1921年被"居留俄人所断，已折为二"，现仅该碑下半残石藏于敦煌研究院。残碑高0.76米，宽0.74米，碑阳文字尚清楚，碑阴文字全被毁。敦煌研究院及北京大学图书馆存碑阳拓片，敦煌市博物馆存碑阴残拓两纸。王重民据P.2551，参照徐松、张维及罗振玉录文，得全文之大部；李永宁据敦煌研究院、敦煌市博物馆残碑及拓片有所补正。碑文记前秦建元二年（366年）乐僔始建洞窟，继有法良、东阳王、建平公等，武周圣历时"计窟室一千余龛"，以及碑主李克让"造窟一龛"之缘由等。

唐陇西李府君修功德碑

唐代莫高窟石碑，立于大历十一年（776年）八月。此碑存于莫高窟第148窟前室南厢，碑南北向。碑石底座高0.4米，长1.03米，宽1米，碑身高2.82米。正文部分北面高2.16米，南面高2.22米。碑首北面高0.66米，南面高0.6米。碑宽0.78米，厚0.22米。北面碑阳《大唐陇西李府君修功德碑记》（又称"大历碑"）为大历十一年（776年）八月所刻，碑主李大宾。碑文追美李氏六代祖李宝以下功业门第；记李大宾为朝散大夫、郑王府谘议，在莫高窟开窟造像，并记载其所绘经变画的具体名称与数量等。碑阴《唐宗子陇西李氏再修功德记》（又称"乾宁碑"）为乾宁元年（894年）十月所刻，碑主为李大宾后人李明振。碑文中家谱上溯至西凉武昭王，但其曾祖颢之前各世均略而未述，颢与后世何代、何人相接，也无交代；碑文亦记李大宾"亲拜彤庭"，与宣宗联宗一事。

洪辩悟真告身碑

唐代莫高窟石碑，大约立于咸通三年（862年）稍后。此碑原嵌于莫高窟藏经洞（即第17窟）西壁，后由道士王圆禄移出立于第16窟甬道；1964年，敦煌文物研究所复将此碑移入第17窟，嵌于西壁原处。碑高1.49米，宽0.66米。碑文按上、中、下三段排列，上段刻唐宣宗大中五年（851年）敕河西都僧统洪辩及沙州释门义学都法师悟真告身；中段刻唐宣宗诏书；下段刻唐宣宗所赐的信物名牒。碑左侧有后代刻文"古雷音"及"当家告身，依本镌石，庶使万岁千秋，不朽不坏"等字，其中"古雷音"3字应是此碑立于第16窟甬道时为游人所题刻。

莫高窟六字真言碣

又称“莫高窟六字真言碑”，元代莫高窟造像碣，至正八年(1348年)五月十五日僧守朗立。碣石已残，但正面文字基本完好，现存敦煌研究院。残石高0.79米，宽0.57米。上额自右往左横刻“莫高窟”三字，碑心刻四臂观音坐像。坐像上方及左右两侧各刻“六字真言”二行，计有梵、藏、汉、西夏、八思巴蒙古、回鹘等6种文字，内容为“唵嘛呢叭咪吽”。“真言”左侧有功德主西宁王速来蛮及妃子、太子等7人题名，下部及右侧为沙州路及河渠司提领、大使、百户、僧人、长老等72人题名及立碣年月。“真言”外围之外，左有似尼名的2人题名，右有刻石匠1人题名。全部题名82人，据姓名推测，有蒙古、汉、西夏、回鹘等族人。此碣形式布局及内容颇为罕见，堪称珍品。

重修皇庆寺记

元代莫高窟石碑，至正十一年(1351年)八月立。沙州路儒学教授刘奇撰文并书丹。据徐松《西域水道记》记载，此碑清嘉庆年间尚在莫高窟文殊洞(即第61窟)外，现存敦煌研究院。碑高0.94米，宽0.5米。碑石两面刻字，碑文记此寺历唐宋迄元，兵火劫灰，沙石埋没，西宁王速来蛮命工匠重修，僧守朗董其事，寺成而王薨。题名于碑者140余人，除沙州人外，尚有肃州人、晋宁路(治今山西临汾)人，所见僧俗名与身份：西宁王、儒学教授、司吏、承事郎、总管府经历权分治事、忠显校尉、傅尉、长史、都事、知印、朝列大夫、武略将军、王傅、妃子、公主、驸马、提领、大事、副使百户、侍中、知事、侍(待)诏、务提领、石匠、法师、教化、长老、院主、教士、善人等。

重修千佛洞三层楼功德碑记

清代莫高窟木碑，嵌于莫高窟第16窟甬道南壁，即藏经洞对面，今仍在原处。光绪三十二年(1906年)四月立，敦煌县举人郭璘撰文并书丹。此碑木质阴刻，高2.3米，宽0.89米。碑首浮雕双龙戏珠图案，碑文记邑人戴奉钰等在莫高窟倡修“大雄之殿”及“大士之宫”，自丁酉年(1897年)起，五六年“难告厥葳功”。住持道士王圆禄清理洞窟，庚子(1900年)夏“掘得复洞，内藏释典充宇，铜佛盈座，侧有碑云唐大中五年沙门洪辩立”；“结造三层楼”，仍属戴奉钰“提倡而振作之”，由“经理社首戴号公、陈正言、杨春洲、殷善言、戴化勋、胡从义，住持王圆禄、徒王明发、赵明裕仝修”，楼成功竣于光绪三十二年(1906年)初夏。

重修千佛洞宝贝殿功德碑记

民国莫高窟木碑，嵌于莫高窟第146窟甬道南壁，现仍在原处。民国五年(1916年)四月立，敦煌县文庙奉祀官、前任灵州学正、恩贡生朱瑸撰文，敦煌县高等小学校书记员、前清候补巡检张谦书丹。该碑高2.16米，宽0.7米。木质漆字，碑首有双龙刻文及缪篆体寿花。碑文记载，“同治年间，花门变起，遂将佛龛半付灰烬”,光绪以来,好善信士,次第修葺,渐复旧观。而长寿宝贝佛殿(即第 146 窟)尚待修复,县人胡文熙等发起重修,于每年浴佛会期“诣殿经理香火”,“募诸众善,复施以己财,旋募旋修,越三余年”而功成。考其事当始于 1913 年,成于 1916 年。

重修千佛洞九层楼碑记

民国莫高窟木碑,原嵌于莫高窟第 96 窟前室北厢西壁,现已被毁。民国二十五年(1936 年)四月立,邑人吕钟撰文并书。略记清及民国重修第 96 窟(即北大像)殿堂诸役始末。云光绪二十四年(1898 年)商民戴奉钰倡修,未成;1927 年商民刘骥德捐资千元倡议再修,亦因工程浩大、资财不济而罢。1928 年商民刘骥德广邀邑绅、农耆及僧会司易昌恕等发愿重修,矢志必成,至 1935 年耗资 12000 余元,终于落成九层楼大殿,为莫高窟一大工程。原碑已被毁,目前仅存抄本。

第二章

敦煌周边石窟

通常所说的敦煌石窟是以莫高窟为主,包括敦煌周边石窟在内的石窟群。除了石窟最为集中的莫高窟外,还有位于敦煌西边的西千佛洞石窟,肃北的五个庙石窟、一个庙石窟,瓜州的榆林窟、东千佛洞石窟、水峡口石窟等处。瓜州和肃北紧邻敦煌,在古代都属于敦煌文化圈范畴,在同样的历史文化背景下,石窟的风格特色也与莫高窟一致。在总的艺术体系一致的同时,各石窟也有自身的特点。

西千佛洞开凿时代较早,有北魏、西魏、北周的洞窟,一直延续到五代、回鹘时期。五个庙石窟大多为北周时期开凿,但现存壁画为宋、西夏时期重绘。榆林窟最早的洞窟为唐代所建,唐代洞窟虽数量不多,却都规模较大。五代曹氏政权时期,榆林窟兴建了不少洞窟,曹氏政权在瓜州和沙州都设立了画院,榆林窟曹氏时期的壁画内容与风格与莫高窟的大体一致。西夏和元代在莫高窟营建较少,但在榆林窟和东千佛洞却营建了不少洞窟,如榆林窟第29、3、2、10、4窟,东千佛洞第2、5、7窟等,且壁画绘制精美,出现了一些具有时代特色的新的艺术手法。一是传自中原的水墨画技法,如第3窟文殊变和普贤变中大面积的水墨山水背景,不仅在莫高窟未见,在全国佛教石窟中也是极为罕见的;一是榆林窟中唐、五代出现较多的八大菩萨曼荼罗,以及西夏、元代绘制的部分密教图像,榆林窟和东千佛洞壁画中出现的唐僧取经图等,都未见于莫高窟。

在洞窟型制上,榆林窟、五个庙石窟的中心柱窟与莫高窟中心柱窟略有区别,榆林窟大部分洞窟具有完整的前后室,有的还有耳室(如第25窟),西千佛洞隋代出现的帐形窟、东千佛洞龟兹风格的回廊式中心柱窟等,都是莫高窟所没有的。在壁画题材方面,有的题材是莫高窟没有的,有的内容出现得比莫高窟早,如西千佛洞北周洞窟的劳度叉斗圣变,是敦煌石窟中同类题材出现最早的,莫高窟是在唐代以后才出现这一题材的。而同样题材的表现,也往往与莫高窟有别,如西千佛洞北周的睒子本生故事画,表现情节比莫高窟同一题材丰富;榆林窟五代第19窟、32窟、35窟以及西夏第29窟、第3窟的文殊变和普贤变,表现构图、规模各不相同,特别是第3窟有大规模的水墨山水画作背景,这些都是莫高窟所不见的。这些艺术上的特点使敦煌周边的石窟与莫高窟形成互补的关系,特别是在西夏和元代,莫高窟的营建已近尾声,而榆林窟和东千佛的营建方兴未艾,在壁画艺术上吸收了藏传佛教艺术的风格特色,形成了新的时代特点,构成了敦煌石窟晚期艺术的重要篇章。

第一节　西千佛洞

敦煌石窟群之一。位于甘肃省敦煌市城西约 35 公里的断崖上，前临党河，因其位于莫高窟及古敦煌城西，故名。具体位于今敦煌党河水库以东约 8 公里处、党河东流时在戈壁沙碛上冲出的河谷南北崖壁上。窟区东起南湖店，西至今党河水库，全长 2.5 公里。现存 22 窟中，1～19 号窟群集中开凿于党河河谷北崖，后 3 窟则散落于顺流东下 2～2.5 公里的地方。1941 年张大千曾对西千佛洞进行编号，共有 19 号。后来，敦煌研究院对西千佛洞进行了重新编号，共有 22 窟，并在《中国石窟　安西榆林窟》（1997 年文物出版社出版）一书中正式发表了新的编号。1961 年西千佛洞附属于莫高窟被列为全国重点文物保护单位。20 世纪 90 年代，敦煌研究院对西段重点窟区已进行了全面彻底的维修和加固。

西千佛洞始建确切时代不详，巴黎藏敦煌遗书《沙州都督府图经》中，有一段不连续的有关修佛龛的记叙："右在县（寿昌县）东六十里，《耆旧图》云：汉……佛龛……百姓渐更修营……"考古及史学专家们认为这段文字可能是记载西千佛洞的。据此可知，西千佛洞窟始创年代应早于莫高窟，至少应与莫高窟属同时代建造。现存洞窟中，最早为北魏窟。共计北魏窟 1 个，北周窟 3 个，隋窟 2 个，初唐、盛

图 60　西千佛洞　外景

唐窟3个，中唐窟1个，五代窟1个，沙州回鹘窟3个，西夏、元窟2个，另有2个窟时代不明。其中第1窟至第16窟位于今党河水库东侧约1公里处，余3窟位于南湖店之北。洞窟型制与莫高窟同期洞窟基本相同，大致可分为中心塔柱窟、覆斗顶窟、平顶方形窟以及敞口竖长方形大龛等四种类型，不过隋代第11窟窟形类似游牧民族的圆形帐，是敦煌石窟中的孤例。塑像多经清代及民国时期重修新塑，亦有少量保持原貌者。现存彩塑34身、壁画800余平方米。其中以第8窟中心柱正面龛内的佛像最具特色，为典型的"秀骨清像"式；五代第19窟的十六罗汉残塑与江南出现的十六罗汉像基本上属同一时代。壁画内容与风格基本与莫高窟同时期壁画一致，如第12窟南壁龛门两侧的劳度叉斗圣变和睒子本生故事画，均以白粉作底，墨线勾画，赭石和青绿淡染，无论构图设色或人物形象，均有浓郁的中原气息，为西千佛洞北周时期主要的代表作。其中劳度叉斗圣变则是敦煌诸石窟中现存最早的同类作品。第18窟的观无量寿经变、东方药师经变、降魔变、观音经变等壁画是中唐时期壁画中最主要的代表作品。其中观无量寿经变中的"未生怨故事"则是敦煌壁画连环画中的代表作之一。其他如第12窟的彩塑立佛、北朝晚期流行的长卷式构图经变画和本生故事画，中唐时期第16窟观无量寿经变中的迦陵频伽、胡旋舞、窟顶南披上的说法图及千佛等，都是难得的佳作。此外，第7、8、9、11窟中心柱上北朝晚期的菩萨、飞天，第9窟内隋代供养人，第16窟甬道两侧回鹘可汗和王妃供养像，第18窟的于阗国王、公主像，以及第9窟内唐代武则天如意元年(692年)题记等，都具有很高的学术价值。

第7窟

始建于北魏，西魏、清重修，是西千佛洞现存最早的洞窟。平面呈方形，有中心塔柱，前部为人字披顶(已塌毁)，后部为平棋顶。主室进深6.58米，宽6.96米，人字披顶高5.16米，平棋顶高5.38米。

窟室中央为方形中心柱，柱身与基座几乎等高，柱四面各开一圆券形大龛。龛内外的塑像多为清代重修，只有南向面龛内的倚坐像，虽已残毁，却是唯一保存至今的北魏原作塑像，佛像身姿挺拔，双肩浑圆，袈裟贴体，透出肢体的轮廓，却又显宽松式样，阴刻的衣纹略呈浅阶梯式，流畅自如。造像在表现手法上兼有西域式和中原式两种特点，是北魏早期曹衣出水式向秀骨清像、褒衣博带式过渡的代表作品之一。龛内北壁残存化佛菩萨火焰纹佛背光，两侧画弟子各1身。

西向面圆券形龛内清重修坐佛1身，龛壁北魏画菩萨8身；龛外北侧清修菩萨1身，北魏画飞天2身、供养菩萨4身；塔座西魏重画座沿忍冬纹边饰，下画男女供养人、比丘、比丘尼数身，底层露出北魏画力士数身。

北向面为圆券形双树龛，由双树组成龛柱、龛楣，浮塑龛柱，绘龛楣。这种形式最早见于莫高窟第275窟思维菩萨像龛。龛内清修坐佛1身，龛内存北魏画飞天、菩萨数身。龛顶一对飞天造型生动，已摆脱了早期那种僵硬的姿态，呈现出与莫高窟北魏、西魏窟中飞天形象一样的轻盈、活泼。塔座存西魏重画忍冬纹边饰，下为男女供养人、比丘、比丘尼、力士各数身。

东向面龛内清重修坐佛1身，龛内壁存北魏画飞天、菩萨各数身，龛楣画忍冬化生；龛外北侧北魏塑菩萨1身，画飞天、菩萨各数身；塔座下存西魏画男女供养人、比丘、比丘尼、力士各数身。男供养人

图 61　西千佛洞第 7 窟　内景

身着圆领窄袖衫，下着袴褶；女供养人身披帔巾，上着大袖襦，下着间色裙，与莫高窟西魏时期第 285 窟内供养人服饰相同。

窟内北、东、西三壁分上、中、下三段。上段画天宫伎乐，中部画大面积的千佛，下部画金刚、力士。天宫建筑多为西域式，大面积的千佛形象借助色彩有规律地排列，呈现出强烈的装饰效果。窟内壁画风格与莫高窟同期壁画相同，人物造型健壮、比例适度、着西域式服饰，采用西域式的凹凸晕染手法，表现人物面部与身体的立体感，色彩质朴厚重，多用石青、石绿。造像残破处可见当时以草木为胎，上敷泥巴，再赋以彩的塑像制作工艺及流程。

第 8 窟

始建于北周，隋代重修。中心柱窟，平面呈方形，前部为人字披顶，后部为平棋顶。前部人字披窟顶残毁严重。主室进深 5.81 米，宽 4.8 米，人字披顶高 3.96 米，平棋顶高 3.16 米。

中心柱南向面开一圆券形龛，龛内塑坐佛 1 身、菩萨 2 身，龛顶画飞天 2 身，龛内壁画弟子 5 身、菩萨 1 身；浮塑龛柱、龛楣，龛楣画火焰忍冬莲花化生；龛下座身壁画残存供器，但已漫漶。中心柱东西向面各绘说法图 1 铺，下残存男供养人、女供养人、比丘、比丘尼、力士各数身。北向面无画。

窟顶前部人字披北披 12 个椽格间原各画手执莲花的供养菩萨 1 身，多已残损；后部平棋顶西侧残存飞天莲花忍冬平棋 3 方，东侧残存隋画斗四莲花忍冬平棋 3 方。

窟内北、东、西壁壁面布局大体可分为上下四层。最上层画飞天、栏墙和垂幔，其下方画千佛，占较大面积，千佛下画供养人，壁脚处画力士。北壁西端千佛像中间绘释迦、多宝二佛并坐说法图1铺，略晚于莫高窟西魏第285窟的同类题材。多宝佛塔以圆券形龛代表，内并坐二佛结跏趺坐，皆着袒右肩袈裟，龛外两侧分侍立二菩萨。下残存男女供养人、比丘、比丘尼、力士各数身。西壁北端的千佛像中间绘涅槃变1铺，与莫高窟北周第428窟同类题材属同一时期。画面两端画有高大的娑罗双树，中间释迦佛右胁而卧，佛身光上方为众多的举哀弟子。在佛前方有一站立的世俗人物形象。二佛并坐说法图与涅槃变画幅均较大。东壁后部，上沿绘宝珠、飞天14身、栏墙、垂角，上部绘千佛，千佛中绘说法图1铺。皆为隋画。三壁下部残存男女供养人、比丘、比丘尼、力士各数身。东壁下部还画有供养棚车一辆。

本窟东壁后部和窟顶东侧现存壁画为隋代所绘，技法成熟，是西千佛洞为数不多的隋代壁画的代表之作。

第9窟

始建于西魏时期，经北周、隋、初唐、回鹘、清代重修。中心柱窟，主室平面呈方形，前部为人字披顶，后部为平棋顶。主室进深6.48米，宽5.93米，人字披顶高3.96米，平棋顶高3.17米。

中心柱只在南向面开一龛，龛内清修坐佛1身，龛内壁存西魏画婆薮仙1身、唐画弟子2身；龛外两侧分别为唐画日、月及云中坐佛，下底层存西魏残画。龛楣图案尤其有特色。它不同于北魏常见的火焰纹图案，而是1铺完整的交脚菩萨说法图，且保存得很好，为西魏原作，与莫高窟西魏时期的第288窟龛楣莲花供养化生图案风格接近。龛外两侧各存1身弟子塑像，皆为清修。中心柱西向面存北周画千佛，千佛中画说法图1铺。北向面回鹘画并坐三佛1铺。东向面南侧唐画千佛，北侧回鹘画菩萨1身。窟顶皆有损坏，前部人字披南披画二飞天，北披残存隋代补画飞天，后部平棋顶残存北周画斗四忍冬莲花化生平棋2方。

东西壁南端各设有像台。东壁上沿画天宫伎乐，中间隋画宝珠；中部画说法图1铺；南端像台残存早期立佛粗胎1身，北端回鹘画药师佛1铺，下部残存男女供养人及侍从、车马、力士等。西壁上部北周画天宫、垂幔；中部北周画千佛；南端西魏画一浮塑项光，两侧朱墨白描伎乐飞天各2身。北壁存回鹘画涅槃变1铺，画面中佛形体较大，右胁而卧，着田相袈裟，周围众多举哀弟子，人物形象多雷同；画面以土红色为主色调，佛的面部器官间用石绿勾勒。南壁上部画千佛，千佛中初唐画说法图1铺；下画男女供养人数身，这些供养人像衣冠服饰，均为研究隋代当地少数民族习俗的重要资料。本窟南壁与东壁分别有两行题记，南壁说法图东侧上端有："如意元年（公元692年）……"东壁中间有："李仙凤天宝十三（公元754年）……"这两条题记是西千佛洞仅有的有年代记载的题记，具有重要的研究价值。

第11窟

初建于北周，但现存壁画多为隋代所绘。后又经唐、回鹘和民国时期重修。主室平面略呈横长方形，进深1.5米，宽5.27米，高3.03米。主室为横人字披顶，窟形类似游牧民族的圆形帐幕，是敦煌石

图 62　西千佛洞第 11 窟　东壁　禅定佛及二胁侍菩萨像　北周

图 63　西千佛洞第 11 窟　内景

窟中的孤例。

北壁开一圆券形龛,龛内民国修坐佛 1 身。龛内顶存两层唐画,底层露出北周画飞天 2 身;龛内北壁画火焰形佛光,两侧各残存一佛项光;龛内东壁唐画弟子 5 身,底层露出北周画披巾带菩萨。龛外东西两侧上部画千佛,下部分别为隋画男、女供养人数身。

东西两壁上部皆画千佛,千佛中画说法图 1 铺,画风与莫高窟隋窟完全一致。其中西壁下部隋画女供养人 24 身,东壁下部隋画男供养人 23 身。

南壁门上画千佛,门东西上部画千佛,下部分别为隋画男女供养人数身及车夫、侍女、马、牛车。

本窟窟形具有浓厚的游牧民族特色,但四壁的男女供养人却皆着汉式服装,故有学者认为本窟为当地已经汉化了的少数民族营建。上层四壁底层均露出北周画力士。虽然有隋一代在莫高窟大批开窟造像,但保存在西千佛洞的隋窟却仅见两个,而本窟是西千佛洞反映隋代艺术成就洞窟中唯一一个保存完好的洞窟。

第 12 窟

西千佛洞唯一面向正南的洞窟。初建于北周,后经隋、唐、回鹘、民国重修。主室窟形为中心柱窟,前部为人字披顶,后部为平棋顶,平面呈方形。主室进深 5.71 米,宽 5.8 米,人字披顶高 3.41 米,平棋顶高 2.98 米。前部人字披下的东西壁南端各设有一佛床(像台),原各塑有一佛、二菩萨立像,但现在只存东壁佛床上的立佛,西壁佛床上残存立佛足部。

中心柱南向面开一龛,内存民国时期所塑坐佛 1 身,龛内壁存北周时期化佛火焰纹背光及回鹘时期重绘龛梁,龛上隋画坐佛 13 身。中心柱底座座身底层残存早期绘供养人 2 排。西向面绘千佛,千佛中绘说法图 1 铺。北向面回鹘画说法图 1 铺。东向面盛唐绘说法图 1 铺。

窟顶前部人字披画脊枋水纹、莲花图案,南北披椽间画忍冬莲花禽鸟图案各 16 格、17 格,后部西侧画斗四莲花化生忍冬平棋图案、东侧南部残存回鹘画彩椽。北壁回鹘画坐佛 7 身。西壁上部画千佛,千佛中间画说法图 1 铺;下部残存男女供养人数十身。东壁上部回鹘画说法图 1 铺、北端盛唐画说法图 1 铺。南壁门上画说法图 1 铺;门东上部画千佛,中部画劳度叉斗圣变 1 铺;门西上部画千佛,中部画睒子本生 1 铺(多漫漶)。这两铺故事画左右对称,均以白粉作底,墨绘勾画;部分榜题尚可读。本窟的这幅劳度叉斗圣变被认为是我国最早的同类题材作品,也是目前所见的唯一一幅北朝时期的同类题材经变画。画面上共有 11 个情节,以连续性的连环画形式表现,不同于唐代以释迦佛画面为主体、其他情节左右对称表现的形式,为敦煌同类题材的早期表现形式,具有重要的研究价值。睒子本生共有 7 个情节,也以连环画形式表现,与同时期同类题材故事画相较,其整体画风显得古拙一些,具有较浓厚的汉画像石风格。

甬道表层为回鹘画,底层残存北周画说法图及男女供养人像、力士数身。

第 12 窟被认为是北周时期一个具有创新意义的洞窟。其中心柱正面龛内的坐佛与东西两壁前部各一立佛形成的"三佛"组合形式,首开敦煌隋唐"三佛"窟之先河。

第 15 窟

初建于隋代，经唐、回鹘时期重修。覆斗顶窟，主室平面呈方形。主室进深 3.79 米，宽 2.98 米，顶高 3.76 米。窟顶回鹘画藻井盘龙井心，垂幔铺于四披；四披画团花，东披南端底层露出所画千佛。

北壁开一双层龛，内层龛顶回鹘画树叶；龛内残存唐修须弥座上塑坐佛 1 身，其后唐画半团花火焰纹佛光；龛东西壁回鹘各画佛弟子 1 身。外层龛顶回鹘画菩提宝盖；龛北壁两侧回鹘画树干，底层两侧各 2 身唐画弟子像。龛外西侧回鹘画坐佛、菩萨各 1 身，下画 6 身比丘像多已漫漶；东侧回鹘画坐佛、菩萨各 1 身，下底层隋画男供养人像 6 身、力士 1 身。

东壁回鹘画说法图 1 铺，下画供养人 1 排。西壁回鹘画说法图 1 铺，下画供养人 1 排，底层隋画男女供养人。南壁门上回鹘画七世佛像，门南北画药师佛各 1 身，下画供养人已漫漶。

第 16 窟

建于晚唐，五代、宋、回鹘、民国重修。主室为覆斗形顶，平面呈方形。前室进深 1.62 米，宽 3.86 米，高 3.82 米；甬道长 1.67 米，宽 1.79 米，高 1.98 米；主室进深 3.98 米，宽 4.49 米，顶高 4.1 米。

前室为横券顶，北壁除门东西各设一像台外，余皆为五代画坐佛；西壁残存五代画坐佛，中间底层晚唐画男供养人 1 身；东壁残存五代画坐佛 3 身。

主室窟顶藻井画团花井心，垂幔铺于四披，四披画千佛（部分为回鹘补画）。北壁设佛床，上民国时期塑坐佛、骑狮文殊、骑象普贤各 1 身，壁面上有回鹘时期飞天，底层露唐画赴会佛；佛床南向面残存回鹘女供养人各 5 身。东壁、西壁、南壁皆回鹘时期所画。南壁门上为七世佛 1 铺，门东为药师佛 1 身，门西为高僧 1 身、回鹘王子供养像 1 身、女供养人 1 身，底层皆残存唐画菩萨。

甬道两壁现为回鹘装的男女供养人。男供养人头戴桃形冠，身着团龙袍，身后四侍者。据其服饰，很可能是回鹘可汗或贵族像。

第 17 窟

西千佛洞晚唐洞窟之一。横人字披顶。沿东、北、西壁设马蹄形佛床。主室进深 1.76 米，宽 4.19 米，顶高 3.12 米，佛床高 0.46 米。窟顶东西两端残存千佛。北壁中间画莲花半团花火焰纹佛背光，两侧上沿画千佛，上部各画一佛、二菩萨赴会 2 组；东壁北端上沿画千佛，上部画赴会菩萨 1 身、弟子 2 身；西壁北端上沿存千佛，上部画彩云、弟子 2 身。

第 18 窟

初建于中唐，五代重修。该窟是西千佛洞保存状况最好，也是最具敦煌中唐艺术特色的唐窟。覆斗顶窟，平面呈方形。主室进深 4.1 米，宽 5.29 米，高 5.26 米。窟顶画藻井交杵莲花井心，井心外周为由几何纹、云纹、植物纹、垂幔、璎珞组成的多重边饰；四披画千佛，千佛中画说法图各 1 铺（多残毁）。

北壁开一盝形顶龛，内设马蹄形佛床，龛顶中央残存团花 5 朵，北披存立佛 5 身，东披存立佛 5 身。龛内东西壁绘屏风各 3 扇，内画法华经变观音普门品。龛外两侧各设一像台，上原有天王塑像。西侧像台东向面五代画于阗国王、公主礼佛图（漫漶）；南向面存五代画童子，底层残存唐画供养人。

东壁画药师经变 1 铺；西壁画观无量寿经变 1 铺；南壁门上残存降魔变 1 铺，门西画不空绢索观音变 1 铺，门东侧已被毁。其中西壁通壁所绘的观无量寿经变保存完好。画面以无量寿佛为中心，周围建筑、人物呈对称状环绕，布局规整、有序。净土场景南北两侧分别表现“未生怨”和“十六观”画面。特别是“未生怨”中道人于草庐坐禅、众人骑马猎兔等画面除藏经洞所出绢画中可见外，不见于他处同类题材画面中。该窟无论洞窟型制还是壁画风格都与莫高窟中唐时期洞窟一致。

第 19 窟

始建于五代，宋代重修。主室前部已被毁，后部正壁上约 1 米高处凿有 1 个与窟室等宽的直通窟顶的大龛。主室进深 7.54 米，宽 4.84 米，高 3.84 米。窟顶中间宋画一立佛，西侧下部残存五代画罗汉 10 身，东侧下部残存五代画罗汉 3 身。北壁开一纵平拱顶大龛，龛内设马蹄形佛床。龛内北壁存倚坐佛塑像 1 身，佛背光两侧各画弟子 5 身、供养童子 1 身。窟内东西壁各设通壁像台。龛内东西壁各残存地鬼塑像 1 身，东西壁面各画菩萨 3 身、护法天部 2 身、天王 1 身。值得注意的是，本窟龛外东侧壁面画罗汉 7 身，西侧壁面画罗汉 3 身；窟内东壁画罗汉 46 身，西壁画罗汉 95 身。同时，本窟是敦煌石窟中唯一用泥塑列像表现十六罗汉的洞窟。在窟内东壁像台上残存罗汉 5 身，西壁像台上残存罗汉 8 身，共计13 身罗汉塑像，它们连同壁画中的罗汉像一起，共同组成了一个“罗汉堂”。

第二节　五个庙石窟（附一个庙石窟）

肃北蒙古族自治县，唐代为敦煌的紫亭县，自古以来就是敦煌的南大门，它距敦煌较近，又控制着敦煌的南边门户，而且水草丰美，宜于放牧，在政治、经济诸方面都有重要意义。五个庙石窟位于肃北县城西北约 20 公里处。这里党河曲折向东而流，在河的北岸分布着一片石窟群，均坐北朝南，因主要有五个洞窟，俗称五个庙（庙即石窟）。实际上这里至少曾有过十多个洞窟，由于这一带气候比敦煌湿润得多，大部分洞窟已经塌毁或被积沙掩埋，现存有壁画的洞窟西区有 4 个，东区有 2 个。在五个庙石窟以东、党河东岸还有一处石窟，即一个庙石窟，现残存洞窟 2 个。从它们的内容和艺术风格上看，与敦煌石窟同属一个体系，而又有自身的一些特点。五个庙石窟最早开凿于北朝晚期，大约在归义军曹氏晚期（北宋）到西夏期间，五个庙石窟进行过较大规模的重修、重绘。现存壁画大都是这一时期重绘的。五个庙石窟壁画继承了敦煌壁画唐代以来的传统，洞窟中以经变画为主，内容上显密杂陈，既有大乘佛教的维摩、弥勒变等，又有密宗的千手千眼观音以及藏密的曼荼罗等。题材内容和艺术风格与莫高窟、榆林窟同期壁画相比，有较一致的地方，也有其独特之处。从现存壁画看可分为：经变画、尊像画、曼荼罗、世俗人物像及装饰图案画等内容。一个庙石窟约开凿于唐代，经五代重修，现存五代壁画也与敦煌莫高窟同期壁画一致。

1983年，五个庙石窟被列为省级文物保护单位。

五个庙石窟第1窟

开凿于北周，西夏重修。平面为方形，中心塔柱窟，平顶。高2.5米，进深3.7米，宽4.6米。中心柱东向面宽2.3米，南向面宽2.1米，西向面宽1.9米，北向面宽2.3米。东、南、西向面各开一龛。正面（南向面）开圆券龛，龛内有近代塑像1身，西夏画一佛、二菩萨，龛上及龛两侧为八塔变。东西向面龛内各有西夏画一佛、二菩萨，龛外画千佛。北向面西夏画立佛1铺。八塔变是以8座塔表现释迦牟尼从诞生到成佛的故事，代表了佛的8个重要事迹。其上部壁画与龛内佛像组合，表现降魔的内容，塔外描绘各路魔军气势汹汹向释迦进攻，而塔内的释迦牟尼岿然不动。在龛两侧描绘其余各塔的内容。龛内的供养菩萨，着袈裟，双手合十，神态安详，面相与服饰具有强烈的世俗化倾向。

东壁北起分别画曼荼罗、炽盛光佛、水月观音各1铺。水月观音下部露出部分北周壁画。北壁中央绘涅槃变，东侧绘八臂观音，西侧绘十一面千手千眼观音。西壁北起分别为曼荼罗、弥勒经变、水月观音各1铺。南壁门上方中央画一菩萨坐莲台上，两旁各画一供养人、一高僧像及侍童。右侧是男供养人，头戴笠形帽，双手合十；左侧是女供养人，也双手合十，意态虔诚。左侧的僧人手持一物，似佛经，右侧僧人一只手指着中央的菩萨，好像在说什么。供养人和僧人均画有头光。门东侧为文殊变，门西侧为普贤变。文殊与普贤菩萨背景为水墨山水，文殊身后画五台山，山中隐隐可见巍峨的寺院建筑，在山的上方还画出云中化现的佛手、佛头等瑞像，是根据五台山的传说而画。普贤菩萨的后面也有层峦叠嶂的山峰，山中树木萧森，又有清泉流过。山石树木间，有水墨点染的效果，反映了五代、北宋山水画兴起后对石窟艺术的深刻影响。

本窟的题材显密同陈，其中最有特色的是密教图像水月观音，在东西壁各有1铺。西壁的保存较好，观音菩萨以娴雅的姿态，双手抱膝坐在一片山石前面，身后有两只白鹿，一只悠闲地抬头张望，另一只安静地吃草，周围是波光粼粼的水域，画面上方，一弯新月升起在幽暗的天空，整个画面体现出一种静谧而又超然、空寂的佛教境界。东壁的炽盛光佛图，是西夏以后石窟、寺院里较流行的内容，根据《佛说炽盛光大威德消灾吉祥陀罗尼经》绘制。构图采取中轴对称形式，中央是炽盛光佛手托金轮，结跏趺坐于莲座上，两侧内容分三层布局，下面是九曜星神簇拥着的炽盛光佛，中间是二十八宿神像，上部是圆圈内画出的黄道十二宫。

五个庙石窟第2窟

平面为方形，窟顶为人字披顶。窟高3.5米，进深4.4米，宽4米。北壁开一龛，龛高2米，宽1.4米，深0.5米。龛内有浮塑背光，龛外有浮塑龛楣与龛梁、龛柱，龛楣可辨认出忍冬纹图案。窟顶可见忍冬纹图案。东壁下方存供养人6身。

本窟壁画烟熏严重，大都不可辨。从可以辨认的忍冬纹图案来看，与莫高窟北魏到北周时期流行的图案极为相似。

图 64　五个庙石窟　外景

五个庙石窟第3窟

建于北周，西夏重修。前室仅存顶部的部分，前室东北壁存部分北周壁画，东壁可见2身天王残痕。主室平面呈长方形，人字披顶。高3.4米，进深4.1米，宽3.6米。北壁前方有马蹄形佛坛，坛上塑像已失。现存壁画为西夏所绘。窟顶人字披南披绘药师经变，北披绘弥勒经变。北壁中央存佛背光，两侧各有二弟子、一胁侍菩萨、一供养菩萨及天龙八部。东壁绘维摩诘经变1铺。西壁绘劳度叉斗圣变。南壁门上壁画被毁，门东残存四臂观音1铺，门西残存十一面千手千眼观音1铺。

东壁维摩变采取了维摩与文殊相对而坐的构图形式，人物描绘较有特色。维摩诘是一位虬髯老人的形象，手执麈尾坐在胡床上，双目炯炯，仿佛正在演说。身旁的菩萨和比丘在静静地听他讲法，下侧又有世俗人物也在听法。与维摩诘相对的文殊菩萨从容地坐于须弥座上，周围是众菩萨天王在听法。画面中央画出一座须弥山，共分三层，旁边又有一道天梯直通山顶，这是表现"见阿閦佛品"天动如来妙喜世界的情景。把这一场景画在正中央，占据画面的主要位置，改变了唐代以来维摩变的构图习惯，使画面形成了中轴对称的形式，在同类壁画题材构图中较为特别。

南壁西侧的千手千眼观音结跏趺坐于莲座上，身体周围长出无数只手，围成一个圆圈，这些手中有的持柳枝，有的持花，有的执杵，变幻奇诡。观音的两侧是侍从，经中说观音有二十八部从，这里仅画出几个。画面左侧的婆数仙是一老人的形象，他双手合十，神情虔诚；右侧的吉祥天女，头饰花冠，双手合十。两人均着世俗装。右下角是护法金刚，须发倒竖，龇牙咧嘴，形象恐怖，上身半裸，着虎皮裙，共有四臂，分别执金刚铃、金刚杵等物；周围绘火焰，具有神秘色彩。金刚旁边为戴猪冠的毗那夜迦天，作跪地伏法姿态。这身千手千眼观音设色淡雅，笔法严谨，刻画细腻。

北壁中央佛背光两侧画菩萨和天龙八部众神。菩萨上身半裸，璎珞、飘带婉转下垂，手执飘带或法器，神态慈祥温和。八部众神武将打扮，孔武雄壮，生动有力。靠近中央背光的两侧，各画一手托供品的童子，面形丰满，神态天真。这十几身不同身份的人物，形象高大，气宇轩昂，组成一个颇有气势的行列，配合中央的佛像(现已失)，具有震撼人心的宗教与艺术效果。

五个庙石窟第4窟

建于北周，五代、西夏重修。甬道西壁露出底层壁画中一供养人(主要为头部)，头戴展角幞头，着大红袍，这是典型的曹氏家族供养人的形象。

主室平面为方形，人字披顶。高3.5米，进深4.4米，宽4米。北壁开一龛，龛高1.9米，宽1.2米，深0.6米。龛沿有北周浮塑龛梁、龛楣、束帛龛柱。龛内东西壁西夏画千佛各存2身，龛外东西两侧西夏画说法图各1铺。东壁西夏画，北侧净土变、南侧文殊变。西壁西夏画，北侧净土变、南侧普贤变。南壁门上被毁，门东西侧西夏画水月观音各1铺。

本窟东西两壁的净土变采用新的绘画方法，由于上部烟熏严重，无法看清，下部的还可看出天宫栏墙及舞伎、供养人等。东壁经变中的三人舞蹈，旁边二人边舞边吹奏长长的铜角，其形似今喇嘛教法会上所用之法号，舞蹈动作幅度很大，节奏感很强，与汉地舞蹈有很大区别。从形象上看与藏传佛教壁画中的舞蹈接近，应是受到藏传佛教艺术影响所致。

南壁两幅水月观音像漫漶严重，无法看清原貌，下部左侧画有 3 身行脚僧，第 1 身正跪地礼拜，第 2 身手托供品，面向观音而立，第 3 身面朝观众，双手合十，神态虔诚。右侧也有 3 身行脚僧，有 1 身双手合十，另外 2 身模糊。这些行脚僧形象写实、生动。

五个庙石窟第 5 窟

建于北周，宋代重修。前部被毁，后部为平顶。北壁宽 5.5 米。残存中心柱西北向面的圆券龛。中心柱北向面宽 2.4 米。窟顶后部存宋画团花图案。北壁东侧宋代壁画残损处露出北周画飞天 3 身、天宫栏墙一段。东西壁和中心柱有宋代壁画痕迹。

五个庙石窟第 6 窟

建于北周，宋代重修。前部被毁，后部为平顶。中心柱大部被掩埋于土中，开龛情况不明。窟顶后部残存宋画团花。北壁宽 4.2 米。北、东、西壁有宋画痕迹。

一个庙石窟

一个庙石窟现存洞窟 2 个，呈东西向排列。东窟为僧房窟，没有壁画塑像，西窟为礼拜窟，残存壁画遗迹。两窟是相互关联的。石窟西北不远处有二层台地，曾清理出许多小泥塔，说明古代曾经在此地存在寺院或塔的建筑。泥塔的形式与莫高窟发现的极为相似。从现存的型制及壁画来分析，一个庙石窟始建于唐代，经五代、民国重修。

西侧洞窟有前室、甬道和后室。前室为人字披顶，前部已被毁。甬道为盝顶形，有改修痕迹。后室平面为方形，覆斗形顶，中央有正方形藻井。后室正壁下有须弥座，东西壁下方也有佛床痕迹。主室壁画为民国时期重绘。

甬道西壁南上角存部分沥粉堆金壁画，内容不可识。

前室表层壁画为宋代所绘，顶部残存团花和莲花图案，其下沿为平行的横格和联珠纹饰。东壁为净土变，仅存上部说法场面。佛像上部有华盖，两侧是菩萨、弟子等形象，上部有化生童子及飘扬于空的幢幡等。北壁与窟顶相接处画垂帐、垂铃等纹饰。门顶有说法图，画中有一佛、二弟子、二菩萨。门东侧画说法图 1 铺，门西端及西壁壁画漫漶不清。东、北、西三壁的底层露出唐代壁画供养人像。

第三节　榆林窟

榆林窟，也称“万佛峡”，开凿于甘肃省瓜州县南部的榆林河（也叫“踏实河”）畔，西距莫高窟约 100 公里。现存洞窟 42 个（包括东崖 31 个、西崖 11 个）。

唐代，榆林窟一带即属瓜州的晋昌郡广至县所辖。榆林窟现存遗迹中，有唐、五代、宋、西夏、元等朝代的绘、塑作品。往往前代的洞窟内又有后代重修重绘的情况，特别是清朝末至民国初，不少洞窟被重妆、重绘。榆林窟与莫高窟在地域上非常接近，与莫高窟是同一体系的姊妹窟，但在洞窟型制和内容、风格上又有一定的自身特点。

榆林窟时代最早的洞窟建于唐前期，包括第6、17、28、39窟。其中第6窟内有高达23米的大佛，与莫高窟第96窟北大像和第130窟南大像交相辉映；其余三窟都是中心塔柱窟。榆林窟的中心塔柱窟较为独特，分前后室，主室中心柱有一个高1米左右的塔基，塔柱四面开龛造像，主室窟顶从中心柱向四壁稍呈斜坡形，这样的中心塔柱窟与莫高窟的中心柱窟不同而接近于河西地区石窟流行的形式。大历十一年(776年)，吐蕃占领瓜州。吐蕃人信佛，在榆林窟也开凿了不少洞窟，但大多已被后人重修

重绘，只有第25窟和15窟前室完整地保存了吐蕃时代壁画的原作。上述原作代表了榆林窟唐代壁画的最高水平，同时也反映了其在艺术风格上与莫高窟同期壁画的不同特色。五代、北宋时期，曹氏家族统治瓜、沙二州，政府设置了画院并设“都勾当知画院使”、“都画匠作”、“知画手”等职务。由于曹氏统治者对绘画的重视，瓜、沙二州的石窟艺术因此而得到很大发展。其时，官方有组织的营建，从洞窟规模到绘塑技法都保持在相当的水平。第12、16、32、33、35等窟，是这一时期的代表。在洞窟型制上，此时的洞窟都有前后室，主室为方形覆斗顶窟，中心设方形佛坛，佛坛上有成组的彩塑。曹氏晚期的洞窟，往往在正壁画出很大的背光、头光，与佛坛上的主尊佛像相配合。由于彩塑大都经后代重修，无法得知原貌。这一时期的壁画主题与莫高窟一致，经变的种类相对较少，主要有：观无量寿经变、阿弥陀经变、东方药师经变、维摩诘经变、弥勒经变、劳度叉斗圣变、天请问经变、思益梵天问经变、文殊变、普

图65　榆林窟　外景

贤变等等。此外，还有一些新出现的题材，如梵网经变、地狱变等。密宗题材主要有千手千眼观音、如意轮观音、八大菩萨曼荼罗等。

榆林窟五代壁画还保存了很多供养人画像，如第 16 窟甬道南壁为曹议金供养像，北壁是曹议金夫人李氏供养像；第 19 窟甬道有曹议金、曹元德等人供养像；第 33、36 窟甬道，第 6 窟前室、甬道等处均有曹元忠父子及夫人翟氏供养像；第 31 窟甬道北壁有于阗国王供养像，联系第 12、14 等窟前室壁画中，一方采用汉文题榜，一方采用回鹘文题榜，说明当时曹氏政权与回鹘、于阗关系密切。

天圣八年（1030 年），西夏占领了瓜州。景祐三年（1036 年），西夏又攻占了沙州。

在曹氏政权末期至西夏入主瓜、沙之初，回鹘在瓜、沙一带的势力较强，对当时的石窟艺术也产生了一定的影响。在敦煌石窟中，不少洞窟具有高昌回鹘壁画的许多特征。榆林窟第 39 窟就是回鹘时期完整重修的洞窟，代表了回鹘壁画的风格特征。

西夏在河西一带大兴佛事，除在张掖营建了大佛寺外，在武威天梯山石窟，张掖马蹄寺石窟、文殊山石窟等处都有新建或重修的石窟；另外，在莫高窟、榆林窟、东千佛洞、肃北五个庙，也都有西夏开凿或重修的洞窟。榆林窟第 16 窟的题记中记载了当时的榆林窟情景："白日圣香烟起，夜后明灯出现。"称赞榆林窟为"世界圣宫"。西夏时期的经变画有显密两类，密教经变有千手千眼观音经变及各种具有藏密色彩的曼荼罗；显教经变有观无量寿经变、阿弥陀经变、药师经变、文殊变、普贤变、八塔变等。其经变在表现形式上与传统的经变有很大的不同。

西夏末到元朝初，瓜、沙二州经历了一段动荡的时期，至元十四年（1277 年），复立瓜州、沙州。但不久"尽徙二州居民于肃州"。直到大德七年（1303 年），才派兵屯戍瓜、沙，恢复生产。现存的元代题记多是较晚时期的。元朝统治者也同样信奉佛教，至正四年（1344 年），西宁王速来蛮驻镇沙州，瓜州也在其管辖下。至正十三年（1353 年），下令重修榆林窟，榆林窟元代洞窟大致建于此时。元代的佛教受西藏佛教影响很大，因此艺术上具有浓厚的藏密色彩。

1961 年，榆林窟被列入国务院公布的第一批全国重点文物保护单位。榆林窟与莫高窟、西千佛洞同属敦煌石窟，由敦煌研究院管理，敦煌研究院下设榆林窟文物管理所。1942 年，画家张大千曾为榆林窟编号共计 29 窟；上世纪 50 年代敦煌文物研究所重新调查编号，共计 42 窟。现在通行敦煌文物研究所编号。

第 28 窟

位于榆林窟东崖北侧。建于初唐，宋、西夏、清重修。洞窟前半部崩毁，存中心塔柱，柱的东、西、北三向面存唐代原作的圆券龛。洞窟高 4.1 米，东壁较完整，宽 4.05 米，北壁残宽 4.7 米，南壁残宽 4.1 米。中心柱东向面宽 3.4 米，南向面宽 2.85 米，北向面宽 3.15 米，西向面已被毁。中心柱与周壁形成甬道，甬道顶部为圆券形。中心柱四壁的壁画唐代原作保存较多，四壁和中心柱的部分为宋代重绘。彩塑大部分为唐代原作，有部分经清代重修。

中心柱东向面龛内存 1 身趺坐佛，清代重修。壁画中央为唐绘佛背光、菩提树、二飞天，南北侧各绘一菩萨、一弟子。南向面为一面披屋顶，存彩塑一佛、一弟子、一菩萨，均为清修。北向面龛内为立佛

1 身，壁画有佛背光、山峦，龛外两侧存壁画山峦及二飞天、二弟子。西向面龛内存倚坐佛 1 身，龛外北侧上部存唐绘菩萨，下部为后代绘人物 2 身。

本窟塌毁严重，从中心柱窟的形式及布局，以及佛座的形式等方面看，是典型的初唐风格。中心柱东、西、北三向面的佛像比例适度，造型质朴，神态安详，体现出初唐造像特征。中心柱后部的大型立佛及彩绘山峦形式，与第 17 窟中心柱背面一样，是唐初流行的倚山佛（凉州瑞像）形式，同样题材，在莫高窟初唐第 203 窟也有出现。南向面龛内存卷草纹头光，还有菩萨、弟子、飞天原作。这些温婉慈祥的菩萨，轻盈飞翔的飞天，以及绚烂华丽的头光图案等与彩塑一样，体现出初唐艺术的典型特征。本窟为榆林窟最早开凿的洞窟之一。

第 17 窟

位于榆林窟东崖上层中部。建于初唐，五代、宋、回鹘、清代重修。有前后室。前室前还有甬道通向崖面，后室中央有中心塔柱。现存壁画大多为宋代重绘，彩塑大体保持唐代的风格，局部经清代重修。前甬道长 2.4 米，宽 2.4 米，高 3.3 米。前室为一面披顶，顶西侧高 3.2 米，顶东侧高 3.6 米，宽 8.8 米，进深 3.4 米。顶部有回鹘时代重绘图案。四壁壁画均为宋代重绘，上部均画垂幔，下部画壶门供宝装饰。东壁门两侧中部画净土变；南壁中部画赴会菩萨 5 身；北壁垂幔下画二飞天，其下为赴会菩萨 6 身；西壁中部画赴会菩萨 5 身。后甬道长 2.2 米，宽 2.8 米，高 3.2 米。甬道顶被毁，残存棋格团花纹。南北壁为宋画垂幔，下为赴会菩萨各 3 身，最下部为壶门装饰各 3 个。

图 66　榆林窟第 17 窟　内景

主室平面为长方形，高 4.2 米，进深 11.6 米，宽 9.25 米。中心柱高 4 米，东向面宽 3.9 米，南向面宽 4 米，西向面宽 4.1 米，北向面宽 4.2 米。中心柱西向面(正面)龛内清塑坐佛 1 身，两侧存唐塑二莲台，塑像已失。佛像后部宋画佛背光、菩提宝盖、飞天、弟子、项光等图案，龛外两侧宋画垂幔下为赴会佛及菩萨各 1 铺。坛下中间分上下两层，上层有 13 个壶门装饰，下层存 3 个壶门装饰。其中南北各有 3 个壶门，中可见伎乐天形象。南向面龛内存唐塑清修坐佛 1 身，两侧也存唐塑二莲台，其上塑像已失。龛内上部存唐画双凤卷草佛项光及卷草灵鸟火焰纹背光，宋画菩提宝盖及飞天、菩萨等形象。龛外两侧宋画垂幔下有赴会佛各 1 铺，其下有菩萨，龛下存 6 个壶门装饰。东向面龛内清塑立佛 1 身，唐画卷草项光及缠枝火焰背光；两侧宋画菩提树及飞天、弟子各 1 身。龛外两侧宋画垂幔下有赴会佛各 1 铺，其下有菩萨各 1 身，龛下为 6 个壶门装饰。北向面龛内唐塑清修倚坐佛 1 身，存唐塑二莲台，其上原有塑像已失；宋画莲花项光，火焰背光、菩提宝盖、二飞天、二菩萨、二项光。龛外两侧宋画赴会佛各 1 铺，下菩萨各 1 身，龛下存壶门装饰 7 个。

四壁壁画均为宋代重绘，东壁上部垂幔下绘 10 身飞天，其下为赴会菩萨 13 身，下部存 14 个壶门装饰。南北壁上部画垂幔下各存二飞天，其下东侧为赴会菩萨各 3 身，西侧为净土变各 3 铺，下部各存 18 个壶门装饰。西壁上画垂幔，其下门南北各存净土变 1 铺，下各存壶门装饰 6 个。

本窟中心柱四面龛内壁画保存部分唐代壁画原作，彩塑虽经重修，仍可看出初唐的风格特征，对于了解榆林窟唐代石窟艺术有着重要参考意义。

第 6 窟

位于榆林窟东崖中部。建于唐前期，五代、宋、西夏、元、清、民国重修。是榆林窟唯一的大佛窟，也是最大的洞窟。平面为椭圆形，穹隆顶。下层有后代建造的木构窟檐，上层开有较大的明窗，形成前室性质。

窟前下部有后代建木构窟檐建筑与甬道相接，甬道为券顶，高 7.55 米，长 7.6 米，宽 6.4 米。顶部存元代绘千佛。南壁西侧唐画文殊变 1 铺，东侧宋画净土变 1 铺，上沿存宋画二飞天及边饰、垂幔，东端存宋画一角。北壁西侧唐画普贤变 1 铺，东侧被毁，西端上沿残存唐画千佛。

主室，通高 25.55 米，宽 18.5 米，进深 7.3 米。窟顶五代画藻井圆形卷瓣莲井心(大部被毁)，藻井垂幔下北侧存宋画二飞天，西端存西夏画一飞天，南侧存宋画二伎乐飞天。中心有民国时砌中心佛坛，塑布袋和尚。东壁初唐塑倚坐大佛，高24.35 米，历代重修。佛背光经宋、西夏初绘，清嘉庆年间又被全部彩绘涂金，但其规模和气势仍体现着唐代的恢弘气象。南壁民国初塑普贤坐岩石像及一小象；宋画千佛，西上角经西夏、元代补绘，东下角画幢一座；下部存壶门残痕。北壁存民国初塑文殊坐岩石像及一小蹲狮；五代画千佛，上部经西夏、元代补绘，东下角画幢一座。西壁门上、门南宋画千佛，上部经西夏、元代补绘；门北存五代画千佛，上部经宋、西夏、元代补画。

西壁上部开明窗，外接平顶的前室，前室有券形甬道通崖面。甬道高 2.75 米，宽 2.8 米，深 2.1 米。明窗为券顶，有五代绘千佛，大半被毁，西夏补绘。南壁上部东侧五代画不空绢索观音 1 身，西侧宋补

图 67　榆林窟第 6 窟　东壁　大佛　唐

画四臂观音 1 身;中部宋画曹元忠、曹元禄供养像;下为三壶门。北壁上部西夏补画四臂观音,并两侧观音立像各 1 身;中部五代画回鹘装及汉装女供养人各 1 身。

明窗前室,平面为方形,高 6.05 米,宽 7.6 米,进深 4.55 米。平顶存宋画十方佛,部分经元代重绘。东壁明窗上部,宋画垂幔,其下唐画七佛经西夏补画者 5 身。明窗南侧宋画普贤变 1 铺,下元画供养比丘 1 身、男供养人 4 身(头被毁)。窗北侧宋画文殊变 1 铺,下元画坐佛 1 身,再下存壶门 3 个。南壁主要为宋画,上部为垂幔,其下为净土变 1 铺,再下存赴会菩萨 6 身;西端存一行脚僧,东侧西夏凿穿道处存元代补画痕迹。北壁主要为宋画,上部为垂幔,其下为净土变 1 铺,再下存赴会菩萨 6 身及帝释天;东侧西夏凿穿道处存元代补绘说法图 1 铺,下存壶门 5 个。西壁门上宋画千佛,南侧经西夏补画;门南上部宋画说法图 1 铺,下部元画男女供养人 2 铺,再下宋画壶门 4 个。门北上部宋画说法图 1 铺,下部元画男女供养人像 2 铺。明窗前室甬道顶,元代补画火焰宝珠。南壁宋画菩萨 1 身、飞天 1 身,下元画男女供养人各 1 身。北壁画宋菩萨 1 身、飞天 1 身,下元画男女供养人各 1 身。

第 25 窟

位于榆林窟东崖上层。建于中唐,五代、宋、清重修。分前后室。前室平面为长方形,一面披顶,有较长的甬道一直通向崖面外的栈道。甬道南北两侧各开一小侧室(分别为现编号第 24 窟、第 42 窟)。主室为方形覆斗顶窟,中有佛坛。此窟弥勒变中有古藏文题记和吐蕃男子与汉族女子的婚礼图,可知建于吐蕃占领瓜州而尚未占领沙州之时,即大历十一年(776 年)至建中二年(781 年)间。主室顶部塌毁,东壁壁画残损,但大部分原作保存完好。

图 68 榆林窟第 25 窟 南壁 观无量寿经变 中唐

图 69 榆林窟第 25 窟 内景

前甬道高 2.4 米，长 2 米，宽 1.5 米。南壁东侧宋画天王 1 铺，西侧画曹元忠子侄供养像 3 身、侍从 4 身。北壁东侧宋画天王 1 铺，西侧画曹元忠夫人翟氏与长女延鼐供养像 2 身、侍女 2 身。前室东侧高 3.1 米，西侧高 2.6 米，进深 3.45 米，宽 5.9 米。西壁门南北存宋画说法图各 1 铺。南北壁宋画说法图各 1 铺，赴会菩萨各 3 身。东壁门上残存毗沙门天王 1 铺，门北画北方天王 1 铺，南上角五代画一佛、二弟子，门南画南方天王 1 铺，北上角五代画观音立像 1 身。在前室门南天王壁画下部有一则光化三年（900 年）的游人题记，说明至少在公元 900 年时此窟已无人管理，任人随意题写了。前室至主室间的后甬道高 2.5 米，长 1 米，宽 1 米。顶残存宋画宝盖，南侧存六臂观音 1 身，北侧存观音像（残）。甬道南北壁宋画观音立像各 1 身。

主室顶被毁，四壁高 3.2 米，宽 5.9 米，进深 6.2 米。北、西、南披下残存唐画千佛。中心佛坛上存清修趺坐佛 1 身。东壁绘卢舍那佛及八大菩萨，北侧残，南侧画药师佛 1 身。南壁绘观无量寿经变，东端画大势至 1 身，西端画观音菩萨 1 身；下部宋画男供养人像 6 身。北壁画弥勒经变，在经变两侧各有菩萨立像 1 身；西端下部宋画女供养人像 4 身。西壁门南画普贤变 1 铺，下部宋画男供养人像 8 身；门北画文殊变 1 铺，下部宋画女供养人像 9 身。

本窟壁画是榆林窟唐代壁画保存最完整、艺术水平最高者。南壁的观无量寿经变中央是西方净土图，其以华丽的宫殿楼阁表现佛国世界，也反映了豪华壮丽的盛唐宫殿景象，中央靠下部画出 1 组乐舞图。净土图两边以条幅的形式分别画出十六观和未生怨的故事。西侧的未生怨故事，采用盛唐以来

图 70 榆林窟第 25 窟 平剖面图

流行的条幅式连环画形式自下而上表现故事情节。其中最后的情节表现国王先前曾因急欲求子而杀死山中修行者的场面，这是莫高窟盛唐诸窟同一题材中没有画过的。北壁的弥勒经变除了在中央画出弥勒说法的场面外，还画出了不少当时社会生活的场面。如耕获图，真实地反映了唐代农业生产的过程；嫁娶图，表现汉藏人民通婚、和睦相处的状况。文殊变和普贤变着重刻画菩萨神情与姿态。如文殊变中，文殊乘狮子，手执如意，表情安详。左右各有 1 身菩萨持幡，后面仅 1 身菩萨跟随，她们意态恭谨，嘴角露出会心的微笑。下面的昆仑奴两腿叉开，双手紧拉缰绳，正奋力牵住桀骜不驯的狮子。昆仑奴与狮子各自努力的情景与徐徐行进的菩萨平和的神情构成了鲜明的对比。

本窟壁画在线描造型、空间构图、色彩应用等方面达到了较高的水平，是中唐时期难得的艺术佳作。

第 15 窟

位于榆林窟东崖上层。建于中唐，宋、西夏、元、清重修。分前后室。前室东壁门上部开一盝顶小龛，门两侧设像坛。主室为覆斗顶窟，中央设佛坛。

前甬道顶被毁，长 3.8 米，宽 1.3 米，高 2.6 米。南壁西侧唐画吐蕃装男伎乐 3 身，东侧地藏 1 铺为后代重绘。北壁西侧唐画吐蕃装男伎乐 3 身，东侧中唐画像及发愿文 1 方。

前室东侧高 3 米，西侧高 2.7 米，进深 2.1 米，宽 4.8 米。顶中部被毁，两侧各存唐画伎乐飞天 1

图 71 榆林窟第 15 窟 前室南壁 天王

身。东壁门上有小龛，龛南侧有西夏国庆五年（1074 年）发愿文 1 方，龛北侧有元代至正十三年（1353 年）《重修榆林窟千佛寺记》。门南上部唐画菩萨 1 身、地藏 1 身，下部为天王 1 身、菩萨 2 身。门北上部唐画菩萨 1 身，下部为天王 1 身、菩萨 2 身。南北壁分别为唐画天王各 1 铺。西壁门南唐画普贤变 1 铺，门北唐画文殊变 1 铺遭烟熏、粉刷。

后甬道为西夏重修的盝顶形，高 1.8 米，长 1.05 米，宽 1.05 米。顶部画火焰宝珠，两披及甬道南北壁为西夏画折枝花。

主室窟顶藻井中心被毁，四壁高 2.85 米，进深 5.7 米，宽 5.53 米。宋画边饰垂幔铺于四披，下画飞天一周，东披中间残存菩提宝盖和项光。中心佛坛上存清塑 1 铺 7 身。东壁中央宋画火焰纹背光、莲座，两侧所画垂幔下各为佛弟子 1 身、赴会菩萨 2 身，北侧下存壶门供宝 4 个。南北壁垂幔下宋画赴会菩萨各 10 身，南壁下存壶门 9 个，北壁下存壶门 11 个。西壁门上宋画被粉刷，门南宋画文殊变 1 铺，下存壶门（漫漶），门北宋画普贤变 1 铺，下存壶门 4 个。

本窟前室壁画风格与第 25 窟完全一致，是中唐壁画的代表。前室南壁的东方天王，身着铠甲，双目圆睁，一手持箭待发，表现出一个将军的威武气魄。窟顶的飞天或手持凤首箜篌，或吹奏横笛，悠然而下，别有情趣。设色浅淡，线描流畅。

第 36 窟

位于榆林窟西崖。建于唐代，经五代、宋、清重修。有前后室。主室平面为方形，中央设方形佛坛，覆斗形顶。前室为一面披顶，清代于南北壁各设像台。

前甬道高 2.4 米，长 3.2 米，宽 1.8 米。无壁画。

前室高 3.2 米，进深 2.15 米，宽 6 米。顶宋画说法图 3 铺（多脱落）。西壁上部画垂幔，中央门上部有榜题 1 方，南侧存唐画红日与一夫人、二侍女，北侧存唐画月亮与一夫人、二侍女。门南画赴会佛像 2 组，其下为男供养人 1 身、侍从 3 身；门北垂幔下为菩萨 2 身、侍女 4 身。南壁五代画毗沙门天王 1 铺，下为五壶门供宝。东壁门南晚唐画法华经变 1 铺，下为五壶门供宝；门北晚唐画弥勒经变 1 铺，下为四壶门供宝。

后甬道为平顶，高 2.3 米，宽 1.1 米，长 1.75 米。甬道南壁画曹元忠与子延禄供养像，下为四壶门供宝。甬道北壁画凉国夫人翟氏与女延鼐供养像，下为四壶门供宝。

主室四壁高 3.3 米，进深 6.4 米，宽 6.4 米。中心佛坛上清塑 1 铺 7 身。窟顶藻井大部已被毁，存五代绘边饰垂幔。四披上部绘伎乐飞天各 3 身，下部绘千佛，中央绘说法图各 1 铺（西、南、北披残）。西壁五代绘说法图 1 铺（残），南壁东起五代画如意轮观音、千手千眼观音、药师经变各 1 铺，其下存屏风画 9 幅（扇）。北壁东起五代画不空绢索观音、观音经变、西方净土变各 1 铺，其下存屏风画 3 幅（扇）。东壁门上五代画说法图 1 铺；门南画文殊变 1 铺，下为男供养人 9 身；门北画普贤变 1 铺，下为供养比丘尼 2 身、女供养人 11 身。南北壁下部的屏风画连续表现佛传故事，情节丰富，表现细腻。

图 72 榆林窟第 32 窟 内景 五代

第 32 窟

位于榆林窟西崖南端。建于五代，清代重修。前室崩毁。主室平面为方形，覆斗形顶，中央设佛坛，坛上五代塑莲台上存趺坐佛 1 身(局部清修)。

甬道高 2.3 米，长 1.3 米，宽 1.4 米。北壁存女供养人 2 身，南壁存男供养人 2 身。

主室四壁高 2.95 米，进深 6.2 米，宽 6.6 米。窟顶藻井井心被毁，残存西南角莲花纹图案局部。四披各画伎乐飞天 2 身，其下画千佛，千佛中央画多宝塔各 1 铺。顶东南隅画月光明如来，东北隅画日光明如来，西南隅画婆薮仙(残)，西北隅画北方天王(残)。

西壁画梵网经变 1 铺，下部画壸门供宝 16 个。南壁画劳度叉斗圣变 1 铺，西侧凿一穿道，下存壸门供宝 12 个，东端存供养人像 4 身。北壁画维摩诘经变 1 铺，东侧凿一穿道，下残存壸门供宝 14 个。东壁门上画一佛、二菩萨；门南上画文殊变 1 铺，下为供养比丘 4 身、男供养人 4 身、女供养人 4 身；门北上画普贤变 1 铺，下为供养比丘尼 5 身、女供养人 7 身。

本窟的梵网经变是这一时期新出现的经变。《梵网经》属于密宗经典，内容主要是宣传佛教的戒律。敦煌遗书中有《梵网经》79 卷。现存的梵网经变共有 3 铺，分别绘于莫高窟第 454、456 窟和榆林窟第 32 窟，内容都是据后秦鸠摩罗什所译《梵网经卢舍那佛说菩萨心地戒品》绘制。榆林窟第 32 窟画得最为完备。画面中央，卢舍那佛坐在莲台上说法，台座莲花每一瓣中都有 1 个坐佛。周围有天龙八部等众神听法。两侧以山为背景，分三层布局：上层画释迦为比丘、王者、王后等说戒，现存有 11 组。中层画僧人须遵守的“十重戒和四十八轻戒”（十重戒为：杀、盗、淫、妄语、酤酒、说四众过、自赞毁他、悭惜加毁、心不受悔、谤三宝戒）。如酤酒戒，画一人坐在凳子上，旁有一只手拉他的肠子。自赞毁他戒，画一人坐着，用刀割自己的舌头，旁有一人端着盘子。其通过剜眼、割鼻、截舌等场面，表示宁受上述之苦也不贪恋色、声、香、味等犯戒的事。下层画帝释、梵天、僧众、善男信女、国王、西域各国国王与王子以及禽兽六畜前来听法的场面。

本窟的维摩诘经变，左侧坐维摩诘居士，右侧是文殊菩萨，中央为见阿閦佛品中的须弥山和天梯，周围穿插画出香积品、方便品等内容。把须弥山画在中央突出的位置上，显然是借鉴了净土变的结构，这种布局与莫高窟历代的维摩变都不同。维摩变的上方城垣外左侧，画两人正在专心致志地下棋，维摩诘在旁观看，表现了经中方便品中所讲的维摩诘入酒肆、赌博场所劝化众生的故事情节。这幅画也反映了古代弈棋的情况，在我国体育史上具有重要意义。城垣外右侧画挤奶图（弟子品），表现阿难乞乳的场景。画中一牧女正在挤牛奶，极富于生活情趣。

第 33 窟

位于榆林窟西崖南部。建于五代，清代重修。有前后室。前室为一面披顶；主室平面为方形，设中央佛坛，覆斗形顶。

前室高 3.45 米，进深 2.1 米，宽 5.1 米。顶残，存坐佛 1 身。前室西壁门上存愿文榜题 1 方（残），北侧存坐佛 3 身，南侧存坐佛 2 身；门北画菩萨 2 身、男供养人 1 身。北壁画天王 1 铺，下部凿一穿道。

甬道高 2.25 米，长 1.25 米，宽 1.25 米。平顶残存孔雀明王 1 铺。南壁画曹元忠父子供养像（漫漶），北壁画曹元忠夫人翟氏与长女供养像及三侍女（下部漫漶）。

主室四壁高 3.25 米，进深 6.35 米，宽 6.4 米。窟顶藻井井心被毁，四披垂幔下各画伎乐飞天 3 身，下画千佛，千佛中间画说法图各 1 铺。中心佛坛上清塑趺坐佛 1 身。西壁画说法图 1 铺，下为壶门供宝 11 个。南壁东侧画药师经变 1 铺；西侧上部画佛教史迹画 1 铺，下部画瑞像 1 排，其中凿一穿道，瑞像存 13 身。南壁下存男供养人像 23 身、优婆夷供养像 5 身、女供养人像 21 身。北壁东侧画西方净土变 1 铺，西侧画佛传 1 铺，下画男供养人 18 身、女供养人像 33 身。东壁上画地狱变 1 铺；门南画四龙王赴会 1 铺，下画比丘供养像 6 身；门北画四龙王赴会 1 铺，下画法师供养像 3 身、男供养人像 11 身。

本窟的降魔变与莫高窟的表现方法差别较大，魔王穿中国式服装，魔军着铠甲。画面两侧以条幅的形式画出释迦山中苦修、尼连禅河沐浴、牧女奉乳糜等情节。

地狱变表现地狱的各种恐怖场面，宣扬因果报应，是中国佛教壁画最普遍的题材。本窟的地狱变中，地藏王坐中央，两边绘有阎罗王，周围表现地狱中的种种场面，如下油锅等酷刑，也是敦煌壁画中较少见的独特的壁画。

第12窟

位于榆林窟东崖南端。建于五代，清代重修。有前后室。前室为一面披顶，南北壁各设马蹄形佛坛。主室平面为方形，沿东壁与南北壁后部设马蹄形佛坛，覆斗形顶。

前甬道高2.35米，长3米，宽1.4米。顶画千佛变1铺，南壁画男供养人及侍从共14身，北壁画女供养人像及侍从共9身。

前室东侧高3米，西侧高2.35米，进深2.1米，宽4.85米。顶残存棋格图案，东壁门上画七佛（残存2身），门南北各画药叉5身。南北台上各塑武将1身，壁画分别为天龙八部、神将、菩萨、夜叉。西壁门南北各画梵天、帝释赴会1铺。

后甬道高2.35米，长1.4米，宽1.4米。顶被毁，南壁画男供养人像4身，根据题记可知前面一人为当时的瓜州刺史慕容归盈。北壁画女供养人像5身，前面一人为慕容归盈的夫人曹氏。

主室四壁高3.15米，进深6.3米，宽5.9米。窟顶藻井井心被毁，四披画飞天、千佛，千佛中各画说法图1铺。东、南、北壁佛床上清塑药王像等9身塑像。东壁画十大弟子、八大菩萨、帝释、梵天。南壁西侧画药师经变1铺，下画慕容氏出行图；东侧画梵天、天龙八部、天王神将、夜叉。北壁西侧画西方净土变1铺，下画慕容夫人曹氏出行图；东侧画帝释、天龙八部、天王神将、夜叉、壶门。西壁门上存发愿文1方，南侧画观音坐像1身，北侧画地藏坐像1身；门南画文殊变1铺，下画慕容氏出行图（漫漶）；门北画普贤变1铺，下画慕容夫人曹氏出行图（漫漶）。

本窟甬道有慕容归盈及夫人的供养像，主室西壁和南北壁西侧的下部还绘出慕容归盈夫妇出行图。这是榆林窟仅有的两幅出行图。南壁的出行图中有题记："敕受墨厘军诸军事瓜州刺史检校司空……"甬道南壁供养人题记："皇祖检校司空慕容归盈……"甬道北壁的供养人题记为："曹皇妣曹氏一心供养……"由此可知本窟的供养主为五代曹氏归义军时期任瓜州刺史的慕容归盈。出行图完全模仿莫高窟的张议潮出行图而绘制，由于窟主的地位不高，在规模上比不上莫高窟的张议潮和曹议金出行图，人物较少，结构简单。在慕容归盈出行图中，开头二人持旌旗，其次有八骑，再次有二人持物，后面有八人是伎乐。接着一人前导，一人牵马，骑马者即慕容归盈。后面又跟随数骑，其中有三骑执旗。慕容夫人出行图中，有抬肩舆者、拉车者和持物跟从者，真实地反映了一个地方官吏的仪仗和气派。具有重要的历史价值。

第38窟

位于榆林窟西崖北部。始建于唐代，五代、清重修。前室为一面披顶。主室平面为方形，设中心佛坛，覆斗形顶。

前甬道高2.1米，长3.1米，宽1.5米。纵券顶，其上五代画千佛。甬道南壁五代画文殊变，北壁五代画普贤变。

前室西侧高3.1米，东侧高2.7米，进深2.35米，宽5.2米。顶部五代画千手千眼观音1铺，北端存

图 73　榆林窟第 38 窟　内景

部分千佛，南端残。西壁门两侧五代画水月观音各 1 铺，门南为南方天王，门北为北方天王，下存唐画供养人 4 身（漫漶），两侧下部均为壶门供宝。南壁五代画观音经变 1 铺，北壁五代画地藏与十王图 1 铺。南北壁中央都被清代涂土红背光覆盖。东壁门南五代画赴会佛 3 组，其下画观音经变和供养人 2 身；门北五代画赴会佛 3 组，其下画十王厅和女供养人 2 身。

后甬道高 3.4 米，长 1 米，宽 1 米。顶五代画千佛变 1 铺，南壁画男供养人 2 身，北壁画女供养人 2 身。南北壁下部均为壶门供宝。

主室四壁高 3.4 米，进深 6 米，宽 6.1 米。中央佛坛上清塑 1 铺 9 身。窟顶五代画团花藻井，四披画伎乐飞天各 4 身，其下画千佛。西披千佛中央画月光如来 1 铺，南北披千佛中央画坐佛各 1 铺，东披千佛中央画日光如来 1 铺。四壁壁画均为五代所绘。西壁画弥勒经变，下部画壶门供宝 12 个。南壁东起画说法图、药师经变、思益梵天问经变各 1 铺，下部画男供养人 9 身、女供养人 26 身。北壁东起画说法图 1 铺，观无量寿经变、天请问经变各 1 铺，下部画男供养人像 13 身、女供养人像 9 身。东壁门上画五佛，门南北各画四龙王赴会 1 铺，南侧下部画比丘供养像 7 身、男供养人像 3 身，北侧下部画比丘尼 4 身、优婆夷供养像 3 身、男供养人像 2 身。

本窟主室较完整地保存了五代时期统一设计、绘制的壁画，线描和色彩较为清晰，特别是西壁弥勒经变内容丰富，描绘细腻，东壁门两侧龙王赴会图中形象生动，线描简练，设色淡雅，代表了五代榆林窟壁画的风格特点。

第39窟

位于榆林窟西崖最北端，始建于唐代，洞窟型制和布局及大小与第17窟完全一致，其开凿时代与第17、28窟相距不会太远。洞窟前部有较长的甬道。有前后室。前室为一面披顶，南北间各设一像台；后室有中心塔柱。现存彩塑、壁画经回鹘、元、清多次重修；壁画主要为回鹘时代绘制。

前甬道高3.2米，长5.05米，宽1.85米。甬道顶为纵券顶，元代绘瑞像1身。南北壁为回鹘时代壁画。南壁上画伎乐飞天2身，其下分两排，上排为比丘供养像1身、回鹘男供养人像9身；下排为回鹘男供养人像9身。最下部存壶门装饰12个，东端存回鹘男供养人2身及侍从2身。北壁上画伎乐飞天2身，其下分两排，上排画比丘尼1身、回鹘女供养人像10身及儿童5身；下排画比丘尼3身、回鹘女供养人像12身及儿童1身。最下部为壶门装饰12个，东端有唐画残迹。

前室东侧高3.45米，西侧高4.1米，进深3.55米，宽9.25米。顶部存说法图1铺。西壁上部画千佛，门南北侧各画药师佛1铺，下部画壶门装饰10个。南壁上部画双飞天，其下画说法图1铺，下部画壶门装饰9个，壁前台上清塑骑狮文殊菩萨1铺3身。北壁上部画双飞天，其下画说法图1铺，下部画壶门装饰7个，北壁台上清塑普贤菩萨1铺3身。东壁上部画彩云垂幔，其下门南北画赴会菩萨各4身，下画壶门装饰各7个。

后甬道高3.2米，长1.9米，宽1.8米。顶画说法图1铺，南北壁画千手观音各1铺，其下画壶门装饰各4个。

主室高4.2米，进深11.7米，宽9.65米。中心柱东向面龛内清塑一佛、二菩萨，回鹘画菩提宝盖、火焰纹背光及项光，上部画二飞天。龛外两侧画菩萨2身，龛下画四壶门装饰。南向面龛内清塑一佛、二弟子，回鹘画菩提树及背光、项光图案。龛外两侧画弟子2身，龛画壶门装饰。西向面龛内清塑立佛1身，回鹘画金翅鸟、火焰纹背光、项光及云朵。龛外两侧画花树。北向面龛内清塑一佛、二菩萨，回鹘画菩提树与云朵，火焰纹背光、项光及花枝等。龛外两侧画弟子2身，龛下画壶门装饰。

四壁壁画均为回鹘风格，南壁东侧画三身佛1铺，下部画八壶门装饰，西侧画罗汉3身、供养比丘1身。西壁残存回鹘画花树、罗汉。北壁东侧画三身佛1铺，下部画八壶门装饰，西侧存罗汉2身、供养比丘1身。东壁门南北画儒童本生各1铺，下画壶门装饰。

本窟壁画反映了敦煌艺术中较为独特的回鹘壁画的风格特征，其中十六罗汉和儒童本生的题材也是敦煌石窟历代壁画中较为少见的。

第29窟

位于榆林窟东崖北端。大体坐北朝南。建于西夏，元、清重修。在另一个洞窟曾发现有西夏乾祐十四年（1184年）甘州画师那征到榆林窟画“秘密堂”的题记。据考证，“秘密堂”即第29窟，完成于1184

年左右，这是可以考证出明确年代的西夏洞窟。

本窟型制为方形覆斗顶窟，设圆锥形中心佛坛。主室高2.5米，进深5.85米，宽5.8米。藻井井心元代补画墨书梵文。边饰垂幔铺于四披，四披画千佛。中心佛坛元代砌成的5层圆坛上存清塑佛1铺5身。北壁中央画说法图1铺，两侧画水月观音各1铺。东壁中央画文殊变1铺，北侧画药师经变，南侧画金刚曼荼罗1铺，下画男供养人（残）。西壁中央画普贤变1铺（残），北侧画净土变，南侧画金刚曼荼罗1铺，下画女供养人（残）。文殊变与普贤变中人物不多，背景为水墨山水，表现单调，但人物的描绘非常自然、生动。药师经变不像唐代的经变那样以丰富的楼阁建筑来表现净土世界，而是简单地画了一些平台栏杆，以人物为主，造型上多受密宗的影响。南壁门东上部画国师像1铺，一高僧拈花坐于高台，身后童仆举伞盖，其余和尚都在下面合十供养，旁有西夏文题记，汉文意为“真义国师西壁智海”。国师是西夏国王授予的最高佛教职衔。智海像后是西夏武官供养像，头戴金贴起云缕冠，身穿圆领窄袖紫旋襕，腰束长带垂于腹前，腰着护髀，脚蹬乌靴。由供养人题记可知，此窟为西夏瓜州通判赵祖玉一家出资修建。西夏供养人身材魁梧，面相丰圆。与史书所记元昊“圆面高准，身躯高大”特征相似，说明统治者的审美标准常常影响到全国。在国师像下部有男供养人像4身、侍者3身，再往下画男

图74 榆林窟第29窟 西壁 男供养人 西夏

供养人像8身。南壁门西上画僧人1铺、女供养人像3身、侍女2身，下部画供养比丘1身、女供养人像6身。

本窟供养人画像对于我们认识西夏时代的人物形象、服饰等方面具有很重要的价值。在艺术上，壁画用色很淡，水墨为主，形成清雅的风格。壁画尤以线描造型见长，人物的表情、动态及衣纹都处理得非常成功。

第3窟

位于榆林窟东崖下层北侧。建于西夏，元、清重修。平面为长方形，窟顶为浅穹隆顶。窟中央偏后设八角形三级曼荼罗（坛城），高0.56米，上存清塑数身。窟四壁下部清代环砌双层台基。

甬道高4.15米，长1.2米，宽1.4米。南壁上部存女供养人像3身，下部存元代画女供养人像5身。北壁上部存男供养人像4身，下部存元代画供养人像5身（1身残）。

主室四壁高7.65米，进深4.8米，宽4.8米。窟顶中心为金刚界五方佛曼荼罗，四周画边饰、璎珞垂幔及千佛。东壁中央绘八塔变，南侧绘五十一面千手千眼观音变，北侧绘十一面千手千眼观音变；南壁中央绘观无量寿经变，两边分别绘金刚曼荼罗和五方佛曼荼罗；北壁中央绘净土变，两边分别绘五方佛曼荼罗和观音曼荼罗；西壁门上绘维摩诘经变（残），门南普贤变、门北文殊变。

本窟的特点在于显密结合而又以密宗为主。其中东壁南侧的千手千眼观音经变较独特，51个头像垒叠如塔，千手自观音背后伸出，如圆光辐射，每手有一眼。佛经上所记的千手千眼观音持物手为41只，而这里所画的器物有140件。除了经中所记外，还增加了牛耕手、冶铁手、酿酒手、百戏手等。经变图通过观音的手，展示了古代的很多生活资料和生动的生活场面，如丰富的乐器筝、拍板、排箫、琵琶、胡琴、凤首箜篌、方响、扁鼓、腰鼓等。其中胡琴是世界上现存最早的拉弦乐器图像，研究者认为胡琴是拉弦乐器的始祖。另外如扁鼓、凤首箜篌等，也非常独特，前者属于古代民间乐器，后者变过去那种三角形结构为四方形，并具有一个共鸣箱，反映出古代乐器的发展演变。又有古代生产工具铲、锯、曲尺、墨斗、双尾船、铁剪等等。此外，还有耕作、打铁、酿酒、商旅、杂技表演等场面。东壁北侧的十一面千手千眼观音经变中，也画了乐器等图像。

八塔变以八塔形式表现佛本行故事。据《八大灵塔名号经》，八塔包括兰毗尼园佛降生处、尼连禅河畔成道处、鹿野苑初转法轮处、祇陀给孤独园现神通处、曲女城为母说法处、耆阇崛山说《法华》等大乘法处、毗耶离城维摩诘示疾处和跋提河畔娑罗树林涅槃处。本窟的八塔变，中央画一大塔，表现降魔内容，两侧各画六塔，可以辨识的内容有释迦降生、指天指地、猕猴奉蜜、降魔成道等。表现降魔内容的中央大塔，塔刹饰以华丽的莲花，这种形式与莫高窟附近成城湾现存的宋代花塔一致，可见是有现实依据的。

本窟西壁门北侧绘文殊变，文殊菩萨与侍从缓缓行走于云雾之间，上部画的是文殊道场五台山，山势雄伟而又有神秘的气氛。门南侧绘普贤变，普贤菩萨与侍从也处在山水背景中。普贤菩萨左侧的岸边，有一和尚双手合十向菩萨礼拜，和尚身后有位猴脸人牵着马。这是在表现唐僧取经的故事情节，

图75 榆林窟第3窟 西壁 普贤变

猴脸者即猴行者(后来小说中的孙悟空)。唐僧取经的故事唐末以后就流传很广,宋代欧阳修曾记载,扬州寿宁寺经藏院有"玄奘取经图一壁独存,尤为绝笔",本窟壁画是现存时代最早的唐僧取经图。文殊变与普贤变中人物众多,其线描尤精,所绘人物颇得李公麟画风精髓。背景山水反映了宋代山水画的最新成果,是不可多得的古代山水壁画佳作。

窟顶藏密内容的金刚界曼荼罗,其明王像头大、身长、腿短、圆眼、龇齿,做愤怒状。奉无量寿佛降魔,是当时典型的藏画风格。北壁曼荼罗中的供养菩萨像丰乳细腰,头戴花冠,颈饰花环,一手举攀树枝,在蓝色光环中扭腰投足,婆娑起舞,人物造型及绘画表现手法,颇有尼泊尔及印度艺术之风,为敦煌石窟中所仅见。

第 2 窟

位于榆林窟东崖下层。建于西夏,元、清重修。平面为方形,覆斗形顶,中心设佛坛。佛坛进深 3.05 米,宽 3.85 米。佛坛上存清塑文殊菩萨及侍从 1 铺 7 身。

甬道高 2.84 米,长 2.16 米,宽 2.2 米。甬道顶绘说法图 1 铺,南北壁各有炽盛光佛 1 铺(模糊)。

主室四壁高 3.15 米,进深 6.52 米,宽 5.85 米。窟顶藻井画盘龙井心,璎珞垂幔铺于四披,下画千佛 2 排(元代补绘数身)。藻井图案十分丰富,团龙井心向外画出一层层华丽的图案,包括回纹、连珠纹、卷草纹、菱形花纹、团花纹等等,色彩绚丽,造型别致。东壁上沿画垂幔,中央画文殊变 1 铺,文殊上部画有涅槃场面;南北两侧各有 1 铺说法图。在文殊变与说法图之间及正壁两边共有 4 幅条幅式画面。这些画面的具体内容及其佛经依据目前尚不清楚,有人认为是观音救苦救难的场面。南北两壁各画说法图 3 铺,从听法的菩萨和天龙八部众神的形象及服饰看,具有西夏人物的明显特征。西壁门南北侧各画水月观音 1 铺,下部画西夏供养人的画像,并有西夏文题记。南侧的水月观音娴雅地坐在一片岩石上,身后的岩间伸出几枝嫩竹,天空飘着彩云,两只青鸟自由飞翔。下面碧波荡漾的绿水中生出两枝红莲。这优雅的环境衬托出观音菩萨庄严、恬静而又不乏温婉的情怀。画家以华丽的金色染出观音的形象,在青绿色的映衬下,显得高贵而富丽。北侧的水月观音与南侧相对称,也坐在一片岩石上,身后有竹树环合,下面是流水淙淙,一弯新月升在天空,显得空旷、静谧。画面右下角绘唐僧取经图,一僧人正向观音双手合十,后面一猴行者牵马。

第 10 窟

位于榆林窟东崖下层南部。建于西夏,元、清重修。

甬道高 2.6 米,长 2.25 米,宽 2.1 米。甬道平顶画花鸟联泉纹图案,中央画圆形的双凤追翔。南壁东侧元画佛传 1 铺,西侧画六臂金刚 1 铺。北壁东侧元画大日如来 1 铺,露出底层西夏画经变部分,西侧存元画六臂观音。

主室平面为方形,中央设佛坛,西壁南北侧各存清代砌台,窟顶为覆斗形顶。主室长宽各为 6.2 米,四壁高 3 米。窟顶西夏画藻井图案,中央为九佛,象征九品往生内容,是九品曼荼罗的简化形式。中央为上品上生阿弥陀佛，周围的八佛形成八瓣莲花形，象征八叶莲台。藻井周围四披的图案极为丰富、精美，计有回纹、连珠纹、卷草鸟兽纹、连续龟甲纹、轮形纹、垂角纹等。最外层为赴会佛、伎乐飞天等。画家把“天”、“王”等字变化成为图案，极富创意。在卷草中着意刻画象、狮、飞马、凤鸟等形象，生动有趣。东披下沿绘五佛赴会4组。南披下沿东西两端分别画一献花飞天、一迦陵频伽鸟及珠宝、彩云、花枝等。西披下沿绘伎乐飞天9身及珠宝、彩云。这些伎乐飞天悠然自得地弹奏乐器，造型生动。其在线条处理、色彩应用等方面都达到了很高的水平。

本窟四壁壁画被全部铲除，有可能是计划在铲除原有壁画后重绘新画，但未能完工。残存的窟顶壁画为西夏所绘。甬道南壁元代的佛传故事画共画出30多个情节，内容丰富，造型别致。

第4窟

位于榆林窟东崖下层北侧。建于元代，清代重修。

主室平面为方形，中央设佛坛，高0.75米，佛坛上清塑1铺9身。四壁高4.2米，进深6.68米，宽5.72米。覆斗形顶。窟顶画九佛藻井（大部残毁），东壁中央画曼荼罗1铺，两侧为经变画各1铺；南壁东起画白度母、观音曼荼罗、说法图各1铺；北壁东起画灵鹫山说法图、曼荼罗、绿度母各1铺；西壁门南画普贤变1铺，其下画男供养人1身、女供养人3身，门北画文殊变1铺，其下画男供养人5身。从内容和表现形式上看完全属于藏传密教，注重色彩，善于利用强烈的对比色，造成一种神秘的宗教气氛。人物形象的刻画，比例准确，强调动态，线描精细、严谨。西壁门两侧的文殊变与普贤变背景为青绿山水，与唐代敦煌壁画中的青绿山水完全不同，是元代新的山水画风格。

第四节　东千佛洞

东千佛洞位于瓜州县城东南90余公里之处（距桥子乡东南约30公里），开凿在峡谷河床两岸断崖上。河水由南向北流，但早已干涸。河床宽约百余米。河滩上生长有骆驼刺、红柳等耐旱植物。该处地质稍异于敦煌莫高窟、瓜州（原安西）榆林窟，虽仍属玉门系砾石结构，但质地疏松，且多为黄粘土夹白垩土成分的土质。

东千佛洞，又名“接引寺”。在瓜州，习惯上称榆林窟为西千佛洞，此即为东千佛洞，皆因位置相对而得名。东千佛洞大约开凿于西夏时期，是一个藏传密宗内容占相当成分的佛教石窟群。该处现有洞窟23个（包括未编号的残窟14个），西崖14个洞窟分上下两层，上层8个，下层6个，其中有5个洞窟尚存塑像、壁画，已编号为1、2、3、4、5；东崖9个洞窟分上下两层，上层6个，下层3个，其中有4个洞窟尚存塑像、壁画，已编号为6、7、8、9。

两崖的洞窟集中在南北长约200米的范围内，崖面坡度较大，都可以直接沿斜坡进出洞窟。

洞窟型制大体可分为两大类：一是窟室平面呈长方形，然后由正壁将其分为前后两部分。前部平面多呈正方形，窟顶为覆斗形顶或穹隆顶；后部平面略呈横长方形，是由正壁两侧向里凿成马蹄形通

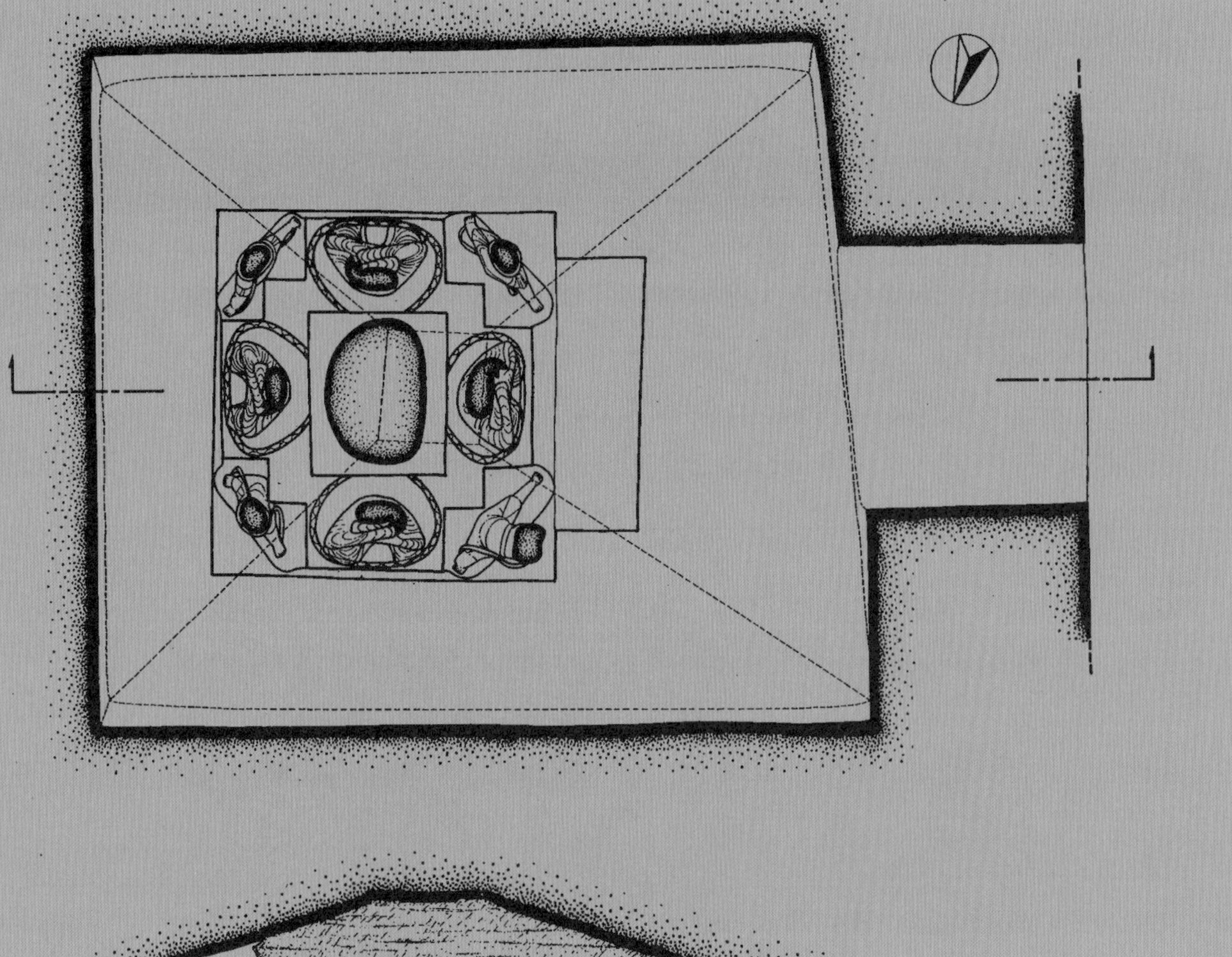

图 76　榆林窟第 4 窟　平剖面图

图 77　东千佛洞　外景

道(甬道),即后部由左、右甬道和后甬道构成。这类洞窟有第 2、4、5、7 窟。二是窟室平面略呈正方形或椭圆形,窟顶为穹隆顶或平顶、覆斗形顶,这类洞窟情况不一,如第 1 窟平面呈椭圆形,第 3 窟曾有前室,第 8 窟左右有耳室,第 6、9 窟情况亦有差异。其余 14 个残龛因未测绘,型制不明。

现编第 3、5、7、8 号窟的窟前原来都有窟檐建筑,但这些木构建筑物已被拆迁,材料已作他用。

东千佛洞现存塑像和壁画主要为西夏、元代和清代、民国风格,其中塑像多为清代、民国改妆。由于东千佛洞没有留下碑帖文字资料记载,游人题记也很少,且多为清代以后所题,所以只能依据现存石窟所具有的艺术特点、风格和内容,然后与相邻的榆林窟、莫高窟中的情况进行比较来推断其时代。

东千佛洞第 2、4、5、7 窟中的壁画,所表现的曼荼罗藻井、八臂观音、水月观音、如意轮观音、金刚菩萨,以及说法图、佛坛上的束腰莲花座等,既与瓜州榆林窟第 2、3、29 窟等西夏窟有密切的关系,也与敦煌莫高窟第 465 窟颇多类似之处。第 6 窟南北二壁所绘的文殊变与普贤变等壁画,其风格特征也与榆林窟第 3、4、27 窟等元代窟中壁画相似。第 3 窟有学者认为是清代窟,也有学者认为是元代窟。第 1、8、9 窟是清代窟,而实际上有些塑、绘可能是民国时期所为。

总体而论,东千佛洞保存了西夏、元代、清代以及民国时期的石窟艺术,就西夏石窟和元代石窟而言，佛教密宗的内容在这里得到了较多的系统性的表现，其壁画的绘制水平和艺术价值都很高，特别是密宗内容的繁多，与榆林窟一起可补敦煌佛教密宗艺术之不足。而清代、民国时期的石窟，艺术水平虽然较差，但于研究近代民间宗教信仰和全面了解中国美术发展史仍大有裨益。

东千佛洞于1993年3月29日被甘肃省人民政府公布为第五批省级文物保护单位；1996年11月20日被国务院公布并列入第四批全国重点文物保护单位（归入榆林窟）。

第1窟

位于西崖下层。坐西向东。大约开凿于清代时期。

甬道宽约0.3米，深约0.5米。窟室平面为椭圆形顶，四壁为圆弧，整个窟形如立着的半截蛋壳形式。窟窄小，直径约1.5米，高约2米。

窟室正壁（西壁）前面有一长方形佛坛，佛坛上清塑佛像1身、弟子2身（残）。

窟顶壁画多已被毁，残存部分为圆形华盖（似为元代所绘）。四周边绘菱形图案纹饰，其下绘垂幔纹饰。

窟室四壁下部壁画颜色已全部脱落。

第2窟

位于西崖下层。坐西向东（北偏东45°）。开凿于西夏时期，是东千佛洞中规模最大、内容最为丰富的洞窟。

前甬道宽1.7米～1.9米，进深2.01米。窟室平面呈长方形，宽5.98米～6.6米，进深9.32米，高约7.5米。窟室由西壁分为前后两部分，前部深5.83米，略呈正方形，窟顶为覆斗形顶；西壁前有佛台，长4.01米，宽1.51米，高0.86米；南北二壁前也有佛台，各长2.4米，宽1.1米，高0.8米。后部南北甬道各宽1.19米，高3米，深3.49米；后甬道宽2.1米，高3米，长5.98米，均为平顶。

前甬道顶部绘单凤、双龙与莲花等图案；南壁上绘垂幔，下绘男供养人1排（存4身，并已漫漶），

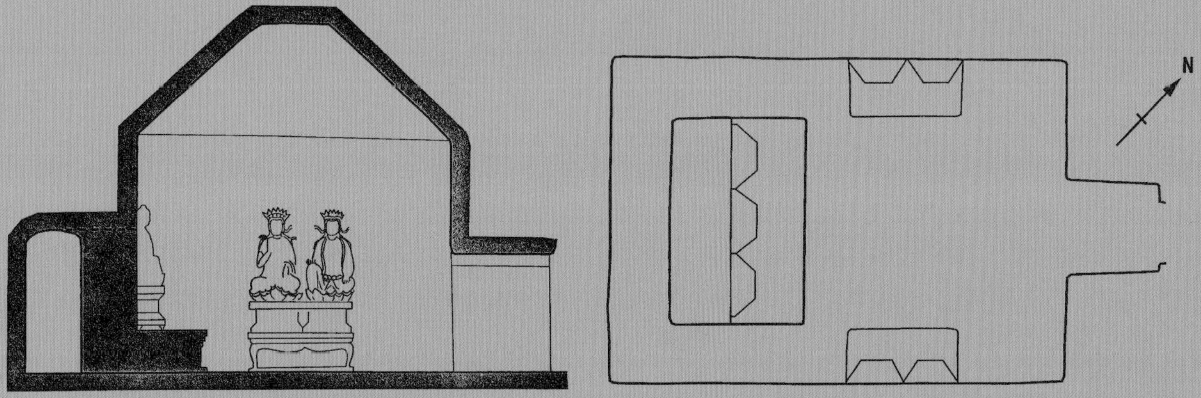

图78　东千佛洞第2窟　平剖面图

图 79 东千佛洞第 2 窟 十一面八臂观音变

据前人20世纪80年代调查，当时在西起第1身男供养人旁有西夏文题记2行6字，又有学者调查为“右壁第3身2行14字，其中6字尚清楚”；北壁上绘垂幔，下绘女供养人1排6身（已漫漶）。

窟室前部窟顶藻井绘曼荼罗；四披绘图案、趺坐佛、说法图等，约近半面积已残毁。西壁前面佛台上设3个束腰莲花座（形同榆林窟第3窟东壁佛坛上的束腰莲花座），上各塑趺坐佛1身，肉身金色，着红色袈裟，塑像完好，似为清代改妆过。南北壁前面的佛坛上各设2个束腰莲花座，座上各塑跏趺坐菩萨1身、单跏坐菩萨1身，为清代所塑。

窟室前部西壁宽6.39米，高5米。中间2幅壁画内各绘坐佛8身，两侧南北甬道口上方各绘一布袋和尚。南壁宽5.83米，高5米。东侧绘十一面八臂观音变1铺，西侧绘药师经变1铺。北壁宽5.83米，高5米。东侧绘八臂观音变1铺，西侧绘西方净土变1铺。东壁宽6.6米（其中甬道宽1.9米，门北、门南各宽2.35米），高5米。门上绘坐佛1排14身，门北绘十一面八臂观音变，门南绘四臂观音变。

窟室后部南甬道顶部绘坐佛、卷草、莲花等图案，南壁绘水月观音1铺，北壁绘菩萨与菩提树等。北甬道顶部绘坐佛、卷草、莲花等图案，北壁绘水月观音1铺，南壁绘菩萨与菩提树等。后甬道顶部绘坐佛、卷草、莲花等图案；西壁中间绘说法图1铺，南北两侧各绘药师佛1铺；东壁绘涅槃变1铺。

第2窟中最引人关注的是后部南北甬道壁画中的两幅水月观音图，图中观音悠然自若地端坐在金刚宝座上凝思遐想，身边彩云环绕，山后数根翠竹点缀出仙山圣地的清静；金刚宝石座前流水潺潺，远方天际高挂一钩弯月，隔水岸边，玄奘披赭红袈裟，面对滚滚激流，合十敬礼；随行的猴行者人身猴面，披发露齿，头戴金环，腰束带，脚穿麻鞋，一手牵白马，一手举至额头做眺望状（北壁持金环锡杖者）；又有一组神灵于云中护卫玄奘西行，云中神灵身着帝王装，头戴通天冠，脚穿云头履，手捧香炉，侧有天女举宝伞，后有侍从持彩旗。如将以上几组内容与榆林窟西夏第2、3、29窟中的玄奘取经图仔细比较，就会发现东千佛洞的水月观音图中的玄奘取经，不是插曲，而是整幅图所想表现的主题，这是值得区分和注意的。同时，整个画面中的人物、山水和谐，壁画中的色彩和线描极为严谨工细，堪称西夏壁画中的精品佳作。

第3窟

位于西崖上层。坐西向东。大约开凿于元代或清代时期。

前室顶被毁，宽2.9米。主室为平顶，平面呈正方形，宽2.7米，进深2.6米，高约3米。正壁（西壁）开一龛。

前室南北两壁系用土坯砌成，皆有近代所绘天王、力士各1身（残）。

甬道顶部有近代所绘图案纹饰，南北两壁无壁画。

主室正壁（西壁）龛内浮塑舟形火焰背光，内塑立佛像1身；龛外北侧塑菩萨1身（残），龛外南侧塑菩萨1身（被毁）。

第 4 窟

位于西崖上层。坐西向东。开凿于西夏时期。其西壁龛内画高僧像为主尊。本窟为纪念某一高僧的影窟。

窟室平面呈长方形，宽 3.9 米，进深 6.9 米，高约 3.1 米。窟室由西壁分为前后两部分，前部深 3.5 米，略呈正方形，窟顶为穹隆顶。后部南北甬道各宽 0.9 米，高 1.8 米，深 3.4 米；后甬道宽 0.9 米，高 1.8 米，长 1.8 米。

窟室前部窟顶西披残存项光壁画，项光两侧残存孔雀衔花纹饰。

窟室前部西壁宽 3.9 米，高 2.5 米，中间塔形龛内西壁绘一高僧。南壁宽 3.5 米，高 2.5 米，绘文殊变、十一面观音。北壁、东壁皆被毁。

窟室后部南甬道顶部绘立佛像 1 身，着红色僧衣；南北壁各绘观音 1 铺（残）。北甬道顶部绘立佛像 1 身，着红色僧衣；南北壁各绘曼陀罗 1 铺。后甬道顶部及东西两壁的壁画全被毁。

第 5 窟

位于西崖上层。坐西向东（北偏东 35°）。开凿于西夏时期。是东千佛洞中融汇佛教显密两宗的典型洞窟。

窟室平面呈长方形，宽 6.48 ~ 6.8 米，进深 8.96 米，高约 3 米。窟室由西壁分为前后两部分，前部深 5.79 米，略呈正方形，窟顶为穹隆顶；西壁前有佛坛（台），南北长 4.16 米，东西宽 2.55 米，高 0.32 米。后部南北甬道各宽 1.16 米，高 2.3 米，深 3.17 米；后甬道宽 0.98 米，高 2.3 米，长 6.48 米。

窟室前部窟顶西披残存飞天 2 身，东披存趺坐菩萨、比丘各 1 身，南、西、北披残存垂幔纹饰。

窟室前部西壁宽 4.16 米，高 2.53 米。中间佛龛宽 1.2 米，高 2.2 米，深 0.4 米。佛龛外南北两侧残存佛教故事画。南壁宽 5.79 米，高 2.53 米。东起绘文殊变、八臂观音、如意轮观音、十王变各 1 铺。北壁宽 5.79 米，高 2.53 米。东起绘普贤变、绿度母、八塔变、十王变各 1 铺。东壁宽 6.64 米（其中窟门宽 1 米，门北、门南各宽 2.82 米），高 2.53 米。门北北侧上部绘坐佛 6 身，北侧中部绘四瓣莲花，上瓣内绘

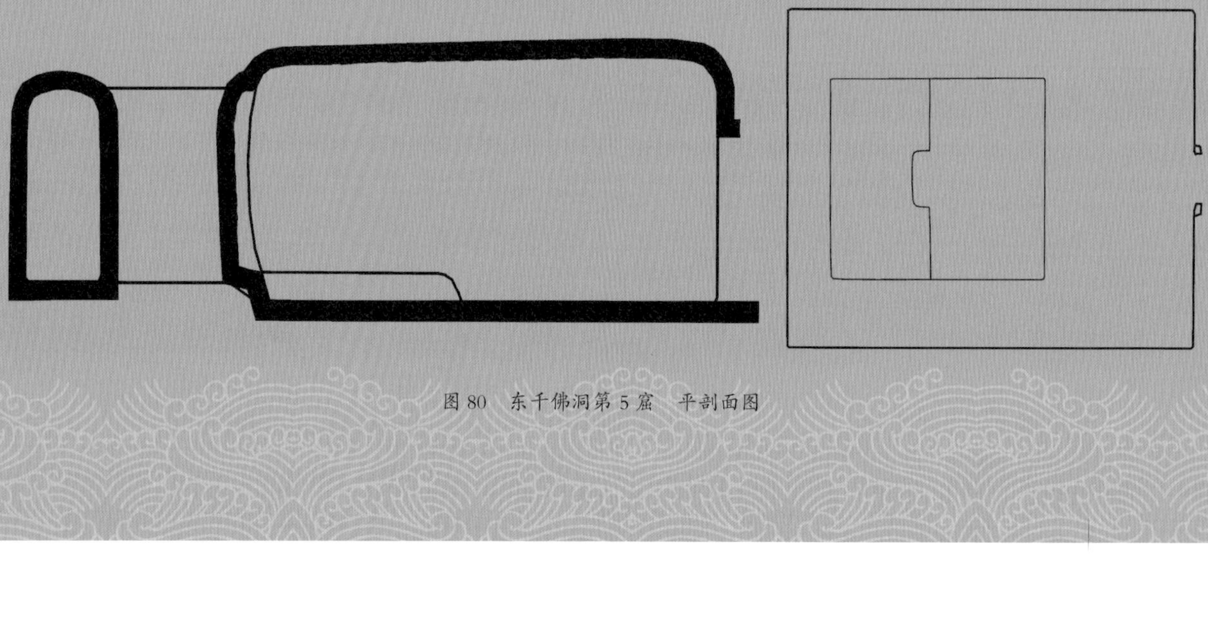

图 80　东千佛洞第 5 窟　平剖面图

图 81　东千佛洞第 5 窟　内景

八臂观音，左、右、下瓣内绘四臂观音，莲花中心绘二臂观音；门北南侧上中部绘一塔，塔内绘趺坐菩萨；门北下方绘金刚 3 身。门南已被毁。

窟室后部南甬道顶部绘花卉图案，南壁绘观音 2 铺，北壁绘毗沙门曼荼罗 1 铺。北甬道顶部绘花卉图案，北壁西起绘水月观音、四臂观音各 1 铺，南壁绘曼荼罗 1 铺。后甬道顶部绘花卉图案；西壁北侧残存立佛 1 身，中间及南侧残存坐佛等；东壁绘涅槃变 1 铺。

第 5 窟中首先引人注目的是北壁的八塔变。八塔变宽 2.25 米，高 1.62 米，距地面 0.93 米。此图中间为降魔人塔，两侧为释迦降生、调服大象、猕猴献蜜等六小塔，上部为涅槃，合起来为八塔，描绘了释迦从降生到涅槃的一生事迹，与莫高窟宋代第 76 窟和榆林窟西夏第 3 窟中的八塔变颇有相似之处。

北壁东侧的普贤变宽 1.92 米，高 1.94 米，距地面 0.58 米。画面以普贤菩萨乘坐于象背为中心，四周围绕菩萨、比丘等侍众，均做乘云行进之状。不仅人物形象具有西夏晚期之特点，最重要的是此图中看上去像成团成串葡萄状的云气纹，和榆林窟西夏第 29 窟普贤变中的云气纹十分相似，如出一辙。

窟室后部南甬道北壁曼荼罗图中的毗沙门天王，位于八瓣莲花中央，身着铠甲武士装，骑雄狮，右手举幢，左手握鼠头形袋；外围一圈绘 8 身左手亦握鼠头形袋的骑马菩萨。骑狮的毗沙门天王形象在宋代造像和壁画中较为常见，而握鼠头形袋者则不多。

第 6 窟

位于东崖上层北端。坐东向西。元代开凿，清代重修。

前甬道宽 0.98 米，进深 2.88 米，高 1.8 米。窟室为平顶，平面呈正方形，宽 2.85 米，进深 2.6 米，高 2.21 米。正壁开一龛。

窟顶元代绘曼荼罗 1 铺。

正壁（东壁）龛内清塑一佛、四菩萨，元代壁画已被毁。北壁元代绘文殊变 1 铺。南壁元代绘普贤变 1 铺。西壁门南、门北元代绘金刚各 1 身。

第 7 窟

位于东崖上层。坐北向南（正南）。开凿于西夏时期，

前甬道宽 2.73 米，进深 1.2 米，高 2.9 米。窟室平面呈长方形，宽 4.57 米，进深 7.7 米，高约 4.6 米。窟室由北壁分为前后两部分，前部深 5 米，略呈正方形，窟顶为穹隆顶；北壁前有佛台，进深 1.82 米，宽 1.52 米，高 0.85 米；东西二壁前也有佛台，各长 1.41 米，宽 0.56 米，高 0.23 米。后部东西甬道各宽 0.9 米，高 2.59 米，深 2.7 米；后甬道宽 0.9 米，高 2.59 米，长 4.57 米。

图 82　东千佛洞第 7 窟　内景

图 83　东千佛洞第 7 窟　接引佛图

窟室前部窟顶西披残存飞天 2 身，东披存趺坐菩萨、比丘各 1 身，南、西、北披残存垂幔纹饰。

窟室前部北壁宽 4.57 米（包括东西两侧甬道各宽 0.9 米），高 4.2 米，正中开一佛龛。龛外清代浮塑背屏，龛内残存一清妆坐佛。背屏上方又浮塑一小龛，龛内塑一坐佛。小龛两侧各存西夏绘飞天 1 身。东西甬道口上方各存西夏绘坐佛 2 身。西壁宽 5 米，高 4.2 米。上部靠窟顶处绘坐佛 1 排 14 身；中部南起绘接引佛、净土曼陀罗、曼陀罗各 1 铺。东壁宽 5 米，高 4.2 米。上部靠窟顶处壁画已被毁；中部南起绘接引佛（大部分已被毁）、净土曼陀罗、曼陀罗各 1 铺。南壁宽 4.57 米（其中甬道宽 2.73 米，门东、门西各宽 0.92 米），高 4.2 米。门东、门西各绘金刚 1 身。

窟室后部西甬道顶部绘忍冬莲花图案，中间绘双凤；西壁上部绘垂幔，下部绘趺坐菩萨 3 身；东壁上部绘垂幔，下部绘八臂观音。东甬道顶部绘忍冬莲花图案，中间绘双凤（已被毁）；东壁上部绘垂幔，下部绘趺坐菩萨 3 身；西壁上部绘垂幔，下部绘八臂观音。后甬道顶部绘忍冬莲花图案，中间绘双凤；南北壁上部绘垂幔，北壁中间绘说法图 1 铺，东西两侧各绘菩萨 1 身；南壁绘涅槃变 1 铺。

本窟窟室前部东西壁南侧的两幅接引佛图极为珍贵，图中接引佛前后站立着二弟子、二菩萨、二神将，其中二菩萨抬着一朵大莲花俯视人间，空中显现天宫，与黑水城遗址出土的两幅西夏阿弥陀佛接引图是同一模式。东西壁的西方净土变（净土曼荼罗）也非常重要，在一座有宫门、正殿、角楼的，高墙壁垒、全封闭的，颇似西夏宫廷的建筑里，阿弥陀佛及其眷属端坐在正殿前的广场上，前有一组伎乐，下有莲花、化生、灵禽充满其间的七宝池。这幅画反映了西夏时期的建筑风貌。

第 8 窟

位于东崖上层南侧。坐东向西。清代开凿。

前甬道宽 1.28 米，进深 1 米，高约 1.7 米。窟室为覆斗顶，平面呈方形，宽 4.33 米，进深 4.70 米，高约 5 米。正壁（东壁）开 3 个圆券形龛，壁前设佛坛，南北壁各开一耳室。

窟顶藻井绘八卦井心，四披绘山水。

正壁（东壁）3 个龛内各塑一道教神像（残毁）。南北壁圆拱门上方绘山水人物。

南北耳室内人字披顶绘山水，正壁（南北二壁）各塑道教神像 3 身。

第 9 窟

位于东崖上层南端。坐东向西。清代开凿。

甬道宽 0.96 米，进深 4.1 米，高约 1.65 米。窟室为平顶，平面呈横长方形，宽 3.27 米，进深 2.6 米，高 2.86 米。

甬道南北壁上方各绘一条几何纹图案。

窟顶绘云气纹等。正壁（东壁）绘墨龙，壁前存 2 身道教神像。南北壁各绘一周忍冬纹图案。

第三章 河西石窟

河西石窟，现特指敦煌石窟以东、兰州市以西的所有石窟。敦煌石窟属于河西石窟的范围，但由于敦煌石窟涵盖内容广泛、时代跨度较长等特殊性，故本书将敦煌及周边石窟独立成章。本章所讲的河西石窟，主要指敦煌石窟群以东，玉门市附近的昌马石窟、酒泉市附近的文殊山石窟、张掖市附近的马蹄寺石窟和武威市附近的天梯山石窟等。

河西地区是一条东西长约1000公里、南北宽几公里至100多公里的狭长地带，形同走廊，且一向为我国通往西域的咽喉和必经之路，故又称“河西走廊”。历史上，一些割据河西的统治者，大多推崇和笃信佛教。无论是前秦的苻坚、后凉的吕光或北凉的沮渠蒙逊等，无不敬奉高僧。中国佛教史上的著名高僧，如竺法护、昙无谶、佛图澄、释道安、鸠摩罗什等，都曾先后在河西一带居留多年。《魏书·释老志》记载：“凉州自张轨后，世信佛教。敦煌地接西域，道俗交得，其旧式村坞相属，多有寺塔。”这就是当时河西一带佛教盛况的写照。

随着河西佛教的兴起与发展，与其相适应的佛教石窟寺，也从西往东，在绵延千里的祁连山境内，被大量地修凿起来。除敦煌莫高窟已根据文献记载被公认为创建于前秦建元二年（366年），其他如昌马、文殊山，以及马蹄寺等石窟究竟创始于何时，长期说法不一。但根据各自现存的实物及一些散见的资料判断，它们的开创年代，大多也可能在十六国五凉时期。有学者认为，《集神州三宝感通录》、《广弘明集》等历史文献中谈到的“凉州……州南百里，连崖绵亘，东西不测，就而斫窟，安设尊仪，或石或塑”、“凉州南百里崖中大造形象，千变万化，惊人眩目”等情况，即是综合河西各石窟丰富多彩的造像和壁画而言；其“凉州”一词，广义地讲是今整个河西地区的泛称。

河西早期的石窟大多内有中心柱，是具有我国传统建筑特色的中心塔柱式窟。这种窟形可能是受印度“支提”窟的影响，但形式上又有很大的不同。在这里看不到印度“支提”窟中那种马蹄形平面和四周矗立的众多列柱，中心也没有印度式的覆钵塔。

河西石窟早期的造像以一佛二菩萨、弥勒佛、苦修佛、思维菩萨、供养菩萨、飞天等为主。佛、菩萨像所具有的高大雄健的体魄，体现了我国北方民族强悍的性格，也具有十六国那种古拙挺健和敦厚朴实的风格。造像具有个性特色。如金塔寺东西二窟中所塑的菩萨像，其发型与服饰无一雷同；又如金塔寺、千佛洞等石窟中的飞天，多用凌空悬塑，身轻似燕，若从天而降，各具特色。

河西诸石窟现存的壁画，尽管数量不多，但内容亦可谓丰富，画风也呈多样化。如文殊山千佛洞内的早期壁画，采用了西域式晕染画法，在佛、菩萨及飞天的面部、裸露的肌肤部分和裙裾上，多以土红或较深的颜色进行晕染，十分强调色彩的鲜艳和人物形象的立体效果。而金塔寺西窟的北凉彩绘飞天，其画风与《历代名画记》卷2中所记载的顾恺之的用笔“紧劲联绵，循环超忽，调格逸易，风趋电疾，意存笔先，画尽意在，所以全神气也”一脉相承。马蹄寺千佛洞第8窟北魏重绘的佛、菩萨像，则如《历代名画记》卷6所记载的陆探微的画风“笔迹劲利，如锥刀焉，秀骨清像，似觉生动，令人懔懔”。另外，西夏时期文殊山万佛洞内的弥勒经变，元代时期马蹄寺北寺第7窟前堂的金刚力士和礼佛图，明代时期下观音洞北壁的伎乐天人等，均是各时期颇有特色的作品。

从天梯山石窟第1、4窟中心塔柱剥出的北凉、北魏、初唐、盛唐、中唐、晚唐、西夏、元、明等时期的壁画，则以非常简洁明快的形式，几乎完整地反映了河西佛教石窟艺术的发展过程。

马蹄寺石窟周边的民乐童子寺石窟、上天乐石窟、洋尕峡石刻和肃南石佛崖石窟、景耀寺石窟，天梯山石窟周边的张义堡观音山石窟、新华亥母洞石窟、金山石佛崖石窟等小石窟，对于全面了解河西石窟也有一定的研究价值。

第一节　文殊山石窟

文殊山石窟，位于甘肃省肃南裕固族自治县县境，居酒泉市城南15公里处的文殊山。这里南望祁连、北视雄关，自古以来就是军事、交通重镇和佛教圣地。

关于文殊山石窟，《肃州县志》记云：“城西南三十里，山硖之内，凿山为洞，盖房为寺，内塑佛像……旧称三百禅室，号曰小西天。”千百年来，文殊山石窟以其精巧宏伟的寺院、殿宇、楼阁庙堂及其造像与壁画闻名于世。1954年，考古学家史岩调查文殊山时，众多的寺院尚未被破坏。据史岩记录，前山时代较早的寺院有台子寺和玉皇阁，都是唐贞观中所创建；圣寿寺始建于北魏，元代喃嗒失太子重修的碑记尚存；此外还有几个喇嘛教的大经堂。而后山的寺观数量更多，其中道观较多，有斗姆宫、三皇宫、无量殿、眼光娘娘殿、灵官殿、三义殿、药王殿、翠云宫、龙王宫、玉皇宫、三清宫、城隍殿、东岳庙、罗祖宫、山神殿、十王殿、仙姑殿、日月宫、玉皇楼、王母宫、五圣宫、百子阁、无极殿、普渡宫、文昌宫、财神庙等，佛教寺院较少，有千佛楼、观音洞、地藏寺、文殊寺、闪佛寺、收圆寺、睡佛寺等。后山这些寺观大多是清同治以后到民国时代所修，乾隆以前的未见。

现存洞窟分布在前山和后山。前山千佛洞、万佛洞二窟所保存壁画、塑像较完整；千佛洞旁还有一个残破的中心柱窟遗迹，从型制上看，大约与千佛洞同时。后山有大量的石窟遗迹，特别是一些依山而建的成组的石窟以及多室禅窟等，为其他地区石窟群中少见。后山的多室禅窟平面为纵长方形，后壁开二禅室，左右两侧壁各开四禅室，与莫高窟第285窟、487窟相似。这种禅窟多见于新疆地区和中亚一带，但在内地却不多见，具有重要意义。后山的石窟大多毁坏严重，保存有壁画的仅千佛洞、古佛洞

图 84　文殊山石窟前山　外景

图 85　文殊山石窟后山　外景

二窟。

文殊山石窟的具体开创年代不明。从前山的圣寿寺中保存的元代泰定三年(1326 年)所立的“有元重修文殊寺碑”之记载“所观文殊圣寺古迹,建立已经八百年矣”推断,从 1326 年上推 800 年,即 526 年,为北魏孝昌二年。说明在北魏孝昌年间以前文殊寺已经建立。由于古代寺院与石窟有着密切的关系,故文殊山石窟的创建也当在这一时代之前。从文殊山石窟现存的洞窟壁画风格来看,也可以确认其创建于北魏或者更早时期。

现为全国重点文物保护单位。

前山千佛洞

窟门大致朝西,门高 1.68 米,宽 0.83 米。窟室平面近方形,宽 3.94 米,进深 3.8 米,高 3.6 米。窟内正中有中心方柱,中心柱下部有坛基,坛基以上四面各分两层,每面的每层各有一圆拱龛,龛内各塑一佛像,龛楣有宝珠形券顶,龛外两侧各有一胁侍菩萨。现存造像经历代重修已基本失去原作风貌。中心柱的南、东、北三向面佛龛两侧均有一组小佛像,为清代重绘。

窟顶仅在中心柱西侧和北侧存有壁画,各有 3 身伎乐飞天。洞窟后壁(东壁)和南壁的壁画已被毁,仅北壁和西壁保存较完整。北壁上部天宫栏墙与窟顶飞天相接,其下绘千佛,中央绘说法图 1 铺,包括一坐佛、二立佛。说法图东侧壁画被毁,西侧画立佛 4 身。说法图和立佛下面有供养人像 1 列,其下为边饰图案和垂角纹。西壁上部为天宫栏墙,其下绘千佛。千佛下面窟门两侧各画立佛 1 列,其下为供养人 1 列,最下面为边饰图案和垂角纹。西壁门上部有元代或明代画供养人像。画面中央为一佛塔,左侧一比丘结跏趺坐,双手合十,奉一莲花;右侧一俗人持长柄香炉,面向佛塔而跪。从佛塔的样式来看,当为元代以后流行的形式。

图 86　文殊山石窟前山千佛洞　平剖面图(引自甘肃省文物考古研究所编《河西石窟》,文物出版社,1987 年)

图 87　文殊山石窟前山千佛洞　伎乐飞天

本窟窟顶和西、北壁的壁画保持了早期壁画原作的风貌，造型古朴、色彩浓艳厚重，佛、菩萨和飞天等形象均与莫高窟北凉洞窟的同类题材表现手法接近，具有浓厚的西域风格。对于认识河西早期石窟壁画艺术具有重要意义。

前山万佛洞

万佛洞与千佛洞相隔一沟，距离约百米左右。中心柱窟，门大致朝南，平面呈方形。宽 5.07 米，进深 5.08 米，高 3.7 米。中心柱每边的基座宽 2.68 米，塔座以上分两层，正面（南向面）上层开阙形龛，龛内塑像已被毁；龛外两侧塑有胁侍菩萨，头已被毁，身体为后代重修；龛上部西夏画菩提宝盖；龛外两侧表层壁画为西夏绘佛弟子像，右侧露出北魏原作菩萨像 2 身。下层开圆券龛，龛内原塑坐佛 1 身已被毁；龛外两侧胁侍菩萨已被毁，仅右侧胁侍菩萨存腿部。下层龛外两侧表层壁画被毁，露出底层北魏壁画：左侧上部画弟子 5 身，下部画菩萨 1 身；右侧可见弟子 3 身，下部画菩萨 1 身。塔基也露出底层壁画（模糊），中心柱前有方形小台（残）。中心柱西向面上层中央开圆拱龛，龛内佛像头已残，龛外两侧各塑一胁侍菩萨（头已被毁），龛楣西夏画菩提宝盖，龛外两侧各有西夏画弟子像 4 身。下层龛内佛像已被毁，龛外两侧各有 1 身胁侍菩萨（头已被毁），塑像均为西夏重修。龛外两侧各有西夏绘弟子像 4 身。中心柱北向面、东向面内容与西向面内容一致。只是北向面上层龛内佛像已被毁。

图 88　文殊山石窟前山万佛洞　内景

图 89　文殊山石窟前山万佛洞　西方净土变

窟顶呈拱形，顶南侧部分被损毁，存西夏画立佛 3 身；中心柱东西两侧顶部西夏画立佛各 5 身；中心柱北侧顶部画立佛 4 身。

四壁壁画：东壁西夏绘弥勒经变 1 铺，下部在方格中画贤愚经故事画，包括尸毗王本生、须阇提本生、海神问船人、须达拏太子施象等故事。北壁壁画部分脱落，残存壁画大部为千佛，千佛中央有坐莲座上的菩萨像 1 铺，下部方格内有故事画，可以辨认的有西侧的法华经火宅喻品等故事。西壁大部壁画已脱毁，残存部分可以看出全壁为西方净土变。南壁门西侧壁画损坏严重；门上部为西夏画布袋和尚 1 铺；门东侧西夏画，上部为曼荼罗 1 铺，下部为供养人像，画面中央有题榜 1 方，右侧为一高僧像并身后一侍童，左侧为一供养人坐于方毯上并身后一比丘、三侍从及比丘后身后二小儿。题榜文字模糊不可辨认。四壁上部交接处形成的岔角，各画天王像 1 身。

本窟中心柱型制与千佛洞一致，是河西地区早期石窟中流行的形式，底层壁画为北魏晚期风格，可以推测为开凿于北魏时期。西夏重绘的壁画经变画，构图宏伟，表现精细，色彩灿烂，是西夏经变画中的优秀之作。四身天王像造型生动，用笔遒劲，也是西夏壁画中的上乘之作。

后山千佛洞

平面为方形的中心柱窟，进深 5.3 米，宽 5.8 米，高 3.9 米。中心柱下部有基座，每面宽 2.18 米。上部仅在正面开一龛，龛内塑像已被毁，其余三面不开龛。中心柱正面龛内西夏画背光，四周光焰铺满全壁。其余三面上部绘坐佛 1 排，其下绘说法图 1 铺，均为西夏重绘。

甬道顶为券顶，顶部壁画为北魏时代原作。中心柱前顶绘平棋 6 方，左右各绘平棋 4 方，后部顶绘平棋 5 方。右顶与后顶交接处画飞天 2 身，左顶与后顶交接处画孔雀 2 组。

四壁壁画均为西夏重绘，上部较完整，下部均有不同程度毁损。上部为斗拱图案，与顶部的平棋图案相接，拱眼壁间各画一圆圈，内画坐佛。斗拱壁画上还隐约透出底层壁画，似为天宫伎乐。左右两侧壁和后壁内容大体一致，斗拱下部为云中佛像，每一组均在圆圈内画 3 身佛像。壁面中央为 1 身较大

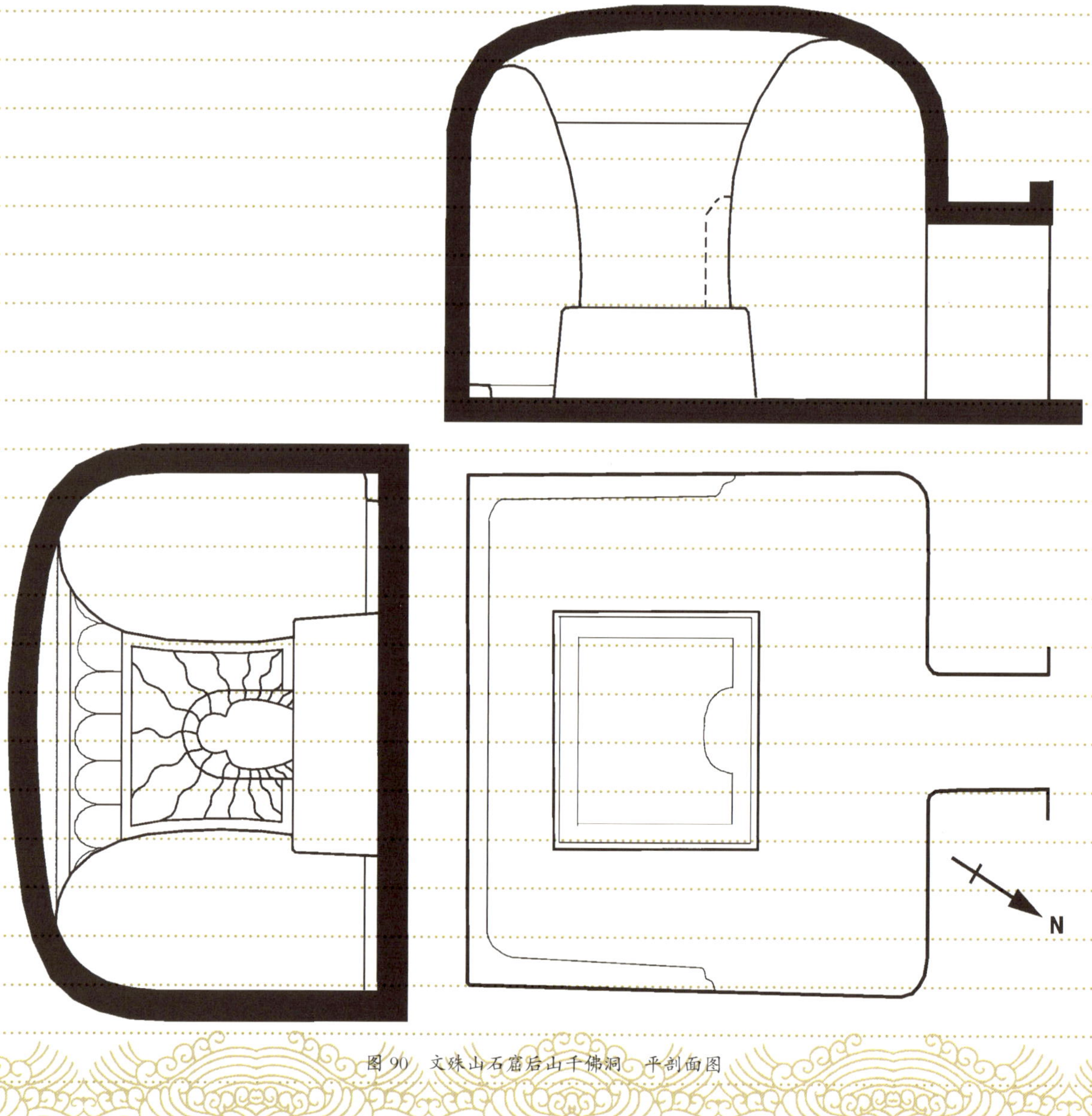

图 90　文殊山石窟后山千佛洞　平剖面图

的坐佛，下部描绘大海。前壁中央为圆圈内画三座殿宇建筑，两侧为菩萨诸天形象。

本窟烟熏损毁严重，但窟顶壁画保存了北朝时期的原作，特别是平棋图案与新疆克孜尔、吐峪沟等石窟壁画风格接近，明显地受到西域风格的影响。

后山古佛洞

甬道两壁为明代壁画，有弘治十年（1497 年）题记。方形平顶中心柱窟，进深 5.32 米，宽 5.1 米，高 3.7 米。中心柱共分两层，其下为座基。上层绘壁画，下层每面各开一圆拱龛，龛内塑佛像，龛外两侧各有一胁侍菩萨，塑像均经后代改修。塔座四面画供养菩萨。下层龛楣画飞天莲花图案，龛外画菩萨和弟子像。上层不开龛，正面画涅槃变 1 铺；左右侧壁各画净土变 1 铺；后壁被损毁。

第二节　昌马石窟

昌马石窟位于玉门市昌马乡水峡村，距玉门镇 60 多公里。包括大坝和下窖两个石窟，大坝石窟已遭破坏，尚存的下窖石窟较为完整。

昌马下窖石窟周围群山环绕，中为一盆地，石窟开凿在水峡村西南陡峭的山崖绝壁之上。距地约 20 米～40 米左右。依山势分为南、北、中段。南北两段的 7 个窟龛多已残破，仅中段 4 个窟中还有壁画与塑像，其中又以第 2、4 窟较为完整。

由于现存洞窟并不完整，又缺乏文献记载，昌马石窟确切的开凿年代不明。从洞窟型制上看，其与新疆的克孜尔等石窟以及文殊山石窟、马蹄寺石窟等有很多相似之处，据此推测可能最早开凿于十六国北朝时期。西夏时进行了大规模的重修，并重绘了壁画。西夏重修壁画与同时期敦煌石窟壁画有密切关系。

1981 年，昌马石窟被甘肃省人民政府列为省级文物保护单位。

第 2 窟

洞窟平面近方形，进深 4.25 米，宽 4.05 米，高 3.06 米。前部为圆拱形顶，后部为平顶。窟内有中心柱，柱宽 2.05 米，深 2 米。中心柱两侧为券形通道，柱的四面分两层开龛造像，原每龛内均塑一佛、二菩萨，现造像大多被毁坏，仅存一些痕迹和残破的造像。佛像作高肉髻，面形方圆，细眉大眼，短颈宽肩，躯体魁梧，着通肩袈裟，结跏趺坐，具有十六国时期的风格与特点。窟顶壁画为西夏重绘。洞窟前部，中心柱东向面上方彩绘垂幔，下绘 7 身坐佛；窟门顶部绘 1 身结跏趺坐的菩萨；门内两侧分别绘骑狮的文殊菩萨和骑象的普贤菩萨，文殊、普贤二菩萨身后有供养天女数身。南北两壁分别绘经变画（模糊）。洞窟后部，中心柱上层浅龛内造像已被毁，现存西夏改绘壁画一佛、二菩萨。佛结跏趺坐，二菩萨侍立。中心柱两侧通道及后壁上，彩绘赴会菩萨 12 身，菩萨高 1.8 米左右，鱼贯排列，虔诚向佛，布局别致新颖。窟顶绘飞天，姿态优美、色泽艳丽。反映了西夏时期佛教艺术的出色成就。

第4窟

中心柱窟。进深6.36米，宽4.79米，高3.82米。中心柱宽1.93米，深2.1米。中心柱每面分两层开龛造像。每龛内分别塑一佛、二菩萨。窟内造像大部已被毁。窟内四壁彩绘赴会菩萨12身，身高近2米，颇有气势。菩萨与菩萨之间绘缠枝莲花。窟顶绘团花图案及飞天。

第三节 马蹄寺石窟群

马蹄寺石窟群，位于张掖市南60余公里的肃南裕固族自治县马蹄区的祁连山境内。现存石窟包括金塔寺，上、中、下观音洞，千佛洞和马蹄寺南北二寺等7个部分。这些石窟，以马蹄寺为中心，分布在其周围的崇山峻岭之中，相互之间的距离少则二三公里，多则十几公里。各石窟中现存的窟龛，有的二三十个，有的仅两三个，7处石窟的窟龛总数有70多个。

马蹄寺石窟群所在地的山岩，多系红砂岩，石质结构粗糙，易风化，因此各石窟中的造像主要为泥塑。最早的石窟开凿于十六国北凉时期，以后北魏、西魏、隋、唐、西夏、元、明、清等时期都有修建。

关于马蹄寺石窟群的具体开创年代，据《晋书·郭瑀传》记载："郭瑀，字元瑜，敦煌人也。少有超俗之操，东游张掖，师事郭荷，尽传其业。精通经义，雅辩谈论，多才艺，善属文。荷卒，隐于临松薤谷，凿石窟而居。"薤谷石窟，有学者认为即马蹄寺石窟。重修《东乐县志》亦记载："薤谷石窟，在县城西南一百一十里临松山下，今为马蹄寺佛龛……晋名贤郭瑀开辟隐居教学处。""石窟凿于郭瑀及其弟子，后人扩而充之，加以佛像。"现马蹄寺北寺第7窟(站佛殿)门外北侧崖壁上也有"祁连名山以斯土为胜，相传晋郭瑀曾讲学于此……"之民国时期阴刻游人题记一则。

马蹄寺石窟群于1996年11月20日被国务院公布为第四批全国重点文物保护单位。

金塔寺石窟

金塔寺石窟位于距马蹄寺东南约15公里的大都麻河西岸的红砂岩崖壁上。崖壁高约百米，洞窟距地面约60米。原有小路顺山势盘旋而上，后新修一条陡峭的200多级的石阶梯直通洞窟。所开凿的两个洞窟相距不足10米，依其位置，习惯上分别称为东窟和西窟。石窟最早开凿于十六国北凉时期，以后西夏、元代等时期有重修。也有学者认为这两窟仍为北魏洞窟。

此地树茂林郁，山谷幽深，芳草如茵，溪水清澈，野兔、山鸡时而跃于眼前，与陡峭的"天梯"和位于高耸绝壁的佛窟互相映衬，为修行与礼拜之天然圣地。

金塔寺东窟：位于崖面东侧。坐北向南。开凿于十六国北凉时期，西夏、元等时期重修。窟室平面呈长方形，中心塔柱窟，窟顶由中心柱周边向四面倾斜。洞窟平面宽9.7米，残深7.65米，高6.05米。曾因山崖崩塌，窟之前半部早已被损毁，中心塔柱几乎裸露于山崖边沿，后设铁栅栏保护。

中心塔柱的基座高1.23米，宽4.2米。基座上面塔体高4.82米，四面均分为3层。

图91 金塔寺石窟 外景

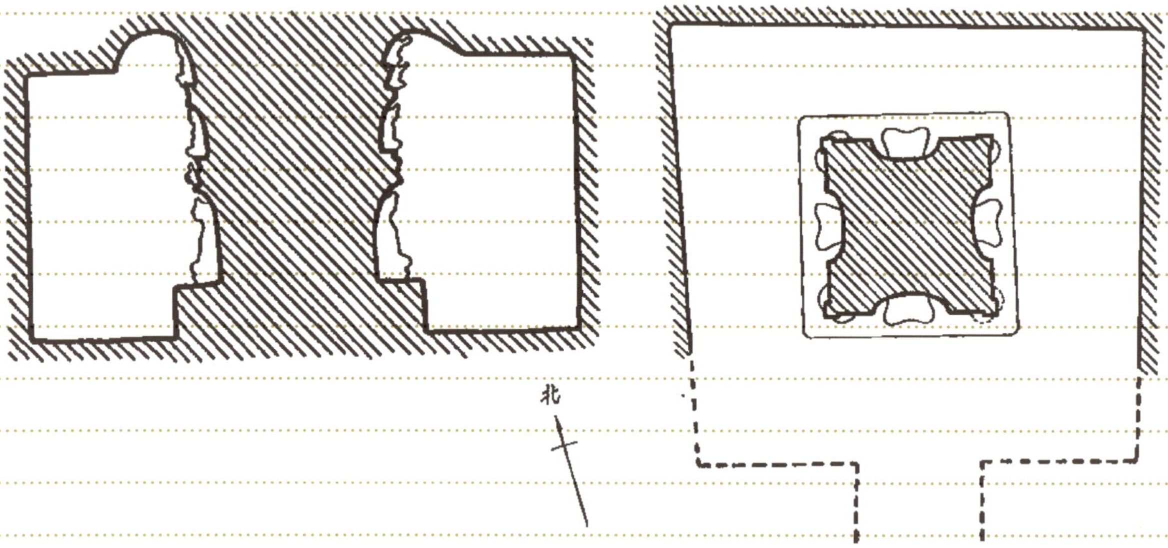

图 92　金塔寺石窟东窟　平剖面图（引自甘肃省文物考古研究所编《河西石窟》，文物出版社，1987 年）

图 93　金塔寺石窟东窟　中心柱　塑像

图94　金塔寺石窟东窟　中心柱东北角

中心塔柱南向面(正面):下层正中开1个圆拱形大龛,龛内塑一佛,结跏趺坐于莲台上;龛楣两侧各塑做反顾状的龙头(东侧已被毁);龛外两侧各塑1身胁侍菩萨(东侧1身已被毁);龛楣上方两侧各塑飞天3身,相对往龛楣中心飞行。中层并排开3个圆拱形浅龛,龛内各塑坐佛1身;各龛和龛楣之间及两侧上下各塑胁侍菩萨1身(计8身)。上层下排塑坐佛10身,上排塑菩萨10身(3身已被毁)。

中心塔柱西向面:下层正中开1个圆拱形大龛,龛内塑一佛,结跏趺坐于莲台上;龛楣两侧各塑做反顾状的龙头;龛外两侧各塑1身胁侍菩萨;佛龛两侧与胁侍菩萨之间塑有小佛,但已残毁;龛楣上方两侧各塑飞天4身(南起第1身已被毁,第2身无头;北起第1、3、4身无头),相对往龛楣中心飞行。中层并排开3个圆拱形浅龛,龛内各塑坐佛1身(中间龛内为交脚像,南侧龛内为苦修像);各龛之间及两侧各塑菩萨1身(计4身),其上方各塑1身或2身菩萨(有残毁)。中、上层左右两侧各有一竖排塑像(下面为3身坐佛,上面为1身菩萨);上层中部开一横长方形浅龛,内为清代补塑的五佛,其间有5身菩萨。

中心塔柱北向面:下层正中开1个圆拱形大龛,龛内塑一佛,结跏趺坐于莲台上;龛楣两侧各塑卷草纹饰;龛外两侧各塑1身比丘(头于"文化大革命"中掉落,今存,但尚未复原上去),佛龛两侧与比丘之间下面各塑小力士1身(缺头),上面各塑小坐佛1身;龛楣上方两侧各塑飞天3身(东起第2身和南起第3身缺头),相对往龛楣中心飞行。中层并排开3个圆拱形浅龛,龛内各塑坐佛1身;各龛之间上下各塑坐佛1身,南北两侧上下各塑坐佛2身(计12身)。上层下排塑坐佛10身,上排塑菩萨10身(有残毁)。

中心塔柱东向面:下层开1个圆拱形大龛,龛内塑一佛(头部残毁),结跏趺坐于莲台上;龛楣两侧各塑做反顾状的龙头;龛外两侧各塑一胁侍菩萨(缺失),佛龛两侧与胁侍菩萨之间下面各塑1身小坐佛(缺头),上面各塑1身菩萨(北侧1身已被毁);龛楣上方两侧各塑飞天3身(北起第2身已被毁),相对往龛楣中心飞行。中层每面并排开3个圆拱形浅龛,龛内各塑坐佛1身(中间为交脚像);各龛之间及两侧上下各塑菩萨1身(计8身),南北两侧又上下各塑坐佛1身(计4身)。上层下排塑坐佛10身,上排塑菩萨10身(有残毁)。

窟室现存北、西、东三壁绘画有3层,各层均绘有千佛,底层中部似有说法图;北壁、东壁下部外层有大量清代、民国时期的题记,西壁中部外层也有嘉庆十三年(1808年)的墨书榜题1方。

窟顶四披平棋图案内绘坐佛和立佛。

金塔寺西窟:位于崖面西侧。坐北向南。开凿于十六国北凉时期,西夏、元等时期重修。窟室平面呈长方形,中心塔柱窟,窟顶由中心柱周边向四面倾斜。洞窟平面宽7.9米,残深3.9米,高4.3米。因山崖崩塌,窟前半部早已损毁,中心塔柱几乎裸露于山崖边沿,后设铁栅栏保护。

中心塔柱基座上面塔体四面均分为3层。

中心塔柱南向面(正面):下层正中开一圆拱形大龛,龛内塑一佛;龛外两侧各塑1身胁侍菩萨(均已残毁)。中层正中开一圆形浅龛,龛内塑坐佛1身(后世改为宗喀巴像);佛龛两侧上下各塑胁侍菩萨2身(计8身)。上层塑菩萨1排7身(有残毁,并且西侧角上1身与西向面共有)。

中心塔柱西向面：下层正中开一圆拱形大龛，龛内塑一佛（头、手残毁），结跏趺坐于莲台上；龛外两侧各塑1身胁侍菩萨（南侧1身已被毁）。中层正中塑左舒相坐思维菩萨1身；北侧上下各塑菩萨2身（计4身，但下排北起第2身已被毁）；南侧先塑1身小菩萨，然后再往南又上下各塑1身菩萨（下面1身头部已被毁，南侧计3身）。上层塑坐菩萨1排8身（有残毁，并且两侧角上1身与北向面和南向面共有）。

中心塔柱北向面：下层正中开一圆拱形大龛，龛内塑一佛（已残毁）；龛外两侧各塑1身菩萨（北侧1身缺头）。中层正中塑交脚佛1身，两侧上面各塑2身菩萨，下面各塑2身比丘（东侧2身缺头），均结跏趺坐（两侧计菩萨、比丘各4身）。上层塑坐佛5身，两侧角上各有1身菩萨与东向面和西向面共有）。

中心塔柱东向面：下层开一圆拱形大龛，龛内塑一佛（手残），结跏趺坐于莲台上；龛外两侧各塑一胁侍菩萨（南侧1身缺头）。中层正中塑佛1身，着通肩大衣，善跏趺坐；北侧上下各塑菩萨2身（下面1身残、1身被毁），南侧先上下塑菩萨各1身（下面1身残），然后再往南中部塑比丘1身（南北侧共计7身）。上层塑坐佛1排5身（南起第1身头被毁）。

图95　金塔寺石窟西窟　中心柱　塑像

图 96 金塔寺石窟西窟 中心柱西北角

窟室现存北、西、东三壁绘画有 3 层，各层均绘有千佛。北壁底层两侧中部有说法图，下部外层有大量清代、民国时期的题记。

窟顶四披平棋图案内绘飞天和供养菩萨等。

上、中、下观音洞石窟

上、中、下观音洞石窟位于金塔寺与马蹄寺之间，南距金塔寺约 4 公里，西北距马蹄寺约 10 公里处。石窟分布在 3 个不同山谷的红砂石崖壁上，上观音洞距中观音洞约 3 公里，中观音洞距下观音洞约 0.5 公里。

上观音洞，也称“观音洞上寺”，位于金塔寺北面，相距约 4 公里，位置在一个险峻的孤峰顶巅。洞窟开凿在山崖的侧壁，现存窟龛 10 余个，有编号者 9 个。中观音洞现存窟龛 10 余个，有编号者 8 个。洞窟型制多为平面近方形或长方形，平顶。窟龛都已残毁，窟内遗迹均不存。附近崖壁上有元、明时期的舍利塔龛。下观音洞现存窟龛 5 个，有编号者 3 个。

上观音洞第 1 窟：洞窟平面近方形，平顶，正壁开一龛。

龛内塑像不存。有两层壁画，外层因烟熏、剥落，不清楚。窟内右壁绘有一佛、二菩萨，有藏传密宗的特征。上部绘有 2 排千佛、1 排变相观音，共计 36 身；另外绘坐佛、飞天、天王、动物等。左壁内容与右壁大体相同。

上观音洞第 2 窟：窟前部崩塌。分上下两层，上层窟为三壁三龛式，平顶；下层窟平面为横长方形，平顶，正壁开一大龛。

上层窟内正壁和左右壁均残存数量不等的影塑；下层窟内正壁大龛内塑像已无，左右二壁均绘结跏趺坐佛像（原来每壁为 5 身，现在右壁存 3 身，左壁存 4 身）。

上观音洞第 3 窟：洞窟平面近方形，平顶，正壁开一龛。

正壁龛内绘有千佛，其上绘四大天王，饰有火焰纹、忍冬纹；右壁绘有千手观音。

上观音洞第 4 窟：洞窟平面近方形，平顶。窟内遗迹不存。现已被用做僧房。

上观音洞第 5 窟：洞窟平面为横长方形，平顶。窟内遗迹不存。现已被用做僧房。

上观音洞第 6、7、8 窟：平面均为方形，平顶。第 7 窟在中间，往左开一门，为第 6 窟；往右开一门，为第 8 窟。第 7 窟正壁有一通道，由此出去，眼前展现一小块平地，在其北端小山上，现存一龛。

窟内遗迹不存。现已被用做僧房。

上观音洞第 9 窟：前壁已塌失，只余正壁。正壁现存一横长方形大龛，位于 1 米高的石台之上。

正壁石台上残存 4 身坐佛塑像。

中观音洞第 1 窟：方形平顶大窟，宽约 5.9 米，深约 6 米。

窟内造像均为现代所塑，壁面也全部被刷白。

中观音洞第 2、3 窟：平面均为长方形（纵），平顶。分别位于第 1 窟左右两侧，从第 1 窟左右壁门可入，与上观音洞第 6、7、8 窟型制大体相同。

窟内遗迹不存。

中观音洞第 4 窟：平面近方形，顶部及前部崩塌。窟内遗迹不存。

中观音洞第 5 窟：原有型制已被毁，现仅能看出原窟券形顶的痕迹。窟内遗迹不存。现已被用做僧房。

中观音洞第 6、7、8 窟：又名“地藏殿”。外面开有 3 个门。中部开一方形大龛（第 7 窟），平顶，大约 6 米见方。其左面开一横长方形窟，从其正面可通入一个 2 米见方的小窟，此为第 6 窟。第 7 窟右面有一窟约 4 米见方，为第 8 窟。

窟内遗迹不存。

下观音洞第 1 窟：平面为横长方形，平顶。宽约 5.1 米，深约 6 米，高约 4.5 米。窟内壁画被熏黑。现已被用做僧房。

下观音洞第 2 窟：平面为横长方形，前部为人字披顶，后部为平顶。窟内原有遗迹不存。现有近代所塑的三世佛和 5 身胁侍菩萨。

下观音洞第 3 窟：平面为纵长方形，前部为人字披顶，后部为四面披顶，窟内中央有中心塔柱。窟宽 8.4 米，深 10 米，高 5 米。中心塔柱四面均分两层，上下各开一龛，龛内塑像已全部被毁。四壁、窟顶残存明代重绘的佛、菩萨、十八罗汉、四大天王、曼荼罗等壁画。

千佛洞

千佛洞石窟位于马蹄寺北寺西北约 3 公里的马蹄河西岸的陡峭崖壁上。窟前地势开阔，芳草如茵。据《东乐县志》记载：“千佛洞在洪水河，悬崖峭壁，矗立千仞，岩半凿洞，整饬明敞，通连数十，俨若五步一楼，十步一阁。中塑佛像，旁开窗牖。”可见当时的窟龛规模和宏伟壮观之情景。现存窟龛依山崖形势自然分为南、中、北三段。南段包括第 1、2、3、4 窟；中段有第 5、6、7、8 窟；北段为浮雕舍利塔群。共 87 座。开凿于十六国北凉时期，北魏、唐、元、明、清历代重修。

千佛洞第 1 窟：位于窟区南段。坐西向东。

洞窟平面近方形，深 7.41 米，宽 6.78 米，高 5.65 米。窟内有中心塔柱。前部为人字披顶，后部左右及后甬道为券顶。

中心塔柱正面开一舟形大龛，龛深 0.4 米，宽 3.23 米。龛内塑立佛 1 身，高 4 米，脚底至肩部为 3.35 米，身宽（袈裟两侧）1.6 米；着通肩袈裟，衣纹为规整的“U”形。龛内绘有两层壁画，外层有背光及火焰纹等，底层露出装饰带。龛内两侧下部各绘比丘 1 身。

中心塔柱另外三面未开龛。右向面宽 2.43 米，左向面宽 2.33 米，后面宽 3.18 米。三面上部残存明代花卉壁画。右向面有壁画两层，下部底层有 2 排早期供养菩萨，并残存榜题 2 条，其中 1 条墨书：“地神奉花供养。”

千佛洞第 2 窟：位于窟区南段。坐西向东。

洞窟平面呈横长方形，深 4.4 米，宽 5.7 米，高 5 米。窟内有中心塔柱。前部为人字披顶，后部为平

图 97　马蹄寺千佛洞　外景

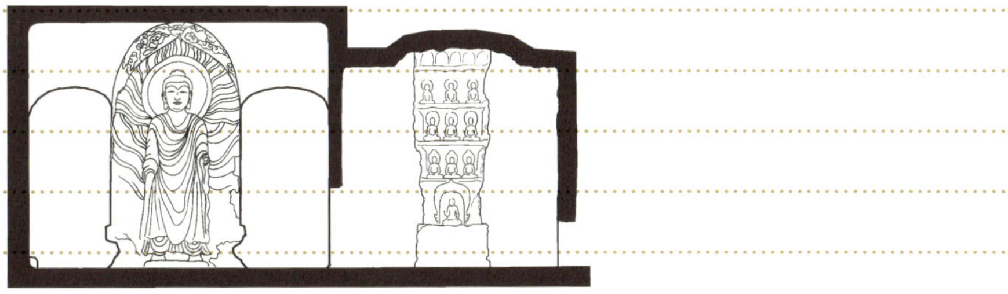

图 98　马蹄寺千佛洞第 1、2 窟　平剖面图

图 99 马蹄寺千佛洞第 1 窟 立佛像

图 100 马蹄寺千佛洞第 2 窟 中心塔柱

顶。

中心塔柱基座之上四面均分四层。自下而上，第一层每面各开一圆拱形大龛，龛内塑坐佛；龛外两侧各塑一胁侍菩萨；龛楣两侧或塑龙首，或塑凤首，或塑卷草；龛楣顶部两侧各塑 2～3 身飞天。第二、三、四层每层各塑坐佛 3 身，两侧塑化生童子 1 身或莲花一朵。

中心塔柱南向面接近窟顶处有开窟之初所绘的十方佛像，佛像身旁有墨书题记。

中心塔柱基座南向面残存人物壁画。

南、西、北壁有壁画四层之多，外层为明代重绘的佛、菩萨、罗汉等。

千佛洞第 3 窟：位于窟区南段。坐西向东。

洞窟平面近方形，深 1.82 米，宽 2.4 米，高 2.1 米。西壁（正壁）和南北壁各开凿 1 个圆拱形佛龛，西龛宽 0.66 米，南龛宽 0.74 米，北龛宽 0.83 米，。

窟内三壁龛内原塑像不存，但残存壁画二层。西壁龛内西魏重绘一坐佛，有背光等；龛外两侧残存千佛、菩萨、供养人等壁画。南壁龛内残存坐佛、背光、供养人等壁画。北壁壁画全被毁。

千佛洞第 4 窟：位于窟区南段。坐西向东。

洞窟平面呈方形，深 5.73 米～5.78 米，宽 5.3 米～5.82 米。窟内有中心塔柱。前部为人字披顶，后部左右及后甬道为券顶。

中心塔柱东向面（正面）开一龛，西向面（背面）开一宽 1.49 米、深 0.57 米、高 0.68 米的涅槃龛，其余二面未开龛。东向面宽 2.62 米，南向面宽 1.95 米，西向面宽 3.06 米，北向面宽 2.07 米。正面龛内塑一坐佛，龛内两侧各塑一胁侍菩萨，龛内外残存背光等壁画。

窟室南北二壁前部各开一大龛，龛中塑像残毁严重，仅存石胎。

千佛洞第 5 窟：又名“大雄宝殿”，位于窟区中段。坐西向东。

洞窟平面为横长方形，平顶，四壁不开龛。窟内原迹不存，现存近代新塑的 5 身塑像。窟前经加固维修，有仿汉式建筑的窟檐。

千佛洞第 6 窟：又名“西方三圣殿”，位于窟区中段。坐西向东。

洞窟平面为横长方形，深 4.6 米，宽 5.5 米，高 6 米。四壁不开龛。西壁（正壁）正中为一石雕立佛像，南壁西侧为石雕阿难像，北壁西侧为石雕迦叶像。均为盛唐原作，现代重修补。

千佛洞第 7 窟：位于窟区中段。坐西向东。

洞窟平面为横长方形，顶部塌失，原迹不明。左壁残存石胎立佛，其他壁画与塑像都残毁严重。

千佛洞第 8 窟：位于窟区中段。坐西向东。北凉始凿，北魏、元、明重修。

洞窟平面近方形，深 5.95 米，宽 5.74 米～6.32 米，高 4.7 米。窟内有中心塔柱。平顶。

中心塔柱前距东壁 2.09 米，后距西壁 1.17 米；基座高 0.7 米～0.72 米，东向面宽 2.6 米，南向面宽 2.68 米，西向面宽 2.94 米，北向面宽 2.72 米；基座边沿距塔柱为 0.31 米，塔柱高 3.1 米，四面均分为四层。

东向面下层开一圆拱形佛龛，原龛内有坐佛 1 身，龛外两侧各有一胁侍菩萨，现无；龛内外残存头

图 101 马蹄寺千佛洞第 4 窟 内景

图 102 马蹄寺千佛洞第 8 窟 释迦、多宝说法图

光、背光、龛楣等壁画中绘飞天、坐佛、供养菩萨、花卉等。其上第二、三、四层分别横开长方形浅龛，各塑 1 排 5 身坐佛，但均已残毁。南向面下层开圆拱形佛龛，龛内北魏重绘释迦、多宝，其上绘 1 身交脚菩萨，两侧各绘 1 身胁侍菩萨，龛内外绘千佛等；第二、三、四层绘有千佛、立佛等，有三层壁画之多。西向面下层开圆拱形佛龛，塑像已被毁；第二、三、四层元、明时期绘有宗喀巴等藏传壁画。北向面下层开圆拱形佛龛，塑像已被毁；龛内外残存头光、背光、龛楣等壁画中绘有飞天、坐佛、供养菩萨、花卉等。其上第二、三、四层分别横开长方形浅龛，各塑 1 排 5 身坐佛，但均已残毁。

窟室南北壁前部各凿一龛，南龛宽 1.8 米，北龛宽 1.45 米。南龛内残存一坐佛石胎，龛内外残存头光、背光、龛楣等壁画中，绘有飞天、坐佛、菩萨、比丘、花卉等。

马蹄寺石窟

马蹄寺石窟分南寺和北寺，二寺一南一北遥遥相对。南寺位于肃南裕固族自治县马蹄区政府所在地背面山崖间，曾开凿有洞窟五六个，但已残毁不堪（未编号）。残窟附近的红砂岩壁上，凿雕有元、明时期的喇嘛塔，造型较为独特。

从南寺向北翻过一座山坡便是北寺。北寺的洞窟开凿在南北走向的马蹄山东侧极为险峻的悬崖峭壁间，坐西向东，有大小窟龛30多个（现编号9个窟）。专家考证其开凿于元代；明、清大规模重修。

马蹄寺第1窟：又名"药王洞"，俗称"南坐佛殿"。洞窟平面为横长方形，平顶，前壁坍塌。

窟内西壁（正壁）中间开一大龛，塑药师如来坐佛1身，大体呈喇嘛教样式，可能是民国时期所塑。佛龛两侧上部各绘金刚1身，南侧金刚头部后面有一根骷髅杖，北侧金刚左脚下面踏一裸体女子。

南壁上方靠窟顶处绘坐佛1排4身，其下绘千佛30排，每排33身（上部存18排，下部残毁），最下1排两侧各绘5个装有供品的盘子。

北壁上方靠窟顶处绘坐佛1排4身，其下绘坐菩萨30排，每排33身（上部存20排，下部残毁）。

壁画可能系元、明时期所绘。

马蹄寺第2窟：又名"观音阁"，也称"南观音楼"。

窟前有木结构的阁楼。

窟内置铜铸观音菩萨像1身。

马蹄寺第3窟：又名"三十三天"。据《东乐县志》记载："有石门二十，石洞七，俱凿大小佛像，即寺僧所谓之三十三天也。"

最高处距地面40多米，就其外观看分为五层：第一、二、三层各平列开凿5个窟，第四层平列开凿3个窟，第五层开凿1个窟，计19个窟，重重叠成一宝塔状。第五层南侧上方，另外开凿有两个洞窟，但显然不是同时开凿，故应另外编号。

各洞窟的门外，原来都有木构窟檐建筑，现已损毁。各窟之间以石级相连。窟形可分为两种：一种为平面为方形的人字披顶窟，另一种为平面为方形的覆斗式四面披顶窟。

每窟内正壁均开一大龛，各龛内现存坐佛像为后代所塑。四壁残存元、明时期的影塑千佛或壁画。该窟型制独特，为国内石窟仅见，价值较高。

马蹄寺第4窟：又名"北坐佛殿"。

洞窟平面为横长方形，平顶。前壁塌失。

窟内塑像为近代所作，具有喇嘛教造像的风格，壁画也是同时代的千佛。

马蹄寺第5窟：又名"北药王洞"，位于第4窟上方。

洞窟平面为横长方形。

正壁设三龛，中龛塑药师佛坐像，左右龛各塑1身半跏式胁侍菩萨，经后代重修。

马蹄寺第6窟：又名"北观音洞"，位于第5窟上方。

窟内残存清塑的观音坐像，左右壁残存明代绘壁画。

马蹄寺第7窟：又名"藏佛殿"，俗称"站佛殿"。元代、明代重修。

洞窟平面为纵长方形，也似一"凸"字。前部为人字披顶，后部为平顶。洞窟总深33.5米，宽26.55米，高约15米。分前室、拜堂、甬道等几个部分。

前室深8.9米，宽26.55米（包括左壁台宽0.25米、右壁台宽0.63米），高15米。前室南壁残存圆拱佛龛2排，每排4个，塑像全无；北壁残存圆拱佛龛1排4个。据前人调查记载，南北二壁曾绘大型礼佛图，现已荡然无存。前室西壁，即拜堂和左右甬道入口外侧崖壁上残存明代绘金刚。

拜堂深 15 米，宽 8.5 米，高约 8.5 米。西壁（正壁）前有高坛基，上凿圆拱佛龛 2 排，每排 3 个。龛内外残存少许元、明时期壁画，塑像已无。南壁东侧存明代绘菩萨像 1 身。

右甬道宽 3.26 米，左甬道宽 3.23 米，均深 24.6 米，高约 5 米。左右及后甬道两壁共凿佛龛 46 个，每龛内塑一坐佛，为元代原塑，近代重妆。佛龛距地面 1.58 米，宽 1.82 米～1.85 米，高约 2.3 米。一些佛龛边沿残存元代绘花卉、人物等壁画。

该窟洞窟型制特殊，规模较大，为晚期石窟中所少见，对研究晚期石窟的建筑形式具有重要的价值。

马蹄寺第 8 窟：又称“马蹄殿”，因窟内地面上有一马蹄印而得名。元代、明代重修。

洞窟平面近方形，深 8.6 米，宽 10.06 米，高 3 米。窟内有“凹”字形中心塔柱。

中心塔柱东向面（正面）前有高坛基，其上开凿一圆拱形大佛龛，佛龛上方平列开凿 3 个圆拱形小佛龛，龛内均有现代喇嘛教塑像。

南北壁各凿 7 个圆拱佛龛，西壁正中有一圆拱形大佛龛，两侧各有 3 个和南北相同的佛龛，龛内均为现代塑像。

东壁门南、门北和中心塔柱正面龛外两侧的南北壁残存明代重绘的力士和供养人像等。

马蹄寺周边石窟

民乐童子寺石窟：位于民乐县城东 10 公里的民联乡翟寨子水库，童子坝河从窟前流过。石窟开凿在砂质岩的山崖上，有洞窟 10 多个，现大多已残毁。其中，属北朝早期中心柱窟 3 个。平面均呈方形，顶为券顶和平顶两种。

1 号窟中心柱四面坛基以上各开一龛（造像已被毁）。窟内壁面残留壁画达五层之多，表层为清代的道教画（有西游记故事），下层发现西魏壁画。

2 号窟中心柱每面分单层开龛造像（造像已被毁）。壁画残存达四层，表层为元代千佛壁画。

3 号窟中心柱每面分双层开龛。窟内壁面残存清代绘制的密教壁画，内容有佛、千手千眼观音等。

童子寺是明清以来喇嘛教的主要活动地点。现为县级文物保护单位。

民乐上天乐石窟：又名“朝阳洞”，位于民乐县城西北约 3 公里处的洪水河西岸的砂砾石崖壁上。始建于清初，有大小窟龛 36 个，大部分已残毁，尚存 4 个编号洞窟。洞窟坐西向东，平面呈方形或长方形，多为券顶，正面设有坛基。窟内现存壁画为清代所绘，内容多系道教、儒教等神像题材。窟内壁面上有题记：“大清顺治十二年夏季动工开创洞屋……康熙六年秋季共修洞三十六处，连像俱全。”

现为县级文物保护单位。

民乐洋尕峡石刻：俗称“石佛爷”，位于民乐县城南 30 公里处的南丰乡扁都口洋尕峡口崖壁上。石刻凿于青石壁上，离地面约 3 米，坐东向西。内容为一佛、二菩萨，采用线刻法。时代大约为清代。佛像高 1.2 米，结跏趺坐于莲花台上，有背光；二菩萨立于坐佛两侧，身后有背光，足下有莲台。

现为县级文物保护单位。

肃南石佛崖石窟：位于肃南裕固族自治县皇城区大湖滩村。石窟开凿在崖壁间，大约开凿于唐，元代重修。有洞窟7个，多已残毁，只有第1、2号洞窟残存部分壁画、造像。

1号窟位于崖壁西部，窟平面呈方形，平顶，窟前部塌毁。正壁设一横长方形坛基；东西两壁残存壁画两层，表层为元代绘密宗壁画千佛，底层为唐代绘弟子、菩萨、千佛等；窟顶部绘八瓣莲花图案。

2号窟与1号窟平行相连，窟平面呈方形，平顶。正壁方形坛基上有唐代泥塑倚坐佛1身，佛像后设一泥制屏风直通窟顶。东西两壁坛基上各有唐代石胎泥塑天王1身。窟内壁画残存两层，表层为元代所绘，底层为唐代所绘，但多已脱落。

1981年被公布为省级文物保护单位。

肃南景耀寺石窟：位于肃南裕固族自治县大河区光华村境内，北距312国道20公里。石窟开凿在榆木山谷的砂砾石崖壁上，有40多个窟龛，横向排列为上下两层。据《高台县志》记载，景耀寺创建于清代顺治年间，早年寺院巍峨壮观，是当地佛教圣地。现寺院及部分石窟已被毁，尚存编号洞窟3个，窟内保存有清代密教壁画。

3个洞窟型制结构类同。窟平面均呈“凸”字形；窟内正壁及左右两壁下方均设有长方形坛基；窟内壁面绘有清代密教壁画，内容为天王、护法、坐佛、说法图及生死轮回图等，色彩艳丽，保存完好。

第四节　天梯山石窟

天梯山石窟，位于武威城南40多公里处的中路乡灯山村，在天梯山西北麓。天梯山是一支从祁连山分离出来的由东南向西北的小山脉，因山势陡峻，断崖如削，登临之难，犹如上天梯，故名“天梯山”。

天梯山西临张义堡盆地黄羊河段，石窟便开凿在黄羊河水库东岸的岩壁间。开凿石窟的岩层，主要为浅红色的砂砾岩，由红砂土夹石片相互黏合而成。另外，石窟所在地域位于西海固地震带的西端，而西海固地震带位于昌马—祁连—海原巨型弧形断裂带上，石窟区正位于该巨型弧形断裂带的两个活动段毛毛山和冷龙岭之间。虽然石窟区不存在活动性断裂，下部地壳不可能孕育发生地震，但它位于西海固最强的两地震活动地区之一的门源—古浪地带，因此周围地区的地震活动仍很频繁。

天梯山石窟俗名“大佛寺”，明正统十三年（1448年）时有洞窟26个。1927年古浪大地震前有洞窟18个；大地震后，只剩下13个洞窟。到1959年11月，相关勘察搬迁工作队将被震毁的5个石窟又重新清理发掘出来以后，并将第13窟近旁从未编过号的一个小窟加在一起，使整个石窟的现有编号总数达到19个。实际上，天梯山现存石窟不止这19个窟，附近1号沟和2号沟内也还有一些石窟遗迹，有待将来进一步发掘后予以全面编号。

现存19个洞窟集中在南北长130米，高30米～60米的岩壁间，大体可分为四层。

天梯山石窟最早开凿于北凉沮渠蒙逊时期，以后北魏、西魏、北周、隋、唐，以至宋、西夏、元、明、清各代，都有兴建或重修。

图 103　天梯山石窟　倚坐大佛

据《北凉录》记载："先是蒙逊王有凉土，专弘事佛，于凉州南百里崖中大造形象，千变万化，惊人眩目。有土圣僧，可如人等，常自经行，无时暂舍，遥见则行，人至便止，观其面貌，状如其中泥塑形象，人咸异之，乃罗土于地，后往看之，足迹隐隐，今见如此。"

又唐道宣《集神州三宝感通录》卷中记载："凉州石窟瑞像者，昔沮渠蒙逊以晋安帝隆安元年据有凉土二十余载，陇西五凉，斯最久盛。专崇福业，以国城寺塔终非云固，古来帝宫，终逢煨烬，若依立之，效尤斯及。又用金宝，终被毁盗。乃顾眄山宇，可以终天。于州南百里，连崖绵亘，东西不测，就而斫窟，安设尊仪，或石或塑，千变万化。有礼敬者，惊眩心目。"

又据明正统十三年(1448 年)《重修凉州广善寺碑铭》记载："凉州古武威郡，去西域为近，而事佛者尤广。郡东南百三十里，地名黄羊川，有古刹遗址，中有石佛像，高九丈，为菩萨者四，金刚者二，诸佛之龛二十有六。"在窟前古刹遗址又"鸠材聚工，凿山架楹，筑宫于其间，凡八层，高十有六丈，有钟鼓二楼，两庑三门……又于寺东高阜处，建塔一座，高二丈三尺，壮观实大。"古刹重修后，赐名"广善寺"。寺属田产东至小坡，西至大山，南至乱冢堆，北至水峡口。又据碑文中"番僧伊尔畸"及其"弟子锁南黑叭"等记载，可知当时当地有藏传佛教的寺院。

又据清代重修广善寺房舍清单记载，广善寺在清乾隆时期就有房舍 113 间。据《武威县志》记载，当时有僧人 230 多人，可见当时广善寺的佛事活动已达到了高潮。

另据《凉州府志备考》张澍先生辑录的《方舆纪要》记载，晋大兴二年(319 年)，"京兆人刘宏客居凉州天梯山，以妖术惑众处也"。由此可知，天梯山石窟在公元 319 年就有宗教活动。

天梯山石窟既是我国早期史书记载的一座非常重要的石窟寺，也是我国早期石窟艺术的代表，在我国石窟发展史上占有非常重要的地位。对于其历史、存在和现状，国内外学术界一直都非常关注。

1958 年窟前修建黄羊河水库，为避免洞窟受水淹之患，经甘肃省文化局与甘肃省委宣传部研究并报经甘肃省人民政府和文化部文物局批准，由原敦煌文物研究所和甘肃省博物馆联合组成天梯山石窟勘察搬迁工作队，于 1959 年 10 月至 1960 年 4 月，对天梯山石窟所存状况及其所有文物，进行了全面细致的勘察、清理发掘、测绘、摄影、临摹、记录；同时对窟内所存各代重要壁画、塑像进行剥离加固，并搬运到甘肃省博物馆内存放保管至今。在这次工作中，同时还清理发掘了被 1927 年大地震毁坏和掩埋的 5 个早期石窟，并剥出了一批北凉、北魏、西魏、北周、隋、唐、西夏及元代的壁画。

搬迁后的天梯山石窟，由于距蓄水后的水位仍有一定距离，所以洞窟内外与搬迁时一样，仍保留着原貌。部分洞窟还残留一些壁画、塑像底座、造像石胎以及窟龛与中心柱浮雕等。只有第 13 号大佛窟的下部曾在淹没区内，水位最高时大佛腹部以下浸入水中，但后于 1992 年经围堰筑坝得到保护。

2005 年 12 月 24 日，天梯山石窟文物回归武威交接签字仪式在兰州举行；2006 年 1 月 9 日，526 件文物回归武威，武威市组织专家对文物进行修复，然后在天梯山石窟原址陈列展出。

天梯山石窟于 2001 年被列入第五批全国重点文物保护单位。

第 1 窟

位于窟群第三层西北端。坐东北向西南(252°)。开凿于北凉时期,北魏、唐、西夏、元、明、清均有重修。窟室平面呈方形,覆斗形顶,中心柱窟。宽 5.94 米,深 6 米,高 5.3 米。窟室中部略偏后方凿方形中心柱,中心柱由基座和三层塔体组成,共高 5.3 米;基座四面各宽 2.8 米,高 1.1 米;塔体下层和中层各高 1.3 米,上层高 1.2 米,中下层四面正中各开一圆拱形龛,上层四面各开 2 个竖长方形的圆拱形小龛。

中心柱四面各龛内曾有明代和清代重塑(妆)坐佛(部分已被毁),其中下层龛内佛像高 0.9 米,中层龛内佛像高 0.7 米,上层龛内佛像高 0.5 米。1959 年勘察搬迁时,在中心柱北向面下层龛外右上方曾剥出了北凉浮塑飞天飘带残段。从勘察情况看,四面龛外都曾有浮塑或影塑飞天与小佛像,但都已被毁坏。

中心柱西向面(正面)曾存有 7 层壁画,由里往外剥出北凉、北魏、盛唐、晚唐、西夏等时期壁画和明代彩色纸印画,内容有佛、菩萨、飞天、千佛及背光、头光、莲蕾等。其中,以保存在下层龛内的一圈北魏绘背光和头光最完整也最为艳丽。又龛外两侧上部,各绘 2 身做"V"字形的北魏绘飞天和一佛、二菩萨等,与张掖马蹄寺千佛洞第 8 窟的北朝壁画多有相似之处。

中心柱北向面曾剥出北凉、初唐、晚唐、西夏、明代壁画和明代彩色纸印画,内容有佛、菩萨、飞天、千佛及忍冬、三角纹等图案。重要的是,在中层龛外左侧下部紧靠龛边处,曾剥出北凉残画一长条,画面高 0.6 米,宽 0.14 米,上面除有四朵馒头状的三瓣大莲苞外,中间带蒂莲花中绘有 1 身化生童子。

中心柱东向面曾剥出初唐、中唐、晚唐、西夏、明代等时期壁画和明代彩色纸印千佛画。在基座上方右侧,曾剥出横长 1.3 米、高 0.46 米的中唐壁画一片,上绘侧身向里伎乐天 2 身。伎乐天残高 0.4 米,下半身虽被毁,但头光、花冠、脸面、手臂、飘带以及上半身的轮廓均十分清晰。用色华丽典雅,神情优美。靠里 1 身,左手托供器,右手举宝铃。外侧 1 身,双手向前平举,似做拍板状。紧靠中唐伎乐天的左侧,也曾剥出横长 1.4 米、高 0.4 米晚唐重绘的坐佛 3 身。

中心柱南向面基座靠左上部曾剥出横长 2.4 米、高 0.4 米中唐绘壁画一条,画面左侧有伎乐天 2 身。靠里 1 身只存头部;画在右边口吹洞箫的 1 身,尽管胸部以下已被毁,但就所存上半身而论,色彩明快幽雅,体形十分优美。特别重要的是,在下层龛外左侧下部剥出 1 身非常完整而又十分清晰的北凉供养菩萨,菩萨身高 0.28 米,双手合十侧身向里做胡跪状。

窟室东壁(正壁)宽 5.94 米,高 4.3 米。壁画几乎全部塌毁。1959 年勘察时曾见明代重修泥层一块,但上面只隐约可看到一些不成形的纸印千佛,故搬迁时未剥取。

窟室北壁宽 6 米,高 4.3 米。北壁上部靠前处曾剥出 1 身高约 0.3 米的无头北凉小贴塑坐佛(后被摔毁)。北壁不仅是第 1 窟内保存壁画层数最多,也是整个天梯山石窟内保存壁画层数最多的壁面之一。1959 年勘察时,靠西部分已经塌毁,仅存残壁 12 平方米,而存有壁画的地方尚不到残壁面的二分之一。共保存了 9 层壁画,剥出北凉、初唐、盛唐、西夏、元代等时期壁画和明代纸印千佛画。其中北凉壁画为 2 排 19 身千佛,初唐壁画为 2 身飞天和数身赴会菩萨。

图104 天梯山石窟第1窟 平剖面图（引自敦煌研究院、甘肃省博物馆编著《武威天梯山石窟》，文物出版社，2000年）

窟室南壁宽 6 米，高 4.3 米。原绘壁画全部塌毁。1959 年勘察时，只存 12 行共 15 身明代纸印千佛，千佛高 0.17 米。鉴于这些千佛多已模糊不清和残缺不全，故搬迁时未揭取。

第 2 窟

位于窟群的最上一层，即第四层，左边与第 3 窟紧紧相连，坐东北向西南（256° ）。开凿于初唐时期，盛唐、西夏、明均有重修。窟室平面略呈方形，覆斗形顶，中心柱窟。宽 3.7 米，深 4.2 米，高约 4 米；四壁均高 3 米；入口宽 1.45 米，高 2 米。左右壁各开一个高 2.5 米、宽 2.4 米、深 0.7 米的圆拱形佛龛。地面四周设有高、（侧）宽各 0.35 米的狭长低坛，正坛正面较宽，（横宽）达 1.14 米。

窟顶曾有壁画三层，第一层为初唐原作，第二层为盛唐重绘的一佛二弟子、千佛、华盖等，第三层为明代重绘的五方佛等。

正壁（东壁）曾塑有 1 身高 2 米左右的大立佛。正壁两侧前方低坛上，各有 1 身初唐原塑、明代重妆的菩萨（高 0.82 米）。

左壁（南壁）佛龛内原有初唐原塑、明代重妆的一佛、二菩萨，佛像为倚坐式，菩萨为立式（通座 1.6 米）。但 1959 年勘察时发现均或残，或被毁，或被盗。佛龛内绘背光、头光，两侧绘胁侍菩萨各 1 身；龛外左侧绘菩萨 1 身（高 1.72 米），龛外右侧壁画已随泥层脱落。佛龛下边接近地面处曾剥出最底层的 1 排初唐时期的供养人画像（横长 2.3 米，高 0.32 米）。

右壁（北壁）佛龛内有初唐原塑、明代重妆的一佛、二菩萨。佛像结跏趺坐，通高 1.8 米；左右胁侍菩萨均通高 1.6 米。佛龛内有盛唐重绘的背光、头光，佛座左侧曾剥出盛唐时期所绘的坐式拈花菩萨 1 身。龛外右侧第三层有明代所绘的立式菩萨 1 身（高 1.72 米）。佛龛下接近地面处也曾剥出最底层的 1 排初唐时期的供养人画像（横长 1.65 米，高 0.33 米）。

前壁（西壁）窟门上方壁画第一层（底层）曾剥出初唐时期所绘的千佛 4 排计 22 身。窟门上方壁画第三层（表层）明代绘一佛、二弟子。佛像通高 0.7 米，二弟子均高 0.6 米。窟门两侧各有明代绘护法天王（高 1.9 米）。在右侧天王上方的第二层壁画上，曾剥出 3 身盛唐时期所绘的立佛（由此推测前壁窟门上方第二层盛唐壁画可能绘制的是七佛）。

窟内还曾清理出盛唐时期所绘的菩萨头像残片。

在前壁窟门上方，即在明代所绘说法图下方，自右向左，有游人墨书题记：

正统七年正月□，女男张□计和母杨□□……

在前壁右侧天王画像与窟门间，有游人墨书题记 2 行：

正统十一年七月二十一日叶昌德

秦□黑□琮泰拜

在前壁左侧天王画像外缘的云纹中，有游人墨书题记4行：

山西汾州客人党彦升郭
严黎
嘉靖十二年九月初六日到此拜
佛

第3窟

位于窟群的最上一层，即第四层，右边与第2窟紧紧相连，坐东北向西南（257°）。开凿于初唐时期，西夏、明均有重修。窟室平面呈方形，覆斗顶窟。宽4米，深4.03米，高4.2米；四壁均高3.1米；入口宽1.4米，高1.8米。正壁（东壁）开一个高3.3米、宽2.9米、深1.25米的圆拱形佛龛，左右壁各开一个高2.4米、宽2米、深0.65米的圆拱形佛龛。地面四周设有高0.2米、宽0.4米的狭长低坛。

窟顶曾有壁画三层，第一层为初唐原作，第二层为西夏重绘的千佛等，第三层为明代重绘的五方佛等。

正壁（东壁）佛龛内曾有初唐原塑、明代重妆的一佛、二菩萨。佛像身高1.64米，结跏趺坐，作说法印（“文革”中被毁）；两侧的菩萨通高2.3米。壁画几乎全随泥层脱落。

左壁（南壁）佛龛内原有初唐原塑、明代重妆的一佛、二菩萨。佛像结跏趺坐，菩萨为立式。1959年勘察时，保存均较为完整。大部分壁画已随泥层脱落。龛内泥层保存较好，从断裂泥层边缘可看到有壁画两层，表层为明代所绘的背光、头光及云纹等。

右壁（北壁）佛龛内有初唐原塑、明代重妆的一佛、二菩萨。佛像残，左右胁侍菩萨均通高1.7米。该壁原有壁画三层，佛龛内第三层（表层）为明代所绘的背光、头光及云纹等，龛外左侧有明代所绘的立佛1身（高2.1米），龛外右侧有明代所绘的菩萨立像1身（高1.8米）。在右壁龛下沿最底层壁面上，曾剥出初唐时期所绘的伎乐天4身（横长2米，高0.33米），分别画在须弥座的壶门内。

前壁（西壁）大部分壁面都已脱落，仅右侧存有第三层（表层）明代所绘的韦陀像1身（高1.8米）。在韦陀画像的右下边最底层壁画上，也曾剥出初唐时期所绘的敲击悬锣的伎乐天1身。

在前壁窟门侧，存有游人墨书题记1行：

嘉靖十二年三月初一□□□□□□尹胡佛队下军人陈□□□到大佛寺传板五□□……大□象上来拜□

左壁龛下，有游人墨书题记1行：

靖边边堡舍人言恭到此

左壁龛后方,有游人墨书题记1行:

陕西西安府渭南县商人魏腾云到此

第4窟

位于窟群第二层。坐东北向西南(252°)。开凿于北凉时期,北魏、盛唐、中唐、西夏、元、明、清均有重修。窟室平面呈方形,覆斗形顶,中心柱窟。宽5.3米,深5.32米。大部分已塌毁。在窟室中部凿方形中心柱,四面各宽2.5米~2.52米。中心柱由基座和三层塔体组成,上层已被毁,中、下层四面正中各开一圆形龛。

全窟共存彩塑佛像8身,分别在中心柱中、下层佛龛内。西向面(正面)下层龛内存明重修、清重妆坐佛1身,通高0.95米;中层龛内残存坐佛1身,残高0.75米,至少经过初唐、盛唐、西夏和清代多次重修或重妆。北向面下层龛内残存坐佛1身,通高0.97米,佛龛右侧边沿上有清“康熙五十八年金妆佛像”题记1则(条);中层龛内残存明重修、清重妆坐佛1身,通高0.95米。东向面下层龛内残存坐佛1身,残高0.75米,佛龛左侧边沿上有清“康熙五十八年金妆佛像”题记1则(条);中层龛内残存清重修坐佛1身,通高1米。南向面下层龛内存清重妆坐佛1身,通高1米,佛龛右侧边沿上清“康熙五十八年金妆佛像”题记1则(条);中层龛内残存坐佛1身,残高0.7米。

第4窟中心柱是天梯山石窟中保存北凉壁画最集中的一处。中心柱西向面共剥出北凉、北魏、盛唐、中唐、西夏、元、明等时期的壁画七层。北凉壁画所绘的飞天、菩萨、帝释天、大梵天和忍冬莲花化生童子等,线描和赋彩都达到相当高的水平。在下层龛外左侧剥出的北魏立佛1身,是第4窟中所剥出的唯一一块比较清晰和完整的北魏壁画。

中心柱北向面共剥出北凉、中唐、元、清的壁画四层。其中在下层龛外右侧剥出的1身北凉菩萨,高0.86米,是天梯山石窟中所剥出的1身最完整、最优美也最典型的北凉菩萨。在中层龛外左侧下部,也剥出1身体形优美完好、色泽鲜艳、线条刚劲的双手合十、做胡跪状的北凉菩萨。另外在下层龛龛楣一周,有“康熙五十八年”重妆佛像题记1则(条)。

中心柱东向面除了在基座的左上方剥出一小块隐约可见半身佛和菩萨的中唐残壁画外,在下层龛外两侧和中层龛外右侧,发现元代所绘菩萨各1身;在下层龛与中层龛之间柱檐的右端,也有元代绘小坐佛3身。另外在下层佛龛右侧边沿,有“康熙五十八年”重妆佛像题记1则(条)。

中心柱南向面中层龛内佛座左侧剥出一块横长0.6米、高0.18米的北凉重叠式锯齿形图案1条。下层龛外右侧,剥出北凉、西夏、元代时期的壁画。中层龛外左侧,有元代残坐佛1身,下有立式菩萨1身,菩萨上身全袒,下着紧身长裙,身后有圆形头光和上圆下方背光,是第4窟现存元代菩萨中最完整

图105 天梯山石窟第4窟 胁侍菩萨

的1身。

东西两壁大多壁面塌毁，泥层脱落，壁画全无。

北壁发现北凉、西夏、元代等时期数层壁画，其中元代绘明王、六臂观音、八臂观音、坐佛、裸体像各1身，全系藏密作品。

南壁仅在墙角处剥出一小块中唐佛像残画。

在中心柱北向面下层佛龛左侧的墨线方框内有墨书题记4行：

山内坝／弟子王天成室人包氏金妆／佛一尊施银三两二钱米面二斗／康熙五十八年十月

在中心柱南向面下层佛龛左侧的墨线方框内有墨书题记4行：

山内坝／信女杨门王氏金妆／佛一尊施银三两二钱米面二斗／康熙五十八年十月□□□男杨勉

在中心柱东向面下层佛龛左侧的墨线方框内有墨书题记4行：

山内坝／信女李门郑氏金妆／佛一尊施银三两二钱米面二斗／康熙五十八年十月□□□男李玉

第5窟

位于窟群第二层的正中间。坐东北向西南（250°）。开凿与重修时代均不明。窟室平面呈方形，覆斗顶窟。宽4.45米，深4.65米，残高3.3米。

造像与壁画全被毁。

第6窟

位于窟群第二层。坐东北向西南（256°）。开凿时代不明，经唐、明、清重修。窟室平面略呈方形，覆斗顶窟。宽3.27米～3.5米，深2.8米，高3.36米；四壁均高2.7米；入口宽1.2米，高2米。正壁（东壁）开一个底宽0.65米、高1.03米、顶宽0.35米的略呈八字顶的梯形小龛。四壁地面一周做均高0.15米、（侧）宽0.35米的小土台，其中前壁土台正面较窄，（横宽）仅0.1米，正壁土台正面较宽，（横宽）约0.45米。

正壁（东壁）已被烟熏黑，小龛内外一周残存明清时期所绘的背光、头光。

左壁（南壁）已被烟熏黑，在紧靠正壁之处，经清洗和剥离，曾发现明代所绘的老年帝王和侍臣残像各 1 身。

右壁(北壁)已被烟熏黑。

前壁(西壁)已被烟熏黑。

第 7 窟

位于窟群第二层偏东南处。坐东北向西南(258°)。开凿于北魏,经北周、西夏、元、明重修。窟室平面略呈方形,覆斗顶窟。宽 4 米,深 3.5 米,高 3.7 米;四壁均高 2.8 米;入口宽 1.3 米,高 2 米。正壁(东壁)开一个底宽 1.8 米、中高 1.9 米的穹隆形佛龛。正壁和左右壁后侧下部做高 0.3 米、宽 0.9 米的"凹"字形平台。

正壁(东壁)佛龛存在北魏石胎基础上宋塑明妆坐佛 1 身(高约 1.5 米)。龛外两侧各塑半跏趺坐菩萨 1 身,左右壁靠正壁处也各塑半跏趺坐菩萨 1 身(均高 1.2 米)。

正壁(东壁)泥层已全部脱塌,壁画全无。

左右壁(南北壁)和前壁(西壁)曾留有一定数量的壁画,但表层明代壁画全部被烟熏黑。经剥离后,发现至少有四层壁画。其中,在前壁和右壁看到一些北魏时期所绘的千佛残迹,而在左壁靠下面横宽 2.8 米、高 1.5 米的底层壁面上剥出了北魏时期绘千佛 4 排 43 身(每身千佛通高 0.37 米),第二层壁面上剥出西夏时期绘童女残像 1 身(残高 0.26 米)。

第 8 窟

位于窟群第二层偏东南处。坐东北向西南(255°)。开凿于北魏,经北周、隋、初唐、盛唐、宋、明重修。窟室平面略呈方形,覆斗顶窟。宽 3.85 米~4.15 米,深 3.68 米,高 4.4 米;四壁均高 3.1 米;塌损后的入口宽 2.2 米,高 3.6 米。正壁(东壁)开一个底宽 0.95 米、中高 2.45 米的穹隆形佛龛。正壁和左右壁下部做高 0.4 米的"凹"字形佛坛,靠正壁佛坛宽 0.95 米,靠左右壁佛坛宽 0.8 米。

正壁(东壁)佛龛内残存北魏佛像石胎,现存宋塑明妆坐佛 1 身(身高 1.5 米,须弥座高 0.5 米)。龛外两侧各塑半跏趺坐菩萨 1 身,左右壁靠正壁处也各塑立式菩萨 1 身(均高 1.8 米)。

窟顶泥层都已脱落。

正壁(东壁)泥层大都脱落,龛内残存北魏时期所绘的背光,隐约可见忍冬纹和供养菩萨的残形。

左壁(南壁)经剥离,发现四层壁画。第一层(底层)为北魏时期所绘的说法图(横宽 1.67 米,高 1.3 米)和千佛,在说法图左侧千佛下方剥出了 1 排 12 身北魏供养人(横宽 1 米,高 0.3 米,每身供养人身高 0.25 米)。第二层为北周时期所绘,但图像均被毁坏。第三层为盛唐时期所绘,在北魏说法图下部剥出菩萨双足、莲台和 2 身供养人像(横宽 1.4 米,高 0.5 米)。第四层明代壁画全部被烟熏黑。

右壁(北壁)经剥离,也发现四层壁画。第一层(底层)为北魏时期所绘的说法图(横宽 1.6 米,高 1.43 米)和千佛,壁面下方也剥出了北魏供养人 1 排数十身。第二层为北周时期所绘的说法图和千佛。第三层为盛唐时期所绘,在壁画下部剥出菩萨右足和莲台残迹(横宽 0.4 米,高 0.5 米)。第四层明代壁画全部被烟熏黑。

前壁（西壁）左侧，经剥离后，发现底层泥壁上有北魏时期所绘的立佛 1 身（身高 1.16 米）。右侧底层则发现北魏时期所绘的千佛 3 排计 9 身。在立佛下方发现北魏时期书写的发愿文 1 方，发愿文两侧有男女供养人各 3 身。发愿文为墨书魏体，内容为：

夫法性冲□超是□非之表群□□浪须导节□开□今又□借氏□氏□□□□□□□□内□□色□□□□□□□无量寿佛□□□□□□之翟氏□等执□□□氏云命□□□□□晋世法□□□□□□□□

第 9 窟

位于窟群第二层东南端。坐东北向西南（248°）。开凿于唐，经明重修。窟室平面呈方形，覆斗顶窟。宽 3.8 米，深 3.7 米，高 3.5 米；四壁均高 2.5 米；入口宽 1.1 米，高 1.7 米。正壁（东壁）前面有一宽 1.05 米、高 0.42 米的佛坛。四壁不开龛。

正壁（东壁）佛坛上残存唐塑坐佛 1 身（残高 1 米）。佛坛两侧各残存 1 个圆形莲座。

窟内泥层全已脱落，画迹全无。

第 10 窟

位于窟群第一层（底层）西北端。坐东北向西南（252°）。时代不明。

洞窟前部塌毁，后半部尚存。平面呈不规则的横长方形，宽 3.2 米，残深约 2 米，高约 4 米。

造像和壁画全被毁。

第 11 窟

位于窟群第一层（底层）中部。坐东北向西南（244°）。时代不明。

洞窟前部塌毁，现存三壁也多已风化，犹似一个方形平顶敞口大龛。窟宽 5.5 米，残深约 4.3 米，高约 4 米。正壁（东壁）下部凿有宽 2 米、高 1.2 米的大平台。

造像和壁画全被毁。

第 12 窟

第 12 窟位于窟群第一层（底层）南侧。坐东向西（235°）。时代不明。

洞窟前部塌毁，现存三壁也多已风化，像一个方形平顶敞口大龛。窟宽 3.5 米，残深约 3.4 米，高约 2.4 米。正壁（东壁）下部凿有宽 2 米、高 1.2 米的大平台。

造像和壁画全被毁。

第13窟

位于窟群的东南端。坐东北向西南(250°)。原建于唐代,西夏、元、明、清、民国均有重修。

此窟是天梯山石窟现存窟中最大的一个。从窟底到窟顶高27米,下大上小,下方上圆。窟口下宽18米,顶宽8米。据明正统十三年(1448年)所刻《重修凉州广善寺碑铭》记载,在御马太监刘永诚等重修广善寺时,曾在此窟筑楼八层,高十有六丈,现已不存。

窟内现存石胎泥塑7身。东壁正中为倚坐大佛,高23米。大佛两侧的南北两壁,从里往外分别雕造弟子、菩萨、天王各1身,高均为16米。北壁弟子为阿难,南壁弟子为迦叶。所有造像虽经后代多次重修,但仍留有一定的唐代风韵。

窟顶与东壁的泥层几乎全部脱落。南北壁上部各存清绘壁画一大块。北壁上部绘有各种花卉、云纹以及老虎供宝等;南壁上部绘有牡丹、菊花和云纹以及青狮、双鹿和驮宝白象等。

第14窟

位于窟群第四层中部。坐东北向西南(251°)。开凿于唐,经西夏、元、明重修。

洞窟几乎全部塌毁,仅残留正壁和左侧一角,残高3米,宽3.1米。从正壁遗痕来看,原来可能是一覆斗顶方形窟。正壁尚存圆拱形残龛。

正壁(东壁)残龛内有坐佛像石胎1身(高1.7米)。佛龛上边残存一些斑驳的壁画色块。

在左侧残壁角上,存有壁画三层。第一层(底层)露出唐绘飘带一角;第二层被第三层掩盖,从微露画痕来看,可能为西夏、元代所绘;第三层(表层)残存明代绘的一些黑色花朵。

第15窟

位于窟群第四层中部。坐东北向西南(241°)。开凿于北凉或北魏,经西夏或元、明重修。

洞窟前部和窟顶塌毁,仅残留正壁和左侧很少一部分。

正壁(东壁)残存原造像的石胎3身。中间的石胎残高3.4米,双腿下面的泥层及赤裸的双脚和莲台等保存较好,两侧石胎的莲台、木骨保存较好,左侧石胎旁边尚存一小段飘带。据推测这3身石胎可能是北朝所塑的一佛、二菩萨(均为立式)。

立佛下部两侧残存壁画似有三层,表层隐约能见到西夏或元、明重绘的一些方形纹样。

第16窟

位于窟群第三层西北侧。坐西北向东南(340°)。开凿于北魏,经西夏、元重修。

洞窟几乎全部塌毁,仅残留正壁和左侧一角。另在正壁崖面上突出半圆形龛柱一段,整个窟形已无法分辨。

正壁(东壁)残存北魏时期的立佛石胎1身。壁面上似有西夏或元代重绘壁画痕迹。

第17窟

位于窟群第三层西北端。坐东北向西南(245°)。开凿于北凉或北魏,经隋、中唐、西夏、元、明重修。窟顶和前壁全部塌毁,其余三壁的上半部也已塌毁,仅留正壁及左右壁的下半部分。窟宽18米,残深9.5米。在窟的正中距正壁约3.5米处,有后人所建造的宽5米、厚1.2米的泥佛坛1个。在左壁距地面约1.2米高处,有约宽1.8米的残龛1个。

正壁(东壁)两侧角及左右两壁中部计残存4个佛座石胎。

左壁(南壁)经清理剥离共残存四层壁画。在两个莲座残胎之间的第一层(底层)壁面上,发现北魏时期的立式菩萨1身。在同壁中部残泥皮上,还剥出了北魏时期的千佛若干身。第二层壁画,在上述菩萨立像的左侧,隐约可看到隋代所绘的千佛4身。第三层壁画仅留白灰残面。第四层为明代所绘,但画迹不清。

右壁(北壁)残壁上剥离出壁画三层。第一层(底层)为北朝时期所绘的莲座残迹。第二层剥离出中唐时期所绘的吐蕃供养人4身。第三层为明代所绘,但画迹不清。

1959年勘察时,在窟内清理出一定数量的北魏晚期影塑千佛和许多元代影塑和小塔。

在右壁残壁上,残存游人隶书题记一行:

万历二十三年二月五日……

第18窟

位于窟群第二层西北端。坐东北向西南(245°)。开凿于北凉,经北魏、晚唐、西夏、元、明、清重修。洞窟为"凸"字形大型窟,分前后两室。前室横阔成矩形,后室呈方形。前后室直接相连,无甬道。前室窟顶已全塌落,从两侧壁遗痕来看,前室窟顶当为人字披形。后室窟顶左半部被毁,右半部尚存,是以中心柱为中心向四方倾斜构成倒覆斗形。前室横宽14.4米,后室横宽10.6米,总纵深5.4米,其中前室深度为5.9米,后室深度为9.5米。

后室中心柱左右宽4.5米,前后宽4.3米,高5.2米。下有0.55米高的方形基座,上面为三层柱体。下层柱体高1.7米,每面各开3个圆拱形龛;中层柱体高1.6米,每面亦各开3个圆拱形龛;上层柱体高1.3米,每面各开5个圆拱形龛。

中心柱正面(西向面)的三层龛内,计存佛像10身;左向面的三层龛内,计存佛像11身;右向面的上、中层龛内,计清理出佛像4身。以上三面共清理出25身佛像。中心柱后面(东向面),因全被掩埋于乱石积土中,未加清理。

在中心柱正面(西向面)中层和上层柱体之间的柱檐右端,曾剥出北凉时期的莲花化生童子花边一条(横宽2.3米,高0.3米)。在下层三龛的龛檐和龛楣上,发现有壁画五层:第一、二层因无法剥离,内容不详；第三层为晚唐重绘的团花图案；第四层为明代所绘的坐佛、图案等；第五层为清代在泥层上贴纸作画，色彩、线条模糊不清，经剥离发现纸的背面有“康熙五十二年”等字样。

在前室左侧距地面约2.1米处，剥离后发现三层壁画：第一层（底层）为晚唐所绘的大型千手观音中的一部分，仅存部分手臂和手内所托的佛像、月亮、宝藏盒、葡萄等（横宽2米，高2.6米）；第二层为明代所绘，但色彩多已脱落；第三层（表层）为清代所抹的粗泥。

在前室左壁近旁塌落下来的一大块壁面上，曾剥出北凉供养人4身，并在其不远的地面上，清理出北魏千佛头像残壁画块等。

在中心柱正面第二层龛左起第一、二佛之间，有明代重修佛龛时的题记3行：

大明国陕西行都□东南黄羊川渠山内坝张义堡宏□□信士韩（讳）
畅达妻芮氏谨发□□□诸造中开我佛一尊祈保全家吉祥如意男孔雀（翟）
□保□□六年六月十七日

第19窟

第19窟位于窟群第一层东南端。坐东北向西南（252°）。时代不明。

洞窟平面为横长方形，覆斗顶窟。宽3.1米，深2.3米，高3米；四壁均高2.4米；入口宽1.5米，高2.1米。

窟内造像与壁画已全被毁。

第五节　天梯山周边石窟

张义堡观音山石窟

位于武威市东南60公里的张义乡堡子街西山上。天梯山石窟坐东北向西南，观音山石窟坐西南向东北，两个石窟寺遥相对望。

观音山现有洞窟6个，中为观音窟，宽3.2米，深5米，高3米。敞口，穹隆顶。地面一周做“凹”字形坛基，坛基立面刻有西夏文字和飞天。原有泥塑观音造像一尊，侍者龙女、善财二童子及影塑和壁画。南面其中一窟，保留有龛楣。第5窟为平拱敞口，宽2.2米，深3.3米，高2.8米，开有坛基。第6窟为南北向长方形龛，位于观音窟和第5窟中间，长约数十米。

观音山石窟寺原有地藏殿、地母殿、药王殿、娘娘殿、大雄宝殿、无影塔等古建筑群。后来，由于历遭劫难，古建筑群和石窟中造像与壁画被扫荡破坏一空，近年来又有重修。

新华亥母洞石窟

位于武威市城南15公里新华乡缠山村西祁连山北麓。东靠有名的磨嘴子汉墓群，西邻南营干渠，北接武威绿洲。历史上曾是喇嘛教在凉州活动的中心。

据乾隆十四年（1749年）修《武威县志》载："亥母洞，城南三十里，山上有洞，深数丈，正德四年修。"历史上用过"正德"年号达四年以上者有西夏和明朝。根据近年来在石窟中发现的大量西夏文物，证明石窟开凿最迟应是西夏崇宗赵乾顺正德四年（1130年）。该窟由于石质不佳，经过1927年大地震，洞窟被震塌，早期文物被埋在地下。

亥母洞石窟寺现已发现4个洞窟，基本都为穹隆顶。其中1号洞窟长约9米，原有4座喇嘛塔，塔上缠卷着7幅唐卡彩画，人物造像比例准确，神态生动，线条流畅；佛像排列呈辐射状，由内到外，布满画面，是西藏密宗艺术的一种特殊构图。同时在1号窟出土西夏文文书6件，其中2件盖有西夏文印章，为西夏文文书中罕有；西夏文佛经22种、34卷、265页，总字数在17000字以上，为研究西夏的佛教史、文化史、语言文字等提供了重要的资料。

20世纪80年代，当地佛教信仰者，自发清理窟前寺院废墟时，发现石刻造像、陶范、瓦当、泥塑、鸟型绣花鞋、藏文木牍、梵文残碑、瓷扁壶、各种塔婆及印花绢帛残片和毛织品等西夏文物。

亥母洞石窟寺2、3、4号窟均未被发掘清理。

金山石佛崖石窟

史称"第五山石窟"，位于今武威城西南60公里处的金山乡小口子村的南山之巅。此山是祁连山的一条支脉，山为东西走向。

现存石窟坐西朝东，分上下两层，大窟6个。其中一大窟高4米，深3米，宽4米。窟内遗存佛座，泥塑彩绘一佛、二弟子像和供养人像。窟前有一平台，平台东西长8米，南北宽6米，经调查核实为当时寺院的一座大殿。6个大窟内，其中下层有一窟为方门中心柱窟。

据《甘肃新通志》卷七"凉州府·武威"条记载："县西一百二十里，上有清泉，茂林修竹，悬崖石室，昔为隐士所居，今名石佛崖。"清代经史学家、金石考古学家张介侯（澍）先生在《凉州府志备考》卷一"祥异古迹"记载："《寰宇记》姑臧第五山，夏函霜雪，有泉茂林，悬崖修竹，自古多为隐士所居，尤多窟穴。"

据《前秦录》、《后汉书》记载和张介侯先生考证，第五山之名始于后汉。石佛崖石窟也可能开凿于北凉时期。

第四章

炳灵寺石窟及陇中石窟

炳灵寺石窟位于今甘肃省临夏回族自治州西北约40公里、永靖县西南35公里的小积石山中。炳灵寺是藏语"仙巴炳灵"的音译,意为"十万弥勒洲"。根据有关文献和第169窟内墨书题记,炳灵寺石窟最早创建于十六国时期的西秦,北魏、北周、隋、唐、西夏、元、明各代都有营造和重修。其中以唐代造像数量最多,根据风格又可分为初唐、盛唐、中晚唐时期。盛唐时期又以宪宗为界,分为前后二期。明清时期很少有单独开凿之窟龛,而多为对前人所开之窟龛加以整理或重加装饰。

据统计,炳灵寺现存窟龛216个,保存有西秦至元、明时代的造像近800尊,壁画面积约1000平方米,以及大型摩崖石刻4方、石碑1方、墨书及石刻造像题记6方。它们分布在南北长350米、高30余米的崖面上。炳灵寺的洞窟主要集中在"下寺",共有编号窟龛184个。最具代表性的洞窟为第169窟,内有西秦建弘元年(420年)墨书题记,这也是目前国内发现的最早的壁画题记。此外,附近的佛爷台、野鸡沟、洞沟、上寺等处石窟中还有一些零星的壁画和造像。

1961年,被国务院公布为第一批全国重点文物保护单位。

第一节 炳灵寺十六国时期石窟

十六国时期,随着佛教在中国的传播,在河西和长安形成了两大佛教中心。位于这两大中心之间的西秦,就成为求法僧们和禅僧们的重要的中转站和活动地。西秦统治者们也崇信佛教,不断延请名僧大德前来翻译佛经、弘扬禅法,甚至还把当时的禅僧玄高奉为国师。正是这样的背景,催生了炳灵寺的西秦佛教艺术。现存炳灵寺的西秦窟龛主要集中于第169窟。第169窟内周壁共有佛龛24个,除个别龛像为北魏所造外,绝大多数为西秦时代所造。这些龛像没有统一的规划,多为背屏式摩崖浅龛。其中以第6、7、8、10、11、17、18龛为代表。据统计,该窟内的西秦造像总共有15身,其中第6龛内的无量寿佛像是国内同类题材中最早者,龛外侧之西秦建弘元年题记,是目前国内最早的石窟题记。说法图是西秦时代壁画中最常见的题材。构图多为一坐佛、二胁侍菩萨,其中无量寿佛说法图多达4铺,释迦、多宝说法图共有3铺,特别是位于第10龛内的维摩诘经变,堪称国内石窟中最早的经变画。此外,

图 106 炳灵寺石窟 外景

千佛题材也有表现。值得注意的是，该窟中的十多处西秦供养人像具有进一步研究的史料价值。如“□国大禅师昙摩毗之像”、“法显供养之像”等。此外，在原位于姊妹峰下的第 1 窟剥出的与上述西秦风格极为相似的 1 尊立佛，以及附近的佛爷台、野鸡沟、洞沟、上寺等处尚存的一些零星的壁画和造像，也被认为最早绘、塑于西秦。1989 年出版的《中国石窟·永靖炳灵寺》分卷中附有该窟全部内容简要记录。后来魏文斌在前人工作的基础上，又对 169 窟全部内容作了细致整理，刊发于 1994 年出版的《炳灵寺一六九窟》中。2006 年，杜斗城、王亨通主编的《炳灵寺石窟内容总录》由兰州大学出版社出版，也详尽记录了包括第 169 窟在内的炳灵寺窟龛内容，并新辨识出了一些榜题文字。在整理以下内容时，上述著录均是重要依据。

第 169 窟

俗称“天桥南洞”。位于炳灵寺下寺北端崖壁上部，洞口距坝面约 30 多米。始建年代不晚于西秦，窟内现存大部分造像和壁画年代在西秦建弘元年前后，北魏又补塑部分塑像，也可能重修过，隋唐时期又补绘了部分壁画。此窟原为不规则的大型天然洞穴，经稍加修整后开龛造像。主窟高 14 米，宽

图 107 炳灵寺石窟全景立面图

26.75 米,深 19 米,窟内各壁及窟顶存有大面积或零星壁画,共编号 24 个小龛。现存造像共 76 身,其中石雕像 1 身(南壁),石胎泥塑像 21 身(西壁 17 身,北壁 4 身),泥塑 54 身(南壁 14 身,西壁 12 身,北壁 28 身)。塑像、壁画题材和题记中多有目前国内石窟中最早者。如窟内西秦建弘元年墨书造像题记(是目前国内石窟中所见的最早的造像纪年题记),又如位于北壁第 6 龛内西秦建弘元年的无量寿佛、观世音、得大势至 3 身造像,《建弘元年造像记》,以及西秦时代的第 10、11 龛画维摩诘像,第 11 龛画释迦、多宝说法像等。

第 1 龛:位于北壁上层最西侧。西秦。崖壁向内凹,不规则,在其边缘凿眼搭木板,在木板上编织藤条,然后泥塑成浅龛。高约 0.67 米,宽约 1.12 米。现存二坐佛,依崖泥塑,面相方圆,着通肩袈裟,均结跏趺坐。佛头光之间绘 1 身菩萨像。龛上方残存几方壁画,其中一方彩绘 1 身结禅定印的结跏趺坐佛,佛像东侧残存墨书榜题:“……陀□之像。”龛及龛内塑像残损严重。2 身塑像的胸部曾于 1997 年维修加固。

第 2 龛:位于北壁上层中部。西秦。制作方法同第 1 龛。龛残高 0.92 米,宽 1.42 米。现存二泥塑结跏趺坐佛,高肉髻,着通肩袈裟。西侧佛身光右方有唐天宝十三载(754 年)墨书题记:“天宝十三载,天水郡人康伏奚一心供养。”龛内塑像基本保存完好。龛上方有壁画数方,但多漫漶。

图108　炳灵寺第169窟　内景(一)

图109　炳灵寺第169窟　内景(二)

图 110　炳灵寺第 169 窟　第 3 龛　塑像

第 3 龛：位于北壁二层台东侧岩角下。西秦。半圆形背屏式龛，制作方法同第 1 龛。龛高 2.3 米，宽 2.3 米，深 0.65 米。龛内泥塑 3 身：一佛、一菩萨、一天王。佛像高 1.35 米，结禅定印，跏趺坐于长方形台基上。彩绘身光、头光，其中头光上绘 9 身小化佛，身光外绘 7 身伎乐飞天。西侧协侍菩萨赤脚立于圆台上，东侧胁侍天王左手执剑，右手举金刚杵。龛内存有多条题记，其中重要者如佛像西侧胁侍菩萨右侧有北朝、唐时期墨书榜题“大代延昌四年善鄯镇铠曹椽智南郡书干陈雷子等□窟□□”、“天水郡人康伏涣供养天宝十三载”；佛像东侧有唐人题记“雌阳……/ 上柱国李元阳礼拜一心 / 侠良□皇 / 王国神礼拜 / 方火忽管泾州四开府於闻无 / 乾元三年正月一日”；佛右侧背屏上墨书“秦州道人法通供养佛时”；龛后壁画上墨书“比丘朗智之像”等。此龛及龛内塑像保存完整，但壁画多有残损。龛外东侧、上方及后方有几组北朝壁画，未编号，均残损严重。该龛背屏曾于 1998 年加固。

第 4 龛：位于北壁中层。西秦。依崖壁凿圆券顶浅龛。高 2.5 米，宽 2.2 米，深 0.45 米。龛内石胎泥塑一佛、二菩萨立像。龛东侧又有一圆券顶小龛，内塑一禅定佛。龛内造像表层风化严重。

第 5 龛：位于北壁中层最西侧。北魏中晚期。依崖壁敷泥而成的半圆形背屏式龛。高 1.3 米，宽 1.05 米，深 0.54 米。龛内泥塑二佛像，西侧立佛，东侧善跏趺坐佛。龛内北壁有游人墨书题记“木匠姓郭三尺高 / 上八洞前显英豪 / 功圆果满成正觉 / 九玄七祖尽都超”；又“嘉靖十六年风在丁酉十二月初八 / 日洮阳眷生王制□ / 王孜 / 伏生 / 李藩 / 王朝阳 / 王朝宗 / 王朝臣”。龛背屏北侧柱有题记“信士弟子使持节都督洮州 / 诸军事安□□军世袭洮州刺 / 史州都督洮阳公姜 / 河州卫指挥韩经同舍韩彦隆舍钉四十根正月初八到/此拜佛”。龛内塑像基本保存完好。此龛东侧，第6龛背屏后泥塑上、中、下3个圆拱小龛，内各泥塑一结跏趺坐佛像，时代亦为北魏中晚期。

第6龛：凿于西秦建弘元年，位于北壁中层崖壁凹龛内，是平面呈半圆形的三瓣莲式背屏龛。高1.7米，宽1.5米，深0.76米。龛内泥塑一佛、二菩萨。佛像通高1.55米，结跏趺坐于覆莲座上，结禅定印。彩绘头光、身光。头光内绘8身小坐佛。身光有四重，上分绘火焰纹、忍冬纹和联珠纹，第三重身光两边对称绘有10伎乐天，分别持不同乐器。佛顶绘华盖。佛东侧上方墨书题名“无量寿佛”。两侧协侍菩萨均立于圆形覆莲之上。右协侍菩萨左手上举持圆形物，右手下垂握飘带，题名“□观世音菩萨”。左胁侍菩萨右手上举于胸前持物，左手下垂握飘带，题名“得大势至菩萨”。大势至菩萨上方龛壁上绘十方佛，上下两排，各有5身佛像，俱有墨书题名。十方佛下绘一站立菩萨，头戴宝冠，墨书题名“弥勒菩萨”；其东侧又绘一立佛，高约1.13米，题名“释迦牟尼佛”。弥勒菩萨和释迦牟尼佛下边绘供养人，能看出大体轮廓者共8人，皆着交领宽袖襦裙。有墨书题名，其中左起第一为“风兴弟盛兴之像”，第七为“清信女妾王之像”。供养人手持莲花或香炉，皆穿交领宽袖襦裙。释迦牟尼佛右侧为此龛造像榜题(发愿文)。原榜题较长，现已多字不存，末尾题“建弘元年岁在玄枵三月二十四日造”之句。榜题上方绘药王佛，其下绘一站立僧人，题名“沙弥僧集之像”。榜题下绘两排由僧人导引的供养人，皆侧身向佛而立，原皆有题名，其中尚可识者如“□国大禅师昙摩毗之像”、“比丘道融之像”等。从题记可知，它修建于公元420年的西秦乞伏炽磐时期。部分壁画于1998年进行表面加固。

第7龛：位于第6龛东侧较高处。西秦。依崖壁做成的泥塑莲瓣式背屏龛。残高2.9米，宽1.65米。

图111 炳灵寺第169窟 第6龛 塑像

图 112　炳灵寺第 169 窟　第 7 龛　塑像

原泥塑 3 身立佛，现只存中间 1 身，高 2.3 米，彩绘身光、头光。佛东侧壁面绘 1 身小坐佛，墨书题名“阿弥陀佛”。画面右侧原绘一佛、二菩萨，现只存 1 身菩萨，题名“大势支(至)菩萨”。菩萨后侧绘两排供养人，上排为女供养人，下排为男供养人，墨书题名漫漶不清。立佛身光曾于 1998 年加固。

第 8 龛：位于北壁下层最西端。北魏。在崖壁上敷泥做成的背屏式龛。高 0.9 米，宽 0.7 米，深 0.5 米。龛内泥塑二佛，西侧结跏趺坐禅定佛，东侧善跏趺坐佛。二佛塑像身躯部分风化严重。

第 9 龛：位于第 8 龛的东侧。西秦。依崖壁敷薄泥而成的莲瓣式背屏龛。高 1.35 米，宽 0.93 米，深 0.11 米。龛内泥塑 3 身立佛，立于覆莲上，第 1 身着通肩袈裟，第 2、3 身着袒右肩袈裟。身光、头光内彩绘莲花纹、璎珞、忍冬纹、火焰纹、绳索状花纹及联珠纹等。

第 10 龛：位于第 9 龛最东侧佛下。西秦(建弘元年前后)。在崖壁上敷泥绘制壁画，高 0.77 米，宽 0.83 米，分上下两层。上层东半部分泥皮掉落，露出底层壁画：上方绘一结跏趺坐佛，墨书题名“释迦文佛”；其东侧绘一菩萨，结跏趺坐于莲花上，墨书题名“文殊菩萨”；其下绘二供养僧人，分别题榜“沙弥众集之像”、“沙弥法圣之像”。上层壁画残存结跏趺坐佛说法图 1 铺，题名“释迦牟尼佛”；西侧协侍菩萨戴宝冠，斜身向佛而立，题名“维摩诘之像”。

第 11 龛：位于第 7 龛下。西秦。在崖面上敷泥绘制壁画。通高 2 米，宽 0.9 米 ~ 1.1 米。壁画从上而下可分四组：第一组中间绘二立佛，左侧下方绘二供养人；第二组右侧绘一佛、二菩萨说法图。佛结跏趺坐于莲座上，作说法印；二协侍菩萨立于莲花上，分别墨书题名“华严菩萨”、“月光菩萨”。画面东侧菩萨旁有墨书题名“恒州人纥奚河曹供养佛早得家保佑伏华还”；画面下部绘一供养僧人，其后导引三女供养人。第三组又可分为西、中、东三组：西侧一组绘一佛、二菩萨说法图，其中西侧菩萨左上方有墨书题名“无量寿佛”，束腰佛座下有明嘉靖三十三年(1554 年)四月十八日香客题记；东侧菩萨上方有两榜题，其中一方不清，应是此菩萨的题名，一方为“无量寿佛”。中间一组绘一说法佛，结跏趺坐于覆莲上，墨书题名“无量寿佛”。东侧一组长方形帷帐内绘两人，东侧题名“维摩诘之像”，西侧题名“侍者之像”。这也是国内石窟中所见最早的维摩诘变壁画。第四组为西侧绘一结跏趺坐佛，东侧在相轮刹柱龛内绘二佛并坐说法，二佛之间墨书榜题“释迦牟尼佛、多宝佛说法时”，二佛下绘供养人，并可见墨书供养人题名“比丘道……”、“比丘……之像”。在第四组画面中央香炉旁残存有墨书“清信弟子邢春感一心供养 / 仪凤四年□□五日……/……三月清信士□□供养……”等。

第 12 龛：位于第 11 龛东侧。西秦。在崖面上敷泥然后绘制壁画。高 2.4 米，宽 3 米。主要内容为一佛、二菩萨说法图，还绘有飞天、小型坐佛像、供养人等。主尊结跏趺坐佛右下方向佛胡跪一人，高鼻深目，披肩长发，双手前伸，表现外道皈依或胡人供养佛的情节。说法图上方残存 11 身结禅定印的小坐佛，旁皆有题记。小坐佛西侧绘有 2 身供养比丘，1 身题名“道聪之像”，1 身为高鼻深目的胡人形象，题名“法显供养之像”。主要画面内容如一佛、二菩萨，二飞天及胡跪胡人等均保存较好。

壁画旁题记还有：

古鄯信士罗尚锦进香

图 113　炳灵寺第 169 窟　第 11 龛　维摩诘经变

图 114　炳灵寺第 169 窟　第 11 龛　说法图

图 115 炳灵寺第 169 窟 第 12 龛 说法图

山西信士王道□进香

信士刘良臣刘应熊

衡州纥奚河曹供养佛早得家保佑还庞要遇 / 来文乡供养 / 回慈

恒州道人法显康乐而也礼 / 拜佛时

沙弥弘慈之像

秦州道人道聪供养佛时

河州安乡县□于此一心礼拜 / 杨□后记

佛弟□□圣 / 秦州陇城县防 / 秋健儿郭思□ / 于此修尊检校 / □□一心供养 / 佛敬记之 / 正德四年正月廿三日

第 13 龛:位于第 12 龛东侧。西秦。在崖面上敷泥绘壁画。高 2 米,宽约 3 米。在第 13 龛下方有一组壁画,原未编号,在尖拱顶相轮刹柱龛内绘二佛并坐说法,只存佛顶伞盖,伞盖之间墨书榜题"多宝佛住地…… / 说法□□(华经)教□(化)",当为释迦、多宝并坐说法。龛外两侧绘协侍菩萨,现只存左侧半身。刹柱两侧绘二飞天，最东侧绘莲花化生。

在第7龛中间佛下东侧残存一比丘像，前绘一宝瓶，其右下方绘一佛、二菩萨说法图，宽约0.4米，高约0.4米。佛下墨书题名“定光佛像”，题名两侧各绘一供养比丘。在说法图东侧绘一禅定佛，题名“释迦牟尼佛”，佛右下方绘一比丘，题名“比丘慧猛之像”。

第14龛：位于北壁下层靠近洞口处。西秦。在崖壁凹进处敷泥做背屏式龛。高0.6米，宽1.6米，深0.21米。龛内泥塑三禅定佛，依崖壁深浅高低而佛像由小到大。身光、头光内绘火焰纹、忍冬纹、联珠纹等。第1身坐佛西侧残存壁画，仅见一佛、一菩萨，中间榜题：“释迦牟尼佛□□……／□累阿难时沙弥……”龛东侧绘一方说法图。佛结跏趺坐于覆莲上说法，旁立二协侍菩萨。菩萨后，3身男供养人，戴冠，穿交领大袖袍服，拱手执莲花，依次题名为“敦煌翟奴之像”、“麻□□之像”、“……之像”。此说法图东侧画面内容模糊不清，有题名为“□□□像□释迦文佛弥勒像”。龛正上方斜壁敷泥墨书《佛说未曾有经》，宽1.65米，高0.7米，自东而西共53行，下部多漫漶。写经上方阿弥陀佛像侧有唐人题诗：“朝游灵岩入洞府，别是人间另一界。四维上下无着处，真乃虚空天外天。”并有“天宝十三年天水郡”之落款字样。

写经东侧绘一供养比丘像（残），墨书题名“比丘昙……”写经上面绘一组壁画（残），仅存二坐佛，其中东侧1身题名“阿弥陀佛像”。

龛前现存唐代立柱、斗拱等木构建筑。

第15龛：位于窟内下部西壁与北壁之间。西秦。土坯墙敷泥绘制壁画。墙高3.5米，宽4.78米，厚0.5米。墙面绘千佛，共18排，每排57身。千佛结跏趺坐于覆莲上，结禅定印。壁上分别有隋代游人题记“开皇十八年九月二日六道□□”，及明代游人题记二方。

第16龛：位于西壁下层。西秦。依崖壁敷泥做背屏式龛。共有9身造像，原编号时混编为一龛，可分四组如下：第一组为五佛造像，全部为石胎泥塑；第二组内泥塑思维菩萨像，坐于圆形束腰座上，身光内饰鱼鳞纹、联珠纹、莲花；第三组内并排泥塑大小二立佛像，左侧佛身光有墨书题记“天水郡人支院吕鸾张远权朝于此礼拜”；第四组龛内现存一佛像下半身，彩绘身光，内饰火焰纹、伎乐天。伎乐天现存5身。

第17龛：位于西壁下层。西秦。尖拱顶式背屏龛。原塑一佛、二菩萨3身立像，现存左侧菩萨。

第18龛：西秦建弘元年（公元420年）以前。位于西壁上方，以中间最大的立佛为中心，在崖面上凿大小共13个尖拱顶浅龛，从上到下分3排。从位置上讲，位于第169窟内的正壁（西壁）的中心。立佛形体高大，威仪具备，衣薄贴体。周围小龛开凿并无统一的规划，为单像龛，每龛石胎泥塑佛像1身，这些佛像或坐或立，制作简单，是第169窟最早的龛像。

第19龛：位于西壁下层中部。西秦。土坯墙敷泥并绘制壁画。高2.06米，残宽2.95米，厚0.28米。壁面上绘千佛，千佛作禅定印，结跏趺坐于覆莲上，有12排尚清晰可辨。墙面上有明、清时题记。

第20龛：位于南壁下层近洞口处。西秦。崖壁上泥塑5个浅龛，高1米，每龛各泥塑1身禅定佛像，最中间1身为释迦苦修像。

图116 炳灵寺第169窟 第22龛 佛像

第 21 龛：位于南壁中层的洞口处。西秦。在崖壁上敷泥做背屏式龛。今只存二龛，内各塑 1 身禅定佛像，彩绘背、头光。

第 22 龛：位于南壁中层西侧。西秦。莲瓣式背屏龛，高 2.3 米，残宽 1.8 米，深 0.5 米。原塑一佛、二菩萨立像，现存佛及西侧菩萨。佛像高肉髻，内着僧祇支，外穿半披肩袈裟；左手于胸前握衣边，右手下垂执袈裟一角。菩萨高发髻，双手合十立于覆莲上。

第 23 龛：位于南壁中层西端。西秦。依崖壁敷泥做成的背屏式龛。高 1.88 米，宽 4.9 米，深 0.38 米。泥塑 5 身禅定佛，皆着通肩袈裟。背屏上彩绘背、头光，饰以火焰纹、联珠纹、水波纹等。龛上方绘 4 座覆钵形塔。中间绘一比丘像，两侧墨书题记，分别为：

……岁在丙申六月十八日清信 / 张隆自概过回尘秽 / 兹湮世沉沦迴波莫知 / 济故岁微心来此灵 / 岩行道忏悔回观旧 / 率自兴盛遂发愤志 / 造宜修治此 / ……□诸□ / ……者 / 一生…… / 比丘达摩……共与此□同发此愿

图 117　炳灵寺第 169 窟　第 23 龛　佛像

清信士淳于乐丰供养/佛/清信杜顗滤一心供养佛时/佛弟子孟□(道)兰供养/比丘刘惠微比丘聂智□(奎)

另,第23龛东侧近洞口处有一圆拱形浅龛,原未编号。时代为西秦。内石雕禅定佛1身,高约1.5米,下身残。

第24龛:位于南壁最上部,与窟顶连接。西秦。画面主体绘一佛、二菩萨说法图。说法图左下方又绘一佛、二菩萨说法图,画面略小于前者。主体画面右下部绘释迦、多宝二佛并坐说法图,二佛中间以榜题,据王亨通识录,内容为"多宝佛与释/迦牟佛分半坐时"。还发现1铺文殊师利与维摩诘对坐图,榜题为"文殊师利维摩诘"。这3幅说法图周围共绘20排禅定佛。在千佛下部有一方发愿文,曾有多位学者做过识录。以下是据王亨通于1997年在修复工程时所做的记录:

比丘慧眇道弘/法□昙幽昙□(硕)昙要□(鸾)化道融慧勇僧/林道元道双道明道新昙普法炬慧□/等共造此千佛像愿生之处长□□(值诸)佛□(舍)此永已生安养/□□□□处□大□(神)通供养诸佛□(龟)得□(观)待□□(释子)/□□(无寿)教化众生弥勒□(初)下在□□□无生□(忍)□/供事千佛成众正/觉

第1窟

位于下寺沟口,姊妹峰下。建于西秦,明代重妆。天然摩崖大龛。龛内原塑一立佛,明代重妆时改为一佛、二菩萨像。1967年考古清理时,剥离表层,露出西秦原作。佛像高约4米,为石胎泥塑佛像。波浪形发髻,高肉髻,面相方圆,鼻梁隆直。着通肩袈裟,双刻线衣纹。现双臂已残。特点与169窟北壁第7龛立佛相同。在立佛一侧下方壁面绘有数身人物,但多已漫漶,只有1身僧人像尚晰。明代所塑佛像,面额方大,螺髻,着袒右肩袈裟,双臂残。二菩萨像身材修长,裸上身,着帔巾。1968年刘家峡水库蓄水后被淹没。

野鸡沟第1窟(炳灵寺文管所编第193号窟)

位于169窟北面约0.75公里的野鸡沟山崖崖壁,洞口距地面约30米。西秦所开,北魏重绘。亦有学者认为此窟即古籍中所载之"唐述窟"。大型天然洞穴,纵长方形。高7.5米,洞深24米,宽10米。北壁残存几组壁画。洞口处有一方千佛壁画,残宽1.6米,高1.1米,共有4排,上3排为千佛像。千佛壁画左下方残存一佛、一菩萨壁画,原可能为1铺说法图。这两组壁画为西秦原作。北壁中部残存几方壁画,其中一幅为一佛、二菩萨说法图,通高1.3米,宽0.8米。北魏说法图佛座下墨书,高0.29米,宽0.15米。题记为:

亡父孙阿□供养/比丘道标供养/夫诞圣住真澄神虚灵家教/能运济幽盲缕引群或

另有发愿文。说法图左侧绘一裸上身、下穿裙的思维菩萨像，右侧残存一结跏趺坐、裸上身、穿裙的菩萨，帔巾环绕，这几组壁画为北魏所绘。

第二节　炳灵寺北魏石窟

北魏时期，炳灵寺石窟出现了较大规模的造像开窟浪潮。现存这一时期的窟龛近40窟，其中洞窟8个，摩崖浮雕浅龛30个，基本上开凿于北魏延昌年间（512—516）。第2、125、126、128、132、172等窟龛均为这一时期的代表。窟形多为平面呈方形或近方形的穹隆顶或覆斗顶窟，龛形多为小圆拱形浅龛，其中穹隆顶窟内西、南、北三壁多开较低的坛基。除第184窟内有半中心塔柱外，余无中心塔柱。炳灵寺北魏窟的显著特点之一是窟龛内造像多以释迦、多宝佛为主尊，南北两壁配以一佛、二菩萨；或一佛与二弥勒菩萨或二胁侍菩萨的组合。同时，还出现了与七佛造像、浮雕涅槃像相组合的例子。这一时期窟内的壁画很少，仅见于第169窟上端的2身飞天、南壁上端的千佛及说法图。

图118　炳灵寺第172窟　佛像

第 2 窟

位于窟群南端的悬崖上，距地面约 10 米。北魏晚期所开，唐代重修。摩崖敞口龛，高约 3.2 米，宽 3.7 米，深 2.4 米。窟内设高坛基，坛基上塑释迦、多宝二佛并排而坐。佛像基本保存完整，唯双手均已缺失，其中一佛的头部亦非北魏原作，乃后代补塑。二佛间刻有许多藏文题记。南北二壁塑二胁侍菩萨。佛像脸部及菩萨身上皆可看出有重层壁画痕迹。现壁画约为唐代所绘。东壁存汉文题记“壬戌 / 四月十日”。

第 16 窟

原在窟群南端崖面最下层的睡佛院内，是依天然洞窟所建的摩崖大龛。创建于北魏，后经元、明、清重修。高约 5 米，长约 11 米，有长方形木结构窟檐。窟内有 1 尊长约 9 米的泥塑涅槃像，面东右胁而卧。佛面相长圆，身材修长，着通肩袈裟。与炳灵寺延昌二年（513 年）前后开凿的第 126、128 窟雕像属同一风格，为北魏晚期所造。后代重修时，未做大的改动，只对局部做了修改。涅槃像后地面上留有 10 个柱孔，原或为安置塑像的木柱，故推测原涅槃像后可能还有弟子塑像。檐下崖壁上，北魏、唐、明、清时皆曾绘有壁画，大部已被毁，仅存部分残块。1968 年被刘家峡水库所淹。之前窟内塑像、壁画均已被搬迁。2001 年，在炳灵寺文物保护研究所新建卧佛殿，涅槃佛像被重新复原、安置。

第 132 窟

位于崖面下层。建于北魏，明代重绘。覆斗顶窟，平面呈方形，高 3.5 米，宽约 4 米，进深约 4 米，券形窟门。窟顶斗四式两层藻井，正中浮雕莲花，莲花中有一童子。窟内南、西、北三壁皆建方形低坛

图 119　炳灵寺第 16 窟　卧佛

图 120　炳灵寺第 132 窟　交脚菩萨像

基。西壁雕释迦、多宝与二胁侍菩萨像。二佛皆面相清秀而略呈方形，着双领下垂的褒衣博带式袈裟。佛右侧菩萨右手置于胸前，左手下垂，左侧菩萨双手插莲蕾于胸前。南壁雕一佛、二菩萨。佛半跏趺坐，右手作说法印，左手作降魔印。佛右侧菩萨右手置于胸前（已残），左手提净瓶，左侧菩萨右手持花蕾于胸前，左手提璎珞。北壁雕交脚弥勒菩萨与二胁侍菩萨。弥勒菩萨面相清瘦，戴菩萨冠，交披络腋，交脚坐于方形座上，脚下有一天神双手托其双足。弥勒右侧菩萨右手置于胸前，左手提璎珞，左侧菩萨右手平举胸前，左手下垂。东壁门楣上刻一涅槃像，长约 2.1 米，首北面西，右胁而卧。头前一比丘伏地跪坐，做以手抚枕状，身后有八比丘，做各式悲痛之状。窟内壁画皆为明代所绘藏传佛教题材。

第 125 窟（龛）

位于崖面下层。建于北魏。立面方形圆拱顶浅龛，龛楣两侧雕二龙头。高 1.6 米，宽 1.5 米，深 0.3 米。龛内雕释迦、多宝二佛及二胁侍菩萨。二佛均着褒衣带式袈裟，衣褶折叠下垂，直平阶梯式阴刻线衣纹；两侧二胁侍菩萨，南侧 1 身双手于腹部捧花蕾，北侧 1 身右手上抬于胸前，左手提净瓶。龛外两侧各雕出一小龛，内雕力士像。南侧力士右手执金刚杵，左侧力士头部已被毁。龛内壁画有彩绘背光，佛及菩萨表面皆彩绘，现有残留。

第 126 窟

位于崖面下层、125 窟北侧。建于北魏，明代重绘壁画。平面近方形，穹隆顶。高 3.05 米，宽 3.75 米，深 2.95 米。窟门作圆拱形。窟内正壁雕释迦、多宝二佛及二胁侍菩萨。二佛皆半跏坐，身后各立一胁侍菩萨。上方分上、中、下三层雕千佛。上层为 7 身坐佛；中层正中为 1 身思维菩萨圆雕，其旁侧为一持笏而立的弟子像，两侧又分别雕四佛；下层壁画，绘 5 身菩萨。左右各开一小龛，分别雕立佛。南壁雕一佛、二胁侍菩萨。佛结禅定印，半结跏趺坐。佛左侧菩萨右手持宝珠上举，左手持璎珞，右侧菩萨右手举莲蕾，左手提璎珞。上方分上下两层。上层雕 5 身坐佛，下层雕 7 身立佛；下层左侧又开上下两个方形龛，内各雕并坐二佛；二龛西侧又雕一立佛。下开一龛，内雕交脚弥勒，两侧雕二胁侍及二立佛。北壁雕一交脚弥勒菩萨、二胁侍菩萨。弥勒菩萨束发戴冠，交脚坐于狮子座上。两手于胸前合十，掌心夹一莲枝。弥勒菩萨上方分上下两层雕有佛像。上层 5 身结跏趺坐佛，下层 6 身立佛，皆左手作与愿印，右手作无畏印。东壁门南北两侧上下分别开圆拱形小龛，内或雕一佛，或雕一佛、二菩萨。此外，窟内四壁浮雕千佛，小龛内浮雕一佛、二菩萨等，正壁上部还浮雕一思维菩萨及供养人。窟内总共大小雕像115 身。壁画：正壁顶明代绘密宗菩萨 5 尊。窟内壁画多被熏黑，不清晰。有阴刻线造窟发愿文一方："大代延昌二年岁次 / 癸巳六月甲申朔十 / 五日戊戌大夏郡武 / 阳部郡本国中政曹 / 子元造窟一躯仰为 / 皇帝陛下群僚百官 / 士众人民七世父母 / 做生父母六亲眷属 / 超生西方妙乐回生 / 含生之类普同福。"

图 121　炳灵寺第 126 窟　释迦、多宝佛

第 128 窟

位于崖面下层、第 126 窟北侧。北魏造像，明代重绘。平面近方形。穹隆顶略作四面披，正中方形藻井。高 3.5 米，宽 3.9 米，深 3.5 米。窟门作圆拱形，门两侧雕方形石柱，龙首莲花柱头。窟内正壁雕释迦、多宝二佛并坐，胁侍二菩萨。二佛皆面相清瘦，着褒衣博带式袈裟。右侧菩萨右手执莲花，左手残缺；左侧菩萨右手上举于胸前持宝珠，左手向下提璎珞。正壁上部开二小龛，内雕维摩居士与文殊菩萨。维摩面容清瘦，手持麈尾，坐于帐内；文殊对坐于方形台座上。南壁雕一佛、二菩萨像。佛面相清瘦，着双领下垂、褒衣博带式袈裟。佛左侧菩萨右手于胸前持莲蕾，左手提璎珞；右侧菩萨右手于胸前持宝珠，左手下垂。北壁亦雕一佛、二菩萨。佛半跏趺坐，双手已残。两侧菩萨皆一手持莲蕾于胸前，一手提璎珞。其中右侧菩萨上方还开一浅龛，内雕一坐姿菩萨、一侍立菩萨。东壁窟门上方开上下两层浅龛。上层龛内雕 6 身坐佛，双手结禅定印，下层龛由北向南依次雕有 1 身供养比丘、7 身立佛、1 身比丘、1 身思维菩萨。窟门外两力士已风化，仅留痕迹。门外顶上浮雕一骑象菩萨（已风化），南侧雕一供养弟子（风化模糊）。

壁画均为明代所作。窟顶方形藻井内画一欢喜佛，仅留残迹。四壁为明代画密宗佛、四臂观音、宗喀巴、护法等形象。窟内佛像损坏严重，壁画亦基本被熏黑。

第184窟

亦名“老君洞”，居窟群最南端的大寺沟口西侧，位于原第1窟南侧上方的姊妹峰半山崖上，距坝面70多米高。北魏开窟，唐代重修，清光绪修时加塑道教老君像等塑像数身。平面略呈横长方形，穹隆顶，为典型的北魏窟形。高约6米，宽约8米，进深约3米。窟门高4.5米，宽4.3米。

正壁顶两侧各凿二层佛台。从正壁前凸凿出的半中心柱正面开浅龛，原应存北魏造像，清光绪年间被改为浮雕老君坐像1尊，左手持乾坤盘，右手饰物已失。南北壁分塑一骑狮菩萨和四臂观音，老君南侧塑一坐莲座道人。北魏佛像虽被改为老君像，但背光及火焰纹仍为北魏原作。此窟中最有价值的当系北魏壁画。

1981年和1982年曾对该窟做过两次考古清理。原壁画后人用石膏及硬石膏所覆压，1982年经过科学方法清洗出原绘壁画。

东壁门北侧上方清洗出北魏壁画，所绘内容为千佛，每身佛像旁原皆有题名。可分为上、中、下三层：上层绘过去七佛，自右至左可识读者有“第一唯越佛”、“第三随叶佛”、“第四拘留秦佛”、“第五拘那舍尼佛”、“第六迦叶佛”、“第七释迦牟尼佛”。中层共绘3铺佛像，右侧绘释迦、多宝佛并坐，二佛两侧各侍立一菩萨，依题名，右侧为“观世音菩萨”，左侧为“文殊师利菩萨”；中部绘“东方□（拘）楼孙佛”和“□□佛”，其左侧侍立一菩萨为“普贤菩萨”，其余不能辨认；左侧绘二佛像则无题名。下层亦绘3铺佛像，依题名可知，右侧绘“智华生佛”，两侧各绘1身胁侍菩萨，右侧为“药上菩萨”，左侧为“药王菩萨”；中部绘“上云灯佛”，其上方绘“极高德聚佛”和“大坚佛”，左侧侍立“妙肩菩萨”；左侧绘二佛，为“宝光日殿妙尊音三佛”和“宝严佛”。

北壁中层清理出北魏壁画，分上下两层。上层绘七佛，题名自左至右依次为“第一□婆佛”、“第二识佛”、“第三□□佛”、“第四拘留秦佛”、“第五拘那舍牟尼佛”、“第六伽叶佛”、“第七释迦牟尼佛”；下层绘二佛并坐，题名“释迦牟尼佛”、“多宝佛”，本幅壁画左侧还绘有2身佛像。

门顶画七坐佛，往南侧画一立菩萨。窟内东壁门北侧刻唐人题记：“天宝二载□□□（戊丑月）/宗抱容全希雨沛记/河州安乡县/人郑元璋/一心供养。”此外还有明人刻题数则。南壁完整保存清光绪十六年（1890年）重修时的墨书题记。

第三节　炳灵寺西魏、北周、隋石窟

炳灵寺石窟的西魏、北周和隋代石窟数量虽然并不多，但对佛教艺术风格的逐步突破与革新，使得这一时期的雕塑作品呈现出继承与发展并举，创新与传统并存的承前启后的风貌。总体而言，炳灵寺石窟北魏晚期至西魏造像以“秀骨清像”、“刻削为仪”为主要特征，北周造像面形则略为方圆，佛像低肉髻、菩萨长颈是其特征。从仅存第8、134窟来看，到了隋代，窟内造像已由前代石雕而变为泥塑，面相则兼具清秀与丰圆的特征。特别是第8窟的男女供养人，不仅服饰具有写实性，而且整体表现纤秀、华丽，极具气韵，具有向初唐发展的过渡性特征。

第 134 窟

位于第 132 窟北侧偏上。建于北周，壁画经唐代重绘，造像为泥塑，经明、清重修、彩妆(一说为北魏晚期开，西魏、北周、隋、唐、明重修)。乃利用天然洞窟修整而成，平面为长方形，高 2.8 米，宽 3.6 米，进深 1.8 米。顶略作穹窿形，圆券形窟门。三正壁设高坛基，正壁稍高出，平面又似马蹄形。坛基正中塑一佛、二菩萨，面相清瘦中趋于方圆。佛内着僧祇支，外着右袒半披肩袈裟。佛右侧菩萨左手持莲蕾上举，右手执帔巾，左侧菩萨右手持莲蕾上举，左手执帔巾(有认为两胁侍菩萨为明代所作)。主尊造像组合左右两侧又各塑 1 身结跏趺坐佛，但非原作，似为后代补入。南北二壁各有 1 身立佛，也似为后代迁入。

窟内壁画为唐代重绘(也有人认为窟顶千佛可能为隋代所绘)。主尊佛头光上画华盖、菩萨伞盖等，以绿色为主，至于朵云纹则为唐后期画风。身光左侧绘乘象普贤菩萨，右侧绘骑狮文殊菩萨。正壁顶部绘三佛，两侧壁上部皆绘千佛。三壁坛基下画中晚唐时供养人像 14 身，均有“邑子”题名(能识者共有 13 条)，由南向北依次如下：1.已不能识；2.邑子比丘荣贵供养佛时；3.邑子比丘法甚供养佛时；4.邑子比丘昙旷供养佛时；5.邑子比丘昙兴供养佛时；6.维□智钦供养佛时；7.邑子比丘智林供养旨时；8.邑子比丘昙藏供养旨时；9.□□□□昙相供养旨时；10.□□比丘惠□供养佛时；11.□生比丘僧和供养佛时；12.邑子比丘智馥供养佛时；13.邑子比丘慧□供养佛时；14.邑子道供养佛时。

第 6 窟

位于窟群南段、第 5 窟之北。建于北周。前狭后宽，平面呈横长方形，平顶。窟高 2 米，进深约 2 米。现存雕像为一佛、二菩萨，余皆被凿去。西壁开一浅龛，内雕一佛像半跏趺坐于一横长方形台座上。低肉髻，面相丰圆，短颈，着通肩袈裟。佛右侧菩萨右手提净瓶，左手提一圈念珠。左侧菩萨右手上举于胸前，拇指和食指间夹一宝珠，左手于腹部执一长形物。

窟内壁画作于北周。正壁佛像袈裟为田相纹，佛、菩萨脸部原贴金箔。彩绘身光、头光。头光共绘三圈纹饰，由里向外依次为椭圆纹、缠枝花蔓纹、菱形和圆形相间纹。南北壁上方西侧对应绘 7 身禅定佛。四壁画千佛 17 排，每一佛之间以树间隔，共计有 746 身。四壁下部绘山林动物。其中画面较清晰，可见数只猴子在奔跑，或为猴王本生故事之表现。

第 8 窟

位于窟群南段。建于隋代。平面略呈方形，低坛基，平顶。窟高 1.8 米，宽 2.25 米，深 2.05 米。窟内正壁坛基上泥塑一佛、二弟子、二菩萨像。佛像螺发，面相丰圆，着袒右肩袈裟，胸前有“卍”字符号，半跏趺坐于坛基上。佛右侧弟子为少年形象(似为阿难)，着交领袈裟，立于台基呈六边形的莲台上。左侧弟子为长者形象(似为迦叶)，着双领下垂袈裟，亦立于台基呈六边形的莲台上。右侧菩萨像为唐代补塑，头部及双手已被毁，上身袒露，下着长裙，立于圆形莲台上。左侧菩萨面相丰圆，双臂已被毁，肩搭帔巾，

图 122 炳灵寺第 6 窟 佛像 北周

露出上下三层衣裙，立于台基呈六边形的圆形莲台上。该身菩萨，造像比例适度，是隋代塑像之杰作。

窟内壁画为隋代原作。窟顶彩绘二重四平棋，平棋井心画四重莲瓣，由莲四周辐射出 6 格，每格内白色平涂一裸体飞天，形如童子。平棋方框饰以蓝色忍冬纹。正壁彩绘佛的背光、头光。火焰状头光外围绘 7 身禅定佛。佛头光两侧彩绘佛十大弟子像，其中右侧 4 身，北侧 6 身。佛下方两侧各彩绘供养人像一组，但现仅留残迹。其中右侧还可见 2 身着圆领窄袖衫，腰束带的供养人。南壁顶部绘垂幔，垂幔下绘8 身菩萨。在垂幔与菩萨间，还绘有 7 身弟子像。南壁下部绘供养人两排，上排为男供养人，共 11 身，下排为女供养人，共 15 身。男供养人多戴软角幞头，着圆领窄袖长袍，足穿靴。每身供养人旁皆有竖书题记，内容相同，皆为“□(清)□(信)□(佛)弟子一心供养”。女供养人多上着白色圆领窄袖衫，下着齐胸素色襦裙，长长的帔巾自双肩垂至膝部，双手于胸前持莲华。北壁上部绘 5 身坐姿菩萨，皆面向东。菩萨上方与帐幔之间，绘 5 身弟子像。下部菩萨塑像的右侧绘男女供养人两排。上排男供养人共 10 身，原皆有题记，但现已模糊不全。从现存文字看，皆为已故之人。下排女供养人共 12 身，服饰皆与南壁同。东壁门两侧为维摩、文殊像。北侧维摩居士坐于方形台上，南侧文殊菩萨坐于屋帐内，两侧画飞天及四众。正壁佛身光北侧上方刻西夏文六字真言“唵嘛呢叭咪吽”。北壁第 4 身菩萨前方刀刻“至正廿六年十二月二日”等数条游人题记，东壁窟门上方亦有墨书题记“王天赐”。

图 123 炳灵寺第 8 窟 供养人 隋代

第四节 炳灵寺唐代及以后石窟

唐代是中国封建社会的鼎盛时期，炳灵寺唐代开窟造像亦空前绝后。仅就下寺现存窟龛而言，唐代开凿的就达134个，占全部窟龛的三分之二以上。根据造像风格和题记，学界又将唐代窟龛分为初唐、盛唐和中晚唐几个阶段。盛唐以宪宗为界，分为前后二期。唐代窟龛多为平顶，平面多作方形或马蹄形。造像多“1铺7身”，即一佛、二弟子、二菩萨、二天王的布局，个别仍保留有一佛、二菩萨的布局。唐代还出现了一些大像，如第171窟造像就高达27米，现已成为炳灵寺石窟艺术的代表。窟内造像题材多为阿弥陀佛、药师佛、观世音菩萨等。风格上，初唐造像面相丰圆，但仍保留有前期的一些特点，第91、92窟可为其代表。从盛唐前期开始，造像风格发生了明显变化，造像无论面相还是体形，皆呈现出丰满、圆润的造型特色，颈部刻三道纹，第45、46、51、52、53、54等窟龛可为其代表。盛唐后期，造像风格总体上无太大变化，但佛与菩萨面部表情趋于肃静，形体亦趋短，且有些机械感，不似前期那样自由、活泼。第1、13、24、25等窟龛可为其代表。中晚唐时期，造像面部更显丰肥，面部下颊部丰满得近乎臃肿，表情也更加严肃。唐代以后，炳灵寺石窟艺术时盛时衰，但总体上趋于衰落之势。从现存遗迹看，宋、西夏、元、明各朝在炳灵寺鲜有开凿新的洞窟，更多的是重修、补塑、重绘前代窟龛。元、明时期，喇嘛教盛行，窟内增画了许多密宗题材的壁画，如千手观音、明王等题材，不过亦毁坏了许多前代雕像、壁画。清同治年间，炳灵寺遭受了人为的破坏，许多窟龛中的塑像被毁。

第4窟

位于窟群南端、第3窟东北侧。建于盛唐，明代重绘壁画。三壁有低坛基，平面呈马蹄形，平顶略带穹窿形。高约2米，宽3米，进深2.6米。正壁造像原为“1铺7身”组合，即一佛、二弟子、二菩萨、二天王。佛呈善跏趺坐姿坐于长方形须弥座上，右手抚膝，左手托钵。右胁侍弟子面相清秀，呈少年形象（似为阿难），左胁侍弟子面相老成，呈长者形象（似为迦叶）。右胁侍菩萨高髻被毁，天王头已被毁。左侧菩萨、天王俱被毁。左右壁原各雕一菩萨、一天王，现左壁菩萨、天王俱毁。

窟内壁画均为明代所绘藏密题材。门左侧有明代嘉靖十六年（1537年）题记：“大明国陕西道州在城居住，奉佛发心彩画，信士……/嘉靖十六年二月初八画□吉祥如意。”

第168窟

位于下寺石窟群北端崖面中层。建于初唐、盛唐之交，明代重绘壁画。平面近方形，平顶略作券形。高2.4米，宽2.6米，进深2.7米。三壁有稍高坛基。

西壁造像为一佛、二菩萨、二天王像组合，均为初唐末、盛唐初时造像。佛磨光高肉髻，面相丰圆，颈部有三道纹。呈善跏趺坐姿，左手抚膝，右手施无畏印。南侧弟子眉目俊秀，为少年相，左手持念珠。北侧弟子深目高鼻，为长者相，双手合掌而立。南侧菩萨右舒相坐于束腰方形座上，右手抚膝，左手于膝上持宝珠。北侧菩萨左舒相坐于束腰方形座上。南侧天王保存完好，右手叉腰，左手成拳上举，跨立于须弥山形台座上。北侧天王头部已被毁，唯留足下须弥山形台座。

窟内壁画皆为明代所绘藏密题材画。西壁、北壁壁画大部脱落。

第3窟

位于下寺窟群南端、第4窟之南。盛唐前期造像，明代重绘壁画。平面基本呈方形，平顶。高3.5米，宽3.4米，进深3米。窟室正中造一石雕四面方塔，类似印度覆钵式塔的三珠宝冠式塔。塔高约2.3米。塔顶与塔身皆为中国汉式风格，四方形塔基。塔顶为屋式四面披，披下横枋柱头上做仿木斗拱结构，为坐斗二出两跳。塔身正面分上、中、下三层。上层分上下两层各6区，分绘坐佛及禅定比丘；中层开一方形深龛，龛外两侧各彩绘1身坐佛，左右栏杆上各画胁侍菩萨；下层分3区，左右两区各1身天王像，中间一区为供养人像（模糊）。塔身右面（南面）正中绘“骑狮文殊五尊”像，周围绘千佛，塔身左面（北面）绘乘象的普贤菩萨，周围绘千佛。塔身背面（西面）正中绘1身水月观音及其下方的善财童子等，周围绘千佛。塔基正面有十级台阶，左右两面绘画，内容不详。

窟内南壁分上下各开一小龛，上龛内雕一佛、二弟子、二菩萨像，下龛内组合雕像已被毁，以壁画代之。

现存窟内壁画皆明代所绘。此外，石塔及南壁龛下还有数则明代及民国时期的游人题记。

第49、50、51、52、53、54龛

位于窟群中段，为一排摩崖小龛。开于盛唐前期。其中第49、50、51、52龛为立面呈长方形尖拱顶浅龛，每一小龛中雕一菩萨立像，一手提净瓶。第53、54龛为方形摩崖浅龛，皆内雕一坐佛、二菩萨像。其中第51、52、53、54龛俱有题记。

第51龛题记为：

大唐永隆二年闰七月八日巡察/使典雍州李玉醴泉/县骆弘爽敬造/救苦观世音菩/萨一躯

第52号龛题记为：

大唐永隆二年闰七月八日御/史台令史蒲州河/东县张积善奉/为过往亡尊及/见存眷属一/切法界众生敬造/救苦观世音菩/萨一躯

第53龛题记为：

大唐永隆二年 / 闰七月八日巡察史判官岐州 / 郿县丞轻车都 / 尉崔纯礼为亡 / 考亡妣敬造阿 / 弥陀佛一躯并 / 二菩萨

第 54 龛题记为：

大唐永隆二年 / 闰七月八日陇 / 右道巡察使行 / 殿中侍御史王 / 玄策敬造阿弥 / 陀佛一躯并二 / 菩萨

上述诸窟风化处曾于 1997 年用 PS 材料喷涂加固。

第 64 窟

位于下寺石窟群中段。建于盛唐前期。中小型龛。立面为横长方形，平面为长方半月形。高约 1.2 米，宽 1.5 米，进深 0.4 米。内雕一立佛、二菩萨、二天王。佛磨光高肉髻，面相丰圆，着袒右式袈裟。左右两侧菩萨身体呈"S"形站立于半圆形莲台上。左右两侧天王像头部俱被毁，上着甲胄，下着长裙，站立于小鬼肩上。龛上首有唐高宗仪凤三年（678 年）张楚金撰摩崖碑刻。张楚金撰文刻于第 64 龛上部岩壁上，有 40 行，每行 42 字，可辨识者仅一半，很多地方难以贯通理解。

第 147 窟

建于盛唐前期，明代重绘壁画。平面作马蹄形，平顶，低坛基。南北壁各开一圆拱形禅窟，原曾有窟檐。窟高 3.7 米，宽 5.8 米，进深约 5.08 米。

内石雕主体组合为一佛、二僧、二菩萨、二天王，全部造像头俱被毁（其中南壁天王头部、佛头部于 1985 年复原）。正壁存一佛、二弟子，南北壁各存 1 身菩萨、1 身天王。佛前面的台基上还雕有 2 身供养菩萨像，但头部已被毁。在佛与右侧弟子之间，以及南壁菩萨与天王之间各有一座明清时期泥塑高僧灵骨塔。

窟内壁画为明代所绘，为藏密题材，但变色、褪色严重。窟门外南北侧有题字两行。南侧题记长 32 厘米，宽 17 厘米，内容为"秦州上邽县 / 杨药师记也"；北侧题记内容有"妙善 / 英住 / 任□□/ 李□/ 皋"等，或为供养人名。窟门外北侧岩壁上有今人常书鸿题记。

窟内造像先后于 1985 年、1990 年两次做黏结修复。

第 10 窟

建于中晚唐。平面为半圆马蹄形，平顶略呈穹隆形，正中凹入并画藻井，高坛基。窟高约 1.9 米，宽约 2.2 米，进深约 2 米。

窟内造像为一佛、二僧、二菩萨、二天王。佛像头部被毁（佛像除头部现缺外，其他部位已于 1982

年复原)。南侧弟子像不存,北侧天王像现保存于炳灵寺文管所库房内,北侧菩萨像已不存。

壁画基本为唐代原作。窟顶藻井中心画一圈形似宝相花纹,周围绘 4 身飞天,衣带飘扬。正壁佛像彩绘背、头光,边饰类似宝相花,外圈绘火焰纹。顶绘华盖,上有宝珠。佛像背光左右各画一高树,树下又画一红梅树。弟子、菩萨、天王像头光中绘缠枝花蔓、火焰纹。佛像南北两侧弟子和菩萨立像之间壁面各彩绘 1 身子弟子像。南北两壁均绘小千佛,现残存千佛约 38 身。千佛均高肉髻,着红色双领下垂袈裟。头光白色,身光蓝色。

此外,在正壁佛像南北两侧天王像和菩萨像之间壁面上各有明代所绘坐佛像 1 身。

北侧天王像原址右上方有明代墨书题记:"嘉靖十六年六月十六日阶州右所 / 信士□□□。"

第 11 窟

建于中晚唐。平面为马蹄形,平顶,中心略凹入并画藻井,高坛基。窟高 1.9 米,宽 2.3 米,进深 1.9 米。

窟内造像原为一佛、二弟子、二菩萨、二天王,现存一佛、二弟子、一菩萨。佛像面相丰圆,颈有三道纹,着袒右肩袈裟,结跏趺坐于束腰叠涩方座上。两侧弟子像头部均被毁,北侧菩萨像已被毁。北侧天王像保存完好,身着铠甲,双目怒睁,气势威严,体现出唐代彩塑艺术之高超技巧。

壁画为唐代原作,内容、布局均与第 10 窟相近。窟顶正中彩绘莲花藻井,藻井周围绘 5 身飞天围绕飞行。正壁佛像头顶绘华盖,头光、背光花纹已模糊,背光两侧分绘高大棕榈树。南北壁前的菩萨造像和天王造像之间的壁面上各彩绘有菩萨、弟子各 1 身。菩萨皆高发髻,花冠,袒上身,下着长裙,斜披络腋。北壁弟子头光被后代人增绘黄色头形。北壁天王造像的壁面上绘有宝盖。在南北两壁壁面上还各绘有坐佛 5 排,现存共约 50 身。

此外,在窟内造像身上及南北两壁还留有明代墨书题记数则。

第 171 窟

位于窟群之北。建于盛唐、中唐之际,明代重修。摩崖造大像龛,龛高约 30 米,像高 27 米。大佛前原有木构建筑,现已被毁。大佛原为波状发髻,明代重妆时改为螺髻。有毫光,相方面圆,颈有三道纹,后经重新妆銮。当年造像时,鼻头即未被凿出,呈平状,后加一木制鼻头。厚唇。敷搭双肩之大衣,上部作云纹,内著僧祇支。右手扶膝上,左手置胸前,善跏趺坐。膝下俱后补妆銮。衣纹作反直平阶梯式,作圆线条。原为双领下垂式袈裟,但重修时改为袒右半披式袈裟。上半身石雕,下半身泥塑。据明正德十二年(1517 年)《重修古刹灵岩寺碑记》,明代曾在大佛前修建九层楼阁以保护大像,清同治年间楼阁被毁。1967 年曾清理出九层楼的柱础,1982 年对大佛腿部进行了加固。

上寺

又称"大佛洞",距下寺窟群约 2.5 公里。创建于隋代,明、清及近代重修。内现有隋代所塑的弥勒像 1 身,高达 4 米。从隋唐时期开始,这里的佛事活动就很兴盛,元明以来逐渐成为密教活动的中心之

图 124　炳灵寺第 171 窟　大佛像

一。元代曾建有密宗院，明万历年间又修建了藏经阁、文殊殿等建筑。现存始建于明万历年间的卓玛佛殿，殿内存近代塑绿度母像。寺内还藏有清康熙二十二年(1683 年)刊印《大藏经》1 部共 60 余卷。另有部分精美唐卡，其中绿度母画像为九世班禅所赠。现编号有 13 个窟龛。其中除 2、3 号窟原为唐代所建外，余皆为明代所建。

上寺 1 号窟：居上寺院内。又叫“卓玛洞”，因内塑 1 尊卓玛佛而得名。窟口原有木构佛殿，又称“卓玛殿”。高 3.28 米，宽 6.1 米，深 4.64 米。最早的卓玛殿始建于清康熙年间，同治时全部被烧毁，光绪期间复建，继而于民国十七年(1928 年)焚于战火。民国二十六年(1937 年)地方民众复次修建了藏式平顶卓玛佛殿，上世纪 60 年代被拆除。现存的卓玛殿是 1986 年由当地群众及善男信女募化捐资，循汉式重建而成，基本恢复了昔日的巍峨雄姿。重修后的卓玛殿面阔三间，进深五间，三间转五，前转后不转，与卓玛洞连在一起。

上寺 2 号窟：即“大佛洞”。位于上寺寺院东侧崖壁上，距地面约 12 米。系天然洞穴经人工修整成的方形平顶窟。高 6.35 米，宽 3.55 米，进深 2.6 米。创建于唐代，明代重修，民国二十七年(1938 年)又重彩并建窟檐。内塑一善跏趺坐弥勒佛像，石胎泥塑，通高 4.29 米，其中莲台高 0.3 米。螺发，双足踩覆莲。右手臂放在右膝上，手心朝下；左手平伸举于胸际，手心朝上，手心置一法轮。

弥勒佛身后彩绘背、头光，以土红、蓝、绿三色相间而绘。在背、头光两侧墙壁上有蓝、土红二色云气纹。龛门为木构檐，在顶中间的一条檩上有墨书题记：“中华民国二十七年岁次戊寅月谨立。”

上寺第 3 窟：位于上寺喜佛沟下层山崖，距地面约 20 米。唐代所建，明代重修、重绘。系天然洞穴经人工修整成的方形平顶窟。高 2.35 米，前后宽度不一，进深 2.6 米。正壁原雕有 5 身造像，但现已无存。窟顶雕二龙戏珠。窟内壁画皆明代所绘藏密题材。

第五节　炳灵寺石窟重要附属文物

除了石窟内的雕像、塑像和壁画外，炳灵寺还保存有一些重要的附属文物，根据质地可分为四类：一、泥塑 / 石雕；二、铜器；三、佛经经卷；四、唐卡。上述文物被全部保存在上寺 1 号窟中。现根据王亨通《炳灵寺上寺 1 号窟、2 号窟内容总录》所载，列举如下：

一、泥塑 / 石雕

卓玛佛(即绿度母)：泥塑。1937 年重塑。存放于卓玛洞正中木阁内。保存完整。为卓玛洞主尊。通高 1.63 米，其中佛座高 0.31 米。右舒坐于仰覆莲座上。在仰覆莲座下是束腰座，四面各悬雕 2 个狮子，共计 8 个，又称“八狮抬座”。背项光有四层，从里往外第一层为莲瓣；第二层为 20 个度母，均镏金；第三层为宝珠；第四层(最外层)莲花上镶嵌珠宝，莲花均镏金。此尊绿度母再加上背光上的 20 个度母，共计 21 个度母。

佛像(释迦牟尼佛)：石雕。造于明清之际。存放于卓玛洞铁门外东侧。保存完整。通高 1.44 米，其中佛座高 0.54 米。螺髻，左手禅定，右手抚膝（降魔印），结跏趺坐于仰覆莲座上。佛座石雕为束腰形，束腰中间有两小圆柱，小圆柱左侧一狮、一侏儒，右侧一兽、一侏儒。

佛像（释迦牟尼佛）：泥塑。明代。存放于卓玛洞铁门外西侧。保存完整，唯右手腕和右脚有一条细小裂隙，莲座边缘有轻微残损。通高 0.94 米。螺髻，着袒右肩袈裟，内着禅裙，赤足立于圆形莲座上。左臂上举，手作无畏印；右臂微屈向下，手作与愿印。

骡子天王（又称吉祥天母）：泥塑。造于民国二十六年（1937 年）。存放于卓玛殿西侧。保存完整。通高 1.91 米，其中木质底座高 0.05 米。头戴五骨冠，弯月与孔雀翎为饰；颈上人头项练（非“项链”。下同），五蛇为饰；穿天衣，着虎皮裙，腰系红短棒，裸前胸；右手上扬持金刚杵权杖，左手托盈血之颅器。侧跨于黄骡之背，飞行于血海之上，以绿蛇为辔，上系黑白骰子、毒皮囊，人皮为鞍，首级倒垂，现盛怒相。

佛像（弥勒佛）：泥塑。明代。存放于卓玛洞东测水泥台。发髻顶丢失，做毫光的圆珠丢失，左耳垂丢失，小拇指丢失，颈部有一条裂隙，右肘上有一条裂隙，原来的佛座丢失。身高 0.97 米。螺髻，着袒右肩袈裟，内着禅裙，有腰带。结跏趺坐。左手举于胸前作施舍印，右手举于胸前作嘱咐印（说法印）。此身塑像系 1986 年 11 月 19 日在上寺卓玛佛东侧发现的洞内的 9 身造像（6 身泥塑像、3 身铜像）之一。

菩萨像（四臂观音）：泥塑。明代。存放于卓玛洞东侧水泥台。现五瓣花蔓冠中只剩中间的一瓣；中间双手指残损；两膝残损严重，露木质骨架；原前底座丢失。高 1 米。葫芦形发髻，金刚杵顶髻，结跏趺坐。四臂中前两臂举于胸前，双手做合十状；左后臂举于左侧，手持八瓣莲花，与耳际齐；右后臂举于右侧，手持水晶念珠。此身塑像系 1986 年 11 月 19 日在上寺卓玛佛东侧发现的洞内的 9 身造像（6 身泥塑像、3 身铜像）之一。

佛像（燃灯佛）：泥塑。明代。存放于卓玛洞西侧水泥台。保存基本完整。现头顶残损，颈有二条裂隙，右手指缺失，原佛座丢失。高 0.93 米。螺发，着袒右肩袈裟。结跏趺坐。左手置于腹际，手心朝上，手心举珠宝，右手放置于右膝上。

菩萨像（普贤菩萨）：泥塑。明代。存放于卓玛洞西侧水泥台。保存基本完整。八瓣冠中丢失一瓣，七瓣完整，颈有一条裂隙，原来底座丢失。高 1 米。双手作说法印，结跏趺坐。

二、铜器

卓玛洞藏铜质文物共有 43 件，其中造像 41 尊，塔 2 座。编号从 T—1 至 T—43。T 是“铜”的汉语拼音第一个字母，代表铜器类。

菩萨像：编号 T—1。铜质镏金。明代。保存完整。通高 34 厘米。游戏坐于仰覆莲台上，右足踩一朵莲花，右臂举于膝前，手持镂空的莲花于右肩侧；左肩侧莲花与右肩侧莲花相同；左臂举于胸前，作说法印。

佛像：编号 T—2。铜质镏金。明代。保存完整。通高 31 厘米。螺髻，半披肩袈裟，结跏趺坐于仰覆莲台上，右手作降魔印，左手于胸前作禅定印。

佛像：编号 T—4。铜质镏金。明代。保存完整。通高 22 厘米。螺髻，右臂下伸，作施愿印；左手置于右足之上，手心朝上，作宝印；结跏趺坐于仰覆莲台上。

佛像：编号T—5。铜质鎏金。明代。保存完整。通高21.5厘米。螺髻，右臂向外下伸，手心向下，五指略屈；左臂于腹前，手心向上，作禅定印；结跏趺坐于仰覆莲台上。

绿度母像：编号T—6。铜质鎏金。明末清初。现造像完整，其上镶嵌的宝石部分有失。通高19厘米。游戏坐于仰覆莲台上。右足踩一莲花，右手于右膝前，手心朝外，大拇指和食指持一束莲花；左臂举于胸前，手心朝外，作说法印。

黄财神：编号T—7。铜质鎏金。明末清初。保存完整。通高16.5厘米。游戏坐于仰覆莲台上。右足踩海螺宝，右手于膝上，手持如意宝珠；左手提吐宝鼠，鼠口吐宝珠，已吐出的3颗宝珠放置在莲台上。

双身像(藏传)：编号T—8。铜质鎏金。明末清初。明妃左手断失，其余完整。通高17厘米。高髻，五瓣花蔓冠，三只眼，双耳戴花形耳环，面形清秀；戴项圈、璎珞、臂钏、手环；上身袒，下着裙，帔巾自双肩搭下；明妃被主尊双臂拥抱，结跏趺坐于仰覆莲台上。主尊右手持金刚杵，左手持金刚铃；明妃右手持金刚斧。

金刚手明王：编号T—16。铜质鎏金。明末清初。保存完整。通高13厘米。高发髻，戴五骷髅形冠，怒目圆睁，口大张做呐喊状，眉间有毫光；上身袒露，戴项圈，身挂一圈骷髅璎珞，下着短裙，双肩、双腿、腰前均雕饰长蛇缠身；左展立于仰莲台上，双足下踏蛇，右臂上举，手持金刚杵，左手于胸前作印式。

释迦佛像：编号T—17。铜质鎏金。明末清初。保存完整。通高10厘米。螺髻，着袒右肩袈裟，结跏趺坐于仰覆莲台上。右臂下垂，手作降魔印(触地印)；左手于腹前作宝印。座上正中雕一金刚杵。

罗汉像：编号T—19。铜质鎏金。明代。保存完整。通高10.5厘米，面做微笑状，额头有皱纹，双耳垂肩，颈有三道纹；内着斜领交叉衫，束带于胸前打结，下着裙，半披袈裟，边有阴刻纹饰；双手合掌，双足穿靴，善跏趺坐于长方台上。

白度母：编号T—20。铜质鎏金。明末清初。左手断失，其余完整，表面成黑色。通高9厘米。五智冠，面形圆，双耳垂肩，有圆形耳饰，宝缯于耳两侧上扬；戴项圈、璎珞、臂钏、手环；上身袒，下着裙，帔巾自双肩搭下，穿肘绕至仰莲台上，肩两侧雕饰枝蔓形的莲花；结跏趺坐于束腰仰覆莲台上，右臂举于膝前，手心向外，左臂举于胸前(断失)。

财宝龙王像：编号T—21。铜质。明末清初。保存完整。通高10厘米。为浮雕护法，头发上扬，长发披肩，五智冠；上身袒，胸前挂璎珞，下着裙；游戏坐于一条龙身上，右手持三叉戟，左手持锡杖；椭圆形背项光，上浮雕忍冬纹。背面有阴刻藏文咒语。

四臂观音像：编号T—22。铜质上涂金银粉。明末清初。保存完整。通高9厘米。结跏趺坐于莲台上，前两手于胸前合十，后两臂高举，手持花；椭圆形背项光，背项光外围有联珠纹，再外周有一圈藏文。像身上涂金粉，背项光上涂银粉。

接引佛：编号T—24。铜质。明末清初。保存完整。表面呈黑色。通高8厘米。高髻，五智冠，结跏趺坐于仰覆莲台上，双手作禅定印。

宗喀巴像：编号T—25。铜质。明末清初。保存完整。表面有黑色油污。通高6厘米。头戴尖帽，身穿半披肩袈裟，结跏趺坐于仰覆莲台上；双手举于胸前作说法印，双肩两侧有雕饰的莲花。

护法像（大威德金刚）：编号 T—30。铜质鎏金。明末清初。台座丢失，右侧后排最下一只手丢失。残高 10.5 厘米。九面三十四臂十六腿，头发上卷，其中正中的面为牛头面形，牛头面上为红面和文殊菩萨头（童子面相），牛头面及两侧面均现怒相，每面均为 3 只眼，胸前挂 50 个骷髅璎珞，右腿卷屈，左腿舒展，呈左展立状。前两臂拥抱明妃，其余手臂向左右外伸。手持绢索、弓、旗、铃、钩、骷髅杖、棒枪、斧、锤、剑、矢等器械。

双身护法像：编号 T—31。铜质鎏金。明末清初。保存完整。通高均 6 厘米。高髻，骷髅冠，三面六臂；戴项圈、臂钏、手环；全身袒，胸前挂骷髅串成的璎珞，戴脚环；左展立于椭圆形台上，前两手持金刚斧并拥抱明妃。明妃三面六臂，头发披向背后，戴骷髅冠和耳环，手持法器。

护法像：编号 T—39。铜质鎏金。明末清初。保存完整。通高 4.5 厘米。高髻，骷髅冠，牛头上的两只角上翘；戴项圈、臂钏、手环；胸前挂骷髅璎珞，帔巾自双肩搭下分别飘至双足后，斜立于覆莲台上；双手举于胸前，右手持金刚斧，左手持颅器。

舍利塔：编号 T—41。铜质鎏金。明末清初。保存完整。通高 20 厘米，四部分组成：塔座、塔基、塔身、塔刹。塔刹有刹柱、相轮，刹柱两侧有镂空的云纹，刹盘作圆形覆莲式，上饰日月。塔身为覆钵式，塔身上浮雕兽头，口衔璎珞。塔身正面镶嵌一龛，龛下为覆莲，围边为云纹。塔座为方形，束腰叠涩式，上沿浮雕忍冬纹，绿松石镶嵌，上沿底为仰莲瓣。束腰四面每个面分别浮雕二狮，二狮之间有宝珠，下沿浮雕覆莲，最下边沿浮雕忍冬纹，忍冬纹之间有红绿二色的宝石镶嵌。

舍利塔：编号 T—42。铜质鎏金。明末清初。保存完整。通高 20 厘米。塔刹有刹柱、相轮。刹盘作圆形，下饰垂状莲瓣，内有镂空的忍冬纹；刹盘上有日、月、宝珠。刹柱两侧有镂空的流云纹。塔身为覆钵式，上有浮雕兽头，下挂璎珞，塔身上面镶嵌一圆拱龛，龛下浮雕覆莲基，周边上浮雕云头纹。塔基为叠涩式，下有浮雕覆莲。塔座为方形束腰叠涩式，束腰四面各浮雕双狮，双狮之间有宝珠，下浮雕覆莲瓣。

护法像（又称骡子天王或吉祥天母）：编号 T—43。铜质。明代。保存完整（护法像、水兽、狮子均与底座脱开）。通高 29 厘米，其中血海底座高 4 厘米。骷髅冠，蓝色皮肤，三眼；颈上人头项练，五蛇为饰；裸前胸，双乳突起，用蛇作带；右手向右侧上举，左手平伸于胸前。护法（吉祥天母）侧身跨坐于黄骡之背，现盛怒相。骡背上有人皮鞍，首级倒垂。骡子嘴大张，骡颈挂骷髅圈，以绿蛇为辔，行走于血海之上。血海翻卷，飘浮着人的手臂、腿、头颅、骨架。骡子前为水兽，后为狮子。水兽高 11 厘米，全身裸露，龙嘴人身，头发高耸，戴项圈、臂钏、手环、脚环，行走状；狮子高 10 厘米，为狮头人身，全身袒，戴项圈、臂钏、手环、脚环，行走状，左臂向下前伸手持金刚斧，右臂上举手持圆物（捆妖绳）。

三、佛经经卷

上寺 1 号窟（卓玛洞）所藏佛经有康熙版和新近版两种。康熙版是清康熙二十二年（1683 年）刊印、二十四年（1685 年）由清廷颁赐给上寺第二世杨法台呼图克图的《甘珠尔大藏经》，共 106 卷；另有《诸品集咒经》一部。同治之乱，《甘珠尔大藏经》遗失 40 卷，现存 66 卷。新近版是原甘肃省政协副主席、甘肃省拉卜楞寺总法台贡唐仓·丹贝旺旭活佛于 1991 年从拉卜楞寺捐献给炳灵上寺的《大藏经》,共 100 卷,以补康熙版之遗缺。前后两种佛经均为藏文。

四、唐卡

无上众刹:漂白布。清代。保存完整。高 1.41 米,宽 0.77 米,其中画面高 0.82 米,宽 0.58 米。画面正中为宗喀巴像,结跏趺坐,左手于腹际捧钵,右手举于胸际作智印。其胸部有一小画像。背光有三层,从里向外第一层为蓝色,蓝色上画光芒,第二层绿色,第三层土红色。项光为深蓝色。在项光顶上有 6 身像,上下两排。下排中间的是文殊菩萨,右手持剑,身黄色;右侧的也是文殊菩萨,右手持剑,骑狮子,身红色;左侧的是高僧阿底峡(古印度僧人,法名燃灯吉祥智)像。上排中间为双身像,左右两侧为高僧像,均袒上身,锥形髻,长发披肩,有胡须。画面右上角有 7 身画像,画面呈三角形,周围画云气纹,中间的是弥勒菩萨,其周围是六大高僧龙树(大乘佛教中观学派创始人)、无著(一位著名的佛教论师)、世亲(佛教一位著名论师,《俱舍论》著者)等画像;左上角亦有 7 身画像,呈三角形,周围画云纹,中间的是弥勒菩萨像,周围是六大高僧(第二龙树、南赡最胜等)画像。在宗喀巴像下方有 5 排画像,共计 78 身,有 8 个等级,即佛、菩萨、声闻、博士(高)、密宗(欢喜佛的化身)、勇士、飞天、护法。从下往上第二排正中为释迦佛,再上为四臂观音菩萨、释迦密宗(四面),再上为博士(高僧)。此 4 身画像与宗喀巴像正好竖排为一列。上述众多小画像均在莲花座上,莲花生长在水里。莲花座右侧为上方持宝剑的南方增长天王和下方持琵琶的东方持国天王,左侧为上方右手持伞、左手握宝鼠的北方多闻天王和下方右手持塔、左手绕缠一蛇的西方广目天王。在莲花右侧为玉皇像,左侧为上帝像。在画面右下角为八吉祥供器图(有 3 身供养人,其中 2 人分别骑象和马),左下角为一供养僧人像。整个画面用色有绿、蓝、黄、棕、红、土红等色。

药师佛:漂白布。清代。保存完整。高 1.15 米,宽 0.61 米,其中画面高 0.57 米,宽 0.39 米。画面正中为药师佛,螺髻,双耳垂肩,耳垂有长方形孔,面丰园,颈有三道纹;上身袒,外披袈裟,内着禅裙,裙裾露出胸部;结跏趺坐于生长在水中的仰莲上,左手腹前捧钵,右手举于膝上手持药草。有背项光,周围有莲花、莲蒂。水前有山,山头有云。右上角为无量光佛,左上角为无量寿佛,右下角为四臂观音,左下角为绿度母。此唐卡是邓隆赠给上寺的。

绿度母:漂白布。清代。保存完整。高 1.05 米,宽 0.52 米,其中画面高 0.48 米,宽 0.33 米。画面上是 1 身绿度母画像,画技较高。绿度母高发髻,画形清秀;戴项圈、璎珞、臂钏、手环;上身袒,下着裙,帔巾(庄严带)自双肩飘下;左手举于胸际,持一束莲花,右手放置于右膝上,亦持一束莲花。游戏坐于一仰莲上,莲花嫩绿茂盛,生长于水中。莲花前有 5 个珠宝。此唐卡是邓隆赠给上寺的。

绿度母:绸缎。晚清至民国。保存完整。高 0.86 米,宽 0.53 米,其中画面高 0.39 米,宽 0.3 米。用绿、红、土红、粉红、黄、蓝等色绸缎拼接而成。此唐卡为"国唐"类,比其他的"止唐"类唐卡要贵重一些。此唐卡为九世班禅却吉尼玛于 1924 年赠给邓隆,邓隆又转赠上寺的。

吉祥天母(骡子天王护法):漂白布。清代。保存完整。高 0.67 米,宽 0.43 米,其中画面高 0.35 米,宽 0.25 米。画面正中是吉祥天母像，一头二臂三眼，头戴五骷髅冠，赤发上冲，弯月与孔雀翎为饰；颈上人头项练，五蛇为饰；穿天衣，着虎皮裙，腰系红短棒，裸前胸；右手上扬持金刚杈杖，左手托盈血之颅器。侧身跨坐于黄骡之背，飞行于血海之上；前有水兽、后有狮子相伴。在吉祥天母画像头顶为释迦牟尼佛，两侧二弟子侍立。在画面四角分别是春、夏、秋、冬四护法，即右下角骑骡子者（春女王），左下角骑牛者（夏女王），左上角骑孔雀者（秋女王），右上角骑骆驼者（冬女王）。

文殊密宗（大威德金刚）：漂白布。清代。保存完整。高 0.67 米，宽 0.43 米，其中画面高 0.31 米，宽 0.22 米。画面正中为大威德金刚，九面三十四臂十六腿，头发上卷。正中的脸为牛脸；牛脸上为红脸，现怒相，嘴中淌血；红脸之上是文殊菩萨头，童子面相，脸黄色。牛脸两侧分别是黄脸、黑脸、红脸、白脸，均现怒相。每面均为 3 只眼。胸前挂 50 个人头瓔珞，人头上血流淌，黑蛇缠绕，人骨做的法轮。34 只手两侧是大象皮（还湿着），脚、手之间是虎皮。左 16 只手分别持梵头、人脚、绢索、弓、旗、铃等物；右16 只手分别持钩、棒、骷髅杖、枪、钺斧，锤、剑、矢等器械。右腿卷屈，左腿舒展。右脚踏第一人皮，第二水牛，第三象，第四驴，第五骆驼，第六狗，第七羊，第八狐狸；左脚踏第一苍鹰，第二布谷鸟，第三黑鹰，第四鹦鹉，第五狼鹰，第六雀鹰，第七家鸡，第八是那些愚顽不化者。另外，33 天不归顺的神将，6 个童子脸，犯佛法者，日、月均被踏在脚下。金刚周围火焰燎烧。左上角为宗喀巴像，右上角为文殊菩萨像，左下角为犀牛护法，右下角为六臂护法。

红马山主大王：漂白布。清代。保存完整。此唐卡名又叫“阿弥年欠”，出源于唐古拉山，据传为炳灵寺僧人去西藏后带来，被尊崇为炳灵寺巡山之主。唐卡高 1.06 米，宽 0.64 米，其中画面高 0.63 米，宽 0.47 米。画面中的大王像一头二臂，双眼圆睁，嘴呈呐喊状，三角蝌蚪胡须，身装盔甲，右手上举持剑，左手持宝瓶，身躯左面佩带弓箭和甲盔，骑在红马背上，红马飞奔状。画面右上侧为日，左上侧为月。

释迦牟尼和财宝护法：漂白布。清代。整体完整，但画面有轻微损伤，并被烟污熏黑。高 0.98 米，宽 0.52 米，其中画面高 0.66 米，宽 0.4 米。此唐卡上共 7 身画像，画面正中为释迦牟尼佛像，结跏趺坐于仰莲座上，左手于腹前捧钵，右手抚膝作触地印。有背项光，周围露出莲花。左右二弟子侍立，右侧弟子左手持钵，右手持杖，左侧弟子右手持钵，左手持杖。释迦佛像顶有 3 身画像，中间为宗喀巴像，右侧是燃灯佛，左侧为弥勒佛。释迦佛正中之前为财宝护法，右手持珠宝，左手握宝鼠。财宝护法之前及两侧均是珠宝供品。

度母满间：漂白布。清代。画面破损严重。高 2.63 米，宽 1.87 米，其中画面高 1.72 米，宽 1.55 米。此为上寺所存唐卡中最大的一帧。画面正中为度母像，高发髻，面形清秀，戴项圈、瓔珞、臂钏、手环。神态自如，端重庄严。上身袒，下着裙，帔巾自双肩飘下，游戏坐于一盛开的莲花上，左右手均持莲花。有背项光，背光两侧是莲花，项光顶画世亲像。画面右上角画无著博士像，周围云彩缭绕；左上角画阿底峡像，周围云彩缭绕；右下角为白度母像；左下角为吉祥天母像，吉祥天母跨坐于黄骡之背，凌空飞行于峰峦血海之上。在吉祥天母与白度母之间是宝物供品。整个画面用色有绿、红、土红、黄、蓝、白等色。

第六节 寺儿湾石窟、法泉寺石窟、五佛寺石窟

寺儿湾石窟

位于甘肃省靖远县北湾乡寺儿湾村黄河西北岸红砂沉积岩上。初凿于唐代，后代重修过。原有六窟，现仅存一窟。窟门为砖券拱结构，上建有木结构小阁楼。窟内有造像62身，均为唐代及后代所造，内容题材为释迦牟尼佛、弟子像、十八罗汉、观音菩萨及天王等。门楣匾额上有清代嘉庆丙辰年(1796年)重修题记。寺儿沟石窟现为县级文物保护单位。

法泉寺石窟

又名“红山寺”，位于甘肃省靖远县城东10公里处杨稍沟口。窟群分布在长约1000米、宽约150米深沟的东、北、西三面崖壁上，四周环山，沟内有泉水流出。

最早开凿于北魏，经唐、宋、西夏、明、清、民国重修。现残存36个洞窟。原凿洞窟有平顶式、支提式及支提式平顶三种型制；窟内四壁有四面、三面、一面开龛三种形式；龛中有圆雕、高浮雕、浮雕(彩塑)等。窟前多有木结构斗拱衬承。

从南端山门进入法泉寺，深沟将窟群分成东西两面，西面从南向北依次有药王庙、梵王宫、演阳宫、达摩洞、骨魂庙、观音殿、子孙宫、督刚庙、凌云塔；东面从北向南依次有地藏窟、天王洞、无量佛窟、觉世亭、鸿文阁等。

1981年被列为县级文物保护单位；1993年经甘肃省人民政府批准恢复为省级文物保护单位。

五佛寺石窟

因寺内有5尊大佛而得名，又名“沿寺石窟”。位于甘肃省景泰县城东北21公里的五佛乡兴水村西南。石窟坐西向东，宽7米，深9米，有5米宽中心方柱。创建于北魏，唐、宋时又续修、重修。窟内中心柱四面开龛，龛内各塑像一尊。正面为释迦佛，清康熙年间重修，其余三面龛内佛像腰细面圆，方颐突出，属宋代晚期作品。窟室内南北角二处各泥塑佛像1尊，坐于束腰莲座之上，依其造像特点，大抵为晚唐和五代遗存。南北两壁各有影塑7~9排，约计千余尊造像，置于泥塑假石台布之上。前部表层壁画存4身菩萨，为清代所绘。窟前有三层砖木结构建筑，为清嘉庆二十年(1815年)重修，基本完好。从一层拾级而上进入二层，再由二层进入窟内。楼顶为八角亭式，经后代重修。楼阁对面原有砖木结构的金刚殿，二层楼阁，歇山顶，1968年失火被焚。1983年维修加固石窟北壁地基时发现木刻印制的西夏文字佛经残页共7页，计673字(为《金光明最胜王经》的部分内容)。

1980年，五佛寺被批准为县级文物保护单位。

第五章

麦积山石窟

麦积山，又名“麦积崖”，位于甘肃省天水市东南 45 公里秦岭山脉西段北麓，地理坐标北纬 34° 21′ 09″，东经 106° 00′ 10″，海拔 1671.4 米，山高 142 米。由第三纪沙砾岩构成。《太平广记》卷三百九十七引《玉堂闲话》：“麦积山者，北跨清渭，南渐两当，五百里岗峦，麦积处其半。崛起一石块，高百万寻，望之团团，如民间积麦之状，故有此名。其青云之半，峭壁之间，镌石成佛，万龛千室，虽自人力，疑其神功。”

天水市位于甘肃省东南部，地跨长江、黄河两大流域，为陇山渭水与（西）秦岭（西）汉水所环抱，被誉为陇上江南。其东邻陕西宝鸡，为甘肃东大门；南接陇南，直通巴蜀；西连陇中，可通兰州直至河西；北毗陇东平凉，可达宁夏，有陕甘川宁四省通衢之称。《汉书·地理志》谓天水“处势迫近羌胡”，《读史方舆纪要》则谓其“当关陇之会，介雍梁之间，屹为重镇”。是古代陆路丝绸之路东段的重镇，古代政治、经济、军事、文化繁盛之地和中外经济文化交流的重要通道。

关于麦积山石窟及其寺院年代的记载，唐道世《法苑珠林》有“秦州麦积崖佛殿下舍利，山神藏之，此寺周穆王所造，名曰灵安寺，经四十年当有人出”之记载，但由于其所述不符合佛教传入中国的时间，不足信。

比较可靠的记载是《高僧传》卷十一《玄高传》：“高乃杖策西秦，隐居麦积山，山学百余人，崇其义训，禀其禅道。时有长安沙门释昙弘，秦地高僧，隐在此山，与高相会，以同业友善。时乞伏炽磐，跨有陇西，西接凉土。有外国禅师昙无毗，来入其国，领徒立众，训以禅道。”根据记载，5 世纪初玄高等在麦积山禅修，麦积山此时成为陇右著名的禅修之地；当时是否开始开凿石窟，则没有记载。

麦积山石窟东崖第 3 窟和第 4 窟之间崖面上原有南宋绍兴二年（1132 年）题记：“麦积山阁胜迹，始建于姚秦，成于元魏，约七百年，四郡名显。绍兴二年，岁在壬子，兵火毁□，至十三年，尽境安宁，重修在造。二十七年丁丑，方就绪。此□因□迹□□，阎桂才刻石以记之。”南宋嘉定十五年（1222 年）《四川制置使司给田公据碑》也讲到了麦积山的历史沿革：“始自东晋起迹，敕赐无忧寺□□□给田供赡，次七国重修，敕赐石岩寺，大隋敕赐净念寺，大唐敕赐应乾寺，圣朝大观元年于绝顶阿育王塔旁，地产灵芝三十八本，蒙秦州经略陶龙图具表进上，奉敕改赐瑞应寺。”南宋祝穆《方舆胜览》卷六十九“天水军”条云:“麦积山在秦州东南百里,状如积麦,为秦地林泉之冠。姚秦时建瑞应寺,在山之后,姚兴凿山而修,千龛万象,转崖为阁,乃秦州胜景。”此书所记姚秦建瑞应寺与前碑宋建瑞应寺相矛盾。明崇祯十五年(1642 年)《麦积山开除常住地粮碑》云:“按广舆记称:麦积山为秦地林泉之冠,其古迹系历代敕建者,有碑碣可考。自姚秦至今一千三百余年,香火不绝。”以上文献虽为宋代及以后的记载,应该属实,麦积山石窟的开凿当始于十六国后秦时期。

麦积山在北魏时期就已见于文献记载,当时名为“麦积崖”。《魏书》卷三十六《李顺传附焕传》载正始三年秦州吕苟儿起义,“焕仍令长乐等由麦积崖赴援,属都督元丽至,遂共平之”。《魏书》卷七一《李苗传》载正光末年秦州又发生起义,李苗上书:“别命偏师精兵数千,出麦积崖以袭其后,则汧岐之下,群妖自散。”麦积山第 115 窟有北魏景明三年(502 年)墨书造像题记,提到张元伯在麦积崖造龛一所,即第 115 窟。说明至迟北魏时期就有了“麦积崖”的称谓。

现存麦积山石窟最早的遗存年代,有两种观点,一为后秦时期,一为北魏时期。应以第二种观点比较接近现存实物。麦积山自后秦开始开凿石窟后,北魏、西魏、北周、隋唐续凿;宋代没有开凿新的洞窟,但对大部分北朝洞窟进行了重修;元、明、清时期也有部分重修。麦积山现编号洞窟计 211 个,分西崖、东崖和王子洞 3 个部分,其中西崖 142 个、东崖 54 个、王子洞 15 个,计有造像 7200 多身,壁画近 1000 平方米。造像大部分为北朝的泥塑作品,被誉为“北朝雕塑陈列馆”。麦积山北朝造像既系统又完整,对于了解、把握当时中国佛教艺术的发展状况及其规律,有着十分重要的意义。其现存泥塑造像,北魏早中期作品,由于受外来艺术的影响,具有较强烈的神格化特点。但到了北魏晚期以后,受中国传

图 125　麦积山石窟　外景

统艺术的影响，逐渐脱离了早期外来艺术影响的苑囿，形成了具有浓厚民族化、民间化色彩的雕塑风格。这一时期的造像，不仅形神兼备，而且造像技艺精湛，堪称当时佛教造像的楷模，完全可以代表北朝泥塑艺术的最高水平；也反映了北朝佛教的高度兴盛与发展，更体现了当时艺术创作者的聪明才智与高度成就。现存的壁画虽不多，但一些北朝时期的经变画，如西方净土变、维摩诘变、涅槃变、法华变等是目前我国石窟寺中保存最早的北朝大型经变画，也是研究佛教经变画演变的十分珍贵的资料。麦积山石窟的佛教艺术是我国古代丰富文化遗产中的宝贵财富。

对麦积山石窟的考察与研究，始于20世纪初。1915年，日本大村西崖著《支那美术史雕塑篇》引庾信《秦州天水郡麦积崖佛龛铭》，国外始知大都督李允信建七佛龛事。1941年，天水籍学者冯国瑞和其

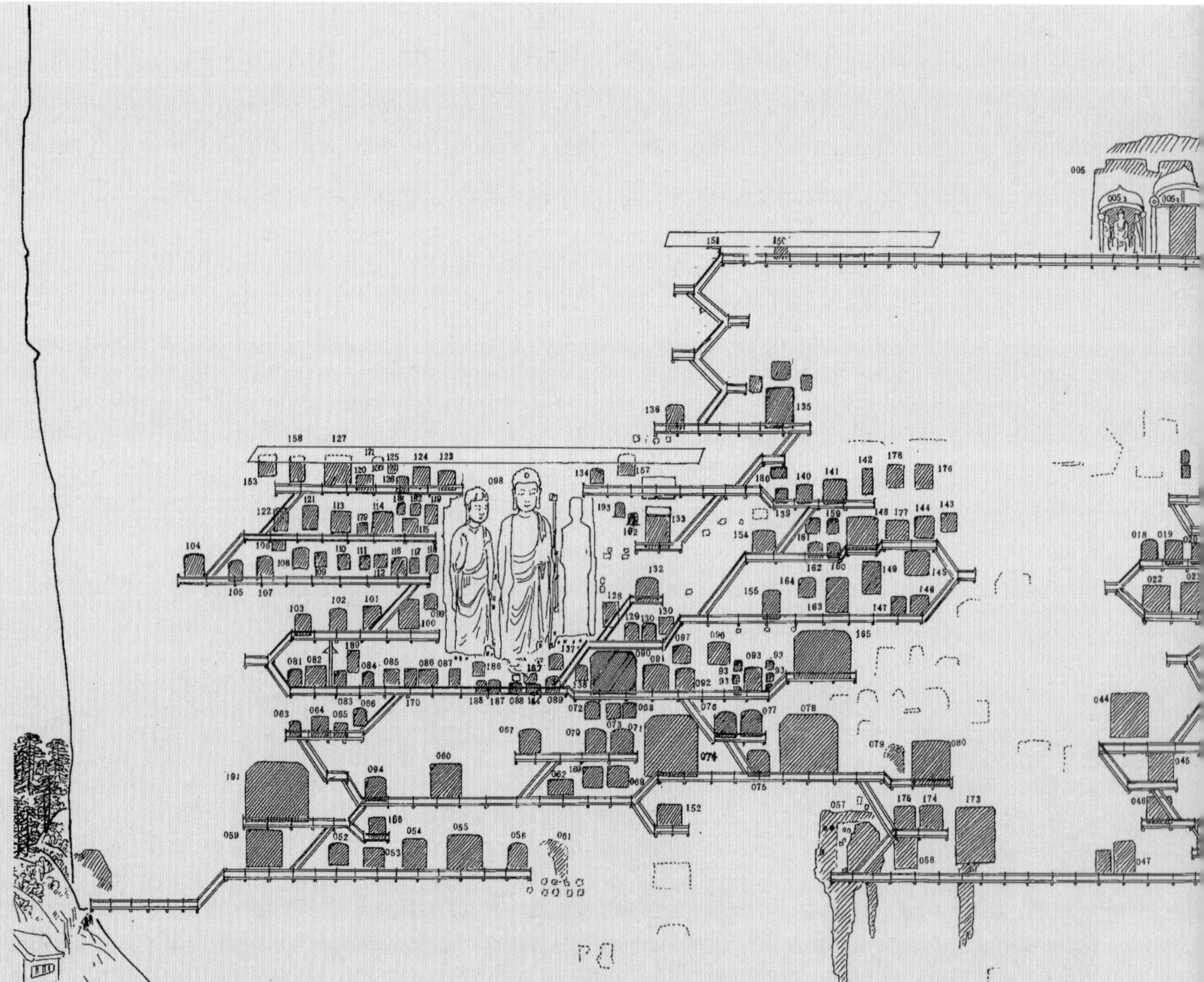

友人首次到麦积山考察，对洞窟做了编号，随后写成《麦积山石窟志》行于世。

1952年9月至10月，由中央人民政府文化部组织，中央美术学院、西北军政委员会文化部、敦煌文物研究所三单位组成的考察团（参加人员有美术、考古和测绘方面的专业人员冯国瑞、段文杰、史苇湘、范文藻、孙儒僩、窦占彪等），由赵望云（西北军政委员会文化部文物处处长）、吴作人（中央美术学院教授、画家）和常书鸿（敦煌文物研究所所长、画家）组团领队，对重点洞窟进行了历时30余天的摄影、测绘和临摹工作，共编号石窟157个。

1953年7月，中央人民政府文化部社会文化事业管理局组织以吴作人为团长的麦积山石窟勘察团。分三组：王朝闻、常任侠、冯国瑞为研究组；罗工柳、李瑞年、孙宗慰、肖淑芳等为绘画摄影组；张建

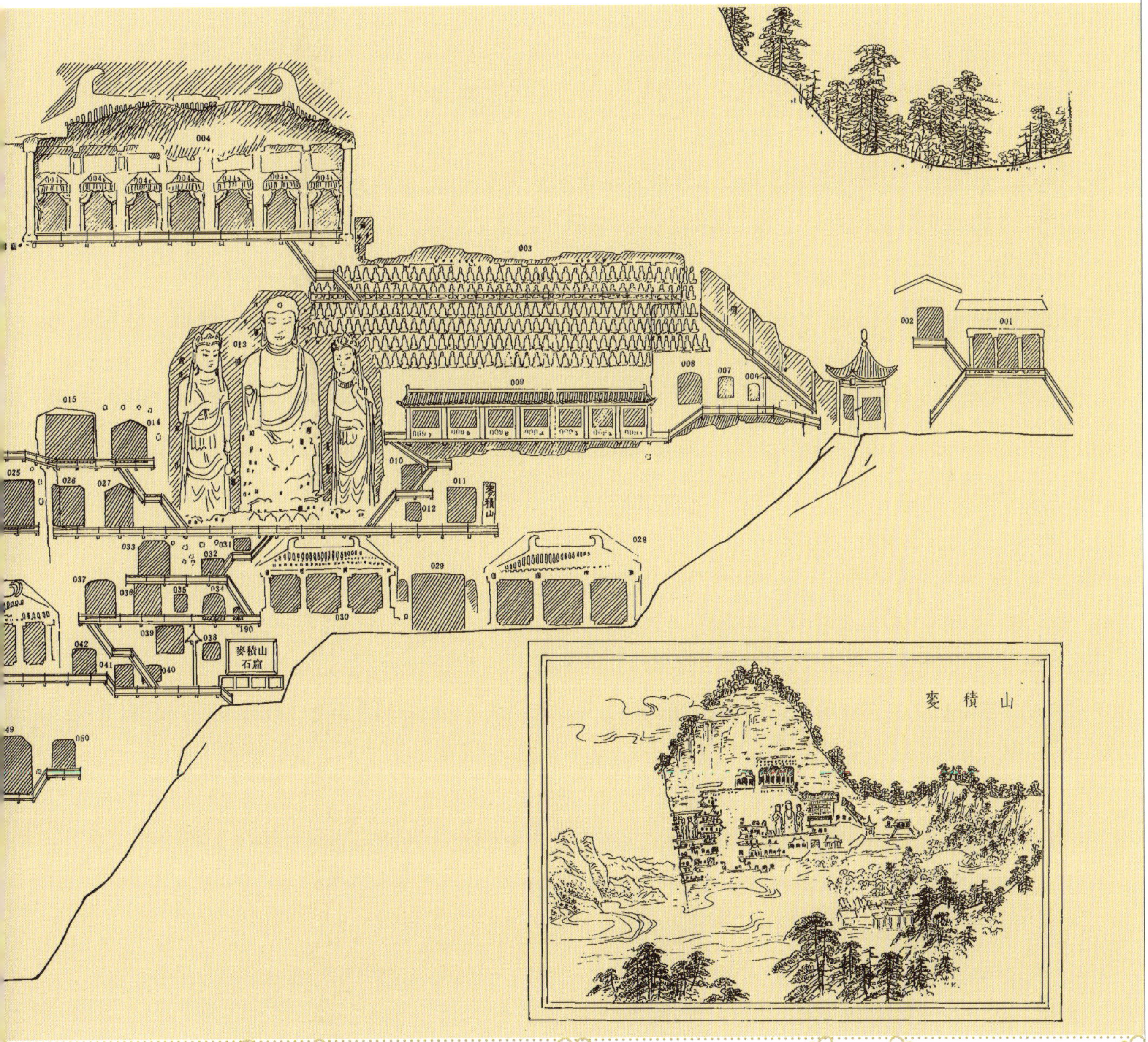

图126 麦积山石窟线描立面图

关、程新民、张鸿宾为翻模测绘组。勘察团在32天工作中,写出《麦积山石窟勘察团工作报告》和《麦积山勘察团工作日记》。研究者们编录的《麦积山石窟内容总录》共录编194个窟龛,比前述勘察团所录编新增37个窟,除10多个窟因窟内不通,情况不明外,余者每个编号洞窟内容均涉及窟形、时代、建筑、造像、壁画、题记诸方面。此次编号一直沿用至今。

20世纪90年代,麦积山石窟艺术研究所对所有洞窟做了细致的调查档案,并对有些窟龛重新编号,包括王子洞窟区,现共编号窟龛211个。

第一节 麦积山北魏前期石窟

北魏时期是中国佛教发展最为迅速的时期。公元452年,北魏文成帝继位,立即恢复佛教,僧人昙曜被奏准开始在首都平城(今大同)开凿规模宏伟的云冈石窟,直到孝文帝时期,基本奠定了云冈石窟的规模,形成了石窟艺术上的云冈模式。云冈石窟的开凿对于北方中国石窟的开凿具有非常重要的影响,麦积山石窟的北魏前期洞窟就是在云冈模式的影响下而开凿的。麦积山石窟的北魏前期洞窟现存20多个,可以分为三个阶段。

第一阶段,为文成帝至孝文帝前期(452—477)。有第51、74、78、165、90、70、71、77等窟龛。主要分布于麦积山西崖中下部。其中第51、74、78、165、90等窟为大型洞窟,均为敞口型大龛,顶略成穹隆形。其又可分三种类型:一为平面成方形或长方形,后部转角成弧形,三壁高坛基,造像为三壁三佛,表现三世佛。正壁佛两侧胁侍二菩萨,正壁左右上部各开一圆拱小龛,内泥塑半跏思维菩萨(左)和交脚弥勒菩萨(右),并各有二胁侍菩萨(第51、74、78窟)。一为正壁不凿小龛(第90窟)。一为正壁造交脚弥勒菩萨,两侧壁胁侍二菩萨(第165窟)。第70、71、77等为圆拱顶龛,造像为一佛、二菩萨。

第二阶段,为北魏孝文帝太和时期(477—499)。有第100、128、144、148、80、143等窟。主要分布于麦积山西崖中部。这些洞窟与第一阶段的洞窟比较,出现了以下变化:第一,洞窟规模明显变小。四壁壁面较直,与顶部交接处基本成直角。第二,较大的洞窟内由三壁高坛基塑等大三佛,变为正面低坛基,两壁开龛,成为三壁两龛窟(第100、128、144、148、80窟)。第三,四壁上部出现列龛,龛内影塑造像(第100、128、143、144、148、80窟),有二佛并坐,一佛、二菩萨。壁面出现泥塑小坛台,上贴影塑(第100、80窟)。第四,主要造像组合以三佛、二菩萨为主,有些窟在前壁多了两身胁侍菩萨(第128、100窟)。第五,正壁两侧由原来的只有交脚和半跏思维菩萨对称两龛变为下部又凿出两列小龛,内塑释迦、多宝并坐像。第六,出现了北魏服饰改革后的南朝新形象,表现在影塑菩萨和供养人上。这一阶段的洞窟受到了云冈石窟二期洞窟的一些影响,如壁面列龛的形式,交脚菩萨或半跏思维菩萨与释迦、多宝上下的组合,以及与千佛的组合等,都受到了云冈造像形式的影响。

第三阶段,北魏太和末期至宣武帝景明、正始年间(499—508)。主要有第76、86、89、91、93、114、115、69、169、156、155等窟。这一阶段的洞窟较第二阶段的洞窟更小,洞窟平面一般为方形,平顶。除延续第二阶段的三壁两龛窟(第114窟)外,新出现了三壁三龛窟(第155窟)。造像组合为三佛,多数为一佛、二菩萨的组合(第76、86、89、91、93、115、156等窟)。壁面流行做小泥塑坛台,上贴影塑造像(第89、91、93、114、115、156等窟),部分洞窟延续前一阶段的做法把影塑置于小龛内(第76、86、89、155窟)。影塑造像有一佛、二佛并坐、千佛、菩萨、飞天、供养菩萨和弟子、供养人等。多数洞窟内的影塑相同,为模制,同时用于几个同时期的洞窟内。第一、二阶段流行的交脚与半跏思维菩萨对称的组合仍然流行,有的置于龛内,有的置于影塑坛台上,有的不在洞窟内最上层,而是在第二层(第86、93等窟)。其中第115窟内有墨书北魏景明三年(502年)造像发愿文,是判断这一组洞窟年代的重要依据。这一阶段造像较多地受南朝造像因素的影响,表现在菩萨和影塑造像上,出现了褒衣博带、秀骨清像的造像风格,但在主尊佛的造像上还保留着早期造像的风格特点。

第74窟

位于西崖下部、第75窟右侧。平面近长方形,拱顶,敞口大窟。正壁凿"凹"形高坛基。两侧壁与正壁相接处成弧形转角。正壁上方佛左右两侧各凿一敞口圆拱形小龛。窟高4.57米,残深2.66米,宽4.57米。敞口圆拱形小龛,左龛高0.57米,宽0.8米,深0.26米,右龛高0.6米,宽0.74米,深0.32米。"凹"形高坛基高0.86米,宽4.56米,深2.37米。窟前侧已塌毁,左壁受损较为严重,窟内泥皮多已剥落或有残损。

造像:窟内正、左、右三壁台基上各塑一佛,正壁佛两侧各塑一胁侍菩萨。正壁两侧上方两小龛中,左龛内塑思维菩萨及二胁侍菩萨,右龛内塑交脚弥勒菩萨及二胁侍菩萨。

正壁佛高2.86米,左侧菩萨高2.62米,右侧菩萨高2.62米。

正壁左小龛内思维菩萨高0.64米,龛内左侧菩萨高0.48米,右侧菩萨高0.49米。左壁坐佛残高2.52米,头被毁,左肩至左膝以下部分全部坍毁,腹、右膝、衣裙等处均有不同程度的残破,木质骨架外露。右壁坐佛高2.84米,右肩、右小臂有大块残损,右膝以下大部坍毁,左膝上侧及腹部下侧有大面积剥落。

正壁右小龛内交脚菩萨高0.56米,龛内左侧菩萨高0.46米,右侧菩萨高0.48米。

佛高肉髻,水波纹发髻,宽额,双眼平视前方,鼻高挺,鼻梁直通额际,唇薄紧闭,嘴角内敛,颈粗短,肩宽而平,胸部饱满,躯体呈倒三角形,健壮厚实。禅定印,结跏趺坐。正壁佛两脚外露,左右壁佛两脚裹于衣裾之内。内穿僧祇支,外穿半披右肩袈裟,细密阴刻线衣纹,袈裟衣边刻折带纹,胸前及肩膀、腿部衣纹做成分叉状,这些都是受到犍陀罗造像影响的表现。胁侍菩萨高髻,戴三珠宝冠,束宝缯;面形方圆,弧眉突目,鼻高且直,双唇较薄,嘴角微翘;饰耳垂,发辫于颈两侧打结后分三缕垂于肩上;颈较粗,带尖桃形项圈;一手持净瓶或帔巾,一手握莲蕾,戴臂钏、手环等饰物;斜披络腋,帔巾搭肩,绕臂后浮塑于墙面,下着羊肠大裙,赤足立于双层半圆形莲台上。

壁画:仅顶部和正、左、右三壁造像背项光泥皮尚存,保留有彩绘,多模糊不清。顶部表层北周重绘千佛,穿红或黑色通肩袈裟,结跏趺坐。均绘背项光,以正壁坐佛头部上方为中心,向两侧整齐排列。下层可见圆莲及飞天,为北魏开窟原作。正壁佛背后绘圆形头光及莲瓣形背光,头光内依次绘连珠纹、火焰纹及不同的花卉图案；背光绘坐佛、火焰、圆珠花、菱花等图案。菩萨头光为圆形，绘火焰纹，或依次填涂石青、石绿等色。在帔巾空隙内绘莲蕾、坐佛等。正壁两小龛内交脚及思维菩萨后绘背项光，背光下隐约可辨绘花卉。胁侍菩萨后绘头光，色彩多已脱落，模糊不清。

左右壁佛后绘背项光与主佛的大致相似。头光外层绘坐佛，内层依次填涂红、石青、石绿等色；背光五层，外层火焰纹，内层绘坐佛，再依次填涂赭红、石青、灰黑等色。

第 78 窟

位于西崖中下部第 74 窟左侧。洞窟型制、大小以及壁面布局、造像组合与第 74 窟完全一致，是作为"双窟"而开凿的。窟前部坍塌。窟高 4.5 米，宽 4.6 米，残深 2.8 米。高坛基上的三佛造像，正壁和右壁的保存较好，高均为 3 米。左壁佛仅存右臂一小部分和左腿部分。正壁佛两侧的胁侍菩萨，左胁侍菩萨为原作，下半身残，残高 1.1 米；右胁侍菩萨为隋代补塑，残高 1.85 米。三佛原均有泥塑大背光，大部分泥皮掉落，壁面可见边缘用以固定背光的小木桩孔。背光内原均为彩绘，现仅右壁佛背项光残存一部分，分上下两层。上层为北周重绘，自内向外依次绘有缠枝忍冬纹、坐佛及火焰纹等，每层之间由联珠纹相隔，施色以石青、石绿、赭红为主；下层可见石青所绘火焰纹。

佛坛基表面北魏绘供养人像图，右壁的保存略好，1992 年在后代覆盖泥层下被清理发现。上下两排，共 18 身，皆为男供养人像。身高 0.23 米。均戴软角幞头，上身着交领窄袖衣，下穿宽腿束口裤，腰束带，足穿尖头靴。双手持莲蕾，均面向主尊佛虔诚而立。每身供养人像前都有一方竖条形榜书框，其中 1 身为"仇池镇经生王□□□供养十方诸佛"，供养人服饰为北魏太和改制前胡服。又仇池镇设置时间为北魏太平真君七年至太和十二年(446—488)，据此可以判断第 78 窟的年代。

第 165 窟

位于西崖中上层第 93 窟东侧、第 78 窟正上方。

洞窟型制：平面为长方形，略作券形式顶。窟前部已塌毁，窟内泥皮部分脱落。窟顶浅凿出象征天宫的长方形。窟高 3.85 米，宽 4.6 米，残深 2.4 米。

造像：由背项光上残留的帔巾帛带及正壁菩萨座下的原作束帛座分析，该窟原作应为交脚弥勒及二胁侍菩萨塑像。窟内三壁下方原塑供养人，现仅存左壁后部 1 身，头残失。以交脚弥勒为主尊，在麦积山早期洞窟中比较独特，是研究麦积山早期洞窟信仰的重要资料。现存正、左、右壁 3 身菩萨及其 2 身供养人为宋代重塑，是麦积山宋塑代表作品。

正壁主尊菩萨高 2.1 米，座高 1.23 米，宽 1.23 米，深 0.96 米，束帛座高 1.24 米，宽 1.02 米，厚 0.57 米。束高髻，方圆脸，弯月眉，细长眼，额有白毫，四瓣小嘴；短颈有颈线，肩胛圆润，丰胸袒露；内着僧祇支，腹下系带，外披袈裟，裙裾裹腿折叠，结跏趺坐于高台座上；双手施说法印。衣纹写实，为较大的折叠凸棱。左侧菩萨高 2.46 米，束高髻，戴头巾；鹅蛋脸，弯眉，眼角上挑，隆鼻，四瓣嘴；短脖有颈线，肩圆润，袒胸；内着僧祇支，下系长裙，腹下系带，外披袈裟；双手交叠，手心朝上置于腹前，赤足立于莲台

图127　麦积山石窟第78窟　主尊佛像

上。右菩萨高 2.4 米，形象与左侧菩萨相似，双手置于腹前(已被毁)，上身微向右倾斜。正壁左侧供养人高 2.1 米，阴刻发丝，束高髻，戴花冠，鹅蛋形脸，双眼细长，眼角上挑，四瓣嘴；身内穿交领小衣衫，下系长裙裹足，上穿斜交领宽袖长袍襦衣，胸下垂长带，立于莲台上；左手置于腹侧，右手屈举于胸前。右侧供养人高 2.1 米，左手置于胸前，右手置于腹侧。

壁画：正壁菩萨背项光中残存火焰纹，左右壁二菩萨背项光中有两层，上层残存北周重绘头光、缠枝忍冬纹、千佛及火焰纹，下层露出飞天、火焰宝珠等。

窟正壁左上侧及右壁左上侧，彩绘有小块砖砌的栏墙，下为装饰纹样。左壁上方绘 1 排天宫伎乐 5 身，能辨认的，自里向外第 1 身吹箫，第 2 身吹排箫，第 5 身弹筝；上身袒露，戴项圈，形象古朴，具有明显的早期绘画特色，是开窟原作。壁画色彩以石青、石绿、赭红、赭黄为主调。

第 80 窟

位于麦积山中区第 57 窟上部、西区第 78 窟东侧。

洞窟型制：平面为方形，平顶。左右两壁各开一龛，正壁于主佛左右侧上下各开二小龛，正壁前筑一石胎泥塑束腰形佛座，佛座两边左右壁前各塑一半圆形莲台。此窟前部坍塌，参照第 100 窟等相似的窟形推测，此窟原有前壁和长方形门道，且正壁前应有一低坛基。窟高 2.25 米，宽 1.3 米，残深 0.62 米。右壁龛高 1.78 米，深 0.5 米，其内侧左下角残存一龛，底面宽 0.19 米。正壁上层小龛高 0.37 米，宽 0.27 米，深 0.1 米，下层小龛高 0.44 米，宽 0.38 米，深 0.12 米。窟内泥皮大多脱落，左壁大龛全部塌毁，右壁大龛仅存一小部分。

造像：窟内正壁前原塑一坐佛，左右壁龛内各塑一坐佛，为三佛的形式，与第 128、100 等窟相同。现仅存正壁主尊。左右壁内侧各塑一站立胁侍菩萨。正壁左右侧上下各开一龛，上龛各塑一坐佛，下龛各塑释迦、多宝二佛并坐。左右壁龛内侧壁贴上下二层影塑小坐佛。正壁下部佛台座左右各塑 3 身供养人，左右壁菩萨外侧下部也塑供养人。其余因地震破坏不详。

正壁主佛高 1.4 米，为北周重修，清代又补塑佛头。内着僧祇支，腹系带，外着双领下垂式袈裟，袈裟左衣襟披于左肩及左臂处。袈裟等衣着通体较薄，衣纹为浅阴刻三线夹一线的形式。右手作无畏印，左手抚膝，结跏趺坐。右壁菩萨高 1.24 米，左壁菩萨高 1.28 米，为北魏早期典型风格，戴三珠宝冠，桃状项圈；斜披络腋，边缘刻折带纹，帔巾自双肩搭下穿肘飘动外扬；下穿羊肠大裙，裙腰外翻折叠，跣足立于磨光覆莲上；一手拈花蕾于胸前，一手下垂提净瓶。影塑坐佛高 0.32 米，着通肩袈裟或半披右肩袈裟，禅定印或说法印，均结跏趺坐。影塑供养人高 0.48 米，头戴笼冠，均内着圆领内衣，外罩双层宽袖交领长袍，双手交叠于腹前而立。

各造像原均彩绘，佛和胁侍菩萨背光为浮塑，表面彩绘，色彩多脱落，可见有火焰纹等。小龛龛楣绘火焰纹、忍冬纹、连珠纹等，影塑坐佛均有彩绘背项光，内绘火焰纹等，施色以石绿和赭红为主。佛座正面北周重绘莲花瓣图案及狮子等。

第128窟

位于西崖摩崖大佛(第98窟)左侧。

洞窟型制:平面方形,平顶。窟门方形,门道较浅。窟内正壁凿低坛基,左右壁各凿圆拱形大龛,形成三壁两龛窟。四壁及左右壁大龛内凿圆拱形小龛,共计37个。其中正壁左右各3个上下排列;左右壁两大龛内左右壁各2个;左壁上方凿2个小龛和1个长方形龛,右壁上方一列6个,前壁上方2排计12个。窟高2.74米,宽2.74米,深2.64米。左右壁大龛高1.6米,宽1.1米,深0.4米。四壁小龛最大者高0.56米、宽0.5米、深0.16米,最小者高0.37米、宽0.3米、深0.08米。窟门高1.44米,宽1.04米,深0.5米。正壁坛基高0.3米,宽2.74米,深1.04米,工字形佛座高0.46米,宽1.6米,深0.8米。左右壁龛内工字形佛座高0.4米,宽0.94米,深0.5米。

造像:窟内正壁正中塑1身坐佛,左右两壁大龛内各塑一坐佛,为三佛的形式。正壁佛高1.42米,左壁主佛高1.05米,右壁主佛高1.03米。佛磨光高肉髻,长方脸,额有凹圆白毫相,弯眉,双眼微睁下视,鼻挺,双瓣嘴,大耳下垂;颈适中,宽肩细腰,形体高大健壮,躯修长;内着僧祇支,上绘小方格纹,外着半披肩袈裟;双手重叠于腿上,结跏趺坐于工字形坛座上,神情庄重;衣纹密。具有犍陀罗造像的特

图128 麦积山石窟第128窟 右壁

点。左右壁后部坛基上对称各塑一胁侍菩萨，高分别为 1.42 米、1.44 米。前壁门两侧对称各塑一胁侍菩萨，高分别为 1.32 米、1.2 米。菩萨高髻，戴三珠宝冠；面形方圆，鼻挺，唇薄，后代绘胡须；颈戴桃形项圈；上身袒，戴臂钏，手环，斜披络腋，下穿长裙，质薄贴体，裙裾外扬，裙纹为突起的圆弧形；身躯修长，帔巾自双肩下穿肘外扬下垂；右手于胸前持莲蕾，左臂下垂，手提细颈净瓶，虔诚立于半圆形台上。

正壁左右上层小龛内对称影塑半跏思维菩萨和交脚菩萨及其二胁侍菩萨，思维菩萨高 0.5 米，胁侍菩萨高 0.4 米；中下层龛内各影塑二佛并坐。左右壁上部各影塑一坐佛，前壁小龛除下层中间一龛为一佛、二胁侍菩萨外，余均为一坐佛。左右壁大龛内两壁小龛，上龛内塑一坐佛，下龛内塑二佛并坐。影塑小坐佛高 0.3 米 ~ 0.34 米不等，现多数龛内影塑已不存。小龛内坐佛，着半披肩或通肩袈裟；思维菩萨上身袒露，帔巾自双肘、手下穿臂外扬，下着裙。

现存壁画二次彩绘，由于自然风化剥蚀、烟熏等原因，大多难以详辨具体形象。右壁龛内龛顶左右所绘飞天，高髻，面形方圆；上身袒，胸前饰交叉形璎珞，双臂外伸，下着裙，与第 74 窟内佛背光上飞天接近；原绘火焰纹背光，宋代重绘时改绘云纹背光。其内左右壁小龛绘火焰纹连珠纹龛楣，佛圆形背光绘连珠纹；大龛龛楣绘火焰纹，佛袈裟绘方格纹。右壁龛外左侧菩萨彩绘巾裙及背项光。左右壁龛内佛座前壁绘云纹、花卉装饰图案。

第 76 窟

位于西崖中下层第 74 窟和 78 窟之间，左邻第 77 龛。

型制：平面方形平顶小窟。窟口上方稍作平拱形，窟口因塌毁而情况不清。窟高 1.3 米，宽 1.1 米，深 0.9 米。正壁上方左右各开一小龛，左右壁上方各开四小龛，左右壁前近门各开两小龛，共 14 个小龛。型制基本相同，皆圆拱形浅龛。小龛高 0.23 米 ~ 0.25 米，宽 0.15 米 ~ 0.18 米不等。龛拱上彩绘红色尖楣，两边绘立柱，柱头绘白色、蓝色相间覆莲柱头，龛间饰以小莲蕾及莲枝。

造像：主要造像为依壁塑一佛、二菩萨。小龛内影塑坐佛。正、左、右三壁下部贴影塑男女供养人。

正壁主佛高 0.78 米，磨光高肉髻，长方脸，丰额，细眉，眼角细长，鼻梁隆起，鼻翼似三角形，无鼻孔。细颈宽肩，着圆领通肩袈裟，领部稍低垂，粗细相间阴刻线塑出袈裟衣纹。双手于胸前相叠作禅定印，结跏趺坐于束腰台座上，台座边木骨露出。袈裟下摆分作三片呈圆弧状覆于佛座上。佛后浮塑通身莲瓣形背光，背光边缘绘蓝、黑、绿色相间的火焰纹。项光为五重同心圆，分别饰以石绿、石兰、赭石等色。左壁菩萨高 0.79 米，面形方圆，丰额，细目高鼻，细颈宽肩，躯体修长。头戴兽头宝冠，宝缯下垂于耳后，耳饰耳坠，发披肩部搭臂；颈戴宽边垂尖浮塑项圈，上身袒露，斜披络腋从左肩下至腹部覆于右腿裙上绕至后背，边缘刻折带纹；臂饰臂钏，腕戴镯，右臂屈肘于胸前，手掌向外，拇指与食指捏莲蕾；帔帛搭于肩部后绕左臂捏于左手，绕右臂肘部贴于背光外壁面；下身着长裙，跣足立于圆形覆莲台上。身后浮塑莲瓣形背光。菩萨着石绿色裙，披红色络腋和帔巾，背光绘红色火焰纹，有红色圆头光。右壁菩萨大小、体貌和衣饰基本同左壁菩萨，左臂屈肘，手握莲蕾于胸前，右臂外伸屈肘，右手掌心向外，屈指贴于右胯裙腰部。

小龛内影塑，除左壁上方外侧第一小龛、左壁前部近门处上下两小龛因崖面塌毁而残失影塑坐佛和泥皮外，其余均保存较好，共 11 身。均为模制，高 0.2 米。依衣饰可分三种，一为内着僧祇支，外穿半披右肩袈裟；一为着圆领通肩袈裟，均结跏趺坐，禅定印；一为内穿交领衣，外披低垂领袈裟，右手从衣领处伸出，左手握衣角。均高肉髻、长方脸、丰额，衣纹阴刻。龛内影塑头光饰彩，左壁上部里侧第一龛头光内圈着蓝色，外圈着红色；背光饰以白底蓝线条的火焰纹。

影塑供养人现存 11 身，高 0.26 米。正壁佛座左右两侧各 1 身；左壁菩萨两侧各 1 身；右壁菩萨左侧塑 1 身，右侧塑 2 身。正壁左侧男供养人，戴高冠，着交领宽袖大衣；右侧供养人现遗失不存。左壁菩萨左侧供养人，头部残失仅存泥坯，衣饰模糊，大致可看出着交领宽袖齐膝大衣，下穿"U"形垂弧状裙褶装，双手笼袖置于胸部；右侧男供养人，高发髻，横扎竖带，额上分两股向左右于耳后下垂分披两肩，穿尖三角形折领内衣，外穿交领宽边大袖齐膝大衣，下穿"U"形垂弧状裙褶装，双手笼袖置于胸前，作恭顺之态。右壁菩萨左侧供养人，结绾髻呈三瓣左偏，着三角折领内衣，外穿弧三角外翻领宽袖齐膝大衣，衣领于胸前系结分两股至腋下，双臂垂于身体两侧，裙腰系带于中间下垂两道，上衣着黑色，裙着绿色，均为阴刻线衣褶。菩萨右侧第 1 身供养人，头残，内穿三角形折领内衣，外穿弧三角外翻领宽袖齐膝大衣，双手于胸前，右手在上，上衣阴刻线衣褶饰红色，裙为竖线衣纹；第 2 身供养人，仅存上半身，风化严重，从现状看，衣饰同第 1 身，不同的是其双臂下垂于身体两侧。

壁画：正壁主佛两侧、小龛下方各绘小坐佛 2 身，共 4 身。佛皆双手笼袖作禅定印，结跏趺坐于白色莲上。除右侧小佛穿圆领通肩袈裟外，余皆着双领下垂式宽袖袈裟。小坐佛下有深红色双粗线条透出，似为前绘壁画中类似泥塑小平台的分隔线，可辨明坐佛为重绘。主佛背光、头光绘蓝、黑、绿色相间的火焰纹。

左右壁菩萨及影塑小坐佛头光、背光的火焰纹及小龛外龛楣、龛柱和柱头等彩绘均为原作。左壁：菩萨背光左侧龛下绘两供养人，前者为比丘，穿双领下垂宽袖红色袈裟，拱手站立，其身后侍立一戴冠穿双领下垂外衣、双手握伞柄持伞盖的侍者；比丘旁榜题框墨书"比丘法彤供养"。菩萨背光右侧绘莲蕾、莲枝等装饰图案。右壁：菩萨左侧绘 2 身坐佛，与正壁绘坐佛同，并与其下所透出红色双粗线相连，可知也为重绘。菩萨右侧绘 5 身供养比丘僧，皆穿交领宽袖长衣，手持莲枝花蕾，其中 2 身绘于下部影塑供养人之间，其余 3 身绘于菩萨背光右侧；均有榜题框，分别墨书"比丘朗嵩供养佛时"、"比丘□□供养佛时"、"沙弥法□供养佛时"、"比丘法和供养佛时"等，其他榜题框内字迹不清。

顶部现残存彩绘壁画，正中绘圆莲，周围绘飞天绕莲飞行。飞天现存 7 身，束高髻，戴宝珠花冠，饰项圈、臂钏，肩搭帔帛，下着长裙，袒胸赤足，或手托果盘，或手持长柄香炉，或系飘带。飞天四周有蓝、白二色莲花及流云衬托。飞天上身皆白色，裙装饰以石绿、草绿、赭石色，帔帛饰以石绿或石蓝色。从顶部飞天彩绘层脱落处隐约可见红色起稿线和人物轮廓线条，可推知现存飞天壁画为重绘，系隋代作品。

正壁佛座表面抹一层白灰，剥离后于底层发现墨笔画竖线框内墨书"南□主安都侯□□□姬□□后□造"，字迹多不清。

图 129 麦积山石窟第 115 窟 内景

第 115 窟

位于麦积山西崖西端中上层，右邻第 114 窟。平顶方形低坛基敞口窟。正、左、右三壁前有低坛基，左右壁上部各有二悬空低坛台，上贴影塑。窟门高 0.85 米，宽 0.68 米，进深 0.46 米。窟高 1.07 米，宽 1.1 米，进深 1 米。

窟内主要造像为泥塑一佛、二菩萨像。主尊佛高 0.62 米，二胁侍菩萨高 0.71 米。佛磨光高肉髻；内穿僧祇支，外穿半披右肩袈裟，衣纹阴刻，衣边折叠刻折带纹；作说法印，结跏趺坐于方形高座上。造像延续早期造像的特点，躯体健壮。菩萨戴花冠，上身袒裸，斜披络腋，衣边刻折带纹；左手提净瓶，右手握飘带，下穿羊肠裙，跣足立于圆台上。

窟内左右壁上部泥塑小坛台上贴影塑小坐佛，共保存 6 身。模制，均高 0.2 米。根据衣饰分两种，一为着圆领通肩袈裟，一为内穿交领衣，外穿垂领式袈裟，右手从衣领处伸出。第二种影塑佛又见于第 76 窟，说明二窟为同时期所开。

窟壁绘僧人坐禅、诵经、婆罗门、羽人等内容，表现某种佛教因缘故事。窟顶绘飞天、龙、摩尼宝珠。

主佛须弥座上墨书题记13行、190余字，为景明三年（502年）九月十五日上邽镇司□张元伯在此开窟造像的发愿文。此窟为麦积山石窟中唯一有墨书题铭造像纪年的窟。发愿文为：

唯大代景明三年九月十五日台遣上邽镇司□/张元伯稽首白常住三宝今在此麦积□□□□/□□□为菩萨造石室一区愿三宝兴/□法轮常转众僧□□天所右愿国/祚□（乃）昌万代不绝八方偻负天人庆儴右愿第/子所有诸师父母命之者神生□兜率□□□/尊□□教悟无生恶□现在之右愿使四大/□（康）像六□□烦□□二宜命不□□□□/弟子夫妻媳□现世之中众灾消灭百□□□/常为国之良辅学者联□□箧内列……/诸典记□□□历代不□及一……/切众生普同成佛……/愿子孙养大愿是见佛……

该造像记明确记载北魏宣武帝景明三年，上邽镇的一个小官吏张元伯在麦积山凿窟造像之事。根据发愿文的内容，其所造造像具有明显的菩萨大乘特点，并且有强烈的神生兜率、信仰弥勒的思想，反映了这一时期麦积山石窟造像的特点和思想内涵。该题记由于是麦积山北朝洞窟中唯一有明确纪年的题记，因此具有断代的重要意义，对确定麦积山石窟一部分相同洞窟的年代具有标尺作用。

第155窟

位于西崖中层，第98号摩崖大佛左侧、第164窟右下方。

洞窟型制：平面方形，三壁三龛窟，平顶。窟高2.11米，宽2.51米，深2.12米。方形窟门，高1.28米，宽0.96米，进深0.43米。窟内地面低于窟门0.22米。窟内正壁正中及左右壁前侧各开一方拱尖楣龛，龛楣及龛柱浮塑，其中龛楣下沿及龛柱泥塑为圆柱形。此窟为麦积山石窟最早出现的三壁三龛窟。正壁龛两侧及四壁上部开小龛，共计27个，高0.24米～0.35米，宽0.14米～0.2米，深0.1米～0.12米。

造像：三壁三龛内各泥塑一佛，组成三佛。正壁龛外各塑一胁侍菩萨，左右壁后部各塑一弟子。正壁左右上下开小龛，龛内影塑半跏思维菩萨和交脚菩萨等。正壁龛楣贴影塑一佛、二胁侍菩萨，龛楣外贴影塑飞天及供养天。左、右、前三壁上部龛内影塑小坐佛，前壁中下部泥塑小台上影塑小坐佛。正壁龛内两侧壁贴影塑坐佛和供养天。

正壁中间凿尖楣圆拱深龛，龛高1.39米，宽1.11米，深0.5米，距地0.32米。龛内左右两侧各泥塑上下二层坛台。正壁龛楣两侧各塑一龙头做回首状，立于束腰莲台上；龛楣下沿正中浮塑束腰柱础做覆莲状，下有夜叉托举。龛内坐佛高0.79米，磨光高肉髻，面形方圆；内穿僧祇支，外穿半披右肩袈裟，衣纹为突起的泥条加阴刻线，衣边做连续三角形折叠纹，衣裾规整，呈半圆形铺于座上；结跏趺坐，右手残，左手于左膝上握衣角。佛座为束腰方形，高0.33米，宽0.65米，厚0.41米。龛内两侧泥塑坛台上贴影塑，上层坛台对称贴坐佛各4身，穿圆领通肩或半披右肩僧衣，均结跏趺坐，禅定印；下层坛台对称各贴游戏坐供养天各4身，均穿半披右肩衣。龛外左侧胁侍菩萨残高1.07米，发髻残损，宝缯垂肩；斜披络腋向右下裹右腿；右手于胸前握莲蕾，左手下垂于体侧握帔巾；帔巾从背后向前绕肘下垂，端部呈燕尾状,下穿裙,衣纹为细密的阴刻线,跣足立于圆形莲台上。菩萨泥塑背光封堵原壁面开凿的第二个小龛,可知菩萨为重修作品。从其修长的身躯来看,其重修时代为北魏晚期。右侧胁侍菩萨已被毁。正壁大龛龛楣中间影塑一佛、二胁侍菩萨,佛穿圆领通肩袈裟,禅定印,结跏趺坐于半圆形泥塑小台上;二胁侍菩萨上身袒露,下穿羊肠裙。龛楣外侧影塑飞天、供养天现存 7 身,两边对称,从其风格看,均为重修时所贴。正壁大龛左侧上部第一小龛内泥塑半跏思维菩萨及 2 身胁侍菩萨;下面二小龛被菩萨背光封堵。龛右侧三龛内造像全被毁,泥皮全部脱落;下二龛也有被封堵的痕迹。

左壁龛高 1.09 米,宽 0.75 米,深 0.34 米,距地 0.23 米。尖楣圆拱,拱端塑凤首回顾衔拱梁。龛柱圆形,柱头塑束帛,有柱础。龛内泥塑坐佛高 0.71 米,穿圆领通肩袈裟,衣纹在胸前呈"U"字形分布,结跏趺坐,禅定印。佛座为束腰方形,高 0.26 米,宽 0.56 米,厚 0.3 米。龛内两侧壁绘飞天。龛外右侧塑站立弟子像,弟子高 1.02 米,为老年形象,颧骨突出,颈部喉结明显,胸部肋骨横列突出,穿半披右肩僧衣,右手于胸前握莲蕾,左手于腹部握衣角;身后浮塑大背光,跣足立于圆形台上。壁面上方横向开 6 个小龛,均圆拱形,彩绘尖楣;龛内均影塑一坐佛,与正壁龛内的相同,其中最外侧的 1 身已不存,其他或头残失,或表面风化。

右壁龛高 1.08 米,宽 0.76 米,深 0.28 米,距地 0.25 米。左侧龛楣、龛拱及龛柱泥皮脱落。龛内泥塑坐佛高 0.67 米,造型与左壁龛佛相似。佛座为束腰方形,高 0.27 米,宽 0.53 米,厚 0.27 米。龛内两侧壁也绘飞天。龛外左侧弟子残高 1 米,为一年轻形象,衣饰、姿态与左壁老年弟子相同,面部轻微风化,颈部断裂,双足失,2005 年被修复。壁面上方横向开 7 个小龛,与左壁相同,其中 3 个龛内影塑坐佛尚存。

前壁上方横向开 10 个小龛,龛内各影塑坐佛 1 身,门左右各做 3 层泥塑小台,每层各贴 3 身坐佛,与其他壁面的影塑坐佛相同。

壁画:左右壁大龛内绘佛背项光,龛内两侧壁绘飞天等。窟顶部正中及四角各绘一圆莲(右内角被毁),其间绘 10 余身飞天,多已模糊不清,束发髻,面形方圆,上穿"V"形领宽袖袍,下系长裙,帔帛搭肩绕臂向后飞扬。

第二节 麦积山北魏晚期石窟

北魏晚期麦积山开龛造像在艺术上趋于成熟。洞窟有平顶、圆拱顶中小窟龛,平面为方形或近于马蹄形,顶做穹窿形藻井或套斗式藻井,出现并流行三壁三龛平顶窟。第 133 窟平面为横长方形,且有二后室。塑像除三佛外,还有一佛、二弟子、二菩萨,或一佛、二弟子、二菩萨、二力士组合;影塑则有七佛、立佛、十大弟子、供养人等。流行"褒衣博带"和"秀骨清像"的造型特点。壁画数量多,有维摩诘变、西方净土变、涅槃变等经变画和地狱变之十善、十恶等题材。

第121窟

位于西崖西上部，平面方形，三壁三龛，覆斗藻井。顶高2.53米，宽2.36米，进深2.13米，上部略有收分。窟门平顶。窟内正、左、右三壁各开一圆拱壁龛，外部有浮塑莲瓣形龛楣，龛内各做一须弥座。窟内地面下凹，四周有低坛基。

本窟原作为三世佛，并有二菩萨、四弟子、二力士，此外有小悬塑听法弟子10身。其中正壁龛内主佛及前壁左右力士的头部为宋代重塑，左右壁龛内佛被改塑为菩萨头饰。

正壁龛内主佛，身高1米，面形方圆，低平发髻，内着僧祇支，腰间束带，外披通肩袈裟，结跏趺坐于须弥座上。两侧弟子，均内着僧祇支，外披袈裟，腰系长裙，足蹬云头履，躬身侍立，为英俊的少年形象。

左右壁龛内菩萨，均结跏趺坐于须弥座上。左壁菩萨，高0.93米，束发戴冠，胸佩璎珞项圈，身穿交领大衣，腰间束浮塑团花带。右壁菩萨，高0.96米，束发戴冠，余发披肩，璎珞项圈有上下两道，内着僧祇支，腰间束带作结，外披通肩袈裟，双手略有残损。

图130　麦积山石窟第121窟　菩萨与弟子

前壁两侧力士，均束发戴冠。左侧力士高 1.3 米，张口怒目，袒胸露臂，下穿长裙，帔帛自双肩垂下交于膝前，又上卷搭于双臂，左手拄金刚杵，右手及两脚尖已失。右侧力士高 1.27 米，头微右扭，蹙眉怒目，双唇紧闭，腰系长裙，身披通肩大衣，外穿铠甲，双手下垂不露，颈项已断裂。

窟后左右各塑胁侍菩萨和弟子组合。北魏彩塑原作。体躯修长，面容清秀，是典型的“秀骨清像”作品。每组菩萨和弟子各 1 身，上身微前倾，头略低俯，面带微笑，形成交头接耳、亲昵欢悦的生动形象。窟后左胁侍菩萨和弟子：高均为 1.25 米。左侧胁侍菩萨，扇形高髻，交领长衫，腰束带，帔帛自双肩垂下于膝前交叉后上卷搭于双臂，左手已失，右手握莲蕾，足蹬云头履（云头已失）；右侧胁侍弟子，螺髻，发辫盘顶，披卷边开襟衣，腰系长裙，足蹬云头履（右足云头已失），双手合十。窟后右胁侍菩萨与弟子：左侧胁侍弟子，高 1.2 米，同右侧胁侍弟子；左侧胁侍菩萨，高 1.22 米，与左胁侍菩萨同。以上两组菩萨和弟子组合，通过古代匠师的精心塑造，表现了菩萨、弟子聆听佛法时心领神会、窃窃私语的世俗化形象，是内容和形式的完美统一。

正壁龛内左右壁中部小坛台上，现存悬塑听法弟子 8 身，身高均为 0.34 米。原作应为 10 身，左右各 5 身。人物面形可分为面相苍老和年轻两类，分别表现出虔诚睿智或聪慧恭谨的神情。均内着僧祇支，身披袈裟，结跏趺坐，衣摆覆盖座前。

本窟残存壁画约 9 平方米，全被熏黑，多不可辨认，唯背光、龛楣及窟顶壁画中的火焰纹、忍冬纹及飞天的飘带隐约可见。壁画技法纯熟，线条流畅自如。

第 133 窟

位于西崖东上部，又称“万佛洞”、“碑洞”，五代王仁裕所著《玉堂闲话》称之为“万菩萨堂”。其规模居于西崖三大洞窟之首。面阔 12.2 米，顶高 5.8 米，通进深 10.83 米。前壁凿里宽外窄竖长方形窟门，高 2.4 米，宽 1.8 米～1.38 米，进深 2 米。窟门内侧嵌置木门框，门楣前悬明万历四十一年（1613 年）木制匾额一块，题曰“极乐堂”。窟内复室叠龛，结构复杂。前部为平面横长方形前室；后面凿平面竖长方形左右二后室，未完工，形状不规则。窟顶大都光平，仅在前部正中凿半圆形“涡阙”，在其右侧凿覆斗形藻井。窟内依壁开大小佛龛 17 个，多作平拱形，高约 0.8 米～2 米，诸龛排列，前室左右各有上下两层。除顶部外，其余壁面全贴影塑小千佛，现多已脱落。

万佛洞现存造像中数量最多的是造像碑中的浮雕小千佛，共有 3800 多身；其次是壁面影塑千佛，共约 1000 余身；其他为圆雕和高浮雕的泥塑和石雕造像 30 余身。主要佛龛简介如下：

第 3 龛佛与胁侍菩萨：佛高 0.82 米，佛两侧侍立菩萨。佛与菩萨均细颈削肩，体躯修长，为典型的“秀骨清像”，优美潇洒，保存完好，色彩犹存。佛作高肉髻，结跏趺坐，外披双领下垂袈裟，衣角搭于左臂，衣摆呈三花瓣式垂覆座前。二菩萨束高髻（左菩萨发髻已失），面形长方，身穿交领宽袖上衣，腰系长裙，帔帛绕双臂飘扬下垂，足蹬云头履（云头已失）。

第 9 龛弟子阿难：俗称“小沙弥”，位于龛内佛座下右侧龛底台座上，圆塑。高 0.87 米，光头，面容清俊，面带微笑，身材匀称。内着僧祇支，外穿宽大的双领下垂袈裟，衣角搭于左臂。左手牵衣角下垂，

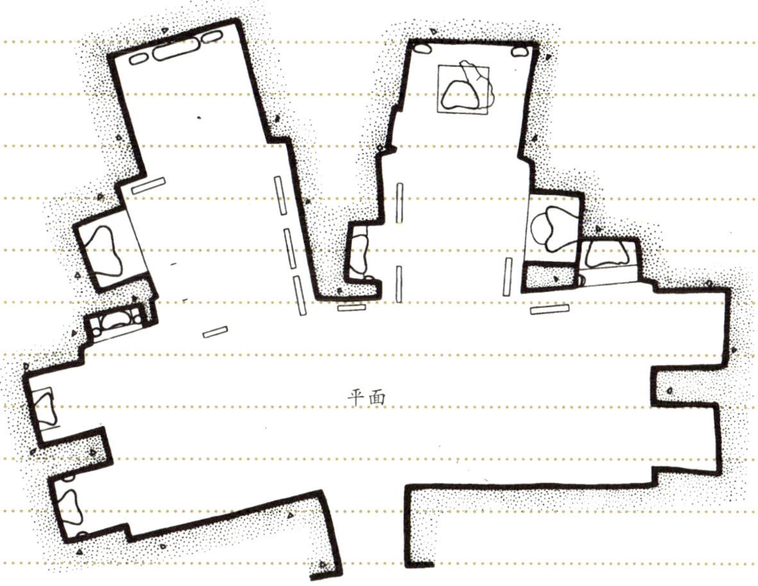

平面

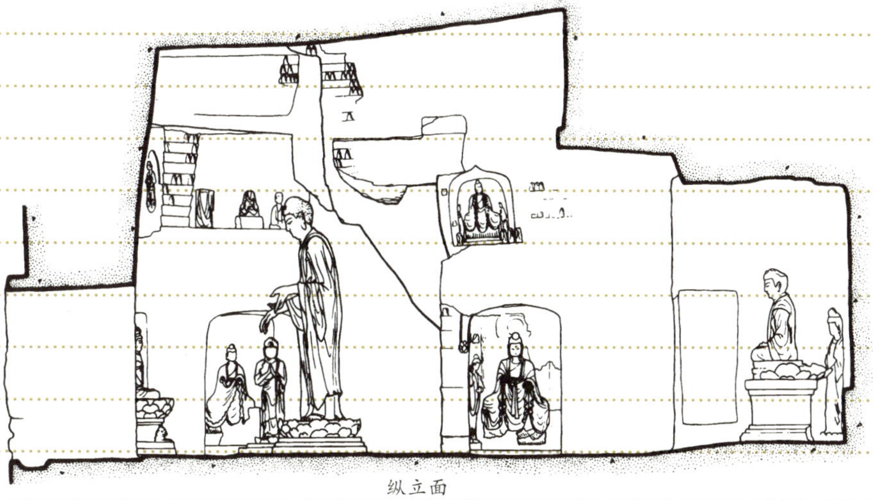

纵立面

横立面

图131　麦积山石窟第133窟　平剖面图（引自天水麦积山石窟艺术研究所编《中国石窟·麦积山石窟》，文物出版社，1998年）

图 132 麦积山石窟第 133 窟 造像碑

右手屈肘举于胸际(手已失),衣摆落地呈喇叭形,衣纹为稀疏的阴刻压线,是一天真聪慧少年形象。

第11龛龛楣释迦灵鹫山说法图:悬塑,高0.43米,宽2米。塑有山峦及树木。释迦结跏而坐,袈裟裹膝,在山间为跪听的弟子说法,其旁禅窟有僧禅修。上部左右角二天人起舞。造像头多失,唯右上角飞天最完整,高0.2米,长圆面形,发髻高耸,身穿广袖交领束腰长袍,两手胸前相叠,双腿后翘,帔帛、裙裾一同向身后飘扬,具有强烈的动感。

享堂正中释迦、罗睺罗站像:宋代圆塑,内容为"罗睺罗授记"。释迦像,高3.5米,螺髻,中有肉髻珠,方面大耳;内着僧衹支,外披双领下垂袈裟,衣饰宽博厚重;胸部袒露,上身微前倾,低头俯视;双臂屈肘前伸双手,左手掌心向上作莲花指,右手掌心向下伸向小佛头顶做抚摸状,赤足立于圆台上,神态含蓄慈祥。罗睺罗像,高1.44米,在释迦右前方站立。弧弦纹发髻,方圆面形,内着僧衹支,斜披袈裟搭于左臂,露右胸右臂,双手合十,头略低俯,赤足立圆台上,神态恭谨,是一天真憨厚少年形象。这铺造像将释迦会见罗睺罗时的父子之情表现得淋漓尽致。

窟内18块石雕造像碑最为重要,其中1、10、11和16号造像碑是此窟精华之所在。

1号造像碑:北魏。俗称"千佛碑"。通高1.81米,宽0.59米,厚0.12米。四面雕像,石质坚细,是石刻中的精品。圆拱碑额雕释迦佛灵鹫山说法。上部边缘雕莲瓣饰纹,左右两侧下部内收以突出所雕山形。正面和背面内容大致相同,即各雕一释迦结跏坐浅龛,手作说法印,佛左右各立一菩萨、一弟子。正面龛雕一结跏而坐的小佛,左侧山峦中一走兽。碑身四面雕数排敷彩千佛,共1312身,旁有墨书供养人姓名等内容榜题小字,现多已漫漶,是现存造像数量最多的石碑。

10号造像碑:北魏。又称"佛传碑",是以释迦牟尼生平事迹为主要内容的碑刻。通高1.37米,宽0.72米~0.8米,厚0.1米。圆额,正面分上、中、下三栏,各栏正中各雕一浅龛,龛外两侧设1~2个小格,每格内刻1~3个故事情节。除减地高浮雕外,还出现透雕。内容丰富,情节生动,是石刻造像碑艺术的珍品。

上栏:正中为圆拱浅龛,内释迦、多宝二佛并坐。龛左右龛柱上凤鸟做回首反顾状,莲瓣龛楣上有小佛7身。左上格刻"树下思维"和"阿育王施土",分别表现菩萨成道前在菩提树下思维的情形和古印度阿育王小时候出于对佛的崇敬,双手捧土代面,敬献于佛,佛预言他将来当做转轮圣王的故事。左下格雕"佛入涅槃",表现释迦牟尼在拘尸那迦双树下涅槃的情景。右侧一格雕"断发出家",表现悉达多太子舍弃富贵,甘愿清苦,夜半逾城出走,进入深山寻师求道。画幅雕山峦丛林,太子坐在山石上持刀断发,上部有2身飞天,右下部5身站像,当为净饭王从亲族中挑选出来陪伴太子的5人。

中栏:正中为楼阁式浅龛,龛内雕一交脚菩萨及二胁侍菩萨,表现将于后世继承释迦佛位为未来佛的弥勒菩萨住在兜率天院内的情景。左上格刻"乘象入胎",表现佛母摩耶夫人梦见菩萨乘六牙白象前来投胎的故事;左下格刻"降魔成道",生动地表现了释迦降魔成道的故事内容。右上格刻"树下诞生"和"九龙灌顶",表现释迦牟尼于农历四月初八日在蓝毗尼园诞生、沐浴的情景;右下格刻"燃灯授记",正中偏右刻倚坐式燃灯佛,儒童五体投地,布发掩泥,身后有一持花女子站立,是买花献佛的情节。

下栏:正中浅龛内刻释迦成道后在王舍城说法的情景。释迦结跏趺坐于须弥座上,左右各一胁侍菩萨，侧身向佛侍立。龛楣，3个小巧玲珑的化生童子游戏其间。左右两侧有八角龛柱，柱头上各一胡跪供养菩萨，柱础下各一足踏夜叉、头顶柱础的托重力士。龛内上部左右两角各一凤鸟，相向而鸣。龛外左右两侧下部各一阙门，门内各天王2身、相向蹲伏的雄狮2头。左上部刻“文殊问疾”，维摩身穿襦袍，手执麈尾，踞坐于方台之上，文殊坐对面，似凝神恭听。右上方刻“初转法轮”，亦称“鹿野苑初转法轮”，释迦佛结跏而坐，座前左右各一卧鹿，回首翘望，左上角有4身飞天自天而降，表现释迦成佛后第一次说法。

11号造像碑：西魏。位于前室前壁东侧。方额。高1.84米，宽0.87米，厚0.13米。分上、中、下三栏。上下两栏各刻千佛3排，下栏栏边又刻小千佛1排，共计67身。中栏分左、中、右三格。中格，佛帐式浅龛，龛楣并排存7身莲花化生，外上部又并排刻莲蕾、罗汉头像。龛左右为莲花龛柱，柱外垂挂硕大璎珞各一串。龛内刻一佛、二菩萨，佛后有莲瓣形通身背光，顶作高肉髻，手作说法印，结跏而坐；身穿双领下垂袈裟，衣摆覆座，褶纹规整而繁密。胁侍菩萨，束发戴冠，肩搭帔帛，腰系长裙，一手拈花，一手下垂，立于覆莲台座上。台座下各刻一蹲狮，翘首反顾，其下1排9身小千佛。左右两格，上各刻飞天上下2身，均做回首反顾状，衣带飘扬；下各雕一圆拱尖楣浅龛，内刻结跏坐佛，佛着双领下垂袈裟，低头俯视，神情专注。

16号造像碑：西魏。位于前室前壁西侧。方额。高1.8米，宽0.9米，厚0.1米。正面造像，分上下两栏。上栏，中间上部开一竖长方形浅龛，内刻三坐佛；下部刻五坐佛。龛外左右两侧各刻上下两个方楣龛，上部两龛内二佛并坐，龛楣饰帷幔；下部两龛上部左右角雕宝相花，其中左下龛雕一佛、二菩萨，右下龛雕一佛、二弟子。本栏下部又有坐佛2排，每排7身。下栏，宫殿式圆拱浅龛。龛楣及龛柱饰帷幔，上刻宝珠7颗，其左右各雕一口衔大璎珞蟠龙，龙头外侧又各刻飞天1身，相向飞行。龛内雕三坐佛，中间为倚坐式佛，两侧佛侧身面向主佛，结跏趺坐于通长须弥座两侧。三佛均内着僧祇支，外披双领下垂袈裟。龛外左右下部各雕一天王立于蹲狮背上。本栏下部又刻小坐佛2排，每排7身。

窟内壁画大部剥落，现残存仅20余平方米，有千佛、弟子、飞天等，以及龙、凤、鱼、莲花、忍冬、云水纹及火焰纹等图案。窟顶右前方藻井内较完整绘千佛及忍冬，窟顶左侧残存壁画绘有乘龙、骑虎、跨凤的诸天仆乘、散花飞天，又有肩生羽翼、大步流星奔驰的羽人等。

第142窟

位于西崖东上部。平面方形平顶窟，保存基本完整。高、面阔均为2.18米，进深2.16米。窟内正、左、右三壁前做低坛基，上置须弥座。正壁左右两侧壁面各起五层小平台，上为影塑千佛或供养人。

本窟主塑三世佛，并有菩萨、弟子、力士共8身，均为圆塑或高浮塑。另有影塑千佛、供养人及悬塑瑞像等共计52身。

正壁：佛，高1.05米，磨光高肉髻，面形长圆，颈长肩宽，胸部挺直饱满，结跏趺坐须弥座上，身后有大型浮塑背光。内着僧祇支，外穿双领下垂袈裟，衣襟搭于左臂。衣饰贴体，衣摆分四瓣覆盖座前。左右胁侍菩萨相对较小，左侧菩萨，高1米，左手提瓶，内着僧祇支，外着披肩，腰系长裙，肩搭帔帛，胸前垂挂璎珞，赤足立圆莲台上。右侧菩萨，高1.03米，左手屈举，掌中托一影塑坐佛（头已失），右手提一

图 133 麦积山石窟第 142 窟 交脚菩萨

桃形玉璧，形貌服饰，与左侧菩萨略同。

左壁：坐佛，高1米，形象与正壁佛大体相同。右侧弟子，身高0.94米，头大额阔，两耳下垂，面容饱满，身躯粗壮；内着僧祇支，外披袈裟；左手屈举于胸前，右手置腹前并掩盖于衣饰之下；水波纹褶襞，跣足立于圆莲台上。

右壁：交脚菩萨，高1.47米。束高髻，方面长颈，肩宽腰细，双腿下垂相交，坐于半圆座上；颈戴项圈；内着僧祇支，腰系裙；双手已失；胸挂帔帛，璎珞搭于左右手腕；衣褶垂直，阴刻线表示。左侧菩萨，高1.03米，长方脸，束高髻，长发披肩，头光中点缀联珠纹；内着僧祇支，外披袈裟，下着短裙；两手捧物，双足着靴立于圆莲台上。

前壁右侧力士，高0.95米，束高髻，挺腹仰背，蹙眉怒目，双唇紧闭，獠牙外露；手臂断裂，右脚已失，仅左脚站在圆形莲台上。

影塑、悬塑有千佛、菩萨、弟子、供养人和瑞像遍及窟内壁面。

猴头瑞像：位于正壁左侧上部。悬塑。通高0.36米。猴头右侧一鹫，似象征灵鹫山。猴头左右下部各开一浅龛，左侧龛内存2身胡跪弟子，右侧龛内塑像不存。猴头之下，影塑佛跣足立于圆台上，左右各站一胁侍菩萨，旁有飞天。一说此像为牛头，象征牛头山。

象头瑞像：位于正壁右侧上部。悬塑。高0.4米。象头似表示象头山，佛曾在此说法。象头向下，象牙伸出，长鼻左卷，大耳下垂。象鼻左侧一佛右侧身而立，为弟子说法。弟子身后一菩萨站立。象头左侧塑一结跏趺坐禅僧。

影塑母子供养像：位于正壁右侧。塑造了一位中年贵妇携子还愿祈福的形象。母高0.24米，戴笼冠，长裙曳地，右手举灯，左手携子。紧靠身边的小孩，头大身短，腹围裹肚，极富生活气息。

窟内壁画共3平方米左右。正、左、右壁残存饰火焰纹、忍冬纹图案背光。壁间绘供养弟子、供养人，顶部绘飞天3身，间有悬塑飞天3身。飞天双环髻，束腰长裙，其中1身留须，颇具特色。

第三节　麦积山西魏石窟

西魏初，麦积山开窟造像活动兴盛，麦积山现藏宋代《秦州雄武军陇城县第六保瑞应寺再葬佛舍利记》即有“西魏大统元年，再修崖阁，重兴寺宇”之记载。《北史》卷十三《后妃列传》记载，文帝文皇后死后“凿麦积崖为龛而葬”，号寂陵（即第43窟），其子武都王元戊在麦积崖附近山梁（当地俗称“王子洞”）为母坐禅守陵。麦积山此期洞窟现存15个，窟形以北魏晚期的方形平顶、三壁三龛或三壁二龛为主要形式，并出现仿木构建筑形式做法（如第43窟），还有独特的大型窟龛和崖阁，如第135窟前壁有明窗，平面为横长方形。现存塑像50余身，泥塑大都形貌俊美，生动细腻，除三壁三佛外，出现维摩、文殊对坐及童男、童女等世俗形象。造像风格从北魏的清瘦单薄变为饱满圆润，艺术上更趋成熟。壁画保存20多平方米，第127窟出现睒子、舍身饲虎等本生故事画，造型沿袭北魏“秀骨清像”，线条更简练流畅，具有自然韵律感。

第127窟

位于西崖西上部最上层。平面横长方形大型盝顶窟,是西崖三大洞窟之一,洞窟完整。顶部正中高4.5米,四周高3.95米,面阔8.6米,进深5米。前壁正中开里宽外窄的平顶窟门,高2.06米,进深2.92米。窟顶正中为横长方形藻井,四周石胎泥塑边框呈梯形坡面。正壁开一圆拱半壁浅龛,高2.2米,宽1.84米,深0.5米。左右壁各开一圆拱半壁浅龛,大小与正壁龛相近。为三壁三龛的形式。

正壁龛内为一佛、二菩萨。佛居正中,高1.03米,头光和背光同为整块灰岩大理石雕成。旋涡纹高肉髻,面形长方,大耳宽肩,手施无畏印,结跏趺坐于须弥座上。内着僧祇支,腰间系带作结下垂,外穿双领下垂袈裟。背光左右两侧有浮雕比丘各1身、散花飞天及供养飞天各4身。头光中从内向外有浮雕莲瓣、缠枝莲花和十二伎乐天各一圈,上部正中刻一小坐佛。伎乐天以小坐佛为轴心左右对称,相向飞行,飞天姿态各异,手或提飘带或托供品,多数手持乐器,帔帛、裙摆上扬,富于动感。左右二胁侍菩萨,身高分别为1.1米和1.08米,造像风格相同:五梁冠,余发披肩,体躯扁平,颈戴桃形项圈,胸佩璎珞,腰系长裙;帔帛自双肩下垂,于腹前穿圆壁,后又向两侧分开上卷,或搭于双臂,或系于腰际;一手屈二指举于胸际,一手提桃形璧置于腹侧,跣足立圆台上。

左右壁龛内各塑一佛、二菩萨。其中2身佛像均经宋代重修,面圆体胖,结跏趺坐;内着僧祇支,外披通肩袈裟,衣摆下垂座前;旋涡纹高肉髻被加塑花冠与发髻,面部及衣饰均被加塑一层,原作面貌已失。两壁龛内的4身胁侍菩萨,为北魏晚期"秀骨清像"的代表作品。其中左壁龛二菩萨均束发戴冠,余发披肩;胸佩项圈,下坠花饰,腕戴环;上身半袒微前倾,腰系长裙,并束带作结下垂;帔帛覆盖双肩起翘,沿两胸下垂,在膝前交叉上卷,或搭于双臂(左侧菩萨),或一端提在手中,一端搭于肩头(右侧菩萨),跣足立于半圆台上。左侧菩萨左手示礼,右手托盘,内盛供物;右侧菩萨左手示礼,右手提巾带。右壁龛菩萨亦为同一风格。

窟内迎门地面中央宋塑一佛、二菩萨。佛高2.17米,低平螺髻,有肉髻珠;面形方圆,袒胸,内着僧祇支,外披通肩袈裟;左手抚膝,右臂屈肘向前(手已失),结跏趺坐于须弥座上。1987年在佛座缝隙中清理出土影塑数十件,彩塑精品有:西魏影塑童女头像、北魏影塑坐佛、北周比丘像、隋代菩萨像等。左右胁侍菩萨,身高均2.32米,面形方圆,束发戴尖顶冠;体躯壮实,上身袒露,腰系三段裙,肩搭帔帛绕双肩下垂,两臂屈肘向前,跣足立于圆台上。四壁及四披、顶绘壁画,主要为经变画和本生故事画。

涅槃经变:位于正壁上部。纵2.2米,横8.22米,略有残损。中间绘一佛、二菩萨,左右有山水树木,为释迦说法图。其左侧绘释迦涅槃前最后一次说法和涅槃的情形。右侧绘八王争舍利,车马人物,姿态各异,争战激烈,气势磅礴,下部还有宏大的进军行列。

维摩诘经变:位于左壁上部。纵2.3米,横4.48米,略有残损。画面充分展示了《维摩诘所说经·问疾品》所描绘的场面:左侧维摩诘端坐于须弥座上,镇定自若,右侧文殊率众菩萨、声闻及诸天人徐徐而来。画面还描绘了《维摩诘所说经·方便品》中的国王、大臣和《维摩诘所说经·香积品》中的吉祥天女形象,天女清秀洒脱。规模宏大壮观,是早期经变画中的优秀作品。

图 134　麦积山石窟第 127 窟右壁　西方净土变

西方净土变:位于右壁上部。画面高 1.63 米,长 4.55 米。是我国石窟寺中现存时代最早、规模最大、内容最完备的一幅净土变。画面正中一佛结跏趺坐于须弥座上,后有宝盖殿堂,前设高台栏杆,旁及树木城墙,墙上有角楼。佛左右分列二菩萨,再两边各有弟子 2 身、比丘 10 身恭身侍立。座前正中置建鼓一面,旁各一伎乐击鼓,再两旁各有一伎乐,戴花蔓冠,内穿紧身小袄,外套广袖衫,腰系曳地长裙,舒袖起舞。再向两侧又各有 4 身跽坐的伎乐手持乐器演奏,乐器有笙、箫、鼓、竽及箜篌等。画面左侧城外七宝莲池畔,有 10 余位僧众人等朝佛走来。左侧城外大树旁有比丘和女供养人各 10 余身,亦朝佛而来。

七佛图:位于前壁上部。画面高 1.47 米,长 8.22 米。七佛平列,结跏趺坐于须弥座上;其左右各有二胁侍菩萨或弟子,立于圆莲座上,躯体修长,仪态潇洒;再左右又各绘供养比丘数身,身穿各色袈裟,或手托供品,或笼袖而立。衣饰、佛座、宝盖、背光等,多用青、绿加墨色描绘。

地狱变及战骑图:位于前壁下部。面积约 14 平方米。左侧绘地狱变中的“善报”,阎罗宫殿楼阁因被熏黑隐约可辨,两条墨书榜题清晰:“此人行十善得参道时”;“诸天罗汉迎去时”。右侧绘地狱变中的“恶报”,烟熏严重,隐约可见鬼差数身,其他内容不辨,墨书榜题可辨识者两条:“此人生时好□□当堕刀山地狱”;“此生时好□□□□令入截臂地狱”。左侧下部绘战骑图,画中的飞天随风飞舞,骑士戴胄披甲,跨一匹着甲红马,纵横驰骋。

帝释天:位于窟顶正中长方形藻井内。纵 1.32 米,横 4.68 米。帝释天身穿袍服,端坐于四龙云车之上,前有飞天导引,后有仙人、羽人乘龙护送;上有华盖,旌幡飘扬,旁有诸天相随。色彩灰暗,铁线描清晰,晕染的石青、石绿尚且鲜艳。其内容一说为东王公巡游。

睒子本生故事画:位于窟顶前披。披面呈梯形,上底边长 4.61 米,下底边长 7.35 米,高 1.3 米,为长卷式佛本生故事画。现存画面以迦夷国国王狩猎、拜见盲夫妇、帝释天施药、睒子复生为主要情节。国王及侍从们纵马奔驰在深山旷野之间,鸟兽惊慌四散,极富生活情趣;草庐前,国王寻找盲夫妇,门外端坐的盲夫妇似急切地盼望儿子回来,国王似告知睒子不幸中箭的经过。

穆天子拜见西王母:位于窟顶梯形后披。上底边长 4.75 米,下底边长 7.35 米,高 1.28 米,已剥落过半。据《穆天子传》所述,穆天子乘八骏马车西行,途径玉山宝地,在瑶池拜见了西王母。此画所绘周穆王身穿袍服,在重臣们簇拥下,由东向西而来。上有伞盖,旁及山水树木。迎面站着几个身穿长衫的人物,由西向东而来,其中一人手牵红马,一说为西王母迎接穆天子的情景。

萨埵那太子舍身饲虎:位于窟顶左右梯形披。左右披梯形大小一样,上底长 1.34 米,下底长 3.8 米,高 1.1 米。画面以摩诃罗陀国三位王子“出游”、三王子萨埵“饲虎”、向国王“报信”等情节为主线,用连环画的形式,将故事绘制在左右二披之内。右披绘山林间悬崖下蹲伏大小老虎两组,每组 8 只。其中一组老虎中间三王子的形骸隐约可见,是为舍身饲虎。左披以城郭殿宇为主,间绘人物活动。城郭庄严,殿宇巍峨。城门之外,一边有数人牵马徐步而行,另一边有两人乘马飞奔而来。城内宫殿外,有国王闻报昏厥在地的情节。画面以半鸟瞰的透视法,描绘出宏伟壮丽的城郭建筑。该组建筑的形式及结构是研究北朝时期王宫建筑形式的重要实物图像材料。

第 135 窟

位于西崖东上部,《玉堂闲话》称之为“天堂洞”。大型平顶窟,平面为横长方形。顶高 4.6 米,面阔 8.86 米,进深 4.68 米。前壁上部开 3 个明窟,顶壁前部靠近明窗处开一半圆形涡阙。窟内正、左、右三壁各开一浅龛;正壁左右两侧,北周增开圆拱深龛各 1 个。

窟内现存造像 17 身,既有泥塑,又有石雕。除正壁两侧龛内造像为北周泥塑、左右壁龛内坐佛为宋重塑外,其余造像均为北魏原作。

正壁中龛塑一佛、二菩萨,北魏圆塑。佛居中,高 1.23 米,高肉髻,长方脸,细颈削肩;内着僧祇支,腰间束带,外披双领下垂袈裟,衣角搭于左臂,结跏趺坐于方形座上;衣摆下垂披覆座前,手作说法印。左右胁侍菩萨,高均 1.38 米,体躯扁平,贴壁而塑;上身微前倾,扇形高髻,细颈削肩,身披交领衣衫两重,腰束带,外着帔帛、披肩,衣摆落地呈喇叭形,足蹬云头履立于台上。

左壁龛内塑一佛、二菩萨,北魏圆塑。佛居中,高 1.1 米,高肉髻,面容清瘦,细颈削肩,上身微前倾俯视;内着僧祇支,外穿双领下垂袈裟,衣角搭于左肩,衣摆下垂覆盖座前,繁缛对称;手作说法印,手指略残,半跏趺坐方座上。左右胁侍菩萨,高均为 1.18 米,长方面形,体躯扁平,上身微前倾,侧身向

图 135 麦积山石窟第 135 窟 说法图

佛;低平发髻,身穿通肩大衣,一手屈举于胸际,一手提桃形器物置于腹侧,足蹬履立于台上。

窟内左侧中部石雕一佛、二菩萨。佛高 1.9 米,是麦积山最大的石雕像。旋涡纹高肉髻,面形方圆适中,衣饰三重,内着僧祇支,中衣胸前蝴蝶结下垂,外穿双领下垂袈裟,右摆搭于右臂;左手前伸,掌心向上,右臂屈举于胸际(手已失),赤足立圆莲台上。左手拇指与食指间、手背与衣袖间各雕莲蕾一个,起支撑受力作用,构思巧妙。衣纹深浅阴刻线并用,褶襞厚重,表现了佛陀庄重宁静的特征。左右胁侍菩萨,高 1.42 米,原作头失、宋人补塑,身躯及四肢为原作。高发髻,上身袒露,下着长裙;胸佩项圈,肩搭帔帛;颈挂长串璎珞,在腹前交叉穿环;着披肩,肩头有圆形饰物;戴腕环,一手提桃形璧置于腹前,一手拈花屈举,跣足立圆莲台上。莲台下部又有覆钵形仰覆莲座,二者有卯榫套合。

正壁左龛内 2 身北周泥塑坐佛,似从他窟移来。其中左侧坐佛,高 0.65 米,手作禅定印,结跏趺坐;右侧坐佛,身高 0.73 米,双手抚胸,胸部半袒,结跏趺坐。二佛彩饰全部剥落,下肢略有残损,顶作低平肉髻,颈短腰长,内着僧祇支,外着双领下垂袈裟。

窟内残存壁画约 50 平方米,均为北魏原作。

涅槃经变图:正壁上部中画一佛、二菩萨,为释迦说法的情景。二菩萨较清晰,佛及其余形象模糊。其左侧剥落较重,隐约可见车马、人物、河流、道路、树木等,车上还有宝盖,似为出行图。其右侧八王争舍利,色彩模糊,主要情节尚可辨认。壁面右侧绘一长方形祭坛,坛上放置分装舍利的宝瓶;左侧有手持兵器武士策马争斗场面。

正壁下部左侧壁龛内隐约可见圆形头光和两身伎乐飞天。左右壁上部分别残存一佛、二菩萨,佛结跏趺坐于须弥座上,菩萨侍立两侧。左壁下部龛外及右壁下部龛内,残存一佛、二菩萨圆形头光。右壁龛外两侧,各绘一佛、二菩萨。菩萨体躯修长,帔帛自腹前穿璧。前壁除右上角隐约可见一佛、二菩萨外,其余全被熏黑。顶部壁画大部剥落,仅残存前后两小块飞天飘带及忍冬图案。

第 43 窟

大型庑殿顶崖阁,通面阔 6.6 米,高 6.1 米,进深 7.3 米。顶部雕出正脊及两端鸱尾,下凿瓦垅、屋檐及额枋,檐前残存后加的木椽。外凿三间四柱式窟廊,廊高 2.93 米,长 6.6 米,深 1.6 米。正间面阔 2.94 米,两稍间较窄。廊后正中马蹄形穹隆顶"享堂",顶高 3 米,面阔 3.7 米,进深 2.3 米。其左右上部各开一圆拱壁龛,后开纵长方形盝顶"柩室",纵深 3.4 米,横宽 2.1 米,顶高 1.8 米。前廊八棱体檐柱四根,上承大斗,大斗上承额枋。檐与柱间石胎泥塑浮雕覆莲围绕的火焰宝珠,组成一斗三升柱头斗拱。

塑像现存圆塑一佛、二菩萨、二力士,高浮雕二供养菩萨和二龙头。均为宋代作品。此外,柩室内有西魏石雕佛残像 1 身。

享堂正壁前主佛,宋塑,高 2.12 米。顶作螺髻,前额肉髻珠,眉间白毫相,方圆面形;胸部半袒,内着僧祇支,腰间结带,外穿双领下垂袈裟;左手抚膝,右手屈举,善跏趺坐于须弥座上,两脚于座前各踩莲朵。

主佛身后壁面左右各为一高浮塑龙头、供养菩萨。菩萨下身隐于浮塑龙椅之后,均戴宝珠冠,高发髻，面形圆润。左菩萨左手屈肘托净瓶于胸前，俯身下视，右菩萨双手合十。

主佛两侧圆塑胁侍菩萨。左高 1.55 米，右高 1.7 米。二菩萨头束云髻，面形圆润，上穿圆领窄袖短襦，帔帛斜搭左肩由身后绕至腹前作结，下穿紧身长裙，外套束膊半臂衣，侧身扭头，站在方形台座上，双足已失。

前廊两端宋代圆塑力士。左高 2.46 米，右高 2.54 米。均束高发髻，双目圆睁；上身袒露，帔帛搭于双臂后扬，腰系战裙，双带腹前作结下垂；两腿分开，赤足而立，肌肉突起，体躯扭动。左侧力士口大张，左手握金刚杵于肩，右侧力士嘴紧闭，左手拄金刚杵于地。

柩室内背屏式高浮雕石佛，系从别处移入。高 0.73 米，佛头及背屏中的头光无存，佛两侧屏风内各有浮雕弟子 1 身。

窟内现存壁画约 3 平方米，西魏原作，较模糊。享堂左右两小壁龛内残存莲花、忍冬、水草等图案，左小龛有菩萨 1 身，技法写实。

第 44 窟

位于中区第 43 窟右侧。平面为方形，覆斗形四面披顶。正壁开一圆拱形半壁浅龛。窟高 2.4 米，宽 3.1 米，深 1 米。龛高 1.46 米，宽 1.26 米，深 0.48 米，龛距地高 0.54 米。窟前部塌毁，现存后部及龛形基本完好，窟龛内壁面泥皮大部分已脱落。

造像：现存圆雕泥塑一佛、二菩萨、一弟子。4 身塑像，比例匀称，雅致隽秀，除左胁侍菩萨双膝以下残毁外，其他保存基本完好。造像残损处均露出原作用以做骨架的方棱铁筋。

现存正壁龛中塑一坐佛，龛外两侧各立一胁侍菩萨，右壁立一弟子，窟内造像保存基本完好。从窟内情况看，原作可能为窟内三壁开龛塑三佛，正壁龛两侧各塑一胁侍菩萨；左右壁内侧塑弟子，外侧或门两侧塑力士。

主尊佛，高 1.56 米。躯体饱满丰润，细腻光洁。旋涡纹高肉髻，椭圆脸，五官清秀，线条简练；双眉明朗高扬，双阴线刻凤眼细长，俊鼻小嘴，丰颊玉颏；内着僧祇支，下结花系带，外穿褒衣博带袈裟；身体微微前倾，低首下视，半结跏趺坐，手施无畏说法印。垂于膝下的悬裳裙裾衣纹流畅写实，衣褶富于变化，质感厚重，衬托出佛的慈容大度，智圣高洁。身上施彩，两手有裂缝，裙裾衣角个别处有轻度残断。

左菩萨，高 1.32 米。宝冠后部、宝缯及巾帛飘带均有残毁，脖颈有裂隙。右菩萨，高 1.36 米。宝冠及双足有残损，脖颈有斑痕，左帔巾及左飘带有断裂。两菩萨：身材修长，头戴宝冠，长发披肩，面相五官与佛相似；上身袒露，下系折腰长裙；肩披帔巾，帛带绕臂飘舞而下，衬托出菩萨的轻盈和活泼；一手持莲花，一手提净瓶，头微微向佛靠拢，微眯双眼，面带笑容。

弟子，高 1.4 米。光头、细颈、削肩。下着喇叭长裙，身穿褒衣袈裟，足穿履。双手合掌于胸前，头略偏。上齿微微咬住下嘴唇，似开似闭的双目，似在听佛讲法，有所“开悟”。造像面部表情生动，又富于内心的刻画，简练概括，朴实自然，颇有人情味。头后部及右肩部有轻度残损，脖颈有裂隙，指尖、右衣角有点残损。

图 136　麦积山石窟第 44 窟　佛像

壁画现存大约 0.6 平方米，原作。窟内壁面原都应彩绘有壁画，现大部分已脱落。龛内下部泥皮上尚残存有斑块壁画。除龛内右壁残存一彩绘菩萨尚能看清外，其余均系斑块色彩。

龛内右壁下部残留有一立身菩萨，形象清俊，头部残留有部分朱砂红、白粉、赭红相间绘制的头光。面部、胸、腹、臂，露裸的肌肉部分，均以白粉涂抹，面向佛。墨线描出柳叶眉、凤眼点珠及俊鼻梁。上身袒露，肩饰赭红色饰物垂带，下系赭红色长裙裹腿，身披石绿色帔巾，帛带十字穿环，垂于腿部又上卷绕臂穿肘，以较大幅度飘舞而下。左手置于胸前，右手举至腮下，立于覆莲台上。龛内下部泥皮上有佛背项光下部的痕迹，窟的右侧角斑块泥皮上有石绿色彩。

本窟属麦积山特级洞窟之一，窟内造像从历史、保护、艺术美学价值上看，都是麦积山石窟塑像最具代表性的上乘之作，尤其是主尊佛像，在“神”与“形”的刻画与表现方面都达到了很高的水准，受到国内外专家和观众的普遍赞誉。

第 102 窟

位于西崖西上部。平面方形四角攒尖顶窟。高 2.85 米，宽 2.9 米，进深 2.8 米。窟顶四周分为四个梯形坡面。券顶窟门高 1.2 米，宽 0.82 米，深 0.65 米。窟内地坪低于窟门 0.1 米。

窟内塑释迦佛、文殊菩萨和维摩诘居士，又塑三胁侍菩萨、一弟子。

正壁佛，圆塑，高 1.2 米。旋涡纹高肉髻，面相丰圆，眉细目长；内着僧祇支，腰间束带，外穿双领下垂袈裟，结跏趺坐，衣摆覆盖须弥座前。

左壁维摩诘，圆塑，高 0.96 米。戴卷荷帽，僧衣三重，圆领内衣，外两层双领下垂，中层衣胸前结带；左手抚膝，袖口卷至肘上，右臂置于胸前，手残；五官清晰、双目有神，是英俊潇洒士大夫形象，下颏原有毛发插栽的胡须，现仅存些须细毛孔。

右壁文殊菩萨，圆塑，高 1.15 米。戴无梁华冠，余发披肩；胸佩桃形项圈；上穿僧祇支，下着长裙，帔帛胸前交叉穿环绕膝上搭于双臂；左手握桃形璧置于胸前，右手携带环置于腹下，善跏趺坐。

正壁右侧弟子，圆塑，高 1.12 米。圆脸光头；内着僧祇支，斜披袒右肩袈裟，胸前以带连结；两手置于胸前持钵，是一少年形象。

第 123 窟

位于西崖西上部最上层。中型方形平顶窟。高 2.47 米，宽 2.45 米，进深 2.35 米。平顶窟门，高 1.15 米，宽 1 米，深 0.88 米。窟内地面下凹 0.6 米，四壁前凿高宽各 0.3 米低台。正、左、右壁各开一圆拱半壁浅龛，大小相近，高约 0.15 米，宽约 1 米，深约 0.4 米。左右壁龛前的坛基上又做方形佛座。窟内部分壁画层脱落，露岩壁。

窟内塑释迦佛、文殊菩萨和维摩诘居士，又塑菩萨、弟子各 2 身，供养童男、童女各 1 身，共 9 身。造型优美，均为西魏圆塑。窟内佛、菩萨与维摩诘居士平起平坐的组合布局较为新鲜。

正壁龛佛，高 0.82 米。磨光高肉髻，细颈削肩，内着僧祇支，腰间束带，外披通肩袈裟，手作说法印，结跏趺坐。

左壁龛维摩诘，高 0.81 米。高圆发髻，长方面形，细颈削肩，着双领下垂宽袖袍，左手扶膝，右手屈举于胸前，结跏趺坐于方形座上。造型简洁洗练，塑造了学识渊博、机智雄辩的维摩诘形象。

右壁龛文殊菩萨，高 0.8 米。造型丰满圆润，面容秀润；内穿交领衫，腰间束带作结下垂，肩搭帔帛绕双臂下垂，外着披肩；左手扶膝并掩盖于衣饰之内，右手屈举于胸际做施礼状，结跏趺坐于方形座上。

正壁左右胁侍菩萨，左高 1.02 米，右高 1.17 米。造型相似。扇形髻，莲花宝冠，面形长圆；内着交领长衫，腰间系带作结下垂，外披袈裟，帔帛绕双臂下垂；一手置于腹前，一手下垂掩于衣内，双足残损，立于低台上。

左壁右侧弟子，高 0.94 米，足蹬云头履，是一少年形象。右壁左侧弟子，高 0.95 米，高鼻深目，足穿圆口鞋，是一长者形象。两弟子均细颈削肩，内着僧祇支，笼袖而立。

左右壁前近门处男女供养人侍童，简称“童男”、“童女”。左壁童男，高 1.14 米，头戴毡帽，发辫歪向一边，前额饱满，两颊略瘦，浓眉上扬，双眼平视，隆鼻直通额际，嘴角内陷。穿圆领窄袖长袍，足穿圆头靴，笼袖而立，是一英俊少男形象。右壁童女，与童男相向而立，高 1.14 米，头梳双环丫髻，偏向两边。身材窈窕，两眼微闭，鼻直有棱，嘴角内收，双唇半启，身穿圆领宽袖衫，外着背带长裙，裙摆落地呈喇叭形，露出履尖，一手携带，一手下垂，是一纯洁少女形象。“童男”、“童女”衣着是研究民族服饰的重要参考资料。

第四节 麦积山北周石窟

北周时期，崇佛之风大盛，麦积山石窟又一次出现造像的高潮。佛教信徒宇文广曾先后出任秦州刺史及总管，其故吏开府仪同三司、秦州大都督李允信营造的上七佛阁（“散花楼”）及其附属建筑千佛廊（第3窟）和石斛梯（现编第168号），宏伟壮丽，其规模为当时全国佛窟之最。在周武帝灭佛运动中，由于地方官吏的庇护，麦积山保存了大量的北周造像。北周王朝统治虽然短暂，但在艺术上却独有造诣，其恢复鲜卑旧制的举措，使其艺术活动留有“复古”的痕迹。

麦积山北周石窟以四角攒尖顶窟为主，多为平面为方形的中小型窟。有三壁三龛、三壁七龛等布局，窟内有仿木构柱及梁枋结构。造像敦厚壮实、饱满圆润，上承两魏风格，下启隋唐新风，表现出过渡时代的特征。现存大小雕像共1270身，造型质朴圆润，衣裙薄纱透体，肌肉感强。题材以七佛为主，还有三佛、千佛，多为一佛、二菩萨或弟子。佛低平肉髻，短颈宽肩，腹部凸出，身体粗壮，着通肩或双领下垂式袈裟。菩萨面相同佛，帔巾横于胸腹两道或垂挂长瓔珞，上身裸，下着裙。壁画约存140平方米，构图多变，造型生动，有涅槃变，释迦、多宝对坐像。

第4窟

位于东崖上部。俗称“上七佛阁”或“散花楼”。文献记载由北周秦州大都督李允信为其亡父（祖父）所建，文学家庾信为之撰铭并刻石碑，其文载《庾子山文集》。大型平面横长方形庑殿顶崖阁，通高16米，面阔30.48米，进深8米。七间八柱窟廊，后列七龛。前檐及檐柱六根于唐代大地震中崩塌，东西稍间角柱保存完好。柱高7.25米，断面八角形，略有收分，圆形覆莲柱础。柱头雕大斗，大斗上雕额枋，其上部又雕齐心斗和散斗；斗上雕替木和木撩檐枋；再上部雕水平伸出的扁檐椽。殿顶雕正脊两端鸱尾，屋面筒瓦瓦垄。

檐柱后开窟廊，廊深4.1米，廊高8.52米。廊顶各间原凿平棋6块，共计42块，现存两稍间6块，其余已塌毁。前廊东西两侧上部各一六角攒尖顶佛帐式耳龛，廊后并列7个四角攒尖顶佛帐式大型龛，型制及大小相同，上部略有收分。其中第1龛高5.1米，面阔4米，进深3.9米。顶部及四角各有石胎泥塑八角帐杆、帐楣、帐柱。顶部正中雕莲花宝顶，四角出莲花柱头。正壁前做石胎泥塑须弥座。诸龛外部上浮塑火焰宝珠及网络花饰帐幔，两端分别为龙、凤、象头口衔下垂流苏。各龛外帐幔之间有石胎泥塑“天龙八部”。第1～4龛龛楣之上悬明制木匾各1块，第4龛龛楣上部有石灰质匾额1方，曰“麦积奇观”。檐柱外原有栈道向西通往牛儿堂，前檐坍塌后栈道无存，明代在西侧凿仅容1人而通往牛儿堂的过洞，上刻“小有洞天”匾额1方。

上七佛阁造像，现存圆塑77身，石胎泥塑浮雕8身，均经宋、明重修或重妆；影塑757身，均为北周原作。

列龛内，第1龛为三佛、二弟子、六菩萨；第2、4、6、7龛为一佛、二弟子、六菩萨；第3、5龛为一佛、

图137　麦积山石窟第4窟　外景

八菩萨。七龛正壁主尊各为一坐佛，是为过去七佛。七坐佛高 2.37 米 ~ 2.5 米，风格大体相同，敦厚丰满。各龛菩萨、弟子，身高 2.76 米 ~ 3.1 米。除第 1、2 龛各有 2 身菩萨倒塌残损外，其余塑像均完好。

弟子，以第 1 龛正壁左侧的迦叶最传神。高 2.8 米，方面大耳，前额有皱纹，颧骨隆起，眼窝深陷，嘴唇干瘪，颈间筋骨外露，两胸肋骨嶙峋，显现老相。外穿双领下垂袈裟，衣襟搭于臂，腰系长裙，腹前结带下垂。刻、塑结合，塑造了苦修老僧迦叶形象。

菩萨，以第 6 龛左右壁近门两菩萨最突出。二菩萨高 2.96 米，造型基本相似：高花冠，椭圆脸，眼角上挑，眉间白毫相，隆鼻露孔；颈挂璎珞，帔帛顺两臂下垂，上穿短襦，胸有凸起旋涡饰纹，下着紧身翻腰长裙，跣足立圆莲台上。其中左菩萨腰系宽带，有佩饰，右菩萨腰系双股丝带，腹前作结。菩萨衣纹由流畅曲线和旋转弧线组成，并在凸起褶纹上加刻阴线一道，明代曾用沥粉堆金的技法重妆，色彩异常鲜艳。

长廊两端左右耳龛分别塑维摩诘、文殊菩萨。维摩诘高 1.05 米，文殊高 1.6 米。又各有 1 胁侍，身高 1.22 米 ~ 1.4 米。左耳龛，维摩诘面相丰硕，眉骨高隆，双目半睁，内穿交领衫，外穿宽袖长袍，左手抚膝，右手执麈尾，上身微前倾，踞坐方形高台上，神态潇洒似一长者形象。其右侧立侍女，抬头仰视，面圆肩宽，梳分瓣双髻，左手握拳，右手下垂，外穿长袖衣，下着长裙，体态丰盈，神情专注，在聆听维摩诘讲经说法。

七列龛帷幔之间浮雕石胎泥塑天王 8 身，也有说是“天龙八部”力士。宋重修但原貌存，现大部泥塑脱落，露石胎。第 1 身和第 8 身侧面向内，足下各有一半蹲力士托举，中间 5 身天王为正面塑像，足下塑蹲狮、地神等。其中第 3 身像形体魁梧，戴虎头盔，圆脸，眉上扬，双目圆睁做愤怒状；戴宽项圈，着护肩，系短裙；左手握剑，右手戴镯，赤足踩地神背上，表现出勇猛威武的神态。其上方有唐代所绘菩萨等。

图 138　麦积山石窟第 4 窟　薄肉塑飞天

长廊两端各塑一力士。左力士，高 4 米，头向左前扭，束高髻，颈挂璎珞，帔帛覆肩，腰系战裙，戴臂钏、腕环、脚镯，赤足站石台座上；右手握拳屈肘上举过头，左手屈肘向下拄金刚杵，怒目圆睁，张口做呵斥状。右力士，高 4.3 米，环形高髻，戴宝珠化佛冠，左手屈肘上举紧握拳，右手屈肘向下半握拳，昂首挺胸，双唇紧闭，怒视前方。两身金刚力士造型坚实有力，尤其面部、胸肌的塑作起伏变化大。

七列龛三壁上部各有影塑贤劫千佛 3 排，各龛均有被剥取者，现存 757 身。单身影塑通高 0.26 米，低平肉髻，内着僧祇支，外穿袈裟，结跏趺坐。后大背光上有饰帷幔华盖，左右璎珞、流苏下垂。影塑千佛分为双手抚胸、力士莲花须弥座和禅定印、双狮莲花须弥座两类。3 排千佛中两类型相间出现，排列整齐，极富装饰性。

上七佛阁现存北周、唐、明三代壁画达 300 多平方米，是麦积山保存壁画最多的一个洞窟。

廊顶佛经故事画，北周原作。两端残存各 6 方，共计 4 平方米。皆有剥落，色彩鲜艳、形象清晰。西侧靠里偏左所绘，一说为“母子还宫”，其中的车马人物，运用交点透视和散点透视结合构图，使红马前进的方向从不同位置观察截然相反，变化奇妙。西侧两方人物建筑图：一方右上角绘“建三时殿”，残存一庭院，围绕有花草树木、回廊，右下角有四五个头戴小冠，身穿短襦、长裙的人物；另一方绘有门楼庭院，内有 10 余人，庭院外有袒身赤足、穿短裤的武士，手持武器巡视。东侧所绘，其中一方有人认为是“诸天普乘”，4 身飞天前方导引，其后众弟子、菩萨及侍从相随乘云前进，或脚踩莲台，或赤足站立；另一方的一角残存数身持花女供养人，体态优美。

前廊上部 1 列 7 幅大型飞天壁画，北周原作。每幅纵 1.9 米，横 3.5 米。大小、设色及风格基本相同。各绘 4 身飞天，衣裙轻薄，帔帛飘扬，于飞落花雨中相向飞行，描绘出天宫伎乐在弦管鼓乐的演奏下翩翩起舞的场景。第 1、3、5、7 幅为伎乐飞天演奏乐器，有吹胡角、埙、笛、笙和箫的，也有击腰鼓、敲锣的，还有抚琴，弹箜篌、阮咸和琵琶的不同形象。第 2、4、6 幅为供养飞天，画面四角飞天或手持莲花，或手托供果盘，或一手握长柄香炉、一手散花等，形象各异。自东至西前 5 幅伎乐飞天的面、手足等肌肤裸露部位以浅浮雕薄塑。将薄塑与绘画融合的“薄肉塑”壁画，富于立体感。第 6、7 两幅只平面绘作，无浅浮雕。

列龛内顶部壁画 60 平方米，明重绘，但仍有北周风格。七龛顶部多绘说法、礼佛图，也有净土、涅槃等经变壁画。其下还有唐代壁画。画面中有人物面部、树枝及屋宇轮廓等采用浅浮雕技法，立体感强。

第 3 窟

位于东崖东部。俗称“千佛廊”。是石窟东门至“上七佛阁”的通道。

大型人字披顶长廊式崖阁。全长 36.5 米，顶高 8.2 米，廊宽 2.7 米。共 14 间，前檐大都崩塌，廊顶两端素壁中间做月梁 13 道，是迄今所见最早的月梁形象，其上置驼峰、替木、脊檩、檐檩，上置半圆形椽，每间 6 ~ 7 根，均就石而凿，外敷麻泥。在上层 2 排千佛与下层 4 排千佛之间的壁面，有 0.6 米宽的间隔，原设木栈道，加固工程中改为钢混结构新栈道。此廊实为木石混合结构的建筑形象，是木构长廊形式的表现。

造像原为千佛，崖面上层2排，下层4排，现存297身。上下层之间被栈道分开。北周原作，石胎泥塑，宋代重塑。佛高0.93米。下部造像除少数泥皮脱落而外，绝大多数保存完好。栈道上方造像，除部分宋代重塑的较为完整地得以保存外，大部泥皮脱落。

上部佛像，低平肉髻，短颈平胸，手臂置于腹前，身贴壁面，阴刻线通肩袈裟、覆莲座。另外，在壁面浮雕圆形头光。泥塑北周原貌已不可辨，最上层为宋塑风格，低平大肉髻，有肉髻珠，面形丰满，眉骨突出，眼角上翘，唇分四瓣，双耳垂肩，着僧祇支，外披双领下垂式袈裟或圆领袈裟，双手置于腹前或藏于袖中，或作禅定印，或做掌心向内交叉相握状，结跏趺坐。

下部千佛像，磨光低平肉髻，面相方圆，颈短肩宽，结跏趺坐，阴刻通肩袈裟。下排右起第14身，阴刻内僧祇支，外双领下垂袈裟。袈裟上阴刻线较稀疏。双手结禅定印，覆盖于袈裟之下。

壁画面积5平方米，原作无存。此千佛（6排）下左侧有一小块未完成的壁画，原为第9窟（中七佛阁）左第1、2龛上部壁画。下部千佛右下方可辨有火焰纹的尖部，火焰正中一飞天，花冠较平，肤色白，着项圈，戴手镯，左手持雀尾炉，帔巾于背部飘出大圆环，上身着袒右僧祇支，下着长裙上扬，跣足。其左右各有2身飞天相向飞行，杂以莲花、火焰宝珠、忍冬、云气等。

此窟是麦积山唯一一座长廊式阁道，通向散花楼（第4窟），同时在廊侧凿塑千佛。依崖面凿造仿木构建筑格局，塑造千佛题材的形式，比较新颖别致。

第26窟

位于东崖西部。大型平面方形四角攒尖顶窟。前部坍塌。顶高3.86米，面阔3.83米，残深2.15米。正壁上部左右两角出莲花饰柱头。中间开平顶半壁龛，三壁前均雕宽低坛基，左右壁前设石胎泥塑通长佛座。为麦积山石窟最具代表的北周窟龛之一。

造像原为七佛及二胁侍菩萨，左右壁浮雕各6身。现存圆雕泥塑6身（其中佛4身、菩萨2身）、浮雕伎乐天6身（4身已残毁）。二胁侍及6身浮塑伎乐天（4身已残毁）为北周原作。4身佛像，宋又重塑。正壁龛内存坐佛（无头），龛外存二胁侍菩萨（左侧无头）。左壁坛基仅存一坐佛，佛座面浮雕伎乐天2身；右壁佛座上存二坐佛（1身自腹下部残毁），佛座面浮雕伎乐天4身均剩残痕，佛像身上层位泥皮斑剥严重。

正壁龛佛，残高1.06米，头已失，双手指残，内著僧祇支，胸下系带，半披肩袈裟，质感轻薄，结跏趺坐，手施说法印，阴线刻衣纹。左侧菩萨，残高1.45米，头戴化佛冠，面相方圆，长发披肩，胸佩项圈，帔帛下垂于胸、膝际呈两道，左手屈举，右手下垂，跣足立于台上。右胁侍菩萨与左胁侍相似，残高1.75米，均身材修长，体态健美。

左壁佛高1.2米，右壁佛高1.2米，中间佛残高1.2米。3身佛像，低平肉髻，方圆脸，两耳贴颊，内着僧衣，外穿低垂圆领通肩袈裟，束腰凸腹，端坐平视，禅定印，结半跏趺坐。表层宋重修，仍有北周遗风。

浮雕伎乐天，左佛座面上2身完整；右佛座面上4身，1身头部被毁坏，余3身残剩斑块。左坛基面上2身，左侧1身基本完整，高发髻，方圆脸，坠耳环，短颈，戴项圈，上肩袒露，帔巾绕双臂飘扬，胡

图 139 麦积山石窟第 26 窟 涅槃经变

跪姿拍打细腰长鼓;右侧 1 身与左相同,侧身与之相望,手打击器乐,器乐已不清。右坛基面上 4 身,左侧1 身头失,呈交脚蹲坐式,双手举排箫吹奏,其他 3 身只残剩斑块。

原窟满壁绘画,现存约 12 平方米左右。窟顶披面上涅槃经变图及四壁上部绘 2 排千佛均为北周原作。窟内造像的背项光及壁面彩绘宋重绘。现存窟顶彩绘有云纹、卷草纹,画有箍,色彩绘制深浅交替。

窟顶涅槃经变图,存正披全部及左右披各半。正披,左侧绘佛在拘尸那迦城附近的娑罗林中为众弟子作最后的说法;右侧绘佛释迦于娑罗林双树间七宝床上头向右入灭"涅槃",众弟子或跪或立举哀,一弟子手抚佛双足,是佛"涅槃"后向大弟子摩诃迦叶示现双足的情景;正披绘佛"涅槃"后入殓的"金棺",上方 6 身飞天从天空而降。左右披残存可见菩萨、弟子。四壁上方遍绘头顶华盖千佛。

第 27 窟

位于东崖大佛右下方、第 26 窟左侧。

型制:平面为方形的仿木作结构四角攒尖盝形顶窟。窟内正、左、右三壁凿低台基。正壁开一圆拱形龛,左右壁原各开 3 个并列的圆拱形龛,均浮塑龛楣及龛柱,半圆形龛柱,覆莲柱础,仰莲柱头,正中

图 140 麦积山石窟第 27 窟 法华经变

塑宝珠。壁角及顶部凿有仿木柱结构，顶部下侧四角原各塑一圆形饰物及飘带。窟高 3.31 米，宽 3.27 米，残深 2.1 米，台基宽 0.4 米，高 0.1 米。正壁龛高 1.42 米，宽 1.29 米，深 0.68 米。左右壁龛高 0.95 米 ~ 0.96 米，宽 0.77 米 ~ 0.82 米，深 0.37 米 ~ 0.41 米。现存状况：窟前半部塌毁，右壁及顶部尤为严重，正壁原浮塑龛楣及龛柱等大部分残毁，左右壁龛楣及龛柱等亦不同程度残损，原柱础下的托举力士已无存，仅剩桩眼，正、左、右三壁泥皮残损，风化剥落严重。

造像，北周原作，宋代在原造像上泥塑重修，已改变了原作风格，基本为宋代造像特点。造像形体端庄挺拔，胸饰衣纹简洁，质感轻柔透体。特别是左右壁龛内坐佛穿袒肩袈裟，禅定印，结跏或半结跏趺坐，服饰轻柔，身材端庄挺拔，面部宋塑特征较明显。

原作题材及布局：正壁龛内一坐佛，龛外两侧各一胁侍菩萨。左右壁龛内原各一坐佛，门壁两侧因塌毁已不详，从地面残存的桩眼分析，原可能有力士顶托。现存正壁龛内一坐佛，龛外两侧各一菩萨；左壁残存二龛，每龛内一坐佛；右壁残存一龛，内一坐佛。共计 6 身。

正壁：坐佛，高 1.41 米。宋塑特点明显。方圆脸，弯眉细长目，平视前方。高鼻，口小唇薄，略呈四瓣形，双下颏。颈粗短，端肩。内穿僧祇支，衣带于腹前打结，穿双领下垂式袈裟，衣裾分两片垂于龛前，质感厚重。正壁龛外两侧菩萨，左菩萨高 1.62 米，右菩萨高 1.64 米。头部宋塑风格明显。桃形发，长圆脸，弯眉细长目，悬胆鼻，四瓣形嘴，颈较粗。身材挺拔俊秀，躯干微扭，发披双肩，上身袒露，下着长裙，手持帔巾或桃形环，帔巾及璎珞于腹前十字穿环等装饰手法为北周所流行。

左壁：外侧龛内佛高 0.83 米，内侧龛内佛高 0.88 米。右壁：龛内佛高 0.88 米。左右壁坐佛面形特征等与正壁佛类似。

壁画：现存面积约 7 平方米。窟内顶部及正、左、右三壁底层壁画为北周原绘。正、左、右三壁表层壁画及龛内墨书榜题为宋代重绘。现存窟内顶部泥皮有程度不同的残损，彩绘保存较好。正、左、右三壁及龛内壁画残损较为严重，多已剥落成碎片状，内容模糊不清。

顶部仿木梁上均有北周原绘的卷云、忍冬及浮塑束腰仰覆莲图案。顶部正披内上方绘一圆形宝盖，饰莲瓣、摩尼宝珠等，边缘垂飘带及喇叭花。盖下释迦、多宝并坐，圆形头光，面部模糊，身穿僧祇支，外穿垂领袈裟，半结跏趺坐于六角形宝床之上，做说法状，床两侧各一弟子侍立，均绘圆形头光。左侧弟子双手合十，右侧弟子手捧一物，均立于圆莲台之上；弟子下方各有二菩萨侍立，均高花冠，戴项圈，穿夹襦，系长裙，帔巾于胸前十字交叉，立于圆形莲台上，在右侧菩萨下方，一弟子双手合十站立。释迦、多宝正前方，中间一圆形仰莲台，台上内容已残损不辨。其左右又各绘一覆莲台，各一童子跪坐其上，童子身后绘莲叶及莲化。童子外侧又各绘一覆莲台，各一童子跪坐其上。童子外侧又各绘一力士，上身袒露，下系长裙，双手于胸前做拈珠状，立于圆形覆莲台上；左侧力士身后绘假山、莲花等，其稍上菩萨身后绘数身供养人。表现法华变见宝塔品“二佛并坐”的内容场面。

最外侧绘一方城，墙面绘错纹长条形琉璃砖。正中绘一方形城门，门两侧各一穿束腰袍、戴冠男子站立，城门上方绘一单层歇山式城楼，其正面并列二门，侧开一门，转角外有角楼，四周有围楼。城内正中绘一歇山式殿堂，四壁各开一门，在城的内侧四周各有一排歇山式房宇，面向殿堂。城外左侧上方绘

4身穿夹领衫的供养人。右侧力士及菩萨后方，上下共绘有6排比丘尼，或跪或立，或着襟袍或着宽裙，赤腿站立，手持莲蕾虔恭听佛说法。表现法华变化城喻品的内容场面。

左披仅存左半幅，上方绘一佛、二菩萨，下侧画伎乐飞天。图中祥云缭绕，莲蕾飘动，飘带飞扬，10余身伎乐天向佛飞翔，演奏各种乐器，可辨有月琴、排箫等，因画面剥落风化较多，许多具体细节已模糊不清。右披彩绘多已无存，所剩部分基本无法辨认。

本窟系较为典型的北周时期仿木作结构盝形顶窟。雕凿精致，龛饰精美。特别是顶部法华经变图，场面壮观，人物众多，技法纯熟，色泽艳丽，是麦积山北周壁画现存的精品之一。

第62窟

位于西崖西下部。小型平面方形四角攒尖顶窟。顶高1.85米，面阔1.7米，进深1.74米。平顶窟门，高1.01，深0.5米。窟内地面下凹0.05米，四周做低坛基。窟顶及四角有半圆形帐杆、帐楣、帐柱。正中及四角有浮塑圆形饰物。窟内三壁各开圆拱龛。

图141　麦积山石窟第62窟　佛像

造像现存三佛、六菩萨、二弟子、一力士共12身，均系北周原作。

正壁佛，高0.7米。磨光低平肉髻，面形方圆，大耳贴颊，短颈宽肩，挺腹；内着僧祇支，中着对襟胸前系带打结衣，外着半披肩袈裟；左手侧置于左腿上，半跏趺坐于坛座上，衣裾于佛座前密褶下垂。

左右壁佛，左高0.59米，右高0.56米。形象相似。低平发髻，方圆脸，微微俯视；着圆领通肩袈裟，禅定印，半结跏趺坐于龛内坛座上。佛面含微笑，衣纹细密流畅。菩萨，三壁坐佛左右各1身。均体躯修长，面相圆润，束发戴冠，佩项圈，腕戴环，下穿翻腰长裙。其中正壁：左菩萨高1.16米，右菩萨高1.13米。二菩萨宝珠华冠，颈挂串珠左右两行与披帛相叠下垂。左菩萨左手屈肘向前，右手握桃形物置于胸前；右菩萨上身全裸，左手屈指抚胸，右手于胸前做执物状。二菩萨身体微扭呈"S"形造型，形体优美。左壁：左菩萨高1.11米，右菩萨高1.12米。二菩萨戴高华冠，颈挂串珠左右两行与帔帛相叠下垂。左菩萨左手屈指抚胸，右菩萨双手置于胸前，左手托钵，右手中指下指，余皆与正壁两菩萨略同。右壁：左菩萨高0.94米，右菩萨高1.06米。右菩萨足穿方头履，左菩萨跣足立于低坛基上。两菩萨皆一手抚胸，一手下垂，肩搭帔帛下垂于膝部呈上下两道，又绕双臂下垂。6身造像身材修长，肌肉丰满，虽为同一风格，但姿态各异，神情不同。衣裙轻纱透体，既有北魏时期秀骨清像的余韵，又启隋唐丰满圆润之新风。

弟子，门内壁左侧弟子高0.94米，右侧弟子高0.94米。面相方圆，抿嘴微笑，内着僧祇支，外着双领下垂袈裟，足穿方头履立于低坛基上，神情喜悦，憨厚虔诚。

力士，门外侧左力士残高0.78米。束高发髻，双眉倒竖，大眼圆睁，高鼻，嘴略翘，方面大耳，颈骨隆起；上身袒露，帔巾绕双臂下垂，下身着束腰长裙；右手贴胸前，左手自然下垂，五指叉开，立于方形坛台上。

壁画，现存面积约3平方米，北周原作。窟内顶部及四壁原均有彩绘，现存正披中绘佛说法，两侧绘4身飞天，其余壁面及窟顶左、右、前披均绘千佛。

本窟是麦积山石窟现存北周时期窟形、造像保存完好的窟之一，造像装饰华丽，塑造精巧细腻，堪称北周时代造像之精品。

第五节　麦积山隋唐石窟

隋文帝于仁寿元年(601年)在麦积山顶敕建舍利塔，并赐寺院名"净念寺"。麦积山在隋代开窟造像之风得以延续。现存洞窟12个，以圆拱顶和穹隆顶居多，雕塑38身(有在北周造像上重塑的情况)，作风写实，个性突出，采用大体积、大块面的塑作手法，给人以概括简洁、厚重饱满的印象，为唐代雕塑艺术的辉煌发展拉开了序幕。壁画现存10余平方米，形神兼备，格调清新。

第37窟

位于东崖下层36窟右侧。平面马蹄形穹隆顶中型窟。窟前部坍毁，窟内壁面大部分已脱落。窟高2.7米，宽2.4米，深1.65米。

由现存造像痕迹看，原为一佛、二菩萨、二弟子像。现存泥塑圆雕2身（一佛、一菩萨），佛善跏趺坐于长方形台上，右侧一菩萨侍立。

正壁佛，高2.07米。方圆脸，宽额高鼻，双耳垂肩，短颈丰胸，圆领袈裟，善跏趺坐长方形高台上。座高0.87米。双足踩半圆莲台，手施说法印。衣纹写实流畅，质地轻薄。保存基本完好。宋重修头部螺髻及面颊贴金，有部分脱落；脖颈断裂；左手指残，露方棱铁筋；右手已残，露出原木骨架。

右胁侍菩萨，高1.85米。束高发髻，长发披肩，戴宝冠，宝缯自耳后垂至胸前，细颈戴项圈，上身袒露，挂璎珞，帔巾至膝际上绕臂弯又顺体飘垂，双手自然交叉胸前，下系长裙腰翻边，赤足立莲台上。造像比例适中，技法简练写实，面颊丰润，神态虔诚，为麦积山隋代之精品。

壁画，隋代原绘，原窟壁均有彩绘，窟内现残存一小块，上有一飞天的巾带痕迹，线条劲健流畅。

第13窟

位于东崖中部。石胎泥塑，摩崖造像一佛、二菩萨。壁面现存大小桩眼无数，是当年建造楼阁插置挑梁之处，后楼阁坍塌，造像暴露在外。

造像：一佛、二菩萨，高浮雕石胎泥塑。隋代原作，宋重修。造型上气势恢弘，为适应观像仰视错觉的变化，造像塑成上大下小。在1982年加固修复中，主佛右面颊内出土《金光明经》一卷，白毫相中出土"绍兴二十七年"墨书题记定窑白瓷碗一个。

主佛，高15.7米。螺髻，额头有肉髻珠，额阔，面相饱满，眉间白毫相，隆鼻厚唇，双眼注视前方；颈部存三道刻痕；内穿僧祇支，外穿通肩袈裟，腰间束带；左手抚膝，右手屈肘前伸，善跏趺坐。双手残失，下身泥层脱落，露出石胎原型及大小桩眼。

主佛两侧二胁侍菩萨，身高均为13米。头戴宝冠，眉间白毫相，颈挂璎珞串珠，戴宽项圈，袒胸露臂，帔帛绕膝上卷搭双臂下垂。左菩萨，腕戴环，左手托花蕾于肩头，右手握莲枝于胸前。右菩萨，左手提瓶下垂，右手屈举握花蕾。二菩萨微侧身向佛侍立，神态自然潇洒。

第24窟

位于东崖西部，西侧为第23窟，上方为第20、21窟。平面马蹄形穹隆顶窟，前部坍塌。顶高2.8米，宽3米，进深2.25米。三壁前做低而宽的坛基。壁面泥塑脱落殆尽。

造像：现存一佛、二菩萨、二弟子，其中1身为木雕弟子像。配置为佛左侧依次为菩萨、弟子，右侧为弟子、菩萨。正壁主佛圆塑，身高1.3米。低平肉髻，螺发，面形方圆，眉毛弯曲，鼻梁高直。内穿僧祇支，胸前系带打结，外披双领下垂袈裟，一角搭于左臂，衣摆覆盖座前，衣纹呈阶梯状。左手作降魔印，右手作无畏印，结跏趺坐于方形台座上。左胁侍菩萨圆塑，高1.5米。束发戴冠，冠残，露出铁筋。发从额中间分开，弯眉，双眼皮，眼角细长。颈存刻痕两道，戴宝珠项圈。内斜披内衣，束带打结。半袒胸，露双臂，帔帛自双肩下垂横于腹、膝两道。左手屈举于胸前，手指残损露出铁筋，右手提带下垂，跣足立于圆形莲台上。右侧弟子身高1.54米。内着僧祇支，外披双领下垂袈裟，左手屈肘向前，掌心向上，手指

图 142 麦积山石窟第 24 窟 佛像

残,露出铁筋,右手牵衣角下垂于体侧,跣足立于圆覆莲台上。右侧最外侧胁侍菩萨高 1.54 米,圆塑。头顶冠残,发呈莲瓣形分数层中分,发纹为细密的阴刻线。面形较圆,眉毛弯曲细长,高鼻,合嘴微笑。服饰与左侧菩萨相同。该窟造像未经施彩,造型精美,属隋代造像的代表作品。

第 5 窟(牛儿堂)

位于东崖最上层西端,与第 4 窟相邻,二窟间有隧道相通。

洞窟型制:大型崖阁式洞窟。前开三间四柱窟廊,后凿三龛。顶高 9 米,通面阔 15 米,通进深 6.5 米。檐柱断面方形,大部已随前檐塌落,左侧间角柱尚存,第二根檐柱柱头保存较好,柱头上置大斗。正间及左侧稍间额枋保存较完整,各间额枋长 4.2 米,断面横 0.5 米、竖 1.8 米。额枋上雕斗拱,柱头科有泥道拱,平身科有人字拱,其上做散斗,横排 1 列,再上雕通长替木和撩檐枋。廊深 2.6 米,高 8.15 米。廊顶与各檐柱对应有抱头梁。明间及右侧间廊顶各雕平棋四块。廊后壁正中开平面马蹄形穹隆顶大窟一个,顶高 5.5 米,宽 5.9 米,进深 4 米。左右两侧各开一平面马蹄形圆拱龛,高 3.3 米,宽 2.7 米,进深 1.6 米。各龛都有莲瓣形和圆拱形双重龛楣,左右两侧有龛柱,柱头塑火焰宝珠和莲花。

造像:三龛主尊组合为三世佛。其中中龛一佛、二弟子、四菩萨为隋代所塑,左右两龛内各为唐代塑一佛、二菩萨。中窟门外右侧塑踏牛天王。中窟主尊圆塑,身高 5 米,螺髻,有肉髻珠,眉间有白毫,内着僧祇支，外披通肩袈裟，腰间束带，手作降魔与愿印，结跏趺坐于须弥座上。左右胁侍二弟子高 3.2 米，左侧为老年形象，右侧为少年形象，身披僧衣，跣足立于圆形台座上。弟子之外各两身胁侍菩萨，高 3.2 米～3.4 米，戴花冠，下穿裙，裙腰外翻，帔帛绕臂或横于膝际一道，跣足立于圆台上。左龛主尊为倚坐的弥勒佛，高 3 米，两侧胁侍菩萨身高 2.65 米。右龛主尊为结跏趺坐，身高 2.65 米，两侧胁侍菩萨同左龛。左右两龛的造像为麦积山石窟现存为数极少的唐代造像，弥足珍贵。

壁画：保存约 70 平方米。三窟龛内及左右龛楣均为明代重绘，左侧间右壁及右侧龛顶、平棋保存部分唐代作品。廊顶西侧平棋绘天马图，马居中，四足奔腾，前有摩尼宝珠，后绘一头象，左右绘飞天，画面表现的应为佛传故事情节。施色以赭红为主。廊正壁上方西侧唐代绘西方净土变。中龛顶部绘说法图及供养人行列。供养人分 3 列，左侧为女供养人，右侧为男供养人，是研究唐代绘画、服饰等方面十分重要的形象资料。

图 143　麦积山石窟第 5 窟　中央龛内　塑像

第六节　麦积山石窟重要附属文物

瑞应寺

位于麦积山石窟山脚下。初名“灵安寺”，东晋曰“无忧寺”，北魏曰“石岩寺”，隋赐“净念寺”，唐赐“应乾寺”，宋大中二年（1009年）由迥觉大师在旧址上重建，元符年间又遭火焚，再建。崇宁年间因麦积山敬献灵芝，赐名“瑞应寺”，沿用至今。现存建筑为明代重建，清代重修。坐北向南，占地面积2800平方米。中轴线上前为山门，次为天王殿，后为大雄宝殿，左右有东西配殿。天王殿左右两侧隔偏门分别为钟鼓楼，东配殿后高台上为麦积山馆。山门前原有塔院，已被拆除。正南侧有清康熙十八年（1679年）建戏楼一座，亦被拆除。寺内藏碑刻、僧人墓塔及木造像等。2001年至2002年，国家文物局拨款120万元对寺院进行了整体加固维修工程，同时对大雄宝殿的壁画做了修复保护。

山门为牌楼式单檐悬山顶，通面阔三间6.92米，进深两间3.3米，正间面阔2.5米，顶高5米，两次间面阔2.21米，顶高4.08米。各间有门两扇。前后檐共有斗拱18攒。灰板瓦覆面。正间檐前悬郭沫若书“麦积山石窟”匾额一块。

天王殿位于山门内北侧，单檐灰板瓦悬山顶，前出廊，面阔三间9.17米，进深两间6.37米，顶高6.22米，正面辟门，前后贯通，各有4扇格扇门。裙板上刻云纹、莲叶、龙纹等图案。廊前列檐柱4根，上承额枋及斗拱，计有柱科斗拱4攒，平身科斗拱3攒，均为一大斗四小斗。殿内原有木雕菩萨及韦驮像，两侧有四天王塑像，塑像1967年被毁。

大雄宝殿位于寺院中轴线最北侧，清嘉庆二十五年（1820年）重建。面阔五间16.8米，进深三间9.7米，高7.03米。建于高0.8米的台基上。土木结构，灰瓦单檐歇山顶，前有廊，明间与两次间开门。裙板浮雕牡丹花、宝相花及琴棋书画等图案。斗拱7攒，两侧角科斗拱2攒各为一大斗九小斗，中间柱头科斗拱4攒和平身科斗拱5攒各为一大斗二十小斗。山墙内壁存明代重绘十佛、八菩萨及诸罗汉壁画。

舍利塔

位于麦积山顶。初建于隋代，据《秦州雄武军陇城县第六保瑞应寺再葬佛舍利记》碑载，隋文帝仁寿元年（601年）“再开龛窟，敕葬舍利，建此宝塔，赐净念寺”。所建宝塔即指现存于山顶的砖塔。隋文帝曾下令于全国各地建舍利塔，麦积山顶的这座塔即是建于秦州的一座。该塔于宋建中靖国元年（1101年）重建，之后历代重修。现存为清乾隆八年（1743年）由麦积山瑞应寺圆慧等和尚重建。1920年海原大地震，塔身被震裂，1983年被加固修复。八角五层密檐式实心塔，顶为八棱覆钵形，上无塔刹。通高9米，基座八角形，高0.4米。塔身呈棱锥形，上部略有收分，五层，每层出檐。第一层高2.38米，各面宽1.75～1.85米，正南侧浮雕格扇假门两扇，其余七面为横长方形假窗，二层及以上各层正南面有极小的假门，其余七面封闭。

法生造像碑

原藏第127窟，1953年勘察时被发现并移存库房。通高43厘米，宽37厘米，厚6厘米。右下角残损。方额。上刻1列5个小浅龛，各龛高、宽、深分别为8厘米、5厘米、1厘米，内各浮雕坐佛一。碑文12行，行12字。据冯国瑞考证，此造像记中之法生与龙门石窟古阳洞为孝文皇帝并北海王母子造像之法生（“景明四年十二月一日比丘法生造像”）为同一人。全文如下：

大魏□□□□□□□□□□□□/复□□言四照而□□□□□/□定若水月物感□□□□□/□□□（根）□（而）教获利尘□□□□/七息范□罗真容虽替□□□/化又沙弥法生俗姓刘洛阳□（人）/也自慨进不值释迦初晖退□/蒙慈氏三会两宜中闲逢兹季/运忝荷□□冥报贫暗燃出□（苦）/有由非善不济故肆力加功于/麦积崖造龛一所屈请良匠积/□（念）□（始）□（就）□（藉）□（此）/□□叩愿帝祚

造像记记述洛阳刘姓沙弥法生在麦积山请工匠凿龛造像事。是麦积山现存最早的石刻造像记，时代为北魏景明至熙平年间（500—518）。对研究麦积山的开凿历史有重要的参考价值，但碑中所记开凿的洞窟具体为现存的哪一座已不可考。关于这件造像碑的研究，由于比较重要，一经发现便引起了许多学者的重视，郭沫若、吴作人、马衡、谢国祯、叶恭绰、冯国瑞、丁希农、邓宝珊等先后在碑之拓本上题跋。冯国瑞在题跋中认为此碑在第126窟，法生就是在洛阳龙门造像的比丘法生。马衡的题跋支持冯国瑞的观点。叶恭绰也肯定了冯、马二先生的认识。町田甲一、阎文儒、金维诺、温玉成等人均对此碑所涉及的人物及其历史、洞窟、时代等作过一些研究。

麦积山开除常住地粮碑

立于麦积山石窟东崖第168号梯道口。明崇祯十五年（1642年）立，通高1.21米，宽0.7米，厚0.22米。碑首方形，正中竖列阴刻双钩篆书“大明”二字。碑面左右边框线刻连续忍冬纹图案。首题“麦积山开除常住地粮碑”，碑文楷书18行，满行30字，保存完好，字迹清晰。碑文记述巡道范学颜驻寺，闻知寺僧生活困难，免去常住地粮，并由州守毛凤冠廾布详文，乃谕乡里，不得混催比缴等情况。尾题“崇祯十五年九月十五日庚午举人姚隆远撰”，后列本寺僧人十多人名号。碑文开始提到了麦积山石窟的开凿历史，“按广舆记称：麦积山为秦地林泉之冠，其古迹系历代敕建者有碑碣可考，自姚秦至今一千三百余年，香火不绝。”是关于麦积山石窟开凿的又一碑刻文献，具有一定的参考价值。

四川制置使司给田公据碑

嵌于瑞应寺天王殿后檐山墙上。南宋嘉定十五年（1222年）立。通高1.68米，宽0.98米。方额。首题“四川制置使司给田公据碑”，碑文楷书47行，满行78字。内容记述自开禧兵火以后，由于屯田官将瑞应、胜仙两寺湫池一带常住地拘作屯田，经瑞应寺住持赐紫明觉大师重遇和胜仙寺僧智演十多年反复申诉，始由四川制置使司判准退还，发给《给田公据》，并刊石立碑的经过，并记载麦积山历史沿革。尾题“知委嘉定拾伍年二月二十三日”（内有篆刻“四川安抚制置使之印”押章）。

碑文中提到：“伏观本寺继传名相，历劫胜因，群山围绕，中间突起一峰，镌凿千龛，现垂万像，上下万仞，中有三泉，文殊普贤观音圣水，万民祈祷，无不感应。始自东晋起迹，敕赐无忧寺□□□给田供赡，次七国重修，敕赐石岩寺，大隋敕赐净念寺，大唐敕赐应乾寺，圣朝大观元年于绝顶阿育王塔旁，地产灵芝三十八本，蒙秦州经略陶龙图具表进上，奉敕改赐瑞应寺。”明确地记述了瑞应寺的历史沿革，具有非常重要的史料价值。碑文又提到了当时嘉定年间麦积山一带强德、李寔等农民起义的史实，对研究地方历史有重要的价值。碑文中提到宋神宗时麦积山高僧秀铁壁被请入朝廷讲演佛法的事，是探究佛教以及麦积山在宋代时之重要地位的非常有价值的史料。

第七节　仙人崖石窟与罗汉崖造像

仙人崖石窟位于天水市麦积区麦积镇后川村，距麦积区约 40 公里；在麦积山石窟北偏东方向，距麦积山石窟约 15 公里。2006 年被公布为全国重点文物保护单位。

仙人崖石窟目前的造像最早遗存为北魏中晚期，从其表现出的艺术风格、宗教信仰等情况分析，应该和麦积山石窟为同一僧团或工匠团体所开凿，只是其造像活动在北魏以后并未得到有效延续，仅宋代有少数造像，且至明代以前没有任何文字、碑刻遗留。

明代仙人崖石窟受到朝廷敕赐，名“灵应寺”，划定“四至”范围，并刻碑记事。在这种因素的影响下，遂成为秦州地区较有影响力的佛教活动场所。这一时期的造像活动逐渐脱离了在山崖间开凿洞窟的方法，主要依托土木结构的殿堂，内容有三佛、禅宗六祖、地藏、观音等，除此而外，还有部分道教和儒教造像，明显地表现出这一时期三教融合的倾向。仙人崖宋代以后尤其是明清时期的造像与壁画，为研究我国晚期宗教发展尤其是三教合一的轨迹，提供了非常丰富而又珍贵的实物资料。由于仙人崖石窟是麦积山石窟周围最为重要的一处石窟寺，而且本身与麦积山的关系非常密切，所以仙人崖现存的明清时期的作品，可以说是麦积山石窟的延续和发展。

仙人崖石窟分西崖、南崖和东崖等四个单元，其中西崖和东崖的罗汉堂全部为殿堂式建筑，南崖以开凿的洞窟为主。

仙人崖西崖

共编有 12 个号，除 4 号为一通清碑之外，其余全部为殿堂建筑，内部保存了部分明清时期的塑像和壁画。

第 1 号（三官殿）：为依山土木结构悬山顶式建筑，单开间，人字披顶，平面为方形。正壁塑天、地、水三官像，左右壁前各塑一尊书吏。中间主尊为天官像，像高 1.56 米，椭圆形脸，头戴通天冠，双目微

图 144　仙人崖石窟　外景

微下视，着圆领左衽式宽袖长袍，左手持笏板。左侧为水官，像高 1.57 米，头戴通天冠，眼睛平视，双手持笏板。右侧为地官，像高 1.56 米，戴通天冠，面部刻画夸张，双手于袖内相握持笏板。

第 2 号(三教祠)：明代。三间四柱式殿堂。殿高 3.78 米，面宽 6 米，深 3.15 米。殿内圆塑儒、释、道三教的孔子、释迦牟尼佛、老子及禅宗初祖达摩、六祖慧能像。佛通高 2.45 米，波浪式发髻，着袒胸袈裟，双手交叠于胸际，半结跏趺坐于山形坛座上。老子通高 1.77 米，包巾束白发，双眼前视，嘴略张，穿宽袖长袍，左手至腹前握长卷一端，右手上举至胸前，双腿下垂，足穿云头履。孔子通高 1.77 米，包巾束黑发，方形脸，两眼前视，着交叉式大袖长袍，左手伸于腹前握长卷一端，右手上举至胸前，双腿下垂，足穿云头履与老子相对而坐。达摩通高 1.77 米，头顶红色袈裟披肩而下，方形脸，眉弯隆起，双眼凹入，圆睁前视，高鼻，嘴略大，八字胡，两髫至下额塑卷状胡须，短颈，上胸袒露，双手腹前合拢，结跏趺坐。慧能通高 1.77，光头，内着交领衫，外披袈裟，双手合拢于腹前，结跏趺坐，袈裟衣裾自然下垂。

第 3 号(喇嘛楼)：宋代始凿。开间式大龛，以崖面作为后壁，高约 3.37 米，殿内泥塑造像三尊，题材为泗洲大圣及弟子慧严和木叉。主尊泗洲大圣，像高 1.45 米，造像躯体端正，头戴风帽，外披袈裟，结跏趺坐于山形台座之上，双手于腹前作禅定印。左壁弟子慧严，像高 1.84 米，双手于腹前持长颈净瓶，外着土红色钩钮式袈裟，自左肩搭下，绕背至腹前，脚穿卷头僧鞋，立于半圆形台基之上。右壁弟子木叉，像高1.72米，世俗装，发型规整，面容饱满，双手在胸前成持物状，右手在下，左手在上；外衣为土红色长衫，腰系双股丝带，腹前打结，下穿双管裤，脚蹬双梁圆口鞋。此窟造像为西崖现存时代最早的造像，其中的泗洲大圣为北方地区所鲜见，比较珍贵。

第5号（地藏王菩萨殿）：明代。单间悬山顶式殿堂。高6.15米，面阔4.03米，进深5.6米。正壁正中为地藏菩萨，左侧为道明，右侧为闵公。左右壁下方坛基塑5身十殿阎君，上方各有上下两排悬塑，上排为十方佛，（左右壁各5身），下排为十方菩萨（左右壁各5身）。在下排菩萨内侧左壁塑一弟子，右壁塑一女供养人。地藏菩萨像为铁质，整体铸造，高1.03米，头戴仰莲瓣形化佛冠，束桃形发髻，右手平置于右脚掌上方，托一钵，结跏趺坐；身穿双领下垂式袈裟，胸部袒露，颈饰项圈，饰有网状的联珠纹璎珞。左右壁坛台上塑十殿阎君，各5身，均为泥塑圆雕，头戴样式各异的束额方冠，面部神态各异，均内穿交领衫，下系齐腰长裙，外穿宽袖长袍，双手笼于袖中，平置胸前，各持一木质笏板，足蹬厚底云头高履而立。

第8窟（老君堂）：清代。三间四柱式殿堂。高5.65米，面阔7.6米，进深5.5米。正壁坛台上并列3身坐像。正中为玉清原始天尊，高1.73米，泥塑圆雕。戴圆形卷云纹束发冠，双腿盘坐于凭几之中，右手屈至右腹前，手背搭于凭几上，左手举至胸前，五指展开，做拈花状；内穿圆口襦，外罩垂领式宽袖袍，下系长裙，衣裙垂于座前。左右分别为上清灵宝天尊、太清道德天尊。灵宝天尊，泥塑圆雕，高1.66米。束发，带卷云纹饰道冠，盘坐于弧形凭几内，左手微屈抚几，右手齐肩，掌心向外展开，拇指弯曲；内穿圆领襦，下系长裙，裙带下系蔽膝，外穿宽袖垂领袍。道德天尊，泥塑圆雕，高1.73米。头戴卷云束发冠，双腿盘坐于凭几内，内穿短襦，外穿宽袖袍，下系长裙，前有蔽膝。左右各塑一班神立像。左右壁各浮塑10身道教群仙像，分上下两排，每排5身。

第10号（文殊殿）：清代。三间四柱式殿堂。殿高5.1米，宽7.35米，深3.95米。殿内共造像11身，其中正壁正中塑释迦牟尼佛，左右侧塑文殊、普贤菩萨，佛左右侧前方塑男女供养人。左右壁坛台上塑禅宗六祖，左壁为达摩、僧利、弘忍，右壁为慧能、道性、慧可。佛通高2.14米，卷纹式高发髻；着袒肩袈裟，下着裙，腰间系带；双手抱于右小腿上，游戏坐于山形高座上，衣裾座前分二片呈弧形自然下垂。文殊通高1.95米，戴式冠，发辫披双肩挽结；袒胸，上身内着红色双领下垂衫，外著双领下垂大袖宽袍；右手抬于胸前，右手五指均直伸，掌心向上斜伸于腹前，赤足倚坐在束腰台座之上卧狮身上。普贤通高1.95米，造像形姿和服饰基本上与左侧文殊相同，倚坐在束腰台座之上卧象身上。左右壁的禅宗六祖像高1.16米~1.2米，形象各异。

第11号（大雄宝殿）：又名"灵应寺"。明代。三间四柱式殿堂。高7米，宽11.6米，进深5.38米。殿内正壁塑三佛，正中为释迦佛，左右侧前方塑胁侍文殊、普贤二菩萨。右侧塑阿弥陀佛，右侧前方塑1身菩萨；左侧塑药师佛，左侧前方塑1身菩萨。左右壁略偏内各塑1身天王像。释迦佛通高3.87米，螺纹高肉髻，上着袒右肩袈裟，双手合于胸前，佛身后高浮塑背项光；上方正中塑金翅鸟。药师佛，金刚跏趺坐，通高3.65米，面相与释迦佛相同，外着袈裟，双手平叠，掌心向上放于腿上。阿弥陀佛通高3.57

米，面相、体态与阿弥陀佛相同，不同处是上身袒，着斜披双肩袈裟，左手侧贴于大腿外侧，右手举于胸前，作说法印。大殿左右壁绘壁画，上下两层分别绘二十四诸天和十八罗汉，总面积约 20 余平方米，为清代重绘。

第 12 号(毗卢殿)：明代。悬山顶式建筑。高 6.31 米，面宽 9.15 米，进深 5.5 米。殿内正壁坛基正中塑应身佛(毗卢舍那)，左右各塑 1 身胁侍菩萨。正壁左侧塑法身佛(卢舍那)，右侧塑报身佛(释迦牟尼)。左壁塑迦叶，右壁塑阿难，阿难腿左侧坛基上塑一位僧人像。

正壁主尊通高 2.7 米。头戴五瓣式毗卢僧帽，帽后打结；额有白毫；袒前胸，下着裙，裙边有浮雕花饰，系丝带，外着圆领下垂式袈裟，肩上搭有披肩；双手合十于胸前，结跏趺坐于仰覆莲式双层莲台之上，袈裟下摆垂于莲台之上。正壁左侧佛通高 2.62 米。螺发，高肉髻，额心有白毫；袒前胸，下着裙，腰系窄带，外披袈裟与主尊佛像相同；作禅定印，结跏坐于双层仰莲式束腰叠涩须弥座上。正壁右侧佛通高 2.63 米。螺发，高肉髻，面部造型及服饰、佛座与正壁左侧佛完全相同；手印不同，左手五指并拢，自然置于左膝之上，右手举于胸侧，拇指与食指尖部相接形成一个圆圈，其余三指并拢伸直。

大殿左右壁绘大型佛教壁画，内容为二十四诸天，左右壁各 12 身。总面积为 20.6 平方米。

仙人崖南崖

包括山顶的卧佛洞和山脚的千佛崖两部分，两处均经过后代多次重修，其中千佛崖共编 22 个窟龛号。

玉皇顶卧佛洞：北魏。明代重修。为“凸”字形平面圆拱顶窟。窟高 3.35 米，宽 6.4 米，进深 3.2 米。窟内塑像为明代重塑。正中塑一卧佛，身后侧塑十大弟子。卧佛长 4.74 米，螺髻，方圆脸，额有白毫相，圆眼，双目紧闭，外披袈裟，左臂自然直伸，右臂上弯，手托头，神态安详。弟子高 1.35 米 ~ 1.5 米，立于佛身后，神态各异，有的悲痛，有的沉静，有的深思。其中 1 身中年弟子，竖眉、圆眼、高鼻、嘴略大，脸形为少数民族人(胡人)形象，左手握拳于腰前，右手抚佛身上，着袈裟立于佛身后。

南崖第 5 龛(千佛龛)：北魏。宋、元、明重修。为略呈长方形的天然崖面。高约 7.5 米，宽约 23.1 米。现存 15 排小龛，每排有 60 ~ 80 个，平均高 0.25 米，宽 0.15 米，进深 0.08 米。除个别部位尚保存有部分泥皮外，其余部分均无泥皮留存。小龛内的造像基本残毁无存，现仅存 8 身，为元代重塑。

南崖第 10 龛：宋。造像内容为一立佛及一胁侍弟子。佛通高约 3 米，低平肉髻，长圆脸，弧眉凤目，两眼下视，悬鼻小口，面颊饱满圆润；短颈、丰肩、挺胸，胸以下部分残毁无存；脚下为三重仰莲瓣式莲台，莲台下塑祥云，佛左手抚摸一俗装弟子。弟子高约 1.5 米，体态微右侧而立；头戴圆筒冠，面形饱满，弯眉细目，眼角带有笑意，双眼平视前方；短颈端肩，挺胸鼓腹；穿圆领长袍，双手合握于胸前。

东崖罗汉堂：明代。前殿后窟，依崖建殿。正壁一佛，胁侍四菩萨、二弟子，左右壁各塑 7 身罗汉，前壁两侧各塑 2 身罗汉，合计 18 身(十八罗汉)。正壁释迦牟尼像，高 1.54 米，低平螺髻，面形方圆，半跏趺坐，左手抚左膝，右手屈至胸前做拈花状。左侧文殊像，半跏趺坐，高 1.5 米，头戴镂空高花冠。右侧普贤菩萨，半跏趺坐，高 1.42 米，冠饰同文殊，带项圈，并垂有花饰；上穿束腰短衫，外穿垂领袈裟，帔帛搭肩绕臂下垂，下系长裙，衣裾重叠于莲台上。

释迦两侧各塑一胁侍菩萨，左侧菩萨高 1.88 米，头戴高花冠，跣足而立。内穿僧祇支，外穿袈裟，左手自然下垂，右手托一方巾。右侧胁侍菩萨高 1.78 米，冠饰、神态同前，左手平置，托一方巾，其上置一花瓣式覆钵，右手自然下垂。

殿内左右壁及前壁依壁筑有坛基，上塑 18 身神态各异的罗汉，左右各 9 身，高 0.95 米左右。

左壁自内至外第 1 身额头隆起，突眉，细长目，狮鼻阔嘴，身穿宽博袈裟，游戏坐；第 2 身面容苍老，内穿交领大衫，外穿袈裟，倚坐姿，左右手合握一蟾蜍；第 3 身为一青年僧人形象，结跏趺坐，禅定印；第 4 身隆额剑眉，圆目，平视前方，狮鼻阔嘴，上身袒露，着袈裟，神态威猛；第 5 身面形长圆，弯眉，细长目，鼻直口小，下颏丰满，内穿交领衫，外披袈裟；第 6 身面形长圆清瘦，额头突起一肉髻，突眉深目，高鼻阔嘴，短颈端肩，瘦骨嶙峋；第 7 身偏头，左眼闭，右眼瞪，神态滑稽，左手掏左耳；第 8 身面形长圆，结跏趺坐，身穿袈裟，禅定印；第 9 身头形方圆，身体略扭向左侧，弯眉突目，两眼平视前方，穿袈裟，双手笼于袖中。右壁第 1 身面似猿猴，身穿戴荷叶风帽的大氅，结跏趺坐，禅定印；第 2 身面容苍老，突眉深目，狮鼻阔嘴，细颈端肩，倚坐姿；第 3 身面形长圆，弯眉细目，鼻直口小，游戏坐，脚穿厚底圆口鞋；第 4 身神情凶恶，头略偏，扭向一侧，额上突起肉髻，倒八字眉，圆面大眼，狮鼻阔嘴，弓形步端坐于台座上，身穿袒右袈裟；第 5 身面形神态同第 3 身，头扭向右侧，端肩，抚胸，蹲坐姿；第 6 身方圆脸，表情稚嫩，半跏趺坐，服饰穿着同第 5 身；第 7 身头形方圆，面容苍老，倚坐姿，身穿交领长袍；第 8 身为一青年形象，倚坐姿，穿袈裟；第 9 身系一中年男子形象，方圆脸，头两侧各一片发髻，凝眉闭目，蹲坐姿，内穿交领衫，外穿袈裟。

梯子洞窟区

位于仙人崖东崖的最东端。共编 5 个窟龛号，除 5 号窟属于明代洞窟以外，其余均为晚清重修。

梯子洞第 5 窟（石莲寺）：明代。方形前后室平顶窟。前室面宽 4.7 米，深 2.2 米，高 3.2 米。后室面宽 3.25 米，高 2.78 米，深 2.54 米。前室正中地面石刻莲花。窟内后室通坛台上正中塑 1 身水月观音，左侧塑 1 身男童子，右侧塑 1 身女童子。观音像高 1.08 米，头顶似肉髻，发束辫，左右侧各两小辫垂至肩；方圆脸，额有白毫，弯眉，双眼睁前视，唇上绘八字形胡须，颏下悬塑长须；上身袒，赤足，坐于假山座上。

罗汉崖造像

位于麦积乡草滩村东北 2 公里。宋代。始建于北魏，但已无北魏遗存。在高 12 米、宽 20 米的悬崖峭壁上凿一长方形敞口大龛。龛高 1 米，宽 6 米，深 1 米。龛壁上并排摩崖泥塑 3 身坐佛，高 2.4 米，结跏趺坐于仰莲上，莲花下为六边形须弥座。佛高肉髻，眉间有白毫，面圆润，着双领下垂袈裟，禅定印或说法印。龛壁右侧又开一圆拱浅龛，内泥塑一菩萨像。龛壁满布方形或长方形桩眼，原木构建筑已被毁。县级文物保护单位。

第六章

陇东南其他石窟

陇东南地区是甘肃石窟寺分布比较集中的地区之一，包括天水麦积山、仙人崖（均见第五章），甘谷大像山和华盖寺，武山水帘洞石窟群和木梯寺石窟，西和法镜寺和八峰崖，徽县佛爷台等。这一地区是古代丝绸之路的重要通道，又是入蜀的转折点，因此佛教石窟寺也比较发达，形成了以古代秦州麦积山石窟为中心的石窟分布区。除麦积山石窟始凿于十六国后秦时期外，余大部分窟龛为北朝开凿，保存了大量北朝时期的泥塑造像和壁画作品，是研究中国佛教雕塑史的重要实物资料（见第五章）。多数北朝石窟的遗存都与麦积山石窟的作品相近，应该是受到了麦积山石窟的影响，如仙人崖的北魏晚期泥塑和壁画、水帘洞石窟群的北周雕塑均和麦积山同期作品相同，很有可能属于同一工匠集团所为。唐代石窟主要有甘谷大像山和麦积山的个别洞窟，其中大像山石窟现存的唐代弥勒大像，是这一地区唐代最大的造像，也是丝绸之路沿线著名的唐代大佛之一。宋代这一地区的石窟造像保存也比较多，麦积山、仙人崖、水帘洞石窟群以及木梯寺石窟都有相当数量的宋代遗存。明清时期，出现了佛、道、儒三教融合的石窟造像，如仙人崖、华盖寺、木梯寺等石窟的明清石窟和造像，反映了更多民间化、世俗化的宗教信仰。

第一节　水帘洞石窟群

水帘洞石窟群位于甘肃省武山县洛门镇东北 25 公里鲁班峡响河沟峡谷之中，包括水帘洞、拉梢寺、千佛洞、显圣池等四个部分。其中水帘洞位于莲花山南麓的天然石洞中，拉梢寺位于莲苞峰东南壁的崖面上，千佛洞位于挂青山西壁崖面上，显圣池位于火烧凸西侧的崖壁上。

据拉梢寺摩崖大佛左下角摩崖石刻题记，北周明帝武成元年（559 年），柱国大将军、秦州刺史尉迟迥在此造释迦牟尼像（现编第 1 号）。这是判断水帘洞石窟群开凿年代的直接依据。据《周书·尉迟迥传》和《周书·明帝纪》载，尉迟迥勇猛善战，屡立大功，深得太祖宇文泰赏识，后率军平定巴蜀，被封为蜀国公，明帝二年（558 年）十月出任秦州总管。其间，他主持开凿了拉梢寺摩崖大佛，形成了水帘洞开窟造像的高潮。这身大佛是全国最大的摩崖浮雕大佛。水帘洞石窟群中保存最多的是北周时期的泥塑和壁画作品。可以说水帘洞石窟群是以北周窟龛和造像为主，也是北周窟龛和造像最为集中的石窟群，这在全国石窟中是比较少见的。

水帘洞石窟群在开凿上的最大特点是利用了自然崖面或洞穴的壁面，四个单元都是在大型洞穴或自然崖面上的壁面上造像、绘制壁画。没有大型的人工开凿的洞窟。拉稍寺和千佛洞开凿有少量的小型龛，龛形为敞口方形或长方形浅龛，内泥塑或石胎泥塑造像。大多是在崖面上悬塑造像并绘制壁画。造像组合有一佛二菩萨、一佛二弟子二菩萨、十佛、思维菩萨等。壁画内容主要为说法图和千佛，供养人的形象保存较多。其中有些供养人有墨书题名，有姚、权、焦、梁等姓氏，这些都是北朝时期活跃于秦州一带的大姓；还有当时的西羌部族莫折氏的题名，他们一起参与水帘洞石窟群的营建，反映了羌汉等民族的共同佛教信仰。创建拉梢寺的尉迟迥为北周名将，地位显赫，他与创建麦积山石窟上七佛阁的北周大都督李允信共同带动了秦州地区佛教石窟的开凿，表明北周佛教的极度繁荣与兴盛。

隋、宋、元、明等各个历史时期，水帘洞石窟群不断得到发展和修缮，特别是宋、元时期进行过大规模的重修。据文献记载和实地考察，水帘洞石窟群方圆 2.5 公里的范围内分布有"五台"（莲花台、清净台、说法台、钟楼台、鸣鼓台）和"七寺"（千佛洞、拉梢寺、显圣池、粉团寺、砖瓦寺、金瓦寺、观台寺）。拉梢寺原来木质遮檐上悬挂有铜铃、铜镜等，其中一面铜镜为元代至德年间造（现藏武山县博物馆），表明元代对拉梢寺做过重修。由此可知，它在历史上是渭河上游地区一处重要的佛教活动场所。

水帘洞石窟群主要以摩崖浮雕、彩绘和摩崖悬塑为主，也开凿有一定数量的窟龛，但规模较小，保存情况相对较差，自然风化、残损情况非常严重。2001 年被公布为全国重点文物保护单位。

拉梢寺石窟

位于响河沟北崖，绵延近 500 米，因传说利用树梢堆积开凿，故名。主体为摩崖石胎泥塑大佛及其二胁侍菩萨，周围开凿小龛或悬塑造像、绘制壁画，共编号 23 个，包括对面的第 18 窟（又名"天书洞"）以及喇嘛塔龛。

第 1 号摩崖造像：位于拉梢寺窟群中部。坐北向南。北周创建，五代、宋、元重修。摩崖雕塑，立面基本呈方形，利用凹进去的崖面浮雕石胎泥塑造像，绘制壁画。造像顶部修遮檐防水。总高 42.3 米，宽 43 米。

造像：主体为一佛、二菩萨像，均石胎泥塑浮雕。佛结跏趺坐，禅定印。低平肉髻，面形丰圆，脖颈粗短。多重项光。着圆领通肩袈裟，衣纹为阶梯状加凸起泥条。左股押右股，左脚掌心向外，足心浮塑法轮。佛座为方形高座，宽 17.55 米，高约 17 米，由七层浮雕组成，其中三层为卧狮、卧鹿、立象，中间以仰莲相隔，最下为双瓣覆莲。每层动物浮雕均为 9 身，其中中间 1 身为正面，余 8 身对称头向外。胁侍菩萨，对称侧身向佛立于佛两侧，高约 30 余米，戴三瓣莲式宝冠，后代重修，沥粉堆金。面形长圆，两耳垂肩，宝缯垂于肩两侧。浮雕多重圆形项光。颈粗短，戴尖形项圈。上着僧祇支，帔巾从背后绕肘至体两侧打折下垂。戴臂钏手镯，手托莲枝。下着绿色长裙，裙边于腰际外翻打折，衣纹呈阶梯状。脚戴环，赤足立于覆莲上。右侧菩萨面部宋代重修。

壁画：遮檐上部崖面宋代重绘几排覆钵塔，中间数座尚清晰，用朱红或黑彩绘。又有一坐佛像，结

图 145 拉梢寺石窟 外景

图 146　拉梢寺石窟　第 1 号摩崖造像

跏趺坐，说法印；穿红色双领下垂袈裟；彩绘圆形背光，内绘放射状彩带。造像项光均彩绘。佛项光最里层为莲枝团花图案，中间为连续水波纹，最外层亦为团花图案。菩萨项光绘水波纹、莲花瓣和花蔓。菩萨与佛之间两侧对称由上往下依次绘出水莲花、单枝三瓣莲花、宝瓶和摩尼宝珠，色彩以淡绿、赭红为主，为宋、元之际重绘。另外还有绿梗荷叶、覆钵塔等画面。佛头光东西两侧对称绘壁画，东侧大部被毁。主要绘红色栏杆，栏杆上面绘 4 排听法者。最上 1 排坐佛，西侧能辨清者 8 身，结跏趺坐，禅定印或说法印，着圆领通肩或双领下垂袈裟，黑、红彩相间，座为覆莲，线条较粗。第 2 排弟子像，两侧有 10 身，均站立，绘石绿或赭红彩圆形项光，着双领下垂、圆领或斜交领袈裟。弟子之间插绘赭红或黑彩覆钵塔。第 3 排菩萨像，西侧有 10 身，站立，绘圆形项光。均戴宝冠，面形丰满，有帔巾，下穿长裙，双手合十或手托莲花。第 4 排力士，10 身，均戴宝冠，圆形项光，面形愤怒威猛，袒上身，躯体雄壮，有帔巾，手执金刚杵等。这组壁画用色以石绿、赭红、朱红、黑色为主，其年代应为宋、元之际。二立菩萨像外侧崖面上保存大面积壁画，东侧的大多泥皮掉落，西侧的保存较多，多为宋代所绘成排的坐佛，一佛、二弟子、二菩萨，或一佛、二菩萨说法图。

题记：1.造像题记：位于东侧菩萨下部东侧浅雕长方形框内（上宽 2.25 米，下宽 2.3 米，高 1.55 米），阴刻造像铭文，字体楷书，共 12 行，行 9 字，最后 1 行 4 字，内容如下：

维大周明皇帝三年岁/次己卯二月十四日使/持节柱国大将军陇右/大都督秦渭河鄯凉甘/瓜成武岷洮邓文康十/四州诸军事秦州刺史/蜀国公尉迟迥与比丘/释道成于渭州仙崖敬/造释迦牟尼佛一区愿/天下和平四海安乐众/生与天地久长周祚与/日月俱永

2.后代题记:(1)遮檐上朱书人名多个,应为元代重修遮檐时的功德主姓名。(2)佛头光右上部绘弟子像第1、2身项光间朱书"惠普",第4、5身项光间朱书"□玄"、"静施力记"。(3)佛头光右上方绘栏杆上有白粉书题记,不清。

第2龛:位于第1号佛座上部正中,第一、二、三层之间。宋代。宽4米,高约7米。摩崖泥塑浅龛,破坏原1号佛座的莲花、卧狮而造的像龛,尖拱形。

石胎泥塑高浮雕一佛、二菩萨立像。佛圆形高内髻,螺发;面形圆胖丰满,眉间有毫光;颈有三道折痕;内着僧祇支,外穿双领下垂袈裟,衣饰厚重,阶梯状衣纹;胸部以下残,露出内部木胎及桩眼。左胁侍菩萨高发髻;面丰满圆润,细弯眉,弓形眼睛,高鼻;颈有折痕;着双领下垂袈裟;身残,露出桩眼。右胁侍菩萨,高发髻;戴项圈;着左衽内衣、双领下垂世俗装外衣,宽袖;胸部扁平。佛有通身莲瓣形背光,彩绘项光,周边绘火焰纹等,菩萨项光为浮塑尖桃形。

图147 拉梢寺石窟 第2龛

第10号造像：位于大佛西侧崖面上部第二层。北周。摩崖悬塑，总宽10.9米，高3米。摩崖高浮雕悬塑十方佛立像，仅东起第6身完整，高2.5米，脚踩仰莲，通高3米。低平肉髻，脸圆胖，颈粗短；内着僧祇支，外穿双领下垂袈裟，衣饰厚重，泥条凸起，阶梯状衣纹；右手举于胸前，左于抚腹。宋代重新彩绘。东起第1、2、3、4、8身只存佛头及身体木胎，余皆被毁，仅露出上下1排3个桩眼。

第11龛：位于拉梢寺最西面崖壁上。北周。平面呈长方形的平顶龛。进深0.8米，内部宽1.1米，高1.2米，龛门高1.15米。龛内原石胎泥塑一佛、二弟子、二菩萨像。正壁佛高0.57米，泥皮脱落，结跏趺坐于长方形高座上。座高0.32米，宽0.47米。两面弟子只存石胎，高0.57米，东面弟子高0.76米，脸圆胖，着双领下垂袈裟，双手于胸前握莲蒂。菩萨高0.88米，高髻，戴三瓣莲式宝冠；颈粗短，戴项圈；帔巾覆肩，穿肘下垂；右手抚胸握莲花，左手下垂。各像均彩绘圆形项光。

第15龛东侧、第16龛下方岩角突出处有几幅宋、元壁画，色彩鲜艳，比较重要。主要有3幅，编号分别为B1、B2、B3。

B1：只残存右边画面。宋代。上边框和右边框为红底白色连珠纹，下边框为白底方格。根据画面内容，应为西方净土变之表现。画面中部为倚坐佛，坐于束腰方座上，衣施赭红彩，裙施石绿色，脚踩莲花。座下右侧绘一蹲坐狮子，白底墨线勾描。座前绘一喇叭形矮圈足豆，浅腹，盘中置摩尼宝珠。右下角有数身听法弟子、菩萨像。最上为着绿边白色斜交领的老年比丘，半身，向佛而立。比丘右面一菩萨，侧脸向外望，戴红色花蔓冠，面形丰满圆润，眼角飞翘。第2排第1身菩萨，侧脸向佛，戴花蔓冠，有耳环；上身袒露，颈戴项圈，上饰圆形宝珠；胸前戴瓔珞，腕戴镯；左手拇指、食指相捏举于胸前；下穿红色裙，席地而坐。第2身菩萨站立，侧身向佛，有帔巾，下着长裙，跣足立于莲台上。右边1身菩萨亦侧身向佛站立。最右下角1身力士像，头戴宝冠，上身袒露，下穿裙，饰项圈、瓔珞；身体前倾，两臂张开，手持飘带，臂部后扭，两腿弯曲站立作舞蹈动作，双脚亦踩飘带；穿红色短裙；腿部肌肉发达，青筋暴露。画面右上角有方形围栏，围栏外有绿色水池，水上架拱形桥，配红色栏杆。桥头外侧有迦陵频伽鸟，最上边有一凌空向下的飞天，绿色飘带向上飘扬。

B2：位于B1下方。只残存画面右半部分。元代。主尊为菩萨，头戴三叶宝冠，颈戴项圈，披绿色帔巾；下穿绿色紧身裤，左腿下垂，脚踩莲台，右腿平搭，作右舒相坐。座为束腰叠涩方形。绘背项光。右面立3排听法弟子、菩萨，上排三弟子，下两排各二菩萨。菩萨均戴单叶冠，高发髻，面形较长；披红色或白色帔帛，双手合十，下穿绿色或白色长裙，脚踩莲花；均有项光。画面上部为缠枝忍冬叶图案。

B3：位于B2右面。宋代。画面两边框为束莲柱，顶为摩尼宝珠，柱身中间为多层莲瓣，上下为彩绘白、绿彩相间的几何形图案。下边为内绘五朵云气图案的长方形。主尊为一左舒相坐菩萨，戴宝冠，面长圆，饰项圈、臂钏、手镯。上身袒露，披绿色帔巾，下穿绿色喇叭口裤，衣纹墨线勾描；左腿下垂踩莲花，右腿平放；彩绘圆形背项光，项光后伸出三朵大莲花。座为束腰叠涩六棱形，座下为黄色覆莲。主尊两侧各有5身听法菩萨。均有圆形项光，面形长而丰满，戴项圈，红色帔巾覆肩绕肘从臂上垂下，白色长裙覆至脚面。身体轮廓、五官、衣纹等均墨线勾描，施色以石绿、白、黄为主，色彩艳丽。

第18窟：又名“天书洞”。位于拉梢寺第1龛东面山峰“积书岩”崖壁上。明代。拱顶窟门，平面呈长方形的斜顶窟。窟门高 1.7 米，宽 2.4 米，窟门进深 1.5 米，窟室宽 3.65 米，后壁高 2.05 米。窟正壁中部凿长方形浅龛，内置无头尸骨一具，有棺厢。窟室后面有三个泥塑方柱，上搭木板，其上置 5 身塑像，为三佛胁侍二弟子像。视其造像特点应为明代重塑。佛结跏趺坐于仰莲台上，二弟子侍立。窟门前有台阶，宽 0.64 米，进深 0.35 米，高 0.28 米。窟门两侧壁脚有长槽通向门外，宽 0.24 米，深 0.25 米。

水帘洞石窟

位于拉梢寺对面莲花峰下。坐西向东。为一大型天然洞穴。洞穴左面崖壁上绘制有多组壁画和浮塑数座覆钵塔。根据其位置，依从里到外、从上向下的顺序共编号 16 号（画面能辨识出基本内容者）。时代最早的为北周，宋代在北周原作上重绘部分壁画。北周壁画主要为说法图，说法图下部绘供养人行列。宋代绘有说法图、七佛等。主要有第 2、14、15、18 号等。现存壁画烟熏、起甲脱落严重。

第 2 号：位于整个崖面中部。北周。宽约 5 米，高约 4 米。画面基本完整，局部模糊，特别是供养人画面，榜题大部不清，其上层有宋代重新抹泥绘画的痕迹，大多起甲脱落。

绘制大型说法图。中间为一佛、二菩萨立像。佛高 2.77 米，低平肉髻，弯眉大眼，高鼻，唇上绘蝌蚪形黑髭；浮塑桃形项光，内绘连枝忍冬纹、火焰纹；颈粗短，有四道折纹；着圆领通肩红色田相袈裟，衣纹墨线勾描田相纹；双手举于胸前；内着绿色裙垂至脚面，跣足立于圆形覆莲台上。胁侍菩萨高 2.17 米，头戴宝冠，宝缯弯曲下垂；颈戴项圈，裸上身，帔巾覆肩，下穿红色裙；膝盖突出，两腿粗短；两手握项圈，足穿圆口鞋，衣纹墨线勾描。佛与胁侍菩萨间各绘一胁侍弟子，高 1.07 米，有项光，着斜交领宽袖红色袈裟，足穿圆口鞋，双手端长柄供器。二胁侍菩萨外侧又各绘二供养菩萨，均戴宝冠，袒上身，帔巾绕胸或覆肩，下穿裙，跣足。其中东侧第 1 身手提长颈净瓶，内插莲花。两侧第 2 身为力士，长须，有髭，手持金刚杵。佛与二菩萨间各绘一宝瓶，小侈口，细颈，圆肩，曲腹，平底，中插莲花。佛项光顶正中绘一作禅定印坐佛，两侧又各绘 4 身相向飞行的飞天，高发髻，袒上身，下穿裙，躯体作“U”字形，红色或绿色飘带作环形向后飘飞。佛项光两侧及菩萨项光上各绘 3 身供养弟子，均着圆领或双领下垂红色袈裟，均半身。佛足下正中绘一宝瓶，置于覆莲上，瓶中插莲花。瓶两侧各绘一跪姿供养菩萨，其上方两面又各绘 2 身供养人，其中前一人皆为比丘，后二男供养人，戴笼冠，着红色圆领窄袖胡服，足穿圆口鞋，手握莲花。均有墨书榜题，其中东面比丘题名“比丘蕴化供养佛时”，西面的 2 身分别题名“南安郡丞都□/魏洪标供养佛时”、“□□□西县□/昌运供养”。画面右下部有 8 排供养人，均侧身向西而立，其中最上 1 排为比丘，均有墨书榜题“比丘须……”、“沙弥……”、“比丘……”等。第 2、3 排为男供养人，均穿斜交领宽袖衣，亦有榜题，不清。第 4 排为比丘尼，题名“沙弥尼僧晖供养”、“沙弥尼……”、“沙弥尼法晖供养”等。再下第 5 ~ 7 排为男供养人，戴冠，穿圆领窄袖胡服，均有榜题，其中有“佛弟子……”、“□□南安郡……”、“杜行……时”等。最下 1 排为女供养人，均着斜交领宽袖深衣袍，有墨书榜题，可辨者有“……王真□/……”、“……□□□/供养佛时”、“清信女王女妙□/供养”。

第 14 号：北周，宋代重修。摩崖浮塑尖楣圆拱龛，有圆身龛柱，柱头雕束腰覆莲瓣，柱身为半圆形，上阴刻尖角覆莲瓣。通高 2.77 米，宽 2.46 米。龛内宋代重新抹薄泥并绘画，大部脱落，露出龛内原绘一

图 148 水帘洞石窟 第 2 号(龛) 壁画

佛、二弟子、二菩萨、二供养弟子。仅存左面，俱站立。龛楣绘小坐佛，仅存 4 身。下层北周原作壁画，主要在龛基上。左边为单牛拉车，其上下各 1 排供养人。上排不清；下排 5 身，高 0.4 米，墨书榜题“比丘尼清□/ 供养佛时”、“……/ 供养佛时”、“清信女焦□□/ 供养佛时”。中间为细颈圆球腹喇叭形高圈足香炉，炉下两侧各一狮子，墨线画。右面有 2 排供养人，均为男供养人，俱圆领窄袖胡服，其中前一人为比丘导引。上排第一人不清，有后世俗供养人榜题：“佛弟子焦阿昌供养佛时”、“佛弟子焦阿祥供养佛时”、“佛弟子焦阿善供养佛时” 等；下排分别墨书题名：“比丘……/ 供养佛时”、“……梁……/ 供养佛时”、“……梁令超供养佛时”、“……梁畅供养佛时”、“……□阿洛 / 供养佛时”，“佛弟子梁阿□供养佛时”、“佛弟子梁景延 / 供养佛时”。此龛及壁画由梁、焦两姓家族共同供养。

第 11 号：位于第 14 号下方。北周。画面高 0.45 米，宽 0.47 米。绘一佛、四胁侍。佛低平肉髻，面圆，着圆领通肩青色袈裟，结跏趺坐于覆莲上，绘圆形项光和椭圆形背光。两侧各有二胁侍，为世俗人，均有圆形头光。胁侍俱为僧人头，其中左第 1 身着大领宽袖长袍，黄色长裙拖地，穿云头鞋，旁墨书榜题“仏弟子权之女供 / 养”。右第 1 身穿圆领紧袖胡服，拱手而立，身略前倾，足穿云头靴，墨书题名“仏弟子清信士□/ 容供养”。左第 2 身和右第 2 身亦穿圆领紧袖衣，足穿黑色鞋，俱头略低，身躯侧身前倾拱手而立，分别题名：“仏弟子□/ 供养”、“仏弟子李……”画面下部绘数身女供养人，其中 1 身题名：“佛弟子莫折永妃一心供养。”

第 4 号：位于第 17 号下方。北周。只存画面左半部分，残高 1.2 米，宽 1.52 米。绘一佛、二弟子、二菩萨说法图。右面弟子、菩萨被毁。佛顶有华盖,低平肉髻,圆领通肩袈裟,说法印,结跏趺坐于覆莲上。弟子正面,着圆领袈裟,足穿方口鞋。菩萨侧身向佛而立,戴宝冠,袒上身,颈戴项圈,有帔巾,下穿裙,左手托宝珠,右手举于胸前。菩萨外侧有二供养比丘。佛下绘 1 排供养人像。左侧为女供养人 4 身,外披圆领长袍,领结带,垂至腹部;右侧 5 身男供养人,第 1 身为导引比丘,后 4 身穿世俗装,为圆领窄袖胡服。两侧供养人上有红色伞盖,第 1、3 身执伞柄。各像均有墨书榜题,不清。

千佛洞

位于拉梢寺北 1 公里。利用大型天然洞穴崖面开龛造像或悬塑造像、绘制壁画,共编号 49 个,多数已被严重毁坏。最早的造像为北周,因原有 7 身大立佛像,又名"七佛沟"。分摩崖悬塑造像和开龛造像两种形式,龛为泥塑浅龛,造像组合有一佛、三佛、七佛、一佛二菩萨、一佛二菩萨二弟子、思维菩萨等。壁画有说法图、千佛、供养人等。五代、宋重绘壁画,保存有大型说法图、千佛等。

第 2 号造像:位于西壁第二层南侧。北周。摩崖悬塑。宽 4.19 米,高约 1.73 米。原塑一佛、二菩萨、二弟子像。佛、菩萨均被毁,仅留桩眼。从桩眼尺寸间距大致可判断原造像的高度。佛身上下两桩眼间距 1.73 米,桩眼大小为 0.14×0.13×0.15 米,两肩两桩眼间距 0.8 米。北侧菩萨像两桩眼上下间距 1.08 米,两侧菩萨像两桩眼上下间距 1.07 米,桩眼大小为 0.1×0.1×0.14 米。二弟子尚存,均泥塑半圆雕。南侧弟子高 1.25 米,头残;着袒左肩袈裟,衣饰厚重,衣纹自左肩向右下侧散开,阴线浅刻,衣饰表面施赭红彩;右手下垂提净瓶(小口、细长颈、圆腹、小平底),赤脚立于覆莲台上;台高 0.25 米。北侧弟子高 1.3 米,头顶残,面形圆润;着偏袒右肩袈裟,阴刻衣纹,施赭红色;右手举于胸前,左手手心向上置于腹部。

第 4 号造像:位于第二层北侧、第 3 龛北。北周。摩崖悬塑。宽 4 米,高 2.85 米。依崖原塑一佛、二菩萨、二弟子立像,各像头均圆雕塑出,身体半圆雕。佛高 2 米,有大莲瓣形通身背光,背光彩绘,外周为红色火焰纹,内侧剥蚀不清;彩绘圆形项光;肉髻残,面形圆润,鼻高通额际;颈较细长,两肩较平,略向下斜;内着僧祇支,外着低圆领通肩袈裟,领垂至腹部,衣纹为凸起的泥条辅以细阴线,呈"U"字形,衣裾下垂;右臂前伸,右手举起,掌心向外,左臂及两手手指残;双脚立于双瓣覆莲台上,莲花饱满肥大,翘尖。北侧菩萨被毁,只存覆莲台及像身两桩眼。莲台高 0.24 米,桩眼上下相距 0.5 米,桩眼大小为 0.06×0.07×0.09 米。南侧菩萨高 1.4 米,身体较修长。头顶残,面形圆润,略显清秀,微露笑意,面部涂白粉;宝缯垂肩,帔帛绕肘下垂,折纹泥条凸起,施绿彩,颈戴尖形项圈,饰铃;上身着袒右肩衣,施朱红色,下着长裙,裙带于腰部翻出结带;右手下垂提净瓶(小口、细长颈、圆腹、小平底),腕戴镯,左手抚胸,似握一物;腿部衣纹凸起,两腿间裙带泥条凸起;裙带施绿彩,裙施朱红彩,衣边施绿彩;赤足立于圆形覆莲台上,台高 0.25 米。北侧弟子高 1.27 米,身材修长,立于圆形覆莲台上。头顶残,面形圆润,鼻较高,面施白粉;脖颈较细,溜肩,着敷搭右肩袈裟,衣纹阴刻,施朱红彩,衣饰较厚重;右手抚胸握衣边,左手于胸前提净瓶(型制同南侧菩萨手提净瓶)。腿部残破处可见塑像制作方法,用秸秆束成草把,竖立固定于身后木桩上,然后抹泥塑造形象,抹光,刻出衣纹,

图 149　拉梢寺千佛洞　摩崖壁画

施彩。南侧弟子高 1.3 米,身材较修长,立于圆形覆莲台上。面形圆润,颈稍粗短,肩较平;着双领下垂袈裟,衣饰厚重;双手合十于胸前;衣施朱红彩。身体已脱离崖壁前倾,身后背部可见一固定塑像的木桩。

此龛北侧有一大像,摩崖悬塑。像已全被毁,从痕迹看,像高 4.85 米,只余三桩眼,呈竖排状,相距分别为 1.14 米、2.26 米。桩眼大小(高、宽、深)分别为 0.18×0.14×0.22 米、0.13×0.12×0.15 米、1.23×0.15×0.25 米。上部残存彩绘圆形项光。此像北侧崖面敷泥绘制一幅壁画,画面宽 2.8 米,高 2.9 米,宋代重绘,内容似为佛说法图,佛南侧尚存听法菩萨、弟子。

第 6~8 号造像:位于第二层北侧。北周。摩崖悬塑,崖壁上先抹粗泥,上敷一层细泥,浮塑佛像背项光,并浮雕造像。总宽 7.78 米,高 3.4 米。

原塑一佛、二弟子、四菩萨像,主尊佛像已被毁。浮塑、彩绘大莲瓣通身背光,最外层为红色火焰纹,第二层为绿色连枝忍冬及莲花。彩绘圆形项光,内外数重,为白、红相间的同心圆。从残迹看佛像为坐式,北侧尚存一段帔帛,有二桩眼,相距 0.46 米。此像背光南侧又有一像残迹,应为坐式,亦残存两桩眼,上下相距 0.3 米。从残迹观察,此组像主尊为 2 身坐像。南侧弟子残高 1.26 米,着袒右肩袈裟,右肩搭飘带,内着僧祇支,胸侧有丝带,衣纹为凸起泥条加阴刻线;左手抚腹,右手下垂似提净瓶;肌肤裸露部分施白粉,飘带施绿彩,袈裟赭红彩;彩绘圆形项光,红、白、绿相间。北侧弟子残高 0.94 米,着双领下垂袈裟,施朱红彩,内着僧祇支,阴刻衣纹加细线;双手抱于胸前,胸部露出草把及木板。南侧第 1 身胁侍菩萨高 1.51 米,面形圆润,额际有毫光,眼细长,鼻高耸通额际;发髻束瓣,垂至肩头外侧,宝缯垂于肩头至胸侧;颈戴项圈,坠饰巾带,肩披帔帛,绕肘下垂至腿两侧,并于胸前圆环相交环形下垂;上身袒露,下着长裙,腰部裙边外翻,衣裾扇形下垂,衣纹为阴刻细线;腕戴镯,右手提如意,左手抚胸;发施黑彩,肌肤施白粉,帔帛施赭红彩,裙施朱红彩;彩绘项光,白、红、绿、石青相间。南侧第 2 身菩萨已被毁,只有一段飘带及身后二桩眼,相距 0.58 米。北侧第 1 身胁侍菩萨残高 1.23 米,同南侧第 1 身菩萨。第 2 身胁侍菩萨残高 1.26 米,形象同前。

南侧弟子与菩萨间彩绘一比丘,高 1.13 米,短发,内着僧祇支,外穿双领下垂袈裟,衣纹粗墨线勾描,足穿圆口鞋。南侧二胁侍菩萨间亦绘一比丘像,侧身,剥蚀严重。

第 10 龛:位于第四层最南端、第 2 龛正下方。北周。平面呈长方形的圆拱浅龛,龛下泥塑基座。龛宽 2.3 米,高 1.3 米,深 0.39 米,基座高 0.9 米。

龛内原塑一佛、二菩萨、二弟子像。南侧弟子被毁。各像肩以上圆雕,以下高浮雕。佛结跏趺坐于方形高座上,高 0.93 米。座高 0.28 米,宽 0.71 米,深 0.41 米。磨光高肉髻,面形长圆,溜肩;内着僧祇支,外穿双领下垂袈裟,衣领略竖起,衣纹为阶梯状加泥条凸起辅以阴刻线;右手举于胸前作说法印,左手两指指地作降魔印。佛座用砖砌垒外裹泥,砖青灰色,长 0.33 米,宽 0.15 米,厚 0.05 米。南侧胁侍菩萨残高 1.08 米,戴三瓣莲式宝冠,面圆润,宝缯垂肩,帔巾覆肩遮胸,戴项圈;下着长裙;右手提净瓶,左手抚胸。北侧胁侍菩萨高 1.1 米,高发髻,戴三瓣莲式宝冠;右手举于胸前握莲蕾,左手提如意,跣足立于覆莲台上。北侧胁侍弟子高 0.87 米,内着僧祇支,外穿敷搭右肩袈裟,阴刻阶梯状衣纹,双手

图150　拉梢寺千佛洞　第10龛　飞天　北周

合十。南侧弟子像已被毁。

佛背项光彩绘，圆形。项光直径0.64米，可分四重，由外向里依次绘蓝色火焰纹、缠枝忍冬纹、莲花、红色带状纹。佛头上龛顶绘华盖，以绿、蓝、白、红等色绘帷幔。菩萨项光亦彩绘。佛与菩萨间绘比丘2身，菩萨与弟子像间绘坐身供养菩萨2身。佛项光与菩萨项光间绘坐身供养菩萨2身。北侧菩萨上部龛顶绘二飞天。

第16号造像：位于第四层中部、第15龛北侧。北周。摩崖悬塑。残高3.2米。原塑大型七佛立像，"七佛沟"之"七佛"即指此。现只残存一佛佛头，通高1.2米。圆雕。低平肉髻，脸方圆，弯眉，细长眼睛，高鼻，方唇。脖颈下为宽0.2米、高0.9米、厚0.15米的竖木桩，应为佛身木胎。

显圣池

位于通往水帘洞石窟的峡谷公路左侧火烧凸西侧崖壁上，距拉梢寺约1.5公里，系一天然岩洞。高约8米，宽约10米。造像仅存一处，位于左侧岩壁上，悬塑一佛、二菩萨，佛仅存痕迹，菩萨存有木桩、泥胎及仰莲台。其中佛像高约3米，菩萨像高2.5米。时代为北周。

壁画绘于洞穴南壁，约 50 平方米。按壁画内容编 15 个号，每幅以赭红色宽带相隔。均为隋代作品。

第 1 幅为千佛，在洞穴外侧崖面最上部。现存 18 排，均低平肉髻，禅定印，结跏趺坐；穿圆领或垂领袈裟，施色以浅绿和赭红为主；绘圆形背项光，背光多施绿彩。

第 2 幅绘 1 排坐像，位于第 1 幅下方。现存 18 身，佛与菩萨相间。佛均低平肉髻，禅定印或说法印，结跏趺坐，穿圆领或垂领袈裟。菩萨有坐姿和交脚两种，均戴宝冠。交脚坐菩萨作转法轮印。各像均绘红、白、绿相间的同心圆项光。各像间插绘莲花，施色以红、白、绿为主。

第 3 幅画面最大，绘于洞穴右侧崖面外部第 2 幅下方。画面泥皮局部脱落，绘佛说法图，正中一坐佛，两侧各绘一弟子、二菩萨、二力士。佛低平肉髻，面形较长，内穿僧祇支，外穿半披右肩袈裟，施说法印，结跏趺坐于仰莲上。弟子、菩萨、力士两两对称侧身向佛而立。各像面涂白色，衣服以红色为主，衣边施绿色，菩萨、力士飘带以绿色为主。各像绘有多重红、白、绿相间的同心圆项光。

其他各幅画面均为说法图，有一佛二弟子二菩萨、一佛二菩萨、一交脚菩萨二胁侍菩萨。画面上部两侧对称绘飞天，下部左右绘或 1 排或 2 排供养人像。其中第 5 幅为交脚菩萨说法图。供养人以女性为主，均外披大衣，衣纹流畅。

第二节　木梯寺石窟

木梯寺石窟位于武山县西南 35 公里、马力镇杨坪村北侧 1.5 公里柏林山上。石窟主要分布于柏林山腰桐树湾和松树湾内呈“W”形的崖壁上。石窟四周悬崖峭壁，地势险要。相传寺庙原无路可入，后在山门口绝壁之上安置一木梯，可攀梯入寺，故名“木梯寺”。康熙四十八年（1709 年）冯同宪著《宁远县志》卷一述武山八景中有“木梯古寺”一景。2006 年被列为全国重点文物保护单位。

木梯寺石窟开窟年代没有明确记载，据第 1 窟明重建木梯寺序记载：“龙川东北有山曰‘林寺’，又曰‘木梯寺’，初建于汉，自唐迄今，历代经营，内有十殿九洞二砖塔，二塔已无迹可考，最西有天然石佛一尊，较伏羌大佛略小。明洪武初年，经林僧党郁刚重建，明万历十五年（1587 年）有平凉府隆德县居士任寅明捐资重修。”现存遗迹最早的为北朝时期所营建，造像皆为宋代以后作品。

现存大小窟龛 20 个，各类造像 70 多身，壁画约 130 平方米。洞窟除第 5、7 窟保存较为完整外，其余窟龛及古建筑均已在近现代进行过重修。多数洞窟为殿窟相结合的形式，前殿后窟。

早期窟龛多为平面方形平顶小窟或圆拱顶龛，窟龛内原造像无存。唐代开窟造像较少，除第 14 窟摩崖大佛外，无其他遗存。宋代是开窟造像的一个高潮，主要有位于桐树湾内的第 2、5、7、9 窟。开始出现大型殿堂窟（第 5、7 窟），平面长方形，窟内正、左、右三壁砌高坛基，坛基上塑像，造像以三佛为主。元代摩崖雕刻一些喇嘛塔。明清时期，窟龛主要以前殿后窟的形式出现，或重新建修殿堂；反映道教和儒家思想的各类造像题材大量出现，如第 3、6、12（药王殿）、13（玉皇阁）、15（魁星阁）、16（三官殿）、18（祖师殿）和 19 窟（灵祖殿），表明信仰上的变化。

木提寺石窟的洞窟以窟龛与殿堂建筑结合的形式反映了晚期佛教石窟建筑的特点。该石窟宋代的泥塑造像有比较高的水平，宋代以后造像题材较多地体现了儒、释、道三者相结合的特点，与仙人崖、华盖寺等石窟具有同样的特点。它们共同代表了秦州一带晚期宗教信仰上的变化。重要的窟龛如下：

第1窟：位于桐树湾最东端，又名“朝阳洞”或“接引佛殿”。原建于明，清代重修。前廊后堂式佛窟。前廊面阔3.03米，进深1.9米；后堂通高4.55米，进深3米，顶部有木隔，正面三格，上墨书“朝阳洞”。

正壁现存立佛1身，明塑，清代重修。高2.36米。泥塑圆雕，尖形螺髻，身披袈裟，上有沥粉堆贴的团花、云纹等图案，下着长裙，系腰带，裙上彩绘田相纹，跣足立于半圆形莲台上。

壁画8.5平方米。正壁壁画分上下两层，上层为清代重绘，多已脱落，仅存部分云纹；下层壁画亦分两层，底层为明代原作，隐约可辨绘菩萨像，表层为清代重绘，在佛身后绘由藤草纹和火焰纹组成的背项光图案，左右各绘1身菩萨。左右壁壁画为清代重绘，均绘二天王、一力士。

窟内门顶悬挂光绪三十二年（1906年）供匾1方，廊右侧门道上悬挂咸丰二年（1852年）重建木梯寺山门木匾1方，山门走廊外墙上嵌光绪三十三年（1907年）砖匾1方。

第5窟：宋代。位于桐树湾西崖最高处。平面长方形平顶窟，宽7.54米，深5.25米，高4.5米。三面高坛基，坛高0.95米，坛上塑三佛、二弟子、四菩萨。正壁佛结跏趺坐于方座上，螺髻，内着僧祇支于胸前系带，外穿双领下垂袈裟，右手作无畏印，左手扶左膝。右侧阿难内着僧祇支，外穿双领下垂袈裟，双手叠放抱于腹前，立于圆形台上。左侧迦叶颧骨突兀，内着僧祇支，外着袒右肩袈裟，右手下垂，左手执衣襟于胸前。右胁侍菩萨高髻，长发披肩；裸上身，下着裙，络腋从左肩绕到右腋下；颈戴项圈；左手持钵于胸前，右手自然下垂，戴臂钏、手镯，赤足立于束腰莲台上。左胁侍菩萨高髻，裸上身，络腋分两道从左肩绕到右腋下，下着裙；左手下垂，右手执莲花于胸前，赤足立于圆莲台上。右壁佛双手施禅定印，衣摆下垂于座前；右侧胁侍菩萨1身，右手执一桃形物于胸前，左手下垂于身侧；菩萨右前有一武

图151　木梯寺第5窟　平剖面图

官像，内着甲，外罩战袍，挺胸叉足而坐。左壁佛右手扶膝，左手施禅定印，衣摆下垂于大方座前；其左侧胁侍菩萨被毁；其前有一文官像，头戴明式冠，白须，穿左衽长袍，双手笼于腹前袖中，倚坐于方座上。

第7窟：位于桐树湾西崖下部。宋代。平面为横长方形，圆拱顶。窟高4.5米，宽7.25米，进深5.2米。窟内正、左、右三壁前凿高坛基，窟门方形。坛基高0.88米。窟门高3.12米，宽2.8米，进深0.92米。

正壁塑一佛、二弟子、二菩萨，左右壁均塑一佛、二菩萨。现存正壁一佛、二菩萨；左壁佛及左侧胁侍菩萨；右壁佛、右侧胁侍菩萨及菩萨外侧一立佛。

正壁主佛高2米，螺髻，袒胸，内着僧祇支，衣带于腰间打结，外着双领下垂式袈裟；左手掌心向下，五指直伸贴腿，右小臂略抬，五指直伸，掌心向下，结跏趺坐于方形座上。左侧菩萨高1.76米，戴束发小冠；上身袒露，戴项圈、臂钏、手镯；络腋从左肩向下斜披，肩前打结，下着长裙；左臂下伸，手掌贴座支撑，右臂斜伸，手掌心贴腿并放，左腿弯曲于台上露足，右舒相坐于莲台上。右侧菩萨头失，残高1.53米，服饰与左侧菩萨相同，左舒相坐。

左壁坐佛高1.88米，螺髻，有肉髻珠；内着僧祇支，腰间束带打结，外着钩钮式袈裟；作说法印，结跏趺坐于莲台上。左胁侍菩萨高1.84米，戴束发小冠；上身袒露，左肩斜披帔巾于右侧，颈饰项圈、臂钏、手镯，下着长裙；左臂残毁(已修补)，右臂自然下垂，手握帔帛，跣足立于莲台上。

右壁佛高1.88米，造型服饰特征与正壁佛相同，双手交于腹前，禅定印。右胁侍菩萨高1.83米，造像特征与左壁菩萨同，上身斜披帔巾在左肩处打结。菩萨外侧立佛高1.82米，波纹发髻，有肉髻珠；内着僧祇支，外着圆领袈裟，下系长裙；双手笼于袈裟内，跣足立于圆莲台上。

宋代原绘壁画，因烟熏几不可辨识。窟顶可辨有圆形莲花痕迹，右壁底层壁画中残存弟子形象。

第14窟：位于松树湾内南崖最下方。又名“大佛殿”。原建于唐，现代重修。窟龛系利用天然崖面，在窟前重建有二层式木构阁楼，通高8.5米，宽7.7米，进深2.3米。阁楼面阔三间，四屏式对开格扇

图152 木梯寺第7窟 平剖面图

门，两边各设一棂窗。室内有木梯直通二楼，楼上设围栏，雕饰有垂柱及几何纹图案。从窟内左右壁崖面残留的方形桩眼推测，大佛殿在历史上曾有木构建筑。

窟内正壁崖面为一倚坐大佛，胸以上部分现代重修。佛高 6.38 米，低平肉髻，长圆脸，双耳垂肩，短颈端肩，跣足倚坐于束腰叠涩方座上。左手抚左膝，右手施无畏印，内穿僧祇支，衣带于胸前打结，外穿垂领式袈裟，通体彩绘。

第三节　大像山及华盖寺石窟

大像山石窟

位于甘谷县城西五里铺村南文旗山上，因有大佛像，文旗山又称“大像山”。山体东西走向，东高西低。石窟和古建筑分布在 1.5 公里的山脊上。东区为石窟寺，西区为古建筑区，从低到高依次排列，共有 15 处明清建筑，以文昌阁、鲁班殿、财神殿最有特色。2001 年被公布为全国重点文物保护单位。

大像山石窟最早的佛事活动和开凿造像之举当在北朝时期。盛唐时期，在大像山开凿了高达 23.3 米的弥勒大佛造像。宋嘉祐三年（1058 年）对所有洞窟做了重新彩绘和窟前建筑的重建，在大佛窟前重修七层楼阁，大佛全身敷泥薄塑。明万历年间，创建太昊宫等十多处建筑，明代末年建成文昌阁等建筑。清同治二年（1863 年），大像山所有建筑遭火焚；同治九年（1870 年）重建大佛窟前楼阁。

东区石窟寺，共有 22 个洞窟，一字形排列，多为平顶方形窟，除大佛殿（第 6 窟）外，均无原来造像。

大佛依山开凿，因窟成佛，佛龛高 34 米，宽 14 米，深 4.5 米。佛高 23.3 米，倚坐，两眼平视；高肉髻，水波纹发式；额中有毫光，瞳仁用 0.7 米高的黑釉大缸劈半镶嵌而成，嘴唇宽厚，两耳垂肩，面部贴金，蝌蚪胡须；颈有三道弧线纹，身着垂领袈裟，内着僧祇支，束腰打结；右手施无畏印，左手平抚膝盖，两脚踩莲台。

佛龛三壁有悬塑和楼阁、椽墙洞痕迹。左右两壁各有方形平顶龛，右壁上方有一佛影遗迹。悬塑造像均为清代以后重修。

甘谷大佛为唐代所造著名的弥勒大像之一，是唐代弥勒信仰的具体反映。

西区为古建筑区，在 1 公里的山脊上分布着土地庙、梅葛殿、太昊宫（伏羲殿）、地藏殿、观音殿、罗真殿、接引佛殿、文昌阁、百子洞、鲁班殿、财神殿、韦陀殿、无量殿、娘娘殿、火神庙等 15 处明清建筑。一处庙宇一个单元，建筑形式变化多样。太昊宫始建于明万历年间，重修于光绪十七年（1891 年），是全山较为规整的建筑之一，由垂花门、护法殿、伏羲殿、东西配殿和耳房组成。院落四角各有“旁通”门，形成八卦方位配备。大殿为硬山顶，有廊檐柱。观音阁为硬山二层楼阁式建筑，造型简朴，雕绘精细。文昌阁，始建于清代前期，主殿阁式建筑，四角攒顶，八角出挑，以四梁相托八卦藻井形式相承屋面，为建筑学上较为少见的造型技艺。

图 153 大像山石窟 大佛像

华盖寺石窟

位于甘谷县城西 10 公里的二十铺村，距大像山 7 公里。石窟开凿在半圆柱形丹霞地貌岩体上，因形似华盖，故名。华盖寺的开窟年代，清代《伏羌县志》载“开于元至正年间”；第 15 窟右侧有“约开壁于元代”的乾隆三十七年(1773 年)题记。根据各方面的考证，华盖寺的开窟年代应在元泰定年间。

华盖寺石窟是渭水流域保存较好的晚期石窟，集中反映了道教题材塑像和壁画，也有佛、儒题材的雕塑和绘画，为研究中国晚期石窟的发展提供了十分珍贵的资料。现存洞窟 18 个，按塑像内容可分为儒、释、道及祖先崇拜四类。其中儒教题材的洞窟 1 个(14 号孔子洞)，佛教题材的洞窟 5 个(4、5、10、16、18 号窟)，道教题材的洞窟 10 个(2、3、6、7、8、11、12、13、15、17 号窟)，1 号和 9 号洞为祖先崇拜窟。

18 个洞窟有塑像 60 身，最大的 1.55 米，最小的 0.13 米。壁画的绘制和布局在各个洞窟中的表现

图 154　华盖寺石窟　外景

形式基本一致，除 15 号窟（无量洞）和 18 号窟（释迦洞）有故事画以外，其他基本上为左右两壁绘单体人物画。窟顶多为拱券形，也有平顶窟。

第 15 窟：方形平顶，高坛基，左右低坛基。长 5.2 米，宽 4.3 米。为华盖寺最大的洞窟。窟内有塑像 20 余身。壁画故事内容丰富，叠压关系复杂。是题记最全的一个洞窟。主尊塑像为无量祖师像，通高 1.55 米。正壁及左右两壁绘壁画，内容为祖师出家、学道、成道故事。殿内四壁墨书题记，为研究华盖寺石窟的历史提供了重要的依据。

第 18 窟：平面梯形，平顶弧角。造像为一佛、二弟子。主尊佛高 0.9 米，结跏趺坐，右手施说法印，左手抚膝。左壁绘唐僧取经图，右壁绘唐僧取经归来图。

第四节　法镜寺、佛爷台等石窟

法镜寺石窟

位于西和县城北 12 公里的石堡乡石堡村五台山支脉崖壁上。现存大小窟龛 24 个，造像 11 身。1962 年改建西（和）徐（家店）公路时，将南侧山崖拦腰劈开，部分洞窟遭到破坏。据《西和县志》载，法镜寺原有大小窟龛 31 个。“文化大革命”中，绝大部分窟龛内造像被破坏，残损严重。原寺院遗存已无迹可寻。现法镜寺在石窟西北方向 500 米的五台山上，为现代重修。寺内存 3 通清碑，一为康熙二十八年（1688 年）《复建五台山法镜寺碑》，一为康熙四十六年（1707 年）《法镜寺碑记》，一为雍正三年（1725 年）《重建五台山法镜寺碑》。

窟龛型制有平面马蹄形圆拱顶龛（第 1、2 龛）、平面方形平顶和圆拱顶龛（第 11、12、13 龛等）、平面长方形摩崖浅龛（第 3、5 龛）和大龛（第 6、21、22 龛）、平面马蹄形和长方形穹隆顶窟（第 4、7 窟）等。造像多为单身立佛或 1 铺 3 身的组合形式。其中 3 个大型立佛龛是陇南石窟中比较少见的。结合其窟龛型制、题材组合和造像特征，并与附近的麦积山石窟同时期的窟龛造像相比较，大致可推定法镜寺石窟的开凿年代应在北魏中晚期。据现存几块清碑记载，明清之际，数次重修。公元 759 年，唐代诗人杜甫从秦州（甘肃天水）经同谷（甘肃成县）前往成都，途经此地，写有《法镜寺》一诗，诗文中有“神伤山行深，愁破崖寺古……朱甍半光炯，户牖粲可数”等诗句，表明当时法镜寺比较衰败。现存重要的窟龛有第 6、13、22、23 龛等。

第 6 龛：北魏。位于东崖中部。平面呈横长方形，摩崖大龛，拱形顶。高 6.9 米，宽 8.5 米，进深 2.2 米，距地面约 4 米。该龛残损严重，仅存大形。龛内正壁原塑一佛、二胁侍菩萨，现仅存石胎，均为立像，头部及躯干大形尚存。其中主尊残高 5.8 米，左侧菩萨残高 4.6 米，右侧菩萨残高 4.7 米。

第 13 龛：北魏。位于南崖中部。平面为长方形，圆拱顶大龛。高 6.5 米，宽 3.4 米，进深 1.9 米。龛内泥皮全部脱落，两侧壁外缘残损严重。龛内一立佛，石胎泥塑，高 5.3 米，磨光高肉髻，宽额方脸，弯眉突目，直鼻阔口，目视前方，双唇紧闭；短颈端肩，挺胸而立；内穿僧祇支，外穿交领袈裟，衣带于胸前打结分两绺下垂，服饰上阴刻稀疏刚劲的衣纹线；左手施与愿印，右手施无畏印。

第 22 龛：北魏。长方形平顶龛。下半部分已被土掩埋。残高 4.77 米，宽 3.7 米，进深 2.9 米。龛内塑一立佛，残高 4.75 米，石胎泥塑，现仅存大形。佛像头部于 2000 年 7 月被当地村民用水泥重新修补。

第 23 龛：北魏。长方形平顶龛。下半部分已被土掩埋。残高 5.2 米，宽 3 米，进深 2.6 米。龛形基本完整，龛内泥皮全部脱落。龛内塑一立佛，残高 5.15 米，石胎泥塑，现仅存大形，佛像头部于 2000 年 7 月被当地村民用水泥重新修补。

法镜寺石窟虽然保存不太完整，但价值较高，处于天水通向四川交通要道上，是研究佛教传播路线以及文化交流的重要遗迹。其中的 3 个大像龛更是陇南北朝石窟较少见的造像题材。

佛爷台石窟

位于徽县城南约 8 公里处的水阳乡姚坪村佛爷山北侧断崖上。为一摩崖帐形龛，残损较为严重。现存大小窟龛 18 个，各类浮雕造像 18 身。

整个崖面被浮雕成一个大龛，高 3.6 米，面阔 9.8 米，进深 0.2 米 ~ 2 米。龛楣呈弧形，其下浮雕多重式垂幔，龛两侧及下方残损较为严重，从两侧桩眼分析，该龛外侧原有木质防护建筑。龛内正中并列开有 4 个圆拱形龛，每龛周围均开凿有数量不一的小龛。在大龛外两侧下方各开有 1 个小圆拱龛。根据造像特点及龛形，该石窟开凿于北周时期。

1 号龛：高 1.19 米，宽 1.07 米，进深 0.24 米。龛内浮雕一坐佛，通高 1.51 米，螺髻，方圆脸，穿双领下垂式袈裟，结跏趺坐于三重仰莲台上。龛右侧下方浮雕一胁侍菩萨，残高 0.57 米，风化严重。龛上方并列开 3 个小龛，中间龛残高 0.26 米，宽 0.26 米，进深 0.04 米；龛内浮雕一坐佛，残高 0.17 米。左侧龛高 0.29 米，宽 0.3 米，进深 0.05 米；龛内坐佛高 0.27 米。右侧耳龛高 0.24 米，宽 0.27 米，进深 0.03 米；龛内坐佛高 0.23 米。龛内造像均模糊不清。

2 号龛：高 1.92 米，宽 1.07 米，进深 0.08 米。龛内浮雕一坐佛，高 1.91 米，螺髻，方圆脸，白毫相，短颈宽肩，胸部剥蚀，从两侧残存的衣纹分析，穿圆领袈裟，结跏趺坐于三重仰莲台上。龛两侧各开一小龛。左侧龛内胁侍菩萨高 0.59 米，束发高髻，方圆脸，发辫披于肩侧；细颈端肩，胸部大部分残毁；双手交叠于胸前，饰项圈、臂钏和手镯；下着长裙，帔帛于腹前交叉后搭肘再贴双膝下垂，立于台上。右侧龛内雕坐姿菩萨，高 0.55 米，头戴高花冠，神态、服饰及装饰同左侧菩萨；左臂下垂抚膝，右臂上举，手心贴于胸部，结跏趺坐于莲台上，腹以下部分多已残毁。

3 号龛：高 1.25 米，宽 1.01 米，进深 0.23 米。龛内浮雕倚坐佛，高 1.67 米，面部形态同 2 号龛内坐佛；短颈、端肩、挺胸，身穿垂领式袈裟，左手抚膝，右手上扬举至右肩，五指做拈花状；跣足，脚下各踩一双重仰圆莲。龛两侧各开一小龛。左侧龛内浮雕一坐菩萨，高 0.56 米，头戴高花冠，上身袒露，下着裙，帔帛在胸前交叉成“X”状；左手放置于膝上，右臂上举抚胸，手心向内；饰项圈、臂钏及手镯，结跏趺坐于三重仰莲台上。右侧龛内浮雕一立菩萨，残高 0.5 米，风化严重，仅存大形，可辨菩萨双手合十而立，帔帛绕臂贴膝下垂。

4 号龛：高 1.17 米，宽 0.97 米，进深 0.22 米。龛内浮雕一坐佛，通高 1.43 米，面部神态与前几龛内坐佛相同；穿圆领通肩袈裟，衣纹阴刻细密；手印不详，坐于三重仰莲台上。龛两侧各凿一莲瓣形小龛。左侧龛基本残毁，仅可辨大形，龛内一立像，仅存轮廓，应为胁侍菩萨。右侧龛内大致可辨浮雕一胁侍菩萨像，残高 0.37 米，腰以下部分衣纹尚清晰。大龛上方凿有 3 个小龛，每龛内浮雕 1 身坐佛，穿圆领通肩袈裟，结跏趺坐；高分别为 0.23 米、0.24 米、0.37 米；均风化严重。在帐形大龛外两侧下方，各开一圆拱形浅龛，龛内各浮雕一力士。其中左侧浅龛已基本残毁无存，力士仅存少许帔帛。右侧浅龛高 1.19 米，宽 1.07 米，进深 0.24 米；力士头及胸部已剥落残毁；身材健壮，左手弯至腹前，托一物，右手上举过头；上身袒露，下着战裙，帔帛搭肩绕臂飞扬。

佛爷台的龛形与麦积山石窟西魏至北周阶段流行的帐形龛较为相似。龛内四佛并列的造像组合形式也很有特点。佛爷台石窟处于唐宋时期由秦地入川的交通要道上，对于了解早期的交通、佛教信仰、文化交流、北方石窟和川北地区石窟之间的相互影响、川陇交界地带佛教发展情况等都具有一定的研究价值。

广佛寺石窟

又名“三眼洞石窟”。位于徽县县城西 35 公里的江洛镇下寨村后山坡上。现存 3 个洞窟，按南北向呈阶梯状排列。

第 1 窟：清代。2003 年重修。平面为方形，顶部不规则。窟高 3.15 米，宽 3.98 米，进深 3.09 米。窟内地面凿有倒“凹”形通坛基，高 0.76 米。原作造像仅存右壁坛基上的 14 身石雕造像，因风化严重，人物细部特征已很难辨识，应为十六罗汉像。

第 2 窟：明或清代。2003 年重修。系利用天然洞穴略加开凿而成。平面为纵长方形，顶部不规则。窟高 2.3 米，宽 3.3 米，进深 4.15 米。窟门高 2.1 米，宽 0.76 米，进深 0.28 米。窟内沿正、左、右三壁凿倒“凹”形低坛基，高 0.7 米。窟内原作造像无存，全部为现代重塑。窟外两侧尚保存有原作浮雕青狮和白象，风化严重。

第 3 窟：清代。2003 年重修。平面略呈梯形，平顶。窟高 1.54 米，宽 1.32 米～1.88 米，进深 2.2 米。窟内沿正、左、右三壁凿倒“凹”形低坛基，正壁做二层式坛台，通高 0.58 米。造像原作无存，窟内送子娘娘为现代所塑。

庆阳北石窟寺

第一节　北石窟寺总述

庆阳北石窟寺位于甘肃省庆阳市西峰区西南 25 公里处的覆钟山红砂崖面上，地处陇东高原董志塬西侧，蒲河和茹河在此交汇。第 257 窟唐代造像铭记中有“北石窟寺”之称。宋代以后（宋、金、明、清）曾易名为“石窟寺”，元代称作“东大石窟寺”。

北石窟寺包括寺沟、石道坡、花鸨崖、石崖东台及楼底村等几个部分，共有窟龛 295 个，其中以寺沟窟群规模最大。寺沟窟群坐东面西，石窟崖面长 120 米，高 20 余米，现存窟龛 283 个，大小造像 2126 尊。

北魏永平二年（509 年），泾州刺史奚康生开始在覆钟山下的崖面上开窟造像。此后，历代镌修不止。现存 295 个窟龛中，北魏 16 个、西魏 22 个、北周 20 个、隋 34 个、唐 180 个、宋 2 个，以唐代营造的规模最大，约占总数的三分之二。北石窟寺的窟龛以中、小龛为主，大窟不多。相当一部分窟龛石质风化严重，致使造像残缺不全，壁画基本不存。

元、明、清时期，北石窟寺并未开窟造像，只对以前部分造像进行彩绘和修葺。

清同治年间，西北回民起义，战火延及北石窟寺所在的董志塬，北石窟寺香火衰绝，日常佛事活动停止，从此湮没无闻。民国期间，寺院无人看管，成为当地牧童游玩、避雨之地，当地民众每年仅在此举行一次庙会而已。1920 年 11 月 7 日，北石窟寺由于地震而崖体滑坡，岩石塌落堆积于寺院，部分窟龛被黄土掩埋。直到 1959 年，甘肃省博物馆文物工作队陈贤儒、赵之祥等人在陇东地区进行文物古迹普查时才重新发现北石窟寺。1963 年 10 月，北石窟寺文物保管所成立。从此，这处陇东地区最大的佛教石窟艺术遗址得到了科学、合理、规范的保护。

图 155　北石窟寺　外景(一)

第二节　代表洞窟

一、北魏洞窟

北魏时期北石窟寺开凿的窟龛有第 113、165、229、237、244、250 窟及楼底村 1 号窟，代表洞窟为第 165 窟和楼底村 1 号窟。窟龛型制有平面长方形覆斗顶窟、平面长方形平顶窟、平面方形平顶窟、平面方形覆斗顶窟、平面半圆形窟等几种。造像题材主要有七佛、三佛、一佛二菩萨、四方佛、弥勒菩萨、普贤菩萨、千佛、阿修罗天、佛传、本生、供养菩萨、思维菩萨、莲花童子及力士等。

第 165 窟：位于寺沟窟群的中部。坐东朝西。是北石窟寺中时代最早、规模最大和内容最丰富的代表窟之一。建于北魏永平年间。窟平面为长方形，覆斗形顶。高 14 米，宽 21.7 米，深 15.7 米。窟内四壁有宋代重砌的高坛。坛高 1.2 米，宽 0.98 米。东壁(正壁)坛距壁面 2.4 米，南北两壁坛距壁面 1.96 米。窟内顶部凿盝形顶明窗，高 2.25 米，宽 1.85 米，深 1.9 米。窟门高 5.9 米，宽 0.79 米，深 1.95 米。盝形顶上雕有帷幔。

第 165 窟规模大，内容丰富，以七佛造像为主体，辅之以胁侍菩萨、弥勒菩萨、普贤菩萨、阿修罗、

图156　北石窟寺　外景(二)

千佛及佛传和佛本生故事等。造像的具体布局是东壁(正壁)雕三佛及四胁侍菩萨,南北两壁各雕二佛及三胁侍菩萨。佛高 8 米,菩萨高 4 米,倾立于高坛之上。七佛均作磨光高肉髻,面相方圆,细眉大眼,直鼻厚唇,体魄雄健,具有我国北方民族质朴、淳厚的特色。佛内着僧祇支,外着双肩搭宽博袈裟,下着裙。衣彩绘方格,给人以一种厚重感,衣纹细密而流畅。菩萨多作高髻,上束以小花蔓,面目清秀,长颈窄肩,形体修长而潇洒。上身多数袒露,戴项圈、臂环,下着长裙,帔巾自双肩交叉下垂于腹际并穿圆璧。有的菩萨身着袈裟,如南壁西侧的菩萨即是。佛与菩萨的面部和手足部分,原涂赭色,双眉则以石绿色勾出,以增强佛的威严与神秘气氛。由于后代的修补,胁侍菩萨面部多呈粉白色,仅北壁胁侍菩萨还保留原作的风采。

窟门内西壁两侧,雕巨型造像,与东、南、北三壁造像互相对应。近窟门,雕一俯首站姿大象,象背正中处雕一尊端坐着的菩萨,通高 3.05 米。菩萨高髻上束花蔓冠,面容俊秀,上身袒露戴项圈,双肩搭宽博帔巾,下着裙,右腿微屈下垂,左腿盘于右膝之上,仪态沉静安详,双目远视前方。菩萨身前雕一尊驭象奴,上身袒露,下着短裙,锁眉怒目,双手持物做跪状。菩萨身后,雕一尊弟子,身着袈裟,双手捧如意宝珠,做半跪状。三者形象有别,神态各异,组合和谐。在乘象菩萨的南侧,雕一高达 3.9 米的交脚弥勒菩萨,高髻,方形宝冠;面相方圆而清秀,细眉高挑,长眼角,高鼻小唇;长颈,双肩披发;上身袒露,下着裙,帔巾自双肩交叉垂于腹际,交穿圆璧,再上卷于双肘,然后自然垂下;项圈上挂铃形饰物;右手举于胸前,左手握花。在西壁北侧靠近窟门处,雕一通高 3.1 米的阿修罗像,三头四臂,上身袒露,正面相显得和蔼可亲,两侧面相显得冷酷威严,令人生畏。阿修罗结跏趺坐于一方形台上,一手举日,一手举月,一手持金刚杵,一手握降魔杵。阿修罗头顶上部,浮雕山石。在阿修罗的北侧,雕一高达 4 米的交脚弥勒菩萨,与门内南侧的弥勒菩萨相对称。其形象特点:高髻,三叶式宝冠,宝缯于头的两侧飘举下垂;上身袒露,戴项圈,下着裙,帔巾于胸际交叉穿璧;右手反掌举过肩际,左手置膝上。由于西壁南北两侧弥勒菩萨的对称相坐,构成了整个壁面的平衡与稳定。四壁除雕大佛、菩萨而外,在四壁顶部的转角处开窟顶,四披均为浮雕。

图 157　北石窟寺第 165 窟　平剖面图

图 158　北石窟寺第 165 窟　外景

在南壁与西壁交接处的壁面上，雕有坐佛。坐佛下雕 1 身近裸体的凌空翱翔的飞天。在南壁与东壁交接处的壁面上，分四层浮雕。第一层：浮雕半跪式菩萨 2 身。第二层：一圆拱顶浅龛内雕一佛，结跏趺坐。龛之一侧，浮雕一带梗莲花，莲花内雕 3 个仅露头部的化生童子，莲下雕一座七级佛塔。第三层：在一近方形框内，浮雕着两个对跪的西域人，皆高发髻，上身袒露，下着短裙，斜披巾带。东侧的西域人做跪状，双目凝视着左手高举的矩形物；西侧的西域人做半跪状，双目审视着右手所持筒状物。两人之间雕出长方形框板，可能当年修凿时为留作题铭之用，惜现未发现字迹。第四层：并排雕出 3 个圆拱形浅龛，每龛雕一坐佛。在佛背光间雕弟子。

在北壁与东壁交接处的壁面上，浮雕一束腰方座。方座上雕一火焰盆，火焰之上又雕出一人，结跏趺坐，身后有山林。束腰方座的两旁各雕一人立于山巅之上。在南北两壁两佛的背光上方，皆浮雕佛传故事，其中以两佛背光间上方的浮雕保存较为完好。浮雕画面整体形状呈倒三角形，分上下两组。上层画面：正中一人高髻长衫、低头侧坐于台上，其身后侧坐一贵妇人。两人身前端立着一个侍者。两旁为众伎乐，或手持琵琶，或弹奏阮咸。此组浮雕当为悉达多太子宫中娱乐图。下层画面：并排雕两佛，均披褒衣博带式袈裟，结跏趺坐。西侧佛作说法印，东侧佛作禅定印。两佛之间雕一半身飞天。此组画面，当为释迦、多宝二佛说法图。

图 159　北石窟寺第 165 窟　内景(一)

图 160　北石窟寺第 165 窟　内景(二)

图161 北石窟寺第165窟 佛像

图 162　北石窟寺第 165 窟　菩萨像

图163 北石窟寺第165窟 明窗 罗汉像 宋代

窟顶四披,原皆浮雕佛传故事、佛本生故事中部分场面,因风化严重,仅西披保存较好。其中舍身饲虎故事的5个场面,分列明窗两侧,自北而南分别为:

(1)一人半卧于人字披顶的殿堂之内,身后两人相陪。其中一人似掩面悲泣,神情十分痛苦。在并列的另一座人字披顶殿堂内,有两人并排端坐,神情庄重。殿堂之外,一人拱手而立,似在倾听屋内两人的询问。

(2)一贵族装束者昏厥在地,两个家眷或侍女跪于两旁,抱头抚胸,痛不欲生之状。身后又有三人面朝南拱手而立。

(3)几个侍者簇拥着两个装束华贵、地位显赫、身躯魁伟的人,前有一人拱手而立,似在向两位主人告别。

(4)浮雕于明窗的南侧,场面较大。此组画面上,周围雕山林,在群峰层叠的旷野里,有一散发之人僵直躺于地上,一只巨虎张目走向此人,露出饥饿凶相;山上还雕有几只小虎。

(5)画面分上下两层,由4组人物组成,似乎在修行、说法。

在"舍身饲虎"浮雕的上方中部近窟顶处,正中雕一博山炉,两侧各雕一伎乐人,均高发髻,面形圆润,上身袒露,下着裙,双足袒露,身躯呈"U"字形。在"舍身饲虎"图的下方,浮雕坐佛两排,皆高肉髻,双领下垂式袈裟,结跏趺坐于覆莲座上,双手作禅定印。

图164 北石窟寺第165窟 阿修罗王

东壁三佛顶部背光两侧的浮雕大部分已风化，仅残留一些个别画面，难以辨认。

窟门外南北两侧各雕一天王，高5.3米。南侧天王高髻圆脸，身着铠甲，足蹬战靴，浓眉大眼，神情威严。北侧天王戴盔，着铠甲，服饰与南侧天王同。两尊天王均立于一个高0.73米、长4.9米、宽0.85米的长方台上。北侧天王为莲瓣形通身光，南侧天王则为圆形项光。两天王两侧各雕一半卧状狮子。

楼底村1号窟：位于寺沟窟群北1.5公里处，楼底村西、蒲河西岸。坐南朝北，北偏东22°。窟凿于崖壁上，现距地面6.2米。平面为长方形，平顶。窟高4.9米，宽4.7米，残深6.7米。窟内正中凿有中心柱，分上下两层。上层八面、下层四面。下层中心柱宽2.24米，长2.54米。

中心柱后面的西壁，雕一佛、二菩萨，均做立状。佛高4.7米，菩萨高4.5米，风化严重，面目和衣饰皆模糊。

南北两壁分上下两层开龛。上层各残留三龛，下层各残留两龛。下层龛高 2.4 米，宽 2.2 米，深 0.9 米。龛内各雕一佛、二菩萨。佛结跏趺坐，菩萨侍立。下层龛内佛高 1.85 米，菩萨高 1.45 米。下层龛之下，原雕力士 1 排，北壁尚存遗痕。

中心柱上层八面各雕一长方形龛，每龛内雕一佛、二菩萨。佛结跏趺坐，菩萨侍立。龛楣上浮雕坐佛或弟子。中心柱下层四面各开一圆拱形龛，每龛内雕佛、菩萨或弟子。下层龛内容分别为：

正面（北向面）：正中凿一圆楣尖拱形大龛。高 1.7 米，宽 1.67 米，深 0.67 米。龛内雕一佛、二菩萨。佛高 1.36 米，菩萨高 1.26 米。佛作阴刻波浪纹高肉髻，面形瘦削清俊，双耳垂至颈部；长颈垂肩，半结跏趺坐；内着僧祇支，外着半披肩袈裟，衣纹作反阶梯式，袈裟边作折叠波浪式。二菩萨高髻束带，带向两侧飘垂，瘦面长颈，形体修长；上身袒露，帔巾自双肩下垂交于腹际，颈戴项圈，下着裙，双足裸露于外。龛外两侧雕二弟子，均内着僧祇支，外着半披肩袈裟，呈立状。龛楣正中浮雕一佛、二弟子、二菩萨。佛着敷搭双肩的褒衣博带式袈裟，半结跏趺坐，衣裾于佛座前自然下垂。弟子与菩萨侍立。佛、弟子、菩萨的形象、装束与龛内的基本相同。龛楣浮雕之北侧又浮雕倚坐的思维菩萨及拱手而立的供养人，其旁雕屈腿低头的骏马一匹。在马的后上方，则雕两飞天。

图 165　北石窟寺楼底村 1 号窟　中心柱

图 166　北石窟寺楼底村 1 号窟　平面图

南向面：正中凿一圆楣尖拱大龛。龛高 1.8 米，宽 1.6 米，深 0.55 米。龛内雕一佛、二菩萨，与正面龛内佛、菩萨同高。佛作水波纹高肉髻，瘦面长颈，内着僧祇支，外披双领下垂式袈裟，结跏趺坐，双手作禅定印。菩萨高髻上戴莲瓣形宝冠，衣饰与正面龛内菩萨相同。龛外北侧雕弟子，南侧雕一屈背弯腰做半跪状的供养仙人。龛楣双层，里层上浮雕一佛、二菩萨及 6 身供养菩萨；外层龛楣上浮雕 20 身菩萨，南边为一供养菩萨。

东向面：正中凿一圆楣尖拱大龛。龛高 1.7 米，宽 1.67 米，深 0.56 米。龛内雕一佛、二菩萨。佛高 1.36 米，菩萨高 1.03 米。佛作水波纹高肉髻，长颈瘦面，内着僧祇支，外着半披肩袈裟，结跏趺坐。二菩萨侍立，服饰与正面龛内菩萨同。龛外两侧雕二弟子，着半披肩袈裟。龛楣正中浮雕一交脚弥勒菩萨，两旁各雕一狮子。在两狮子两侧，又各雕三坐佛。龛楣外浮雕供养菩萨 20 身。

西向面：正中凿一圆楣尖拱大龛。龛高 1.7 米，宽 1.67 米，深 0.55 米。龛内雕一佛、二菩萨。佛高 1.36 米，菩萨高 1.16 米。佛作水波纹高肉髻，长颈瘦面，内着对襟衫于胸前打结，外着双领下垂式袈裟，结跏趺坐，双手置于腹前，作禅定印。二菩萨侍立。东侧菩萨高髻长颈，宝缯束发后下垂，戴项圈，上着宽袖衣，下着大裙。下层龛楣正中雕一佛，磨光高肉髻，着通肩大衣，善跏趺坐于一方形台上，足下雕兽头。佛之两侧各雕 3 身做半跪状的供养菩萨。上层龛楣雕十尊坐佛和二供养菩萨。下层龛楣东侧浮雕一前腿伸直、后腿蹲伏的怪兽。

窟前西壁门内两侧原雕二菩萨，现残存北侧菩萨痕迹。窟外门两侧原各雕一力士，现仅北侧力士留残迹。

二、西魏洞窟

西魏时期的窟龛数量不多，有第 44、70、135 窟，以第 135、70 窟较为重要。窟龛型制有平面近半圆形穹窿顶窟（第 135 窟）、平面长方形穹隆顶窟（第 44 窟）和平面长方形平顶窟（第 70 窟）。造像题材主要有三佛、佛本生、供养人、一佛二菩萨二力士和伎乐天人等。

第 135 窟：位于寺沟窟群中部。坐东朝西。平面近半圆形，穹隆顶。窟顶前沿雕帷幔，顶部两角雕莲花。窟高 2.3 米，宽 2 米，深 1.2 米。

窟内正壁（东壁）雕一佛，南北两壁各雕一菩萨及一力士。佛高 1.85 米，菩萨高 0.94 米，力士高

图 167　北石窟寺第 135 窟　内景

1.25 米。佛作磨光高肉髻，面形圆润，双肩较窄，内着圆领僧祇支，外披宽博袈裟，半结跏趺坐于长方形台上；衣纹规则而不密，衣裾于佛座前自然下垂。佛身后浮雕莲瓣形通身背光。菩萨面部已毁，从残迹观察：高髻，宝缯束发后于两侧打结再折叠下垂双肩；上身袒，颈戴项圈，下身着裙贴腿，斜披络腋，另一帔巾自双肩搭下后穿肘下垂；双手举于胸前做合十状，立于莲台之上；浮雕圆形项光。二力士上身袒露，戴项圈，下着大裙。

在佛与菩萨的背光后，浮雕伎乐人和比丘各 4 身。伎乐人作高髻，着圆领大衣，有吹奏长箫和排箫者，也有击铃者。

窟内造像，布局严谨，排列紧凑，富有变化。

第 70 窟：位于寺沟窟群南段。坐东朝西。平面为长方形的平顶大窟。窟门外南北两侧各雕一力士像。窟前部正中雕一个通顶中心柱，中心柱下层后被凿通。窟高 6.1 米，宽 4 米，深 5.2 米。中心柱上方西（正面）、南、北三面各开一个圆拱形浅龛。正面（西面）龛内雕一佛、二菩萨，乘骑一头怪兽，龛下浮雕一窄袖长裙的女子。其下又一长方形浅龛内，浮雕 6 身女供养人，均着对襟宽袖长衫，下着大裙。北面龛内雕两佛，均着通肩大衣，下浮雕 6 身男供养人。

此窟曾有人居住过，烟熏火烤，四壁漆黑，现存造像大都已模糊不清。

第 44 窟：位于寺沟窟群南段三层台上。坐东朝西。窟平面为长方形，穹隆顶。窟高 2.9 米，宽 2.1 米，深 1.76 米。窟内正壁（东壁）低坛上凿一方台，台上造像已被毁。南北两壁中部各开一个圆拱形浅龛。每龛内各雕一佛，高 1.1 米，磨光高肉髻，面相清瘦，着褒衣博带式袈裟，衣纹舒展流畅。两壁龛下正中浮雕博山炉，炉之两侧各浮雕两个做半跪状的供养弟子和供养人。窟内造像采取了半圆雕和浮雕相结合的手法，显得自然而协调，尤其是两壁龛下的供养人的布局及雕刻，更具有与众不同的独特风格。

三、北周洞窟

北石窟寺在北周时期开凿的窟龛数量较多，有第 60、122、240、71、86、87、96、106、119、184、197、199、208 等窟龛计 13 个。其中又以第 60、240 窟为代表洞窟。本时期的窟龛型制有平面近方形平顶窟、平面长方形穹隆顶窟、平面半圆形龛、平面近方形圆拱龛、平面长方形圆拱顶龛、平面长方形覆斗顶窟等。造像题材主要有三佛四弟子二力士、一佛二菩萨、一佛二弟子、三佛六菩萨、一菩萨二弟子三胁侍菩萨、供养人等。

第 240 窟：位于寺沟窟群北段。平面为长方形的覆斗顶大窟。坐东朝西。窟高 4.23 米，宽 5.26 米，深 5.3 米。窟内东、南、北三壁砌坛基，高 0.4 米，宽 0.47 米。

窟内正壁北周雕一佛、二菩萨。佛高 2.17 米，低平肉髻，面相方圆，原善跏趺坐于一方台上，后经清代改妆为结跏趺坐。二菩萨侍立，表面有清代泥塑重妆。

南壁雕一佛、二菩萨。佛高 2.17 米，面相方圆，上身内着僧祇支，外着圆领下垂式袈裟，半结跏趺坐于方形台上。二菩萨高 2 米，西侧菩萨高发髻，宝缯束发于两侧并折叠下垂，戴项圈，上身着僧祇支，下着大裙，帔巾自双肩下搭，交于腹并垂至膝部后，又上卷穿肘下垂，左手持一圆形物；东侧菩萨戴项

图 168　北石窟寺第 240 窟　佛像　北周

圈，下着裙，长璎珞直至膝部，帔巾自双肩搭下后穿肘下垂。

北壁雕一佛、二菩萨。佛高 2.1 米，面相方圆，上身内着僧祇支，外着圆领下垂式袈裟，半结跏趺坐于一方形台上，衣裾垂于佛座前。二菩萨高 2 米，西侧菩萨高髻上束花蔓冠，宝缯束发后于耳后下垂至肩，戴项圈，上身袒露，下着裙；东侧菩萨表面有清代泥塑重妆。

窟门内南北两侧，各有盛唐时期所凿上下两层长方形浅龛两个。南侧上层浅龛内雕一菩萨、二弟子及三胁侍菩萨，正中菩萨左舒相坐，余者皆侍立；下层龛内雕一佛、二菩萨。北侧上下两层龛内各雕一佛、二弟子、二菩萨。窟门外南北两侧各雕一菩萨立像。

第 60 窟：位于寺沟窟群南段。坐东朝西。为北周时期代表窟之一。平面近方形，平顶低坛窟。窟高 1.9 米，宽 1.09 米，深 1.28 米。坛基高 0.12 米，宽 0.1 米。

窟门外南北两侧各雕一力士。高 0.5 米，高髻，上身袒露，下着长裙，帔巾自双肩搭下后穿肘下垂。

窟内造像，正壁（东壁）雕一佛、二弟子。佛高 0.9 米，弟子高 0.6 米。南北两壁正中各雕一佛，高 0.8 米。佛之两侧各雕一弟子，高 0.63 米。正壁佛作低平肉髻，面型较圆润；长颈宽肩，内着斜领衫，外着双领下垂式宽博袈裟，结跏趺坐于长方形台上；衣裾垂于佛座前，衣纹清晰；佛施无畏印。南北两壁佛均着通肩大衣，结跏趺坐，禅定印；二弟子着袈裟侍立。

图 169　北石窟寺第 85 窟　雕塑　隋代

四、隋代洞窟

北石窟寺的隋代窟龛很多，有第21、46、48、49、50、53、54、55、57、58、61、64、65、66、72、81、82、85、88、93、97、103、109、115、116、117、118、126、127、128、129、132、133、134、136、138、142、144、147、149、151、158、166、168、178、187、188、189、190、191、194、200、202、204、205、206、211、213、221、224、227、230、242等窟龛共63个。以中小型窟龛为主。代表洞窟有第53、55、81、85、151、194、199、206等窟龛。窟龛型制主要有平面方形平顶窟、平面半圆形平顶龛、平面长方形平顶龛、平面方形垂幕式龛、平面半圆形穹隆顶龛、平面半圆形圆拱顶龛、平面近方形穹隆顶窟等。造像题材主要有三佛二弟子二菩萨二力士、三佛四菩萨二弟子、一佛二菩萨、一佛二弟子二菩萨、单体佛、一佛二弟子二菩萨二供养人、三菩萨二力士、一菩萨二弟子、一佛二菩萨二力士等。

第85窟：位于寺沟窟群南段中部。坐东朝西。创建于隋代。平面为半圆形，穹隆顶低坛窟。窟高1.6米，宽1.5米，深1.32米。

窟内正壁（东壁）坛基上雕一佛、二菩萨。佛高1.55米，菩萨高0.8米。佛面形圆润，内着僧祇支，外着圆领下垂式袈裟，半结跏趺坐，衣裾垂于佛座前。菩萨皆高发髻，上身袒露，下着裙，饰璎珞，帔巾自双肩搭下后穿肘下垂，立于莲台之上。南北两壁，各雕一弟子和一供养人。其中南壁弟子高0.7米，着半披肩袈裟，下着裙，双足穿鞋，立于一仰莲台上；身旁雕一女供养人，高0.5米，上着圆领窄袖衫，下着高腰长裙，外披对襟窄袖长衣，双手拱于胸前，立于一莲台上。北壁弟子高0.71米，着袈裟，立于一覆莲台上；身旁雕一男供养人，着圆领窄袖上衣，束腰带，立于束腰莲台上。

第151窟：位于寺沟窟群南段北侧。创建于隋代。方形低坛平顶窟。窟高1.2米，宽1.17米，深1.02米。窟内南壁（正壁）雕一佛、四菩萨。佛高0.77米，着圆领下垂式袈裟，半结跏趺坐；菩萨高0.5米，发髻宝冠，宝缯束发垂肩，上身袒露，下着裙，帔巾穿肘下垂。东西两侧各雕一佛，高0.7米，着通肩大衣。门内两侧各雕一弟子，高0.5米。

五、唐代洞窟

北石窟寺的唐代窟龛众多，大小窟龛共有198个，约占总数的三分之二。依据窟龛型制及造像题材等因素，可将唐代窟龛划分为初唐、盛唐、中晚唐三个阶段。

北石窟寺的初唐窟龛有第41、159、162、146、153、167、168、169、171、172、173、174、179、180、181、210、219、220、248窟（龛）等计19个。其代表窟龛为第171、210龛。其窟龛型制主要有平面长方形平顶窟、平面马蹄形穹隆顶窟、平面方形圆拱顶浅龛、平面半圆形平顶窟和平面长方形圆拱顶龛等。造像题材主要有一佛二弟子二菩萨二力士、一佛二菩萨（含佛、维摩、文殊组合）、一佛二弟子四菩萨、一佛二弟子二菩萨及单体佛等。

第171窟：位于寺沟窟群北段南侧。长方形圆拱顶小龛。创建于初唐。龛高0.77米，宽0.76米，深0.37米。龛内雕一佛、二弟子、二菩萨。佛高0.5米，弟子高0.44米，菩萨高0.5米。佛内着僧祇支，腰束一带，外着圆领下垂式袈裟，结跏趺坐于方台上，衣裾垂于佛座前。两弟子着袈裟，拱手而立。两菩萨高髻，上着僧祇支，下着裙，帔巾横于胸腹之际。佛座下浮雕两卧狮。龛下方阴刻铭文1方："显庆元年岁次六月甲午九日壬□未□崇义州故□洛□□府□造像一龛□托生西方□皇帝乃□以□真心。"

第210窟：位于寺沟窟群北段南侧。平面呈半圆形的平顶方形浅龛。龛高0.67米，宽0.75米，深0.68米。龛内雕一佛、二弟子、二菩萨。佛结跏趺坐于方台上，弟子、菩萨依次侍立两旁。龛顶外上阴刻铭文1方："显庆四年九月廿五日清信女杨大娘为亡夫敬造阿弥陀像一龛愿亡者托生西方俱登正觉清信女屈大□李延□一心供养。"

北石窟寺的盛唐窟龛有第1、2、3、4、5、6、7、8、9、10、11、12、13、14、15、16、17、18、19、20、22、23、24、25、26、27、28、29、30、31、32、33、34、36、37、38、39、40、42、43、45、47、51、52、56、59、62、63、67、68、69、73、74、75、76、77、78、79、80、83、84、89、90、91、92、94、95、98、99、100、101、102、104、105、107、108、110、111、112、114、120、121、123、124、125、130、131、137、139、140、141、143、145、148、150、152、154、155、156、157、160、161、163、164、170、175、176、177、182、183、185、186、192、193、195、196、198、201、203、207、209、212、214、215、216、217、218、222、223、225、226、228、231、232、233、234、235、236、238、239、241、243、245、246、247、249、251、252、253、254、255、256、257、258、253、259、260、261、262、263、264、265、266、268、269、270、271、272、273、274、275、276、277、278、279、280、281、282窟（龛）等计198个。其代表洞窟是第32、222、257、263等窟。窟龛型制主要有平面马蹄形平顶窟龛、平面马蹄形穹隆顶窟龛、平面长方形平顶龛、平面近圆形平顶窟、平面不规则长方形平顶窟、平面方形覆斗顶窟、平面方形平顶窟、平面长方形平顶窟、平面长方形覆斗顶窟、平面方形平顶窟、平面半圆形平顶龛等。造像题材主要有一佛一弟子二力士、一佛二弟子二菩萨二力士、一佛四弟子二菩萨二力士、一佛二弟子二菩萨、一佛二菩萨、三佛二弟子四菩萨、一佛二弟子二力士、二菩萨、一佛四菩萨等。

第32窟：位于寺沟窟群南段的第二层中部。创建于盛唐。为北石窟寺唐代佛窟中规模较大的一个。窟平面呈不规则长方形。窟高2.5米，宽10.2米，深6.6米。西壁凿3个长方形窟门。窟的北侧凿一中心柱，高2.4米，宽1.38米。窟内东壁凿一平面为长方形的低坛大龛，高2.4米，宽5.12米，深1.48米；坛基高0.5米，深0.52米。大龛的南侧又开一大浅龛，北侧再开两龛。

东壁长方形龛内雕一佛、二弟子、二菩萨、二力士。佛高1米，弟子高1.2米，菩萨高1.25米，力士高1.3米。

佛作高肉髻（已被毁），面相丰满圆润；颈部刻三道弦纹，宽肩；内着僧祇支，外着袈裟，右领直垂，结跏趺坐于一束腰半圆形台座上。座基为叠涩式，台座上雕出"节波育"，自然下垂。衣纹为流畅自如的圆线条。右手置于膝上，左手置于胸前，手心朝上。

南侧弟子为一老者，无头，内着僧祇支，外着圆领下垂式袈裟，双手拱于胸前，立于束腰叠涩式半圆台上。菩萨头亦不存，上身袒露，斜披巾带，另一帔巾自双肩搭下，右臂下垂手握巾角，左臂半举，帔巾自肘上搭下后自然下垂；下着裙，裙纹作出水纹，扭身立于束腰半圆形叠涩式台上。

北侧弟子为一少年，头已被毁，上着宽袖斜领衫，外着袈裟，有一带钩于胸下；下着裙，立于一半圆

图 170　北石窟寺第 32 窟　佛像　盛唐

形束腰叠涩式台座上。菩萨与南侧基本相同。

南侧力士，头亦被毁，上身袒，肌肉隆起，下着战裙，立于一长 0.66 米、宽 0.23 米、高 0.21 米的长方形山形台座上。北侧力士形象与南侧力士大同小异。两力士足下各雕一卧狮。南侧力士顶部有阴刻造像铭文 1 方：

大周如意元年岁次壬辰四月甲午廿八日戊戌太州□(仙)掌县人奉义郎行泾州临泾县令杨元裕敬造阿弥陀像一铺□大普明王慧□六通海境无□而临有际倾心雾□□□□奔者钦□□临泾县令杨元裕奉为□亡□银青光禄大夫行空侍郎□泾州□□亡姐知□郡夫人(泄)氏敬造阿弥陀像一铺记□……□……

第 222 窟：位于寺沟窟群北段中部。坐东朝西。创建于盛唐。长方形覆斗顶大窟。窟高 6.1 米，宽 6.48 米，深 8.4 米。窟内正壁(东壁)有坛基，高 0.45 米，宽 0.96 米。正壁雕一佛、二弟子、二菩萨。佛高 4.05 米，磨光高肉髻，面相圆润，细眉大眼，高鼻厚唇；宽肩圆腰，着袈裟，胸部袒；左手抚膝，右手举于胸前，善跏趺坐于一方形台座上，双足踩半圆形莲台。二弟子高 2.8 米，一老一少，内着僧祇支，外披袈裟，下着裙。南侧弟子双手捧钵于胸前。菩萨高 3 米，高发髻，面形丰满，云髻高耸，娥眉大眼；上身着斜领僧祇支，下着裙，腰带于胸前打结下垂，帔巾自双肩搭下，穿肘下垂。

窟内南北两壁布满小佛龛，总计有 62 个。龛形多为方形、圆拱顶形或长方形。每龛内雕一佛、二菩

图171 北石窟寺第222窟 佛像 盛唐

萨，一佛、二弟子、二菩萨，或一佛、二弟子。佛均结跏趺坐，弟子或菩萨侍立。

窟门道内两侧龛内造像非唐代作品，可能为北周至隋代所雕造。

第257窟：位于寺沟窟群北侧。坐东朝西。创建于盛唐。平面呈长方形的平顶低坛窟。窟高3.1米，宽4.75米，深6.15米。本窟风化严重，造像只存北壁三佛、窟门北侧一佛和窟门内南壁一力士；另外，窟门北侧上方阴刻铭文1方：

惟大周证圣元年乙未二月乙巳酉□□□□□□□县朝散大夫□□□□丰义县令安守均为七代父母见存眷属□男苍生于宁州北石窟寺造窟一所一佛二菩萨□□造□□人□□□□七世□□□□□此功德□八难□□□于社□□解脱□□入□□□同登正觉

第263窟：位于寺沟窟群北段边沿第二层。坐东朝西。创建于盛唐。平面近方形的平顶低坛窟。窟内东壁开一圆拱形龛。窟高2.82米，宽3.55米，深3.68米。

图172　北石窟寺第263窟　平剖面图

图 173 北石窟寺第 263 窟 佛像

正壁(东壁)龛内外雕一佛、二弟子、二菩萨。佛高 1.1 米,磨光高肉髻,面形丰满;上身内着僧祇支,外着袈裟;右手置于膝上,左手举于胸前,结跏趺坐于一束腰半圆形台上。弟子和菩萨依次侍立于佛龛外两侧。弟子高 1.6 米,皆穿袈裟。南侧弟子双手捧钵,北侧弟子拱手于胸前。菩萨高 1.65 米,上身袒露,下着裙。南侧菩萨左手提净瓶,北侧菩萨左手举持拂尘。

北石窟寺的中晚唐窟龛,仅第 267 窟一个。位于寺沟窟群最南边。坐东朝西。平面近方形,穹隆顶低坛窟。窟高 3 米,宽 4.3 米,深 4.9 米。坛基高 0.17 米,深 0.4 米。其造像题材主要是七佛、二菩萨、二力士。窟内东壁雕三佛,高 2.5 米。北壁雕二佛、一菩萨。南壁造像无存。窟门内北侧雕一力士及一卧狮,南侧造像已被毁。窟正中圆雕一趺坐佛,高 2.6 米,磨光高肉髻,面形丰满,着圆领下垂式袈裟。

六、宋代洞窟

北石窟寺的宋代窟龛,只有第 35 窟一个,造像还有第 165 窟明窗南北两壁上所雕十六罗汉。第 35 窟位于寺沟窟群南段第三层。坐东朝西。平面近方形的平顶大窟。高 2.43 米,宽 3 米,深 2.85 米。窟内四壁开满佛龛,仅北壁保存较完整。东壁正中开一浅龛,龛内雕一结跏趺坐佛。北壁上下两层开龛造像,佛像圆润,着袈裟,袒胸,结跏趺坐于束腰莲座上。南壁龛像被毁无存。

图 174　北石窟寺第 267 窟　佛像

第三节 北石窟寺重要附属文物

原州彭阳县石窟寺盂兰会记碑

原镶于第165窟窟门南壁上方，现存该窟内。宋代绍圣元年（1094年）八月寺主德宣立。碑高0.77米，宽0.47米，厚0.1米。碑文如下：

原州彭阳县石窟寺盂兰会记/彭阳县令高舜俞闲述男乡贡进士耆年奉命书朱/石窟寺灵迹胜概历历可览至穷凿龛像磅礴广大信非人力所为/心穴天地之自然矣绍圣元年七月十四日寺主僧德宣以状闻县/云每岁中元近寺十社建盂兰道场设千佛之供作乐大会四方/来者不啻百千众均施笋脯之饭以广善因予始疑苾刍张大其言/翌朝率巡检侍禁李德监酒殿直李尧巨主薄董宗谊因出观稼遂/至精宇瞻顶七俱□如来既而临石室以籍其清虚抚胡床以休/其尘累于是列金罍翻玉觥罗珍果于朱垒敷甘瓜于绀盘高谈大/嚼同民俗之乐坐未移时往来游人其众如云或贯鱼骈头炼香于/前或胡跪合掌作礼于后群附迭至果如僧言噫愚夫愚妇昼芓宵/绹终岁勤动衣有不蔽其身粟有不充其肠官逋省负潜名匿迹以/刑绳之不能遂集至聚财喜舍不戒而乐从者不可胜计岂人情好/行于自然而恶人之强率欤抑幻化之理入人也深而沉迷之性不/复反欤是皆不可质其彼识而然也因即其事以警其所向云/大宋绍圣元年八月一日寺主赐紫僧德宣立石京兆刘隐刊字

宋代残碑

原置于第165窟窟前，现存放于第165窟窟内。残高1.55米，宽1.06米。字存23行，每行字数不详。碑文第5行“泾州节度使奚傒□置”等语是研究北石窟寺创建历史的重要资料，此碑还记载了唐代柳公图重修的事迹。碑文如下：

□□进士□□……/将仕郎守原州彭阳县尉□□薄事……/承奉郎试□□□校书郎守原州彭阳……/……□寺者达千百季矣究诸寺额……/……□□观其龛像宏壮□凿之功疑……/……□□□肇立□□□事虽迁得验……/……□有本县令柳公图口云厥寺案图……/……□泾州节度使奚傒□置□历景□……/……□屡经残毁鲜偶□筑胜□虽□良……/……□则□□交□又□□使□成□□……/……□有令之寺主僧惠果师德□……/……奇秀警而叹□□乃真安禅之□……/……□□心□□□□化诸信士□……/……□□□□□□□□不幸而卒□……/……□□日累功化□□二十余□……/……□未毕矣□之极矣危□峻□……/……

□之□对□东之二水湍□……/……□□□□□□□愚迷者省……/……□之□像终□之所知以……/……□□□□以无闻……/……□□胜□僧□……/……□□□□壁……/……□禁□……

重修佛灯记碑

明代正德元年(1522年)正月为佛灯面立。佛灯至今保存完好,由灯碗、灯盘、灯柱、灯座四个部分组成,通高2.38米。灯碗呈八角形,高0.2米,四角高浮雕二力士及二狮,做托灯状。灯盘方形,高0.14米,盘边正面阴刻“佛灯壹柱”四字,背面阴刻“福、禄、寿”三字,盘底阴刻蔓草纹。八角形灯柱,高1.57米,三面阴刻“惟大明国陕西平凉府镇原县五泉里人,大明正德元年正月十五日卯时立。若有不善男女专心盗油,永堕地狱,托生禽兽”。其余五面阴刻莲枝牡丹及鹿、鹤等瑞兽。灯座共五层,最下两层方形,上三层八角形,座高0.46米。为施佛灯。在窟门外北侧阴刻一条“正德元年正月十五日镇原县五泉里发心重修灯施主安泰同室人冯氏”题铭。

重要题记实录

第165窟:门道北侧宋代政和戊戌年阴刻题记:

政和戊戌夏五月甲辰,大帅种公统五路兵出鄜延。郡倅钱坚迎谒境上,因率巡检祁谨、权邑淳于铎、县尉元沣、工曹范直方同过彭阳石窟寺。回中宋延年继至,相与留恋,抵暮而归。

窟门北侧阴刻:

绍兴庚申三月末蒙勉功缘宪檄经此自解戎彭阳俄复四载光阴易得益使人兴叹因笔以书

又:

蒙勉功王持周伯容赵蓬老以阜昌乙卯孟夏初九日同游萍客宗林刊

窟门外南侧阴刻:

开封程述畿圣□檄彭阳巡检柏信诚之簿主申和育之令蔡安时居易绍圣乙亥仲夏十三日同游观览移时还县

又：

□□□念因逃率诸同僚闲游石窟寺作小诗故书以为异日之记

水云深处藏何寺石窟径纵几世传我苦劫成名利役暂游真境欲鉴绍圣戊寅中休日

又：

二月晦日邑令东都高道华居实以都巡通许介天祐吉老招游此时群山铺翠万花争红幽禽发声清泉泻韵山间佳趣斯尽之矣

崇宁二年二月念三日清明邑令高道华挈家游此敬礼如来抵暮还邑男寿翁侍行

陇东其他石窟

甘肃陇东地区是指陇山以东的地区，包括现在的平凉市、庆阳市。其范围东界子午岭与陕北相邻，南邻陕西关中平原，西逾陇山可通陇南、陇中，西北与宁夏相邻，可通北面的蒙古高原。陇东地处黄土高原，沟壑纵横，分布有泾河及其支流蒲河、茹河、汭河、马莲河；近子午岭有较大的葫芦河流域。泾河流域及葫芦河流域以及陇山是古代重要的交通要道，地理位置十分重要。

自秦以来，这里即是很重要的交通要道，始皇时置北地郡，并为防御北边，沿子午岭修直道，现遗迹仍存。汉代丝绸之路的开辟，使这一地域成为从关中向北、向西的一条重要的交通线。魏晋南北朝时期，五胡内迁，鲜卑、匈奴、氐、羌及杂胡等少数民族在这一地区多有分布。隋唐时，这里属中原统一王朝直接管辖。宋代时期，这里又是与西夏战略争夺的前沿。金代长期占领这里，并置庆原路，现该地区多有金代遗迹遗存。元明时，这里属陕西行省，尤其是明代分封的韩藩王居平凉，对这一地区颇有经营。云崖寺石窟群就与韩藩王的直接经营有关。

由于其重要的交通地理地位，佛教在这一地区从十六国以来就开始发展，目前甘肃发现最早的十六国金铜佛像就发现于泾河流域的泾川县。北魏以来，石窟寺开始在这一地区被大量开凿，这里成为甘肃地区主要的石窟集中分布区。宋代之后由于金的占领，这里成为北方地区宋金石窟最重要的分布区。明代由于韩藩王的重视，其石窟也多有开凿。另外庄浪、华亭、泾川、平凉、崇信、宁县等地出土有大量的石刻造像，有些是集中出土的窖藏，如华亭南川曾出土 23 件石造像，宁县一窖藏出土 80 多件北朝至隋代佛教造像，平凉禅佛寺遗址出土 40 多件北朝造像。合水各地寺院遗址现保存有数百件北朝以及宋、金、元、明时期的佛教造像。表明这一地区佛教兴盛的状况。

现存于这一地区的石窟寺主要分布于泾河流域及子午岭、陇山东西古代重要的交通线上。泾河流域主要有西峰的北石窟寺，泾川的南石窟寺、王母宫石窟、罗汉洞石窟、丈八寺石窟，镇原的石崆寺、玉山寺石窟等；陇山东面有华亭石拱寺石窟，西面有庄浪云崖寺石窟群和陈家洞石窟；子午岭群山中的石窟分布在葫芦河流域的平定川，主要有保全寺石窟、张家沟门石窟、金家砭石窟、安定寺石窟、莲花寺石窟等众多的小石窟。上述石窟共 60 多处。其中南、北石窟寺两处被公布为全国重点文物保护单位；省级文物保护单位则有云崖寺石窟、陈家洞石窟、王母宫石窟、保全寺石窟、张家沟门石窟、莲花寺石窟、石拱寺石窟、石崆寺、玉山寺石窟9处。

以上石窟开创于北魏时期，西魏、北周、隋、唐、宋、金、明清继有创凿。泾河流域和合水地区的石窟造像主要为石雕，少量的为石胎泥塑造像，很少有壁画。陇山东面的云崖寺石窟则多为泥塑或石胎泥塑造像。

这一地区的石窟最早的开创于北魏太和时期，其中张家沟门石窟明确有北魏太和十五年（491年）、二十年（496年）的造像铭文。保全寺石窟的开创年代与此同时，还有合水的红渠沟口、金家砭石窟、马勺场造像龛也属于这一时期开凿。这一时期开凿的主要是一些较小的造像龛，少则只有一个龛，多则三四十个龛，多分布比较分散。一般为圆拱形浅龛，个别有龙首龛楣。造像组合多为一佛、二菩萨3尊像，还有二佛并坐、交脚菩萨和交脚佛等。造像特点：佛像古朴健壮，雕刻粗糙，穿圆领或通肩袈裟。有些衣纹简单，有些则为密集的阴刻线，个别造像衣边刻折带纹。菩萨裸上身，下穿紧窄的裙子。造像总体显示了受云冈石窟影响的特点。太和末年模仿云冈石窟第6窟而开凿的王母宫石窟是一个大型的中心柱窟。北石窟寺北1号窟与王母宫石窟型制类似，但简单化；造像出现了褒衣博带、秀骨清像的特点，处于早晚两种风格交替的时期，当为宣武帝景明时期开凿。造像组合主要为三佛、释迦多宝并坐等，还有连续的佛传故事雕刻。北魏宣武帝永平二年至三年（509—510），泾州刺史奚康生创建了有名的北、南石窟寺，即现存的北石窟寺第165窟和南石窟寺第1窟。此二窟为规模宏大的七佛窟，出现了大型的佛传故事以及舍身饲虎本生故事浮雕。北魏晚期的洞窟主要集中于北石窟寺、云崖寺石窟群和华亭石拱寺石窟。这时期的洞窟流行三壁三龛窟，造像组合主要为三佛，还有释迦多宝并坐、维摩诘、交脚弥勒以及阿育王施土因缘故事等。造像特点表现为典型的褒衣博带、秀骨清像的风格。

西魏和北周时期的洞窟主要集中在西峰的北石窟寺，庄浪云崖寺石窟群的云崖寺、大寺等石窟，华亭的石拱寺石窟也有少量窟龛开凿。云崖寺第4龛为圆拱形浅龛，造像为一佛、二菩萨。石拱寺第2窟为一大型的穹隆顶洞窟，造像组合为三佛，造像特点与固原须弥山石窟的北周造像相似。

唐代洞窟和造像以北石窟寺最多，占北石窟寺洞窟总数的三分之二。合水莲花寺石窟有少量的唐代小龛，其中有天宝十年（751年）、咸亨五年（674年）、上元二年（675年）等纪年造像铭文，造像题材有一佛二菩萨、一佛二弟子二力士、一佛二弟子二菩萨等。

宋金时期，陇东地区佛教特别盛行，与陕北地区相同，不但有大量寺院的兴建，如华池双塔寺等，而且还开凿了许多石窟，西峰北石窟寺、镇原石崆寺、合水安定寺和莲花寺等都有这一时期开凿的石窟。比较重要的莲花寺有惠文一家于宋绍圣二年（1095年）所造的五百罗汉群像及佛涅槃、众生赴涅槃会大型浮雕组合群像，十分罕见；安定寺石窟有金大定十八年（1178年）敦武校尉主管华池寨本门汉蕃人马巡检李世雄等开凿完工的铭文。

明代陇东地区的石窟主要集中在云崖寺石窟群，这与明代就藩于平凉的韩王的参与营建是分不开的。云崖寺石窟群的云崖寺、西寺、大寺、红崖寺等保存了一些明代的大型洞窟，洞窟型制多为平面横长方形平顶窟，三壁高坛基，造像主要为泥塑，大多已被毁，现存的造像内容有五佛、十六罗汉等。

第一节　泾川石窟群

泾川石窟群，指分布在今甘肃省泾川县泾河与汭河两岸的王母宫、南石窟寺、罗汉洞、丈八寺以及千佛寺、太山寺等石窟。这些石窟，相互之间的距离近则约 2 公里，多则十几公里。各石窟中现存的窟龛，有的仅 1 个，有的七八个，有的多达 30 多个。

泾川县地处陇东黄土高原，海拔介于 1000 米～1400 米之间，黄土厚达 100 米，由于泾河及汭河等支流的切割，境内沟壑纵横。在被河流及沟壑深切的黄土层下面，暴露出沉积岩的地质结构。这种沉积岩又称红砂岩，砂石柔细，易于斧凿，宜于雕刻，故多数石窟都选择在河流两岸及沟壑崖间红砂岩断层上开凿，各石窟中的造像也主要为石雕或石胎泥塑。最早的石窟开凿于北魏时期，以后西魏、隋、唐，以及明、清等时期都有修建。

关于泾川石窟群的具体开创年代，王母宫石窟没有留下开窟纪年和功德主姓名，但其造像风格与云冈北魏第 6 窟近似，并且比近邻的南、北石窟寺要早，故一般推论大约创建于北魏太和末或景明初，即公元 500 年前后。而南石窟寺的创建，据《南石窟寺之碑》记载："大魏永平三年岁在庚寅四月壬寅十四日乙卯使持节都督泾州诸军事平西将□（军）□□泾□（二）州刺史安武县开国男奚康生造。"可知其为北魏永平三年（510 年）由泾州刺史奚康生创建。另外罗汉洞、丈八寺等石窟，从造像风格看也创建于北魏时期。

南石窟寺

位于泾川县城东 7.5 公里处，泾河北岸崖壁上。石窟坐北朝南，现有编号 8 个窟龛，其中第 1 窟为北魏永平三年（510 年）所开凿，第 5 窟为唐代洞窟，其他窟龛时代不详。

图 175　南石窟寺　外景

图 176　南石窟寺碑

第 1 窟：位于窟区东侧。窟平面为横长方形，覆斗形顶。窟门顶部凿方形明窗。窟宽 18 米，深 13.2 米，高 11 米。窟门外两侧有后代补塑的二力士立像。窟内正壁（北壁）和东西壁设坛，雕造 7 身立佛和 14 身胁侍菩萨。其中正壁 3 身立佛、6 身菩萨，东西壁各 2 身立佛、4 身菩萨。立佛高 6 米，菩萨高 3.5 米。南壁门两侧各雕造弥勒菩萨 1 身，高 5 米。窟顶正披（北披）及东西披浮雕佛传故事，内容有树下诞生、阿私陀占相、拘尼树塔、宫中观歌舞、逾城出家、犍陟马辞别、树下思维等。窟顶前披浮雕舍身饲虎本生故事。

第 5 窟：又名“罗汉洞”。位于窟区西侧。正窟内正壁（北壁）和东西壁设坛，正壁有 3 身菩萨坐像，东西壁上排各有 4 身菩萨坐像、3 身力士，下排各有 8 身罗汉坐像；另外东西壁北侧各有 1 身罗汉立像。均为石胎泥塑。18 身罗汉像为唐代风格，其余塑像似为清代重修或重妆。

图 177　南石窟寺第 1 窟　正壁　佛像

图 178　南石窟寺第 1 窟　内景(一)

图 179　南石窟寺第 1 窟　内景(二)

图 180　南石窟寺第 1 窟　窟顶　佛传故事

第 2、3、4 窟均为空窟。

窟区内的第 6、7、8 龛，石质皆已风化，似为天王造像。

现藏于泾川县文化馆的南石窟寺之碑，碑高 2.25 米，宽 1.05 米。碑记尾书："大魏永平三年岁在庚寅四月壬寅朔十四日乙卯使持节都督泾州诸军事平西将□(军)□□泾□(二)州刺史安武县开国男奚康生造。"这是考证南石窟寺创建的重要依据。

南石窟寺于 1988 年 1 月 13 日被国务院公布为第三批全国重点文物保护单位。

王母宫石窟

王母宫石窟，又称"大佛洞"，亦称"千佛洞"。位于泾川县城西 0.5 公里汭河与泾河交汇处西岸的王母宫山(又名"回中山")脚下，所以称为王母宫石窟。现仅存一个大窟，开凿于北魏，后经隋、唐、宋、明等朝代重修。

洞窟坐西朝东，窟前木构三层窟檐楼阁式建筑为后代建造。窟平面呈方形，窟中央有中心塔柱。窟宽 12.6 米，深 13 米，高 11 米；中心塔柱宽 7 米，深 7.6 米。

中心塔柱分上下两层，下层为方形，上层为八角形。

中心塔柱东向面(正面)：下层开一圆拱形大龛，龛内雕一坐佛，两侧浮雕供养菩萨和飞天数身。上层开一个圆拱形小龛，龛内雕一坐佛，两侧各雕胁侍菩萨 1 身，龛座下曾浮雕供养人数身(已残毁)。

中心塔柱南向面：下层开一圆拱形大龛，龛内雕释迦、多宝二佛并坐；龛外两侧浮雕龙首龛楣，下有力士承托，其西侧尚存一右手抚胸、左手抚腹的女子；龛外上方西侧浮雕佛传故事诸商捧食，东侧亦应浮雕佛传故事，但洞窟改造时被罩在墙内；其上龛楣间浮雕坐佛 2 排，两侧(即中心塔柱西南角、东

图 181 王母宫石窟 外景

南角)各雕一大象驮塔(东南角被罩在墙内)。上层下方浮雕供养菩萨 1 排 6 身,中间有一坐佛;其上方开一圆拱形小龛,内雕一佛、二菩萨(这一层是八角形,共开 8 个圆拱形小龛,龛内均雕佛、菩萨像);其上又雕有 1 排坐佛(已残毁)。

中心塔柱西向面:下层开一圆拱形大龛,龛内雕一佛、二菩萨(后代重妆);龛外两侧浮雕龙首龛楣,下均有力士承托,力士身旁外侧各有 2 身供养人或菩萨(北侧已残);龛外上方南侧浮雕婆罗门为释母占梦,北侧浮雕释迦与诸释种试斫多罗树;龛楣间浮雕坐佛 2 排,两侧(即中心塔柱西南角、西北角)亦为大象驮塔。上层亦与南向面大体相同。

中心塔柱北向面:下层开一圆拱形大龛,龛内雕一坐佛,西侧残存一胁侍菩萨;龛外两侧浮雕龙首龛楣,下均有力士承托,西侧残存 2 身供养人;龛外上方西侧浮雕释迦与诸释种试象技,东侧情况与南向面同;其上龛楣间浮雕坐佛 2 排,两侧(即中心塔柱西北角、东北角)各雕一大象驮塔(东北角被罩在墙内)。上层亦与南向面大体相同。

窟顶已残毁。

西壁(正壁)、南壁、北壁均可分为三层,分别约 3 米多高。下层平面无物。中层各平列开 3 个大龛,龛内雕坐佛像,两侧各 1 身胁侍菩萨;龛柱为 4 个大面和 4 个小面的八角形柱体,大面分为 5 格,每格内雕一坐佛,也有雕二坐佛或动物的,小面雕忍冬卷草纹,圆形柱础;龛楣雕有飞天。上层各平列开 1 排小龛,内雕坐佛。总体情况,南壁保存较好,西壁次之,北壁残毁严重。

窟内还存放有一批北魏、西魏、北周、隋、唐时期可能属于寺院的石雕像。

2006 年 6 月 2 日被国务院公布为第六批全国重点文物保护单位。

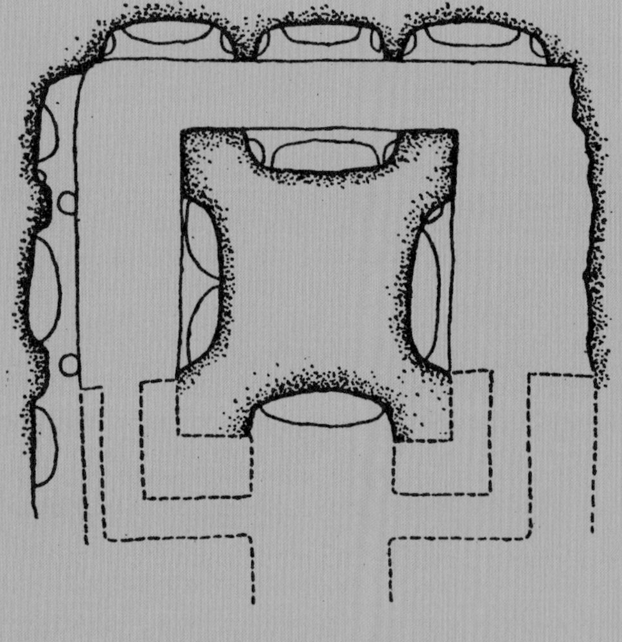

图 182　王母宫石窟　平面图(引自甘肃省文物工作队、庆阳北石窟寺文管所编《陇东石窟》,文物出版社,1987 年)

图 183　王母宫石窟　中心柱立面示意图(引自甘肃省文物工作队、庆阳北石窟寺文管所编《陇东石窟》,文物出版社,1987 年)

图 184　王母宫石窟　内景

图 185　罗汉洞石窟　外景

图 186　罗汉洞石窟第 10 窟　内景

罗汉洞石窟

位于泾川县城东 15 公里处，距泾河南岸约 1 公里，分布于罗汉洞乡罗汉洞村的红砂岩壁间，崖壁高 30 余米。石窟坐南朝北，有上下两层，残存 30 余个窟龛。始开凿于北朝，唐、宋、明、清各代均有修造。现石窟入口处有露天立佛像 1 身，高约 5 米，石胎泥塑，原作于北朝，唐代重修。

上层第 10 号窟为一规模较大的中心佛坛式窟，该洞窟宽 10.67 米，深 8.93 米 ~ 9.08 米，高约 4.5 米。中心佛坛宽 5.73 米，深 5.15 米 ~ 5.3 米，坛基高 0.84 米；坛基四角有方形石柱直达窟顶，柱基宽 1.69 米，高于坛基 0.08 米，其上的方柱宽 1.45 米，高 3.61 米；每柱的四面均浮塑彩绘天王。窟内东西两壁北侧残存浮塑彩绘佛说法图或净土变，计约 10 平方米。均似为宋代风格。其余窟龛或荡然无物，或残存清代、民国时期的壁画、诗文、题记等。

罗汉洞石窟为县级文物保护单位。

丈八寺石窟

位于泾川县城东 15 公里处，泾河北岸，与罗汉洞石窟隔河相望。石窟坐北朝南，有 6 个洞窟，其中 5 个已荡然无物。西端第一窟内曾保存有一佛、二菩萨，1967 年 7 月还基本完好，现仅残存石胎。其中正壁（北壁）为一坐佛，高约 4 米；东西壁各一胁侍菩萨，高约 3 米。均为石胎泥塑，原造于北魏，后经唐代和明代重修。

丈八寺石窟为县级文物保护单位。

图 187　丈八寺石窟　外景

第二节 庄浪石窟群

庄浪位于甘肃陇东地区，陇山西麓，西、南与天水市秦安、张家川等县相接，古代曾为秦州属地。东越陇山与平凉市华亭县相邻。陇山曾经是丝绸之路由陕西进入甘肃的重要道路之一，由长安出发向西北行经陇县经过上关到华亭，再翻越陇山即进入甘肃的庄浪或张家川，然后经清水到天水或由略阳（今秦安陇城）西行。由于其于古代交通的重要性，陇山东西在北朝时也成为佛教兴盛之地。现存陇山东西群山中的石窟寺主要有华亭石拱寺、庄浪云崖寺石窟群和陈家洞石窟等，大多始建于北朝时期，历隋唐时期，至明代又有大规模开凿。反映了这一地区古代佛教的基本情况。乾隆《续修静宁州志·山川志》以及民国《增修华亭县志》卷一《地理志·名胜》均有记载。

云崖寺石窟群位于庄浪县城东部30公里，以云崖主山为中心、半径5公里左右的范围内，分布有云崖寺、大寺、西寺、红崖寺、佛沟寺、朱林寺、朝阳寺、金瓦寺等独立的石窟；另有木匠崖、三教洞、殿湾、殿峡、石窑河滩、红崖湾等小型石窟，分布比较分散。各石窟点相距数公里至十数公里不等，形成了一个规模较大的石窟群。2006年被公布为全国重点文物保护单位。

明代时云崖寺十分繁荣。明永乐二十二年（1424年），原受封辽东开原的韩王被改封平凉，宣德五年（1430年）就藩。平凉韩藩共传十位韩王，历212年。韩王家族对云崖寺——陈家洞石窟的发展影响巨大。成化十年（1474年）九月三日，僧人淡道宗于云崖寺石窟主峰西侧第1窟外题写墨书题记6行，表明成化时曾对该窟进行过修复。

三教洞石窟存嘉靖二年（1523年）发愿文两则。

嘉靖十一年（1532年），韩府内臣主持修造大寺石窟第5窟。

万历八年（1580年），韩王府承奉司承奉正白朝、承奉副马忠等修葺云崖寺石窟。万历十二年（1584年），韩端王朱朗锜亲笔撰写《主山云崖寺成碑记》。崇祯十六年（1643年），云崖寺僧人修平撰写《云崖刊石撰书碑》。

陈家洞石窟始建于北魏晚期，现存北魏遗存只有一处摩崖大型三佛造像。清代康熙、乾隆、嘉庆、光绪、宣统年间及民国期间，陈家洞石窟即龙眼山寺有过多次重修，重修碑刻现存。

云崖寺石窟群的北朝洞窟主要集中在云崖寺，另外佛沟寺也有少量的北朝洞窟。北朝洞窟以小型洞窟为主，造像组合简单，有三佛、一佛二菩萨等，另有少量的摩崖造像。陈家洞石窟的三佛摩崖造像是目前这一地区保存最大的北魏摩崖造像。从造像特点来看，北魏晚期的造像与麦积山石窟同期作品很接近，北周的造像与麦积山、须弥山等石窟的北周造像相近。这可能与云崖寺及陈家洞石窟位于陇山西面，与古代秦州地域接近的缘故。

云崖寺石窟

位于韩店乡黄草村西。其所处的山峰称主山，下有云崖寺河。清乾隆《续修静宁府志·山川志》记其地："山势环抱，溪水潆洄。松杉柏桧，翠竹名花，蔚蔚苍苍，青葱掩映，且多仙踪古迹，无地不爽人心目。"《增修华亭县志》于其地则有"寺分中、东、南、西、北五台……中台左崖有白云洞，为宋僧法印所凿"之记载。明代胡缵宗《主山白云洞记》也称："左壁有洞焉，山僧法印所辟者，其洞超夕多云。"现法印所凿白云洞具体为哪个已不可考。

云崖寺现编号 24 个窟龛，保存石造像 18 尊、泥塑造像 55 尊，壁画约 30 平方米，明代碑刻两通。主要洞窟(第 1 ~ 10 窟)分布在高约 80 米的峭壁上，以一个大致水平的岩石突出为平台；个别洞窟分布较高，需通过开凿和架设的栈道方可到达。另外还有部分洞窟分布在山体偏下和后山位置。

时代最早的为第 11、12、17 窟，为北魏晚期开凿。洞窟型制为平面方形平顶小窟和摩崖造立佛像，造像形式为石胎泥塑，造像组合为一佛二菩萨、三佛。北周开凿的洞窟主要有第 1、2、4 窟等，为平面方形小窟，造像为石胎泥塑，造像组合有三佛、一佛二菩萨等。明代于此进行大规模开凿和重修，出现平面横长方形或方形的大型洞窟，如第 6、7、10 窟等，一般三壁设高坛基，坛基上泥塑造像，壁面泥塑小型造像，造像题材有三佛及胁侍菩萨、五佛及胁侍菩萨、一佛二弟子等。第 10 窟窟门左右两侧各立一块石碑，为万历十二年(1584 年)《大明重建云崖碑记》和《云崖碑记》，记载了明代受封平凉的韩王府对云崖寺的重建情况。

第 2 窟：北周。平面方形平顶窟，前壁已被毁。洞窟面阔 2.28 米，进深 1.65 米，高 1.65 米。窟内三壁前均有坛基，上有方形佛座，并各有一佛，形成三佛的布局；每身佛两侧都有胁侍菩萨。佛作低平肉髻，面相方圆；身着双领下垂袈裟，内有僧衣，袈裟下摆在佛座前呈人字形分为左右两瓣，衣褶摆布流畅。菩萨残损严重，但基本形象尚完整。洞窟壁面泥皮上有北宋政和三年(1113 年)一月游人刻画题记。

第 4 窟：北周。位于云崖寺窟区西部、第 3 号龛东侧。二龛相距 1.35 米，龛距崖边 3.5 米。摩崖敞口浅龛，平面半月形。龛向西南。龛高 3.65 米，宽 3.8 米，进深 1.03 米。龛底距崖面平台 0.6 米。龛内高浮雕石胎泥塑一佛、二菩萨 3 尊像。

中间主尊佛高 2.53 米，胸部以上至头部为现代补修。双肩较圆，外披低垂圆领袈裟，领垂至腹部，露出内斜披的僧祇支，僧祇支上系带，带结两条垂至领口处，衣纹呈阴刻阶梯状。右手残，现代补修，左手亦经现代补修，作降魔印。结跏趺坐，右足押于左股上，露足，衣裾从脚腕处分披成人字形向左右散开，分两层，边缘折叠。佛像整体矮壮圆润，坐于方形佛座上。座高 0.75 米，宽 1.68 米，进深 0.87 米。

左右胁侍菩萨身体略侧立于龛边。左侧菩萨高 2.8 米，头戴莲瓣宝冠，宝缯下垂于肩头两侧。面形方圆，颈粗短，双肩略圆。颈戴尖形宽项圈，肩头有圆形饰物，下垂长带。右臂向左屈于腹部，手握莲蕾；左臂于体侧下垂，手握圆环形饰物，饰物上垂下丝带打结。帔帛于正面膝下部两侧交叉，上提从肘弯处下垂。立于方形台上。右胁侍菩萨高 2.8 米，与左菩萨同，左右对称，保存略好。龛外两侧上下各有数个桩孔，原应有木构建筑，已不存。

第 6 窟：明代。平面横长方形平顶窟，方形窟门。四壁前均有坛基，在左右壁面上又凿出数道坛台，其上塑像。窟高 4.7 米，宽 7.2 米，深 4.25 米。两侧壁上各开凿有两层坛台。正壁坛基上塑三个束腰形须弥座，上塑一佛、二菩萨，佛两侧各有 1 身胁侍菩萨。两侧壁塑十六罗汉，在上层的小坛台分别塑有小型菩萨、天王以及城门、建筑等。

第 7 窟：明代。平面横长方形平顶窟，方形窟门。四壁前均有坛基，在左右壁面上又凿出数道坛台，其上塑像。窟高 4.14 米，宽 9.5 米，深 6.1 米。窟内主尊造像为五佛，正壁有 3 个束腰须弥座，左右壁前正中各有一束腰须弥座，座上有仰莲式佛座，其上各塑一佛，身后有莲瓣形背光，并在贴体的位置凿出内凹的身光。在两侧壁主佛两侧均有胁侍菩萨，在各须弥座之间有较低坛基，从现存的残迹看，在低坛基上也塑小型佛像，但总体形式不清。窟门左右两侧亦有退台式高坛基，两侧各塑三菩萨共 6 身造像。在两侧壁上各有三道通长雕凿的坛台，其上做小型泥塑造像，多残毁。

第 11 窟：北魏晚期至西魏时期。平面方形平顶窟。窟内造像为一佛、四菩萨，其中正壁一佛结跏趺坐于方形台座上，左右壁各有一菩萨结跏趺坐于方形台座上，双足遮盖于衣饰之下。另外在正壁和左右壁交接的角部又各侍立一胁侍菩萨。三主尊头部全部残损，两身胁侍菩萨残毁严重。左右壁的菩萨保存较为完好，其服饰、坐式等和其他所见的菩萨有所区别，坐式和佛相同，身着交领广袖衫，于腰间系带，衣服下摆呈人字形覆盖在台座前，摆布方式和袈裟相同，帛带自双肩垂下，并在腹部前交叉上绕至左右小臂，并从身体两侧垂下，飘带从双肩垂下至肘间。

第 15 窟：北魏晚期至西魏时期。方形平顶敞口窟。正壁前有方形佛座，左右壁前有低坛基。内部造像组合为一佛、二菩萨。正壁佛头、手残；内穿僧祇支，中间一层内衣系带，外穿双领下垂袈裟，袈裟领竖起，袈裟衣角从左腕外搭下，衣纹阴刻规整流畅；右膝处衣裾成三瓣莲形，座前衣裾成悬裳形，分三层左右分开垂下，衣边折叠；右足在外结跏趺坐。两侧胁侍菩萨残毁。该造像及其衣裾处理形式与麦积山石窟北魏晚期到西魏时期的做法基本一致。

朱林寺石窟

位于云崖寺石窟西北 4 公里处，紧靠庄（浪）平（凉）公路。共编号 5 个洞窟，现存造像共 5 尊，在第 1 窟内。原崖面洞窟之间有栈道相通，现已被毁。

第 1 窟：宋、元。位于最高层，现距地表约 50 米，高不可攀。从外观看洞窟型制为敞口半圆形圆拱浅龛，现存一佛、二弟子、一菩萨，原组合应该为一佛、二弟子、二菩萨。高浮雕泥塑。佛结跏趺坐于方形佛座上，座为石胎；穿双领下垂袈裟，内穿僧祇支，腰系带；右足押于左股上，脚裹于袈裟衣裾中，双手结无畏和与愿印。二弟子左迦叶，右阿难，均身着交领袈裟，衣袖宽大，双手合十而立，脚穿履。左胁侍菩萨高髻，面形圆润，有毫光；帔帛覆搭双肩，袒胸；右手在下，左手在上置于胸前；下身外穿短裙，裙腰外翻，内穿长裙垂至脚面，造像衣纹均为较大的突棱。

第 2 窟：明代。位于最下层，为横长方形敞口平顶窟。宽 5.92 米，高 2.2 米。内部造像已经无存，由洞窟型制判断，原造像应该为涅槃造像。

第 3 窟：明代。方形平顶窟，顶与四壁相接处成圆弧状。窟口高 1.9 米，宽 1.46 米。窟内正壁设高坛基，左右两壁均有长方形坛基。坛基上造像不存。左右两壁残存少量壁画，为道教题材，内容待考。窟门外绘护法神，模糊不清。

第4、5两窟因栈道不通，高不可攀，内部型制及内容不清。第4窟窟前原有窟檐建筑，现已被毁，根据现存梁眼，可以判断原建为山面向前的“龟头屋”。这种窟檐流行于宋、元时期，是判断洞窟年代的一个依据。

大寺石窟

位于云崖寺东侧1.5公里处的山崖上。均面南，从西向东共有洞窟12个。最早的为第6窟，摩崖圆拱形浅龛，北周开凿。其余洞窟均为方形平顶窟，有的窟内三壁设高坛基，从洞窟型制及保留的壁画以及题刻判断都为明代开凿。现存石造像3身，壁画30平方米，题记3方(则)。

第1窟：方形平顶敞口窟。窟内正、左、右三壁前凿有高坛基。窟高3.66米，宽3.65米，深3.5米。

第2窟：圆拱形敞口龛。龛高2.32米，宽2.75米，深0.6米。龛内型制很不规则且破坏严重，龛外侧有呈拱形的密集桩眼。

第3窟：平面方形平顶敞口窟。正壁凿一坛基。窟高3.1米，宽3.18米，深2.1米；坛基高0.6米，宽0.61米。窟内造像无存，仅有少量壁画痕迹。

第4窟：平面方形敞口平顶窟。正壁前凿一低坛基。窟高3.81米，宽4.13米，深3.98米；坛基高0.55米，宽0.95米。窟内造像无存，保存有少量壁画，其中有1身供养人形象比较清晰，头戴乌纱帽，冠带上翘，身穿绿色长袍，拱手而立。

第5窟：平面方形敞口平顶窟。正壁前凿一低坛基。窟高3.03米，宽3.64米，进深3.3米；坛基高0.8米，宽0.87米。窟内造像壁画残毁无存，窟右壁有3方刻石题记，最内侧1方高0.22米，宽0.16米，楷书，其内容为“大明国陕西平凉府/静宁州主山寺/主持僧无想/韩府内臣李/大明嘉靖拾一年”。另外1方高0.31米，宽0.29米，但破坏比较严重，可辨识内容为“巩昌卫右所百户黄六/军余具……”大致为黄六等人开凿功德题记。第3方为石匠的题名，内容为“白水县石匠杨文孝王锦”。这几则题记说明当时受封平凉的明韩王府与主山寺(云崖寺石窟)僧人共同开凿修建大寺的历史。

第6窟：北周。摩崖圆拱形浅龛。高4.45米，宽4.15米，深0.78米。龛内做石雕泥塑一佛、二菩萨。

坐佛高2.86米，低平肉髻，面相浑圆，短颈，圆肩；身着低领通肩袈裟，衣裾较短，呈八字形悬垂于座前；双手残损严重，原来应该施无畏和与愿印。佛座为工字形，高1.32米，宽2米，深0.98米。左侧胁侍菩萨高2.85米，高发髻，面形圆润，短颈；左手下垂，似持一物，右手上举于胸前似持一花蕾；飘带自双肩垂下，上身衣饰不清，下身着长裙。右侧胁侍菩萨高2.89米，高发髻，戴尖桃形项圈；右手下垂持一圆环，圆环下有帛带，左手贴体下垂；上身衣饰不清，下身着翻边长裙；帛带自双肩垂下，帔帛自上臂绕下，在双膝处交叉上绕。此窟为大寺石窟现存唯一的北周洞窟，与云崖寺石窟第3、4窟的造像相同，窟形、造像组合与云崖寺第4窟完全一致。

第7窟：方形平顶敞口窟。三壁设高坛基。窟高5.8米，宽6.6米，进深5.4米；坛基高1.1米。窟内泥塑造像全被毁。正壁存3身造像背项光，内绘火焰纹。中间主尊项光两侧各绘一人首人身鸟尾飞天以及头戴五佛冠的护法神，具有密宗风格。右壁从残迹看原有5身造像。壁面保存部分壁画，分两层。上层多漫漶不清，近窟门处有一绘制的碑，上墨书“碑记”二字，字多漫漶；下层壁画中间有墨书“神奉”二字，左右绘龙，内绘6位人物造型。左壁壁画大多不清，可能表现的是佛教故事内容。窟外保留较多桩孔，原有崖阁建筑。

第8窟：方形平顶敞口窟。窟高3.5米，宽9.4米，进深（残）2.9米。窟外侧有土坯墙残迹。窟内泥塑造像被毁无存，壁画有部分保留，在佛背光内侧纹带内可辨识有1身手持金刚杵的护法神像。

红崖寺石窟

位于云崖寺东南5公里。洞窟分布在长200米、高50米的崖面上。一字排列，共有编号洞窟14个。其中第1～9窟分布较为集中，第10～11窟分布在一起，第12～14窟分布在一起。造像50尊，壁画16平方米，清碑1通。窟形基本一致，为方形平顶窟。由现存遗迹判断开凿于明代，文献记载明代时属于主山寺（云崖寺）的一部分，清代重修。部分洞窟内容表现道教内容，说明红崖寺有佛、道融合的信仰。

第1窟：平面方形平顶敞口窟。窟高2.15米，宽5.3米，残进深2.25米。无造像，壁画有部分保留，泥皮有两层叠压。上层为大面积的白粉，下层有壁画内容，但残缺严重，可辨识的有墨线人物武士、风火轮等。

第2窟：俗称“文王百子洞”。平面方形平顶敞口窟。窟高4米，宽4.5米，进深5.5米。窟内正壁前凿一较宽的高坛基，其上塑一佛，有高浮雕背光。左右壁开凿出四层小坛台，小坛台的上边沿均以屋檐的形式表示，其上塑小型塑像，现存19身。窟顶保存八卦图等壁画内容。

第3窟：平面方形平顶敞口窟。正、左、右三壁前用土坯砌筑高坛基，窟内前部有土坯墙痕迹，三壁上方凿有内凹式坛基。窟高4.17米，宽5米，进深9.3米。正壁坛基高0.94米，宽1.64米；左右壁坛基高0.94米，宽0.9米。窟内造像破坏严重，正壁造像情况不明，两侧壁造像从残存的背光看为各5身造像。窟外左侧有1通石碑，清嘉庆四年（1799年）立。石碑红砂岩质，碑额失，碑身长方形，高1.7米，宽0.54米，断为两截；碑座高0.56米，宽0.75米，厚0.43米。碑阳首题“华亭县主山红崖寺重葺功成壁记”，碑文楷书阴刻，内容记载红崖寺形胜、周围寺院分布情况以及重修红崖寺功成告竣之事；尾题“嘉庆肆年岁次己未吉日庄浪县贡生郑仪撰记”。其中碑文中提到“红崖，主山之襟袖也。自主山入峡，十数里许”，说明红崖寺为主山寺的一部分；又提到石妙山、大寺、佛堂山、看山（南台）等寺院名称，是研究云崖寺石窟群寺院分布的很重要的材料。根据碑文红崖寺还有道教的三清、九皇等宫殿，与佛教寺院互相并立，说明红崖寺在明清时期为佛、道混合的寺院。碑阴刻功德主姓名，尾题“乾隆三十五年岁次庚寅仲春吉日动工起建北地山人徐登云薰沐敬书”。

第5窟：平面方形平顶敞口窟。窟内正、左、右三壁前有土坯砌筑的坛基，正壁前坛基略高，左右壁上方各开凿一内凹的小坛台。窟高4.25米，宽5.25米，进深5.25米；正壁坛基高0.45米，进深0.92米。窟外密布桩孔，原崖阁建筑已被毁。窟内造像已经被完全破坏，从破坏遗留的残迹来看，窟内正壁原来应该有 3 身造像;壁画存在有叠压现象,表层有 12 幅画面,绘有多幅唐僧取经的故事画面等。

第 13 窟:平面方形平顶大口窟。窟高 2.96 米,宽 3.2 米,进深 4.46 米。窟门高 2.93 米,宽 2.04 米,厚度为 0.21 米。窟内正、左、右三壁上凿两层坛台,正壁前凿有横长方形的踏脚台。从窟内造像残迹所反映出的配置看,上层坛台塑小型塑像,下层坛台两侧壁塑小型塑像,正壁塑主尊造像。从背光残迹看正壁有 3 身造像,左右壁的下层坛台上各有 11 身造像,左右壁上层坛台据推测应各有 13 身造像,正壁上层坛台上的造像数量不详。

西寺石窟

西寺石窟位于云崖寺石窟西 2 公里、大寺石窟对面沟崖中。共有编号洞窟 7 个。都为方形平顶窟。造像、壁画全部被破坏。根据现存遗迹判断,均开凿于明代。

第 2 窟:毁坏严重,已不成形。窟外左侧有一碑龛,内嵌一碑,长方形,高 0.91 米,宽 0.6 米,厚 0.11 米。首题"万古题名",碑文楷书,共 22 行,文多残泐不清,可辨有"……平凉□□□/□山西寺立碑 / 承奉□承奉红崖西院僧人如山如意如□……僧人真□号□挥石匠孙奉先高□"。碑纪年不详,但所载石匠孙奉先一名有见于云崖寺第 10 窟《主山云崖寺成碑记》。说明西寺建造年代也为明万历年间,西寺也属于主山寺(云崖寺)的一部分。

第 3 窟:平面长方形敞口浅窟。高 3.8 米,宽 9.8 米,进深 2.6 米。正壁设坛基,现存 3 个须弥座,造像已被毁,原应为 3 身造像。窟外原有崖阁建筑,已被毁没,仅存部分桩眼。

第 4 窟:平面方形平顶窟。高 3.7 米,宽 3.55 米,进深 4.1 米。三壁设坛基,仅正壁有 3 身泥塑造像残迹及须弥座,造像内容已不详。

朝阳寺石窟

位于韩店乡张家嘴子村北 2 公里。现存洞窟 3 个,其中第 1、3 窟为利用自然岩洞修凿而成。窟内造像均残损,根据风格判断为明代开凿。

第 1 窟:利用宽 12.3 米、深 4.6 米、高 10 米多的自然岩洞修凿。穹隆顶。正壁做 3 个方形台座,上造像残毁,内容不详。左壁用土坯、石块砌成,浮塑山形及城门,与云崖寺第 6 窟相同。

第 2 窟:平面方形浅窟。窟外原有崖阁建筑,已被毁,仅存桩孔。窟高 2.6 米,宽 3.9 米,进深 1 米。正壁泥塑造像 1 身,残,尊名不详。

第 3 窟:利用自然崖坎凿成。平面略成长方形。长 4.3 米,宽 2.3 米。窟内正壁设高佛坛,上造像不存。窟外崖面保存桩孔,原崖阁建筑已被毁。

金瓦寺石窟

位于云崖寺石窟西北 2 公里瓦佛爷沟内。在 20 米高的崖壁上保存有 4 个窟龛。窟塌毁、残蚀严重,窟内遗迹无存,时代不明。

佛沟寺石窟

位于云崖寺石窟东约5公里处。编号5个洞窟，均高不可攀。其中第1号摩崖造像外露；第2、3窟为较深的窟，内部情况不明；第4、5号为平面方形平顶敞口龛，其中第5龛正壁凿一圆拱龛，龛内造像不存。

第1号摩崖造像，为3身立佛造像，石雕为高浮雕，高度略有差异，为4.7米～5.1米不等，表层风化严重，仅左侧1身保存比较完整。佛为高肉髻，面庞方正，身着褒衣博带式双领下垂袈裟，内有僧衣，并于胸部结带，双手结无畏和与愿印。3身佛均有背光，另外在3身佛的上方雕凿有排水的人字形浅槽。三立佛的情况见于陈家洞石窟，根据造像风格判断，这处石窟开凿于北魏晚期。

另外在附近的崖面上还有数个窟龛，均为方形窟门或窟口，周围分布较多桩眼，现较难登临，窟内情况不明。

石窑河湾石窟

位于阳川乡张家大湾村北3公里。在长8米、高3米的巨石断面上开凿3个佛龛，均为拱形顶。龛内造像已不存。1号龛高1.5米，深1.5米，宽1.3米。内有佛台。2号龛高1.5米，宽1.2米，深1.5米。内有佛台，台高0.2米，宽0.2米。3号龛高1.25米，宽1.1米，深1.1米。龛外两侧摩崖上浮雕覆钵式塔2座。南塔5层，高0.94米，底层刻9个莲花瓣；上有7层相轮，高0.4米。北塔高2.5米，型制同南塔。

三教洞石窟

位于韩店乡黄草村西南1公里。仅存1窟，平面方形，平顶，深3.1米，宽2.8米，高2.5米。窟内雕刻儒、释、道三教造像，大小共64尊。大像高2米，小像高仅0.3米。两壁刻佛本生故事。壁上另有明嘉靖二年（1523年）发愿文题记两块（则），高0.15米，宽0.3米。窟顶有题刻两处，文多不清。该石窟造像表现三教合一的内容，是云崖寺石窟群中保存较好的石窟，根据造像特点及明代题刻，始凿于元代，明代重修。

陈家洞石窟

位于甘肃省庄浪县通化乡陈堡村东洞峡龙眼山崖。又称“龙眼山寺”。山崖中有小路连通陇山东西。石窟分布在长100米、高60米的崖壁上。现有洞窟9座、金代题记2处、清代及民国时期石碑5通。

1993年被公布为第五批省级文物保护单位。

关于陈家洞石窟的开凿年代，清代程奇英撰《重修龙眼山寺碑记》记载：“晋泰和间，突出现三尊石佛，妙相庄严，挺立于礅岩波浪中，宛若恒河沙景象。”民国石清鉴撰《重修龙眼山陈家洞碑记》也有基本相同的记载。所记3尊石佛即现存3尊摩崖立佛像，其对年代的推断当源于三佛旁的金代“泰和”题记，显然是错误的。根据现存的摩崖造像判断，该石窟始建于北魏晚期，唐、金、明清时期重修。

陈家洞石窟现存3尊摩崖石雕立佛造像，造像雕于一宽5米、长5米、高5.5米的青灰色砂岩巨石东向面上。三佛均为立姿，中间佛高5.3米，施无畏、与愿印；右侧佛高5.1米，左侧佛高5.0米，均施无畏印。三佛均作高肉髻，面相清癯。长颈，肩窄，躯体修长。内穿僧祇支，外着双领下垂袈裟，胸前结带，赤足立于莲台之上。衣纹呈弧形阶梯状。三佛头光内雕小坐佛13尊，结跏趺坐于莲台上，莲瓣形背光。根据造像风格判断，三佛造像属北魏晚期作品。

三佛左侧崖壁有金"泰和某年四月二十一日梁石记至"阴刻题记。另外一个洞窟崖壁上镌"天德四年石匠陈晋记至"。

三佛像南面存有一残塔，建于长10.7米、宽6米、高4.1米的巨石之上。塔为楼阁式，平面呈六角形，系砖木结构（其中木构件已朽无存），空心。现存四层半，残高约10.56米，外径4.5米，内径3.0米，壁厚0.7米。塔的各层出檐较浅，每层各角雕简单的仿木装饰，每面正中檐下有一朵仿木斗拱。据塔的造型与结构判断，为唐代建造。

现存碑刻5通，其中清代4通、民国1通。清康熙十一年（1672年）程奇英撰《重修龙眼山寺碑记》，碑高2.12米，宽1米，记陈家洞历史沿革及明代崇祯年间重修情况；清康熙五十年（1711年）李春荣撰《重建创修殿宇碑记》，碑高1.73米，宽0.85米，记载王亨等募缘重建补建殿宇十余座；清乾隆三十三年（1768年）王高爵撰《重修龙眼山碑记》，碑高1.6米，宽0.74米，记载会众迁移庙宇、装饰造像之事；清嘉庆二十五年（1820年）韩廷秀撰《重修龙眼山记》，碑高1.14米，宽0.76米，记龙眼山形胜及历史、修葺之事。

第三节　华亭石拱寺石窟

石拱寺石窟位于甘肃华亭县上关乡半川村与陕西陇县新集川镇相接的地方，华亭至陕西陇县的公路在山脚下的村庄里东西横穿而过，东距陇县50公里，北距华亭县41公里。洞窟开凿于华亭县上关乡半川村北侧山梁崖面上。

石拱寺所在的山峰为六盘山南延部分关山（或称陇山、小陇山）的较大支岭三乡山，因地处华亭、崇信、陇县三县交界处得名。洞窟开凿于向南的崖壁上，距地表高5米～10米，东西长120米。从西向东排列，共有15个窟龛，基本都位于同一个平面上，上下错落不大。从崖面上遗留的桩眼观察，原洞窟之间有栈道相连，现已不存。清代同治年间回民起义时第2、6窟的造像被砸毁，大部分洞窟内因曾住人，洞窟壁面及其造像烟熏严重，表面结有很厚的烟垢层。

石拱寺现存15个窟龛中有造像的窟龛分为4组。第1组包括第8、9、11、12、13、14窟6个窟。三壁三龛窟。窟大小、型制基本相同。造像组合为三佛，题材有一佛二菩萨、释迦多宝二佛并坐、释迦以及维摩和文殊、阿育王施土、飞天、供养菩萨及弟子、供养人等。第2组为第6窟。大型方形穹隆顶窟。造像组合为三佛并胁侍菩萨。第3组为第5龛。圆拱形浅龛。龛内雕一佛胁侍二菩萨。佛像形体苗条清瘦，衣裾为悬裳式，衣纹流畅。第1、2、3组的洞窟时代应该是北魏晚期至西魏时期。第4组包括第4、7、10龛3个小龛。均为方形浅龛。造像为一坐佛。第5组为第2窟。为大型圆形穹隆顶窟。造像组合为三佛。第4、5两组以第2窟为最大，其余均为小型方形龛。造像以敦厚矮壮为特点，头部较大，脖颈粗短，身体厚实。第2窟菩萨身上所佩挂的长璎珞，是北朝晚期菩萨造像常见的装饰物。该窟穹隆顶马蹄形平面的形式也是麦积山石窟北周至隋代洞窟流行的窟形之一。由此可以判断，第4、5两组窟龛的年代当为北周时期，或可晚至隋代。

石拱寺石窟北魏晚期的造像具有很明显的地方特点。造像一般头与身体的比例不太协调，头部很大，而身子较粗短。佛像内衣系带位置很高，基本都在胸部或胸部以上。胁侍造像身体都很矮壮，呈现出一种朴实敦厚的风格，这种风格应该是陇东黄土高原特有的，有学者称之为"黄土高原风格"。

重要的洞窟有第2、6、8、9、11、12等窟。

第2窟

位于窟群西侧、第1窟左侧。北周。平面近方形，圆拱顶大窟。窟高8.5米，宽11.2米，进深9.7米。圆拱形敞口门，门高7米，宽3.5米，进深1.5米。窟内正、左、右三壁沿壁面凿低坛基。前壁上方凿有一

图188　石拱寺石窟　外景

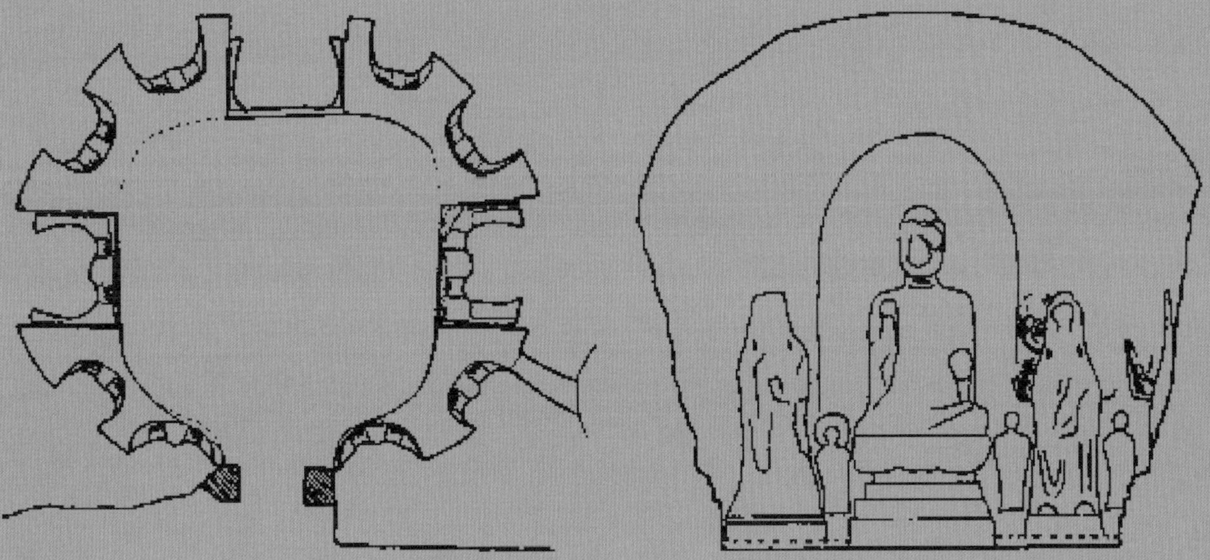

图 189　石拱寺石窟第 2 窟　平剖面图

明窗，明窗高 2 米，宽 1.4 米。窟形基本完整。壁面表层风化剥蚀严重。窟内左壁外侧后代凿一长方形穿道与第 6 窟相通。

造像：四壁石雕三佛、八菩萨及弟子等。正、左、右三壁各雕一坐佛、二胁侍菩萨，其中两侧壁主佛为倚坐。前壁左右侧各 1 身立菩萨，佛与菩萨、菩萨与菩萨之间各浮雕 1 身弟子。窟内壁面上部空间浮雕一些小佛或菩萨像。

正壁佛高 6.4 米，因残毁严重，从痕迹仅可见左臂向前平伸，右臂抬起，结跏趺坐于须弥座上，衣裾垂于座前分为两瓣。左侧菩萨残高 5.7 米，残毁严重，仅残存衣裙痕迹，立于半圆形莲台上。右侧菩萨残高 5.8 米。

左壁佛残高 6 米，残毁严重，从痕迹仅可判断倚坐于须弥座上。左侧菩萨残高 5.7 米，仅残存部分衣裙，立于半圆形莲台上。右侧菩萨残高 5.6 米，仅存下部衣裙及两侧下垂飘带，两腿间有下垂璎珞及飘带，立于半圆形莲台上。

右壁佛残高 5.5 米，现存残痕与左壁相同。左侧菩萨残高 5.2 米，残存与左壁左侧菩萨同。右侧菩萨残高 5.2 米。前壁左侧菩萨残高 5 米，右侧菩萨残高 5 米。浮雕弟子高 2 米左右，门右侧与左壁左侧二菩萨间弟子残损较轻，着袈裟立于台上。

第 6 窟

位于窟群西侧，第 8 窟西侧、第 3 龛东侧。北魏。平面方形穹隆顶窟。窟门方形，其上开一明窗。窟内沿四壁凿有倒“凹”形低坛基。窟高 7.9 米，宽 8.2 米，进深 7.4 米。明窗高 1.65 米，宽 1.57 米，进深 1.4 米。该窟被人为毁坏，造像及窟内壁面已被凿毁。窟内左右壁前侧分别开有一穿道通往毗邻的第 2 窟和第 8 窟。

图 190 石拱寺石窟第 6 窟 平纵剖面图

造像：正、左、右三壁各雕一佛、二菩萨；前壁门两侧各雕一力士；前壁下方浮雕有数排供养人，上方浮雕有供养天及伎乐天。主要造像已被凿毁，仅少许供养人等保存略好。

正壁正中立佛残高 4.98 米，除衣裾尚可辨识外，其余无存。左右胁侍菩萨仅存少许帔帛及裙裾。立佛右下角雕一供养弟子向佛而立，仅存轮廓，残高 1.58 米。

左壁立佛残高 4.45 米，尚存部分衣裾，左右胁侍菩萨仅存足部。左壁外侧中部凿一坛台，上残存 3 身浮雕的伎乐天，均跪姿。其中 1 身面向左壁立佛；2 身面向门壁，其中后侧 1 身似双手拍击腰鼓。

右壁立佛高 5.01 米，长方脸，磨光高肉髻，面容已被毁，颈部有数道弦纹，左脚及袈裟下摆尚可辨识。左右胁侍菩萨仅存少许帔帛及衣裙。

前壁左侧力士仅存双足；右侧力士小腿以下部分尚存，但仅辨大形，残损严重。前壁左右两侧下方浮雕供养人像，其中左侧残存 3 排，从上至下第 1 排 3 身，第 2 排 6 身，第 3 排 7 身。右侧残存 4 排，从上至下第 1 排 2 身，第 2 排 7 身，第 3 排 8 身，第 4 排 7 身。右壁外侧残存 3 排浮雕供养人，从上至下第 1 排 3 身，第 2 排 3 身，第 3 排 3 身。供养人戴笼冠，穿双领宽袖衣，双手笼于袖中，斜身站立。

第 8 窟

位于第 6 窟右侧、第 9 窟下方。北魏。平面方形拱形顶窟。窟门方形。窟高 2 米，宽 2.6 米，深 2.55 米。窟门高 1.05 米，宽 0.95 米，进深 0.95 米。后代在窟顶凿一直径 0.73 米的圆洞，上通第 9 窟。右壁后凿一长方形洞通第 6 窟。

造像：正壁雕一佛、二菩萨。左壁已被毁，不详。右壁雕二佛并坐。前壁上方正中浅龛内造一坐佛、二胁侍菩萨，龛外左右侧各存 3 身立弟子及 3 身弟子头像。门左侧 1 身坐佛及 3 身小孩相叠。门右侧上部浅龛内 3 身坐佛、2 身莲花化生；下部龛内 1 身交脚菩萨并左侧 1 身胁侍。

正壁佛半圆雕，残高 1.4 米，身穿通肩袈裟，右手似作与愿印，左手作触地印，结跏趺坐于坛座上，露右足。左右侧菩萨残高 1.35 米，束发高髻，戴花冠，立于台上。

右壁二佛残高 1.7 米，左侧佛右手抬起前伸，略倾向右；右侧佛高肉髻，脸向左侧，着双领下垂袈裟，半跏趺坐于坛座上，露右足。此应为释迦、多宝二佛并坐说法。

前壁上方正中龛内佛高 0.6 米，磨光高肉髻，着双领下垂袈裟，结跏趺坐于莲台上。左右侧 2 身菩萨高 0.5 米，戴花冠，面向佛立于龛台上。龛外立弟子高 0.5 米，着袈裟，面向佛或双手合十，或双手笼于袖中，立于平台上。龛门下部左侧佛高 1 米，磨光高肉髻，着双领下垂袈裟，身体右倾，右小臂伸向

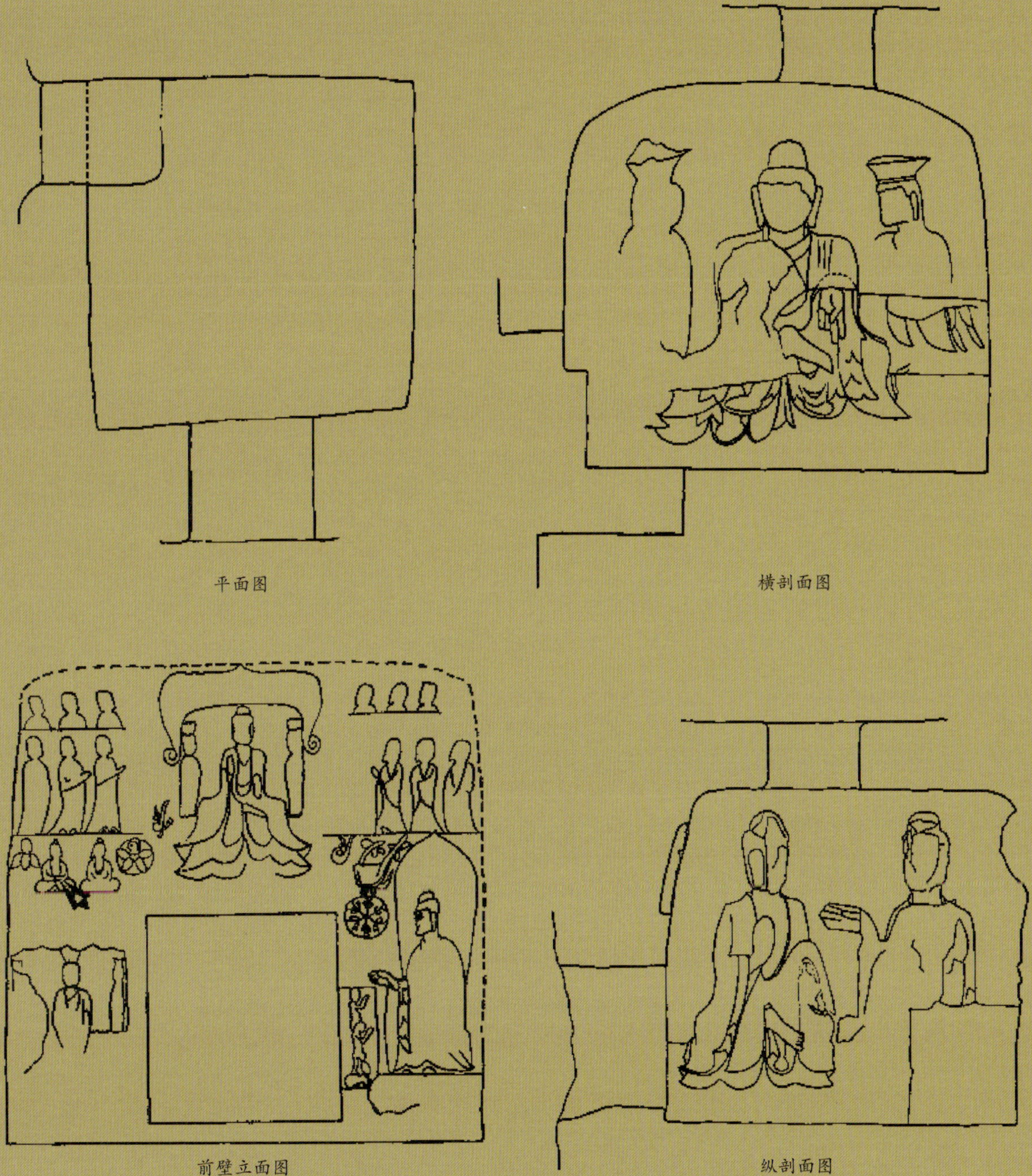

图 191　石拱寺石窟第 8 窟　平剖面图

前,身后刻舟形背光,手下略前刻三小儿相叠,最下 1 身趴在地上,背立 1 身双手合十,最上 1 身踩在中间 1 身的肩上,手伸向佛,此表现的应为阿育王施土。

窟右侧帐形龛内正中菩萨残高 0.6 米,戴花冠,披巾带,交脚坐于座上,窟左侧立菩萨仅存大形。窟左侧上部 1 身坐佛高 0.25 米,高肉髻,着双领下垂袈裟,结跏趺坐,左侧刻一圆形莲花及化生头像。

第 9 窟

位于第 8 窟正上方。北魏。平面方形圆拱形顶窟。窟高 1.85 米,宽 2.37 米,深 1.87 米。方形圆拱顶窟门,高 1.22 米,宽 1.17 米,进深 0.46 米。窟内正、左、右三壁各开一圆拱形半壁龛。窟内烟熏严重,窟顶残损,三壁龛均有不同程度的残损。窟内地面正中后人凿一直径 0.73 米的圆洞,与下方第 8 窟相通。

造像:正壁龛内释迦、多宝二佛并坐,残高 0.63 米,仅存大形。龛外两侧各浮雕一胁侍菩萨、一弟子。左胁侍菩萨高 0.75 米,身体前挺,束高发髻,面形已被毁,下着长裙,左手屈至腰际,帔帛搭小臂下垂,右手举至右肩前侧,持一莲蕾;弟子高 0.67 米,身穿袈裟,下着长裙,脚穿圆头履,双手笼于袖中,置于腹前而立。龛外右侧菩萨高 0.72 米,形姿同左侧菩萨,可辨左手前伸上扬,手托一物,右手屈至腰际下垂,持一桃形圆环,下着长裙,帔帛自腹部下垂再上绕小臂下垂;弟子高 0.58 米,弯眉细目,面相较为年青,身穿袈裟,双手笼于袖中,置于腹前,赤足而立。

左壁龛内一佛、二弟子。坐佛残高 1.02 米,已基本残毁,大致可辨施禅定印,结跏趺坐,袈裟下摆呈三片垂于龛前。左侧弟子残高 0.62 米,身穿袈裟,下着长裙,赤足而立。右侧弟子残高 0.81 米。

右壁龛内坐佛高 1.32 米,磨光高肉髻,面形长圆;内着僧祇支,外穿垂领式袈裟,下摆呈八字形垂于龛前;右手施无畏印,半跏趺坐。左侧菩萨高 0.7 米,束发高髻,身穿袈裟,下着长裙,双手笼于袖中,赤足立于圆莲台上。右侧菩萨高 0.66 米,左手自然下垂,右手掌上举至右肩,赤足而立;颈饰桃形项圈,下着长裙,帔帛自双肩下垂至腹部打结后下垂,再上绕搭双小臂下垂。龛外两侧各浮雕一弟子,身穿袈裟,双手笼于袖中,向佛而立。龛外右下方浮雕 3 身供养人,依稀可辨身穿长袍,具体形象已无法辨识。

前壁两侧各浮雕一人物形象,左侧 1 身头部残,穿夹领宽袖短袍,下着长裙,左手置于腰际,右手前伸上扬;右侧 1 身腰以上部分仅存大形,穿宽袖短袍,下着长裙,脚穿圆头鞋,帔帛绕臂向后飞扬。

第 11 窟

位于窟群中部,第 10 窟下方、第 12 窟西。平面方形平顶窟。三壁三龛。四壁向上变小,与顶部呈弧形相交。窟高 2.4 米,宽 2.25 米,深 2.4 米;甬道高 1.07 米,宽 0.69 米,进深 1.02 米。

造像:主尊造像三壁三龛三佛,每佛胁侍二菩萨。三壁龛外各立一佛,龛楣外雕弟子或飞天。前壁门上及两侧龛内雕释迦及维摩、文殊对坐,门左侧下部浮雕 2 排供养人。窟顶刻圆莲、忍冬及飞天、莲花化生。甬道两侧雕力士。

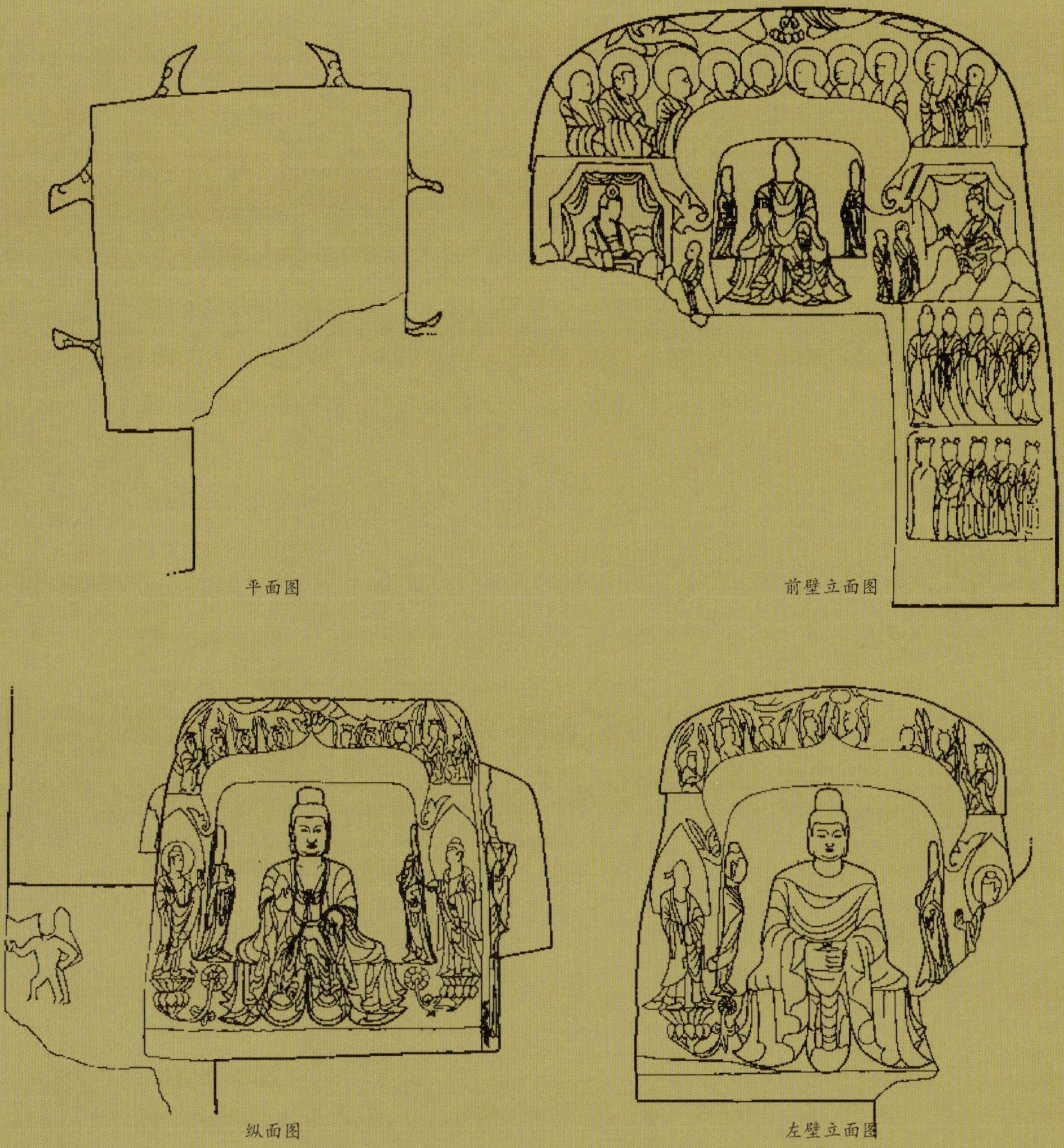

图 192　石拱寺石窟第 11 窟　平剖面图

正壁：平面半圆形尖楣圆拱半壁龛，龛高 1.3 米，宽 1.56 米，进深 0.35 米。龛楣尾向外伸出忍冬叶，龛内高浮雕一佛、二菩萨像。佛高 1.24 米，磨光高肉髻，长方脸；内着圆领僧祇支，内衣衣带在胸前打结下垂，外穿双领下垂袈裟，衣纹为阴刻线或阶梯状。右手上举作与愿印，左手作触地印，结跏趺坐，衣裾四瓣垂覆于前。两侧胁侍菩萨斜身面佛站立于龛边，左侧菩萨高 0.98 米，头微残，身躯略扭，颈戴尖形宽项圈，外披双领下垂衣，双手笼于腹前，衣角从腹部外翻斜向体左侧下垂，下穿裙，裙摆呈喇叭形外侈，跣足；右侧菩萨高 1 米，衣饰同左侧菩萨，头被盗。龛外两侧对称各雕一立佛，左侧高 0.86 米，右侧高 0.9 米，均侧身向中间龛而立；有圆形头光和半身莲瓣形背光；内着僧祇支，外穿双领下垂袈裟；左(右)手前伸五指并拢上举；衣裾下摆呈喇叭形外撇，双足跣立。其中右侧佛站立于盛开的仰莲上。龛尖楣拱上共刻10身供养比丘，其中最外侧2身(高0.28米)双手作禅定印，结跏趺坐；余皆半身或仅露出头部。均有圆形头光，穿双领下垂僧衣。壁面下部两立佛下各对称浮雕3身男供养人，共6身，高0.43米，头上冠已不清，穿交领宽袖长袍。

左壁：正中凿平面半月形尖楣圆拱方形浅龛，龛高1.25米，宽1.44米，进深0.27米。龛楣尾雕忍冬叶，龛内高浮雕一佛、二胁侍菩萨。佛高1.2米，磨光高肉髻，素发无纹，面长方，眉目细长入鬓，高鼻，嘴角凹陷，穿圆领通肩袈裟，衣纹阴刻，均匀呈"U"形分布于胸腹之际；双手前后相叠、拇指相抵作禅定印；衣裾下摆呈三瓣垂覆，中间一瓣呈圆弧状，两侧向外散开，衣褶清晰。左胁侍菩萨高0.92米，头及双足残；颈戴尖形宽项圈，帔帛覆肩及上臂，于腹部相绕下垂，呈尖形再上提从肘外侧下垂；右臂屈于腹前，右手上举，持物不清，左臂弯曲向下，左手握帔巾；下穿裙，裙腰较高，在胸腹之际，束腰下垂，裙摆呈喇叭形外侈。右胁侍菩萨高0.9米，头顶发髻残，颈戴尖形宽项圈，身体向内扭，衣饰与正壁二胁侍同。龛外两侧对称各雕一立佛，左侧残高0.43米，其特征与正壁龛外左侧佛同。右侧立佛高0.88米，头残，有圆形头光及莲瓣形半身背光；内着僧祇支，外穿双领下垂袈裟，双手笼于腹部袖中，下穿裙，裙摆呈喇叭形外侈；跣足，两足外撇立于莲花上，莲花从一侧的圆形水窝中伸出，茎有花叶。尖楣

图193 石拱寺石窟第11窟 佛像

外浮雕8身供养飞天，两两相对，其中最外2身侧身胡跪，余皆半身，戴花冠，冠束带，帔帛从身体两侧向上飘起。

右壁：凿平面半月形尖楣圆拱长方形半壁龛，龛楣尾刻忍冬叶，龛高1.22米，宽1.64米，进深0.33米。龛内雕一佛、二胁侍菩萨。佛高1.18米，佛面形、手势、坐姿及衣饰均与正壁龛内佛相同。两侧胁侍菩萨头均被盗，左侧高0.95米，右侧高0.91米，衣饰与左壁龛胁侍菩萨同，均右手屈于胸前握莲蕾，左臂弯曲向下，左手握尖桃形如意。龛外两侧各对称浮雕一立佛，均侧身面向中间龛。左侧佛高0.91米，右侧佛高0.86米，衣饰同正壁龛外二立佛，均跣足立于从圆形水窝中伸出的仰覆莲上，与右壁右侧立佛同。尖楣外侧对称浮雕每面4身共8身供养天，其中最外侧对称两身胡跪，双手合十做供养状，余皆半身，装束均与左壁的相同；左侧最外侧供养天后又有一较小胡跪供养菩萨。

前壁：门右侧全部塌毁，门顶正中凿圆拱尖楣横长方形浅龛，龛楣尾雕忍冬叶，龛高0.47米，宽0.62米，进深0.1米。龛内高浮雕一佛、二弟子，头均被盗。佛原高0.47米，弟子原高0.33米。佛内穿圆领内衣，外穿双领下垂袈裟；右手作与愿印，左手作触地印；结跏趺坐，右脚押于左股上；衣裾从中分开向两侧外撇。弟子均穿双领下垂僧衣，双手笼于袖中拱手而立。龛外两侧各雕一帷幕形龛。左侧龛高0.53米，宽0.39米，进深0.35米。龛下浮雕山岳。龛内一菩萨侧身斜倚于帐内圆形几上，三叶宝冠，戴项圈，帔帛覆肩于胸前相绕，从肘外下垂；右手前伸持一物，左手扶几，游戏坐。帐外有二弟子，侧身向菩萨而立，均穿双领下垂僧衣，拱手而立。右侧帷幕龛下部残，残高0.52米，宽0.48米，进深0.35米。龛下亦浮雕山岳。龛内一人戴宝冠，侧身面向中间龛，穿交领宽袖衣，右臂倚于长方形几上斜身而坐，左手前伸手执麈尾。帐前弟子侧身向龛内拱手而立。前述三龛内造像正中应为释迦牟尼佛，左侧帐内菩萨应为文殊菩萨，右侧帐内应为维摩诘，表现《维摩诘经·问疾品》。中间龛楣上部及两侧对称各浮雕5身供养比丘，其中最外两侧各两身均侧身胡跪，余6身均半身，均有圆形头光，穿双领下垂僧衣，双手合十而跪。门左侧壁面分两排各浮雕供养人5身，均侧身向门而立。上排为男供养人，高0.46米，均戴笼冠，穿交领宽袖衣，下穿长裙。下排为女供养人，高0.42米，头挽双丫髻，上穿交领宽袖衣，下穿长裙。

顶部：略呈穹隆形。正中浮雕一大莲花，外缘直径0.64米。由圆莲向窟四角各刻一宽带将顶分成四部分，略似四面披顶。四披浮雕内容基本相同，由两身相向的飞天手托莲花，莲花上有4个小化生童子，莲花由下面的圆形水涡生出。

甬道：仅存左侧，近门口处雕一力士，高0.7米，侧身向外叉腿而立，表面风化不清，右臂前伸，握拳，左手叉于腰际。

第12窟

位于窟群中部，右邻第11窟，两窟相距0.45米。三壁三龛窟，平面方形。窟内正、左、右各开一圆拱形浅龛，顶略带弧度。窟高1.85米，宽1.65米，进深(残)1.3米。窟大部分塌毁，右壁龛已塌毁无存。窟内烟熏严重。

图 194 石拱寺石窟第 12 窟 佛像

造像：正、左、右三壁龛内原均为一佛、二菩萨，顶部雕圆莲及飞天图案。除左壁全部和右壁前部塌毁无存外，其余保存完好。

正壁龛高 1.5 米，宽 1.12 米，进深 0.37 米。内坐佛高 1.1 米，高肉髻，后代重修抹泥改为水波形肉髻，长方脸；内穿交领内衣，外穿双领下垂袈裟，腹前袈裟内露出衣带斜垂于右小腿外；右手作与愿印，左手残；结跏趺坐，右脚押于左股上。衣裾分四瓣披于座前，与第 11 窟正壁佛相同。两侧胁侍侧身站立于龛口处。左胁侍为一弟子，高 0.85 米，头残失；内穿圆领衣，外穿交领僧衣；双手合十于胸前；衣纹呈阶梯状，衣裾下摆呈尖角状外撇。右胁侍为一菩萨，高 0.82 米，头残失；戴宽尖项圈，帔帛覆肩及上臂，上身袒露，帔帛于腹部相绕下垂呈尖状于腿外侧上提绕肘于体两侧；腹部鼓起，右手于腹上部持物（不清），左手于胯部提尖桃状饰物；衣裙下摆呈喇叭形外撇，跣足而立。

左壁龛高 1.1 米，残宽 1.34 米，进深 0.35 米。龛内造像不存。

右壁龛高 1.1 米，残宽 1.34 米，进深 0.35 米。龛内雕一佛、二菩萨。佛右半身下部残，右胁侍菩萨无存。佛高 1.06 米，圆形磨光高肉髻，眉眼细长，高鼻，嘴角凹陷，面形瘦长，长颈；内穿僧祇支，边缘宽，内出一带下垂，外穿双领下垂袈裟；右手残，左手作触地印；结跏趺坐，右足斜向下撇押于左股上；衣裾呈四瓣覆于座前，衣纹呈阶梯状。左胁侍菩萨高 0.8 米，头残失，衣饰与正壁右胁侍同，左手似握帔帛。

顶部：正中刻一圆莲，直径0.46米，周围浮雕4身飞天，头均朝中间圆莲。飞天头戴花冠，五官被烟熏不清；右臂前伸，手中持物不清；左臂屈于腹部，或张臂向后；飘带自背光绕臂斜向后；下穿长裙，屈膝向上，裙裾裹足向后飘飞。原造像表面涂白粉，施彩绘，壁面涂白粉，上绘壁画，均剥蚀烟熏严重。

第13窟

左邻第14窟。原窟形已不详，可能为三壁三龛窟，现仅存正壁及左壁一小部分。窟残高1.95米，宽2.02米，进深(残)0.5米。正壁开一圆拱形龛，龛高1.25米，宽1.6米，深0.35米。

造像：现正壁龛内为一坐佛，左右侧各为一胁侍菩萨。龛外左右侧各有1身立佛；左壁为1身立佛及1身残像，其上方有1身飞天。

正壁佛高1.2米，头被毁，内着僧袛支，腰束带，着双领下垂袈裟，半跏趺坐。左菩萨残高1米，上身袒露，戴桃形项圈，帔巾于腹前打结下垂，下着长裙。右菩萨残高1.03米，形态、装束同左菩萨。正壁龛外左侧立佛高0.85米，头部残损，内着僧袛支，外着双领下垂袈裟，双手置于腹前，立于台上，身后有圆形头光。左壁内侧立佛残高0.9米，上着圆领式通肩袈裟，双手交叠于腹前。

第四节　镇原石崆寺和玉山寺石窟

石崆寺石窟

位于甘肃省镇原县东2公里茹河南岸。始建于唐代。在高约8米处依山体崖面开凿两个大龛和十多个小龛。小龛已无造像，两大龛亦稍塌损，但造像基本完好。第1龛(东龛)高8.5米，宽12米。内造一佛、二弟子、二菩萨立像5身。立佛高4.7米，面形丰圆，粗眉，鼻隆起，螺髻，通肩大衣，袒胸，下着长裙。菩萨高3.1米，高发髻，面部圆润，目微闭，嘴半开，双手合十于胸前。第2龛(西龛)高8米，宽12米。内造五佛及4身胁侍菩萨，皆立像。立佛均高4.7米，袒胸，闭目合嘴，高螺髻，面形丰圆。菩萨高3米，分立于五佛之间，双手捧物，置于胸前。两龛皆石雕，经后代敷泥重修。

东西两龛之间相距3米，中间有甬道通行。第2窟东壁镌一方清乾隆年间的刻石《石崆寺公地碑记》，其中有文字“昉于大宋之国，延及隆庆之年”。西龛较多地保留了宋雕原貌，肉髻扁平，面相丰满，体态庄重。东龛残损严重。两龛的西侧还有十几个小窟，已残毁无物。

玉山寺石窟

位于甘肃省镇原县彭阳乡西2公里处的茹水北岸砂崖上，西距县城40公里，石窟可能创建于宋或金时期。自东向西共存石窟5个，造像82身。其中第1窟造像全被毁；第5窟塌陷，仅见残龛；第2、3、4窟保存较好。

第 2 窟：平面为方形。窟高 2.95 米，宽 4.1 米，深 6.8 米。圆形藻井，窟后壁有三须弥座，坐像已无存。两壁各有 2 排 5 个拱形浅龛，上排龛内各浮雕菩萨像 1 身，皆戴八卦帽，着通肩外衣，袒胸，趺坐，手或合十，或置于膝上，或捻指；下排龛内各造文吏立像 1 身，皆戴魁星帽，着长服，宽袖大襟，双手拱于胸前。

第 3 窟：坐北进南。窟高 3.6 米，宽 4.5 米，深 6 米。窟顶为仿木五檩人字披形。两壁均开三层浅龛，上两层龛，每龛内各雕坐佛 1 尊，结跏趺坐，袒胸，手或合十，或置于膝上。第三层为一拱形长方形浅龛，内雕 10 身武士立像，或披甲带剑，或徒手握拳。南壁门两侧浮雕一佛、二弟子、二菩萨等共 8 身。该窟总计造像 50 身，为玉山石窟造像数量之最。

第 4 窟：平面为方形。高 2.95 米，宽 4.1 米，深 5.8 米。窟外两侧壁上各开一浅龛，龛内各雕天王像 1 身。东侧天王已残；西侧天王保存完好，其一手上托，一手抓腰带，睁目张口。窟内后壁存须弥座，造像已被毁。两壁各开 1 排 5 个拱形浅龛，每龛内雕菩萨 1 身。

第五节　合水地区石窟群

甘肃省合水县境内有不少石窟，主要有保全寺石窟、张家沟门石窟和莲花寺石窟等，这三处石窟都分布在县境东北的平定川沿岸，属今太白镇辖境。其中以保全寺石窟的艺术成就最高。除此以外，合水县博物馆还收藏单体造像碑 200 余方，造像碑雕刻细腻，着色古朴，内容丰富，其中 12 方被定为国家一级文物，34 方被定为国家二级文物。

保全寺石窟

位于平定川源头西岸。坐西面东。雕凿在 10 余米高处的红砂岩面上。略呈上、中、下三层开窟造像之势，共有窟龛 25 个，造像百余尊，南北绵延 40 米，为合水最大的石窟。

保全寺石窟创建于北魏太和年间，西魏继之。西魏之后便再无雕凿。较重要的窟龛为第 3、4、6 等窟龛，余为圆券形小龛。

第 1、2 龛：北魏创建。位于窟群南端下层。圆拱形浅龛内各造一佛、二菩萨，风化严重。第 2 龛外北侧近地面雕一护法乾达婆上身，两手托物。

第 3 龛：北魏创建。位于窟群的南侧下层。坐西朝东。圆券形穹隆顶深龛，西壁并开两个大龛，北侧圆券形浅龛略大，龙首龛楣，束帛龛柱。龛内雕释迦、多宝并坐，二佛之头风化严重，均着袒右袈裟，结跏趺坐。龛下雕倒阶梯形须弥座，座上阴刻侏儒，正面蹲坐，两手托龛。南侧龛略小，近椭圆形。龛内雕一箕坐菩萨，坐于须弥座上；双脚呈交叉之形，却并不叠靠，彼此尚有一定距离；高髻束发，上身着圆领僧祇支，帔巾自后背和两外臂穿肘下垂；下着厚重长裙，腹部有菱形饰物垂下。

西壁龛南北两侧，各雕一侍立菩萨。其中南侧菩萨风化严重，只略存其形。北侧菩萨形体健硕粗大，头部亦风化严重；帔巾自后背和两外臂穿肘下垂；下着厚重长裙，阴刻衣纹。除中间两龛及两侧胁

图 195 保全寺石窟 外景

侍菩萨之外，第 3 龛西壁及南北两壁的其余壁面，上下开凿了八层小龛，每层现存龛的数量，从 3 个到 17 个不等，每龛内各雕一坐佛。

第 4 窟：北魏创建。位于窟群南段下层，南邻第 3 龛。坐西朝东。是保全寺石窟的最大窟龛。窟高、宽均约 3 米，平面呈方形。正壁（西壁）并排开凿两圆券形浅龛，南侧龛内造释迦、多宝佛，北侧龛内雕交脚菩萨 1 身。南北壁各造二佛，门口侍立二菩萨。

第 5 窟：北魏创建。位于窟群的南段中层，下邻第 4 窟。坐西朝东。为本窟群中造像艺术水平最高的一窟。佛像面相丰圆，眉细而弯，嘴角上翘，微露笑意；两手合抱于胸前，善跏趺坐；身着通肩大衣，衣纹曲折流畅，富有装饰性。

第 6 龛：北魏创建。位于窟群中部下层。平面为马蹄形，穹隆顶。内雕一佛、二菩萨。佛像面形方圆、丰满，颈部长，结跏趺坐于一方形台上；身着袈裟，衣裾垂于佛座前。龛下雕 2 排坐佛，现存 11 身。

第 7 龛：北魏创建。位于窟群中段下层，南邻第 6 龛。坐西朝东。为一圆券形浅龛。西壁正中主尊像为一箕坐佛，着圆领式袈裟。南北两壁各雕一胁侍菩萨。近年，为保护石窟造像，合水博物馆将第 7 龛造像完整凿下，保存于博物馆。

第 8 龛：北魏创建。位于窟群中段下层，介于第 7 龛与第 9 龛之间。实为两龛之间一趺坐佛像，并无龛。

第 9 龛:北魏创建。位于窟群中段下层,南邻第 8 龛。坐西朝东。为一圆券形浅龛。龛西壁正中雕一坐佛,结跏趺坐于须弥座上。佛头风化严重,右手已残,左手置于膝上。龛南北两壁上各雕一胁侍菩萨。

第 10 龛:北魏创建。位于窟群中段下层,南邻第 9 龛。方形龛西壁雕一趺坐佛,南北两壁各雕一菩萨。

第 11 龛:北魏创建。位于窟群中段下层,南邻第 10 龛。圆券形浅龛内雕一趺坐佛。

第 12 龛:北魏创建。位于窟群中段下层,为下层最北一龛,南邻第 11 龛。方形龛西壁雕一趺坐佛,南北两壁各雕一菩萨。近年,合水博物馆将本龛造像完整凿下,收藏入馆。

第 13 龛:北魏创建。位于窟群北段中层,在第 12 龛北侧上方。圆券形龛内雕释迦、多宝并坐,面相丰肥,头部皆不存;上身内着僧祇支,外着袒右袈裟,阴刻衣纹,下着裙。近年,合水博物馆将本龛造像完整凿下,收藏入馆。

第 14 龛:位于窟群北段中层,南邻第 13 龛,圆券形龛内雕一佛。

第 15 龛:北魏创建。位于窟群中层北段,南邻第 14 龛。坐西朝东。圆券形龛内雕一交脚菩萨,坐于狮子座上;南北两壁各雕一侍立菩萨。

第 16 ~ 25 龛,位于窟群上层,皆坐西朝东。

第 16 龛:方形龛,有造像,风化严重,形象不清。

第 17、18 龛:圆券形龛内各雕一坐佛。

第 19 龛:方形龛内雕二坐像,风化严重,当为二佛并坐。

第 20 龛:造像不存。

第 21 龛:圆券形龛内雕二佛并坐,风化严重。

第 22、23、24、25 龛:方形。各雕一坐佛。第 25 龛南北两壁还各雕一菩萨。

张家沟门石窟

位于甘肃省合水县平定川西岸的峭壁上。坐西朝东。北距保全寺石窟 10 公里,南距莲花寺石窟 4 公里。

张家沟门石窟共有 8 龛,造像 24 尊,造像铭文 2 方。窟龛分别建于北魏太和十五年(491 年)和二十年(496 年),当为陇东地区年代最早的石窟。北侧崖面并列 4 个圆拱形龛,其型制大小、造像布局完全相同,当完成于同一时期。每龛高、宽均 0.85 米左右,龛楣两端凤头返上,喙长而大,冠曲而丰,颈部饰片羽纹。四龛各造一佛、二菩萨。佛高约 0.7 米,菩萨高约 0.5 米。佛像面相方圆,两颊丰满,鼻直,下颏肥厚;颈部稍粗短,肩宽平;结跏趺坐,作禅定印;袒右肩,半披肩大衣,浅阴刻平行衣纹。菩萨高 0.5 米,头戴宝冠,宝缯及发辫垂于肩上;戴宽项圈;袒上身,帔巾自后背绕上臂向外飘扬,下着裙。左侧菩萨两手拱于胸前,立于低台基之上;右侧菩萨左手拈花于胸前,右手提净瓶。

由北向南第 2、3 龛之间的崖面上,有石刻题记 1 方:"太和十五年太岁在未癸巳朔三月十五日佛弟和弘庆供养佛时造石坎(龛)佛一躯。”

第1、2龛之间的崖面上也残存石刻题记一方:“……癸巳□三月十五日佛……”上段铭文的“太岁在未”使用的是岁星(木星)纪年,以此代替太和十五年的干支纪年“辛未”。两段铭文日月相同,表明这几个龛同时营造于太和年间。

窟群南侧下层的4个浅龛,各造一佛、二菩萨。第6龛侧壁有浮雕的男女供养人7身,其中男4身、女3身,各高约0.3米。男供养人,长袍、窄袖,细腰,腰系带,着靴;女供养人身穿长袍,下着曳地长裙,皆袖手。男女供养人服饰都是太和改制以前的鲜卑族服饰,供养人下侧有石刻“太和廿”字样,可知供养人刻于496年。

张家沟门石窟规模虽然不大,保存也不算完整,但因有太和十五年和二十年造像铭文,故而在石窟研究史上有较为重要的意义。两方题记,为陇东诸石窟中年代最早的题记。

莲花寺石窟

位于甘肃省合水县太白镇平定川口西面一段向南伸延的红砂岩山坡下。坐西朝东。长25米,高6.4米。此处开窟造像活动始于咸亨五年(674年),终止于北宋绍圣二年(1095年),前后延续420年。

图196 莲花寺石窟 内景

岩面雕刻有五百罗汉、"三教诸佛"等内容。共有唐、宋窟龛25个，造像题记11方，造像1029身。其中唐代佛龛18个、造像49尊。唐代造像均丰腴肥胖，姿态随和，屈肢扭腰，富有动感。北宋时的作品，主要是位于石窟上部的北宋绍圣二年完成的巨幅浮雕五百罗汉，内容丰富。莲花寺石窟是合水县境内内容最丰富的石窟。

第1龛：在崖面南端上部。自然形龛，高0.4米。龛内并列雕3身人物，正中为结跏趺坐佛，两侧为汉装袍服坐像，均善跏趺坐，当为孔子和老子。再外两侧为两胁侍。这种造像题材，反映了当时三教合流的趋势。

第2龛：位于石窟南端近地面处。拱形龛，高0.8米。龛内造阿弥陀佛及观音、大势至两胁侍菩萨，风化严重，仅残留下部残肢。正中佛座下有石刻发愿文1方：

敬造阿弥陀像一铺□记石三□/缀初成柜好无□缄六众不灭善/□笑莲□如移六时迎求慈德/□之稚唱八风流欲如闻宝□之/音上愿皇帝圣祚无□/下愿苍生晋露福润焚香顶/礼而为赞云妙乐净土□□/之先雕刻容像无量因□至/圣之轨流俗则焉瞻仰敬信福/下唐□天宝十载岁次辛卯三月/□午六日巳壬造京兆□之文

发愿文表明，第2龛造于唐天宝十载(751年)。

第3~10龛：位于窟群南面下层。均为唐代所造小龛。其中第5龛外左侧有石刻发愿文1方：

维咸亨五年岁次甲戌八月戊寅朔八日乙酉……/张长才弟□等为亡父母及己弟张静敬造向……

据发愿文可知，第5龛造于唐咸亨五年(674年)。该龛为圆拱形浅龛，高0.4米。龛楣雕七佛，两端雕龙首，瞠目张口，喷吐光焰。两侧为圆形花柱，柱上饰卷草忍冬纹。龛内雕一佛、二弟子、二力士。佛着袒右袈裟，结跏趺坐于束腰座上；二弟子立于低台基上，手中持物；二力士均两手握锏，着短铠护膊。其余各龛造像均具唐代风格。

第12~18龛：位于窟群北段。均为宋代作品。第16龛，雕一左舒相坐菩萨，卷云宝冠，发辫及宝缯垂于肩上；飘带自肩上分开，绕过臂间，握于手中；戴项圈，半袒胸；动作协调自然，人体比例匀称，衣纹线条流畅，细节处交代清楚。龛内起伏不平的崖面上，还雕刻有众多的比丘、天人、小菩萨。第17龛内雕三佛。右侧佛披云肩，着护臂，腰束带，穿战衣，结跏趺坐。

石窟中部崖面上刻铭文1方：

庆州合水县王□/惠家庄弟子惠文/发心于绍圣二年□/月拾日癸亥岁自发/心向面前石岩内修/盖造石素(塑)五伯(百)罗汉/毕，三教诸佛毕终/施主惠文妻高氏/男惠惟玉惠

端/惠玉地主惠方/石匠史俊行者似道能

宋绍圣二年(1095年)惠文一家发愿所刻的五百罗汉大型浮雕,表现的是释迦牟尼涅槃之后五百罗汉结集的场面。崖面上雕刻着成排成行的罗汉像,分别围绕着佛涅槃像、金棺、房屋楼阁、宝塔等四个场景。

佛祖涅槃场景:雕一佛横卧,佛右手枕头,叠双足,头侧两弟子扑地痛哭。其下一弟子过分悲痛,身躯后倾倒地,其前一弟子弯腰俯首。周围的罗汉举首望佛,表情悲痛。龛外两天王昂然而立,手持金刚杵,下着战裙。

金棺场景:雕一金棺涅槃像,棺前两弟子跪坐,周围排列众罗汉,均掩面而哭。

房屋楼阁场景:雕一楼阁,众罗汉向楼哀悼。

宝塔场景:雕一塔,六面五级,中有腰栏,众罗汉拱手向塔。

罗汉像的下边还刻出了“八亿八千众生”前来结集的场面。这些“众生”的形象,比罗汉表现得更世俗化一些。“众生”长途跋涉前来赴会,其过桥、牵马、爬山等都表现得富于生活气息。

后 记

为了较全面地记录甘肃省的石窟遗迹，为学术界提供较为全面可靠的资料，同时也为地方史志的编写提供较为准确的依据，2005年，受甘肃省文物局和敦煌研究院派遣，由敦煌研究院研究员赵声良带队，组成5人考察小组（赵声良、胡同庆、张元林、盛朝晖、马玉华）开始对甘肃石窟寺进行全面的调查记录。在前人研究的基础上，通过实地调查，取得了第一手资料。在此基础上，我们分工合作，开始着手编写这部《甘肃石窟志》。其中，甘肃东部的部分石窟，麦积山石窟研究所魏文斌先生曾率领考察小组进行过考古调查，这部分石窟主要由他们撰写。所配图片，敦煌石窟的由敦煌研究院数字中心提供，其他的则分别由编者拍摄、提供。

本书编写的原则和体例是：

一、尽可能地将甘肃各地散见的石窟遗迹收录进来，并尽量全面、客观地记录甘肃各地存在的石窟。

二、对规模较大的石窟群，除了对其营建年代及发展历史作较详细的说明外，选取各时代有代表性的洞窟作介绍，并涉及其艺术成就，以及其在中国文化史、艺术史上的影响等问题。较小的石窟群，只作总的内容介绍，不作艺术分析。

三、石窟介绍的顺序：1.洞窟型制及营建时代；2.尊像雕塑；3.壁画内容。对有代表性的洞窟，可附洞窟平剖面图及相关的线描图等。

四、文字朴实明白，以实录的形式尽可能客观地记录各地石窟的状况，对于在年代等方面有争议的问题，存而不论，避免主观判断。

自上世纪40年代以来，有关敦煌石窟的调查研究和介绍引起了学术界的注意，以此为契机，很多学者相继展开了对甘肃石窟的调查研究。特别是新中国成立以后，相关机构先后对甘肃省各地的石窟进行普查，对于其中一些重要石窟都有专书或调查成果出版、发表。我们在撰写中尽可能地参考前人的研究成果，但本书为便于阅读，在正文中不作注释，而在本书的卷末列出总的参考文献。当然，我们在实地考察中也发现了一些前人调查中出现的疏漏，并根据实地调查加以更正。在诸如洞窟时代判断、壁画内容判断等方面，也有一些不同于前人结论之处。对此，限于本书的体例，我们在书中不加以讨论，而是直接依据新的研究成果进行叙述。

本书撰稿者的分工如下：

甘肃石窟概述（赵声良）

第一章　敦煌莫高窟

第一节　十六国北朝石窟（赵声良）

第二节　隋代石窟（张元林）

第三节　唐代前期石窟（盛朝晖）

第四节　唐代后期石窟（马玉华）

第五节　五代以后石窟（胡同庆）

第六节　莫高窟重要附属文物（胡同庆）

第二章　敦煌周边石窟

第一节　西千佛洞（张元林）

第二节　五个庙石窟（附一个庙石窟）（赵声良）

第三节　榆林窟（赵声良）

第四节　东千佛洞（胡同庆）

第三章　河西石窟

第一节　文殊山石窟（赵声良）

第二节　昌马石窟（赵声良）

第三节　马蹄寺石窟群（胡同庆）

第四节　天梯山石窟（胡同庆）

第五节　天梯山周边石窟（胡同庆）

第四章　炳灵寺石窟及陇中石窟（张元林）

第五章　麦积山石窟（魏文斌、董广强）

第六章　陇东南其他石窟（孙晓峰）

第七章　庆阳北石窟寺（盛朝晖）

第八章　陇东其他石窟

第一节　泾川石窟群（胡同庆）

第二节　庄浪石窟群（魏文斌、董广强）

第三节　华亭石拱寺石窟（魏文斌）

第四节　镇原石崆寺和玉山寺石窟（盛朝晖）

第五节　合水地区石窟群（盛朝晖）

全书由赵声良统稿。从石窟的调查到本书的写作完成，我们得到了敦煌研究院和甘肃省文物局的大力支持，在各地石窟调查中，各石窟研究所、保管所及各地文物主管部门都对我们的工作给予了大力的支持和帮助。

2007年，本书的初稿完成后，甘肃省博物馆原馆长初师宾研究员、甘肃省考古研究所张宝玺研究员、甘肃省考古研究所董玉祥研究员分别给我们提出了十分宝贵的意见，使我们避免了学术上的失误。按照各位专家的意见，我们对本书进行了多次修改，并在以上专家审定后才最终定稿。

甘肃省文物局原局长苏国庆先生、现任文物局局长杨惠福先生及敦煌研究院樊锦诗院长对本书的编写和出版给予了热情的关怀。

本书的出版得到了甘肃教育出版社社长王光辉先生的大力支持，责任编辑孙宝岩及美术编辑徐晋林先生为本书的出版、装帧花费了极大的心血。

在此谨向以上给予支持和帮助的单位和各位领导、专家表示最诚挚的敬意和衷心的感谢！

由于很多石窟地理位置偏远，囿于调查时间和经验的不足，加之作者水平有限，本书一定还存在很多缺点和错误，敬请读者批评指正。

作者

2011年12月

主要参考文献

敦煌文物研究所.中国石窟　敦煌莫高窟:第 1—5 卷[M].北京:文物出版社,1981—1987.

敦煌文物研究所.敦煌研究文集[M].兰州:甘肃人民出版社,1982.

敦煌文物研究所.敦煌莫高窟内容总录[M].北京:文物出版社,1982.

敦煌研究院.中国美术全集　绘画编　14　敦煌壁画　上[M].上海:上海人民美术出版社,1985.

敦煌研究院.中国美术全集　绘画编　15　敦煌壁画　下[M].上海:上海人民美术出版社,1985.

潘玉闪,马世长.莫高窟窟前殿堂遗址[M].北京:文物出版社,1985.

甘肃省文物工作队,庆阳北石窟文物保管所.庆阳北石窟寺[M].北京:文物出版社,1985.

敦煌文物研究所.敦煌莫高窟供养人题记[M].北京:文物出版社,1986.

敦煌研究院.中国美术全集　绘画编　17　麦积山石窟壁画[M].北京:人民美术出版社,1987.

甘肃省文物工作队,庆阳北石窟文物保管所.陇东石窟[M].北京:文物出版社,1987.

甘肃省文物考古研究所.河西石窟[M].北京:文物出版社,1987.

萧默.敦煌建筑研究[M].北京:文物出版社,1989.

甘肃省文物工作队,炳灵寺文物保管所.中国石窟　永靖炳灵寺[M].北京:文物出版社,1989.

国家文物局教育处.佛教石窟考古概要[M].北京:文物出版社,1993.

伯希和.敦煌石窟笔记[M].耿昇,唐健宾,译.兰州:甘肃人民出版社,1993.

段文杰.敦煌石窟艺术　榆林窟第 25 窟[M].南京:江苏美术出版社,1993.

阎文儒,王万青.炳灵寺石窟[M].兰州:甘肃人民出版社,1993.

段文杰.段文杰敦煌石窟艺术论文集[C].兰州:甘肃人民出版社,1994.

张宝玺.甘肃石窟艺术　雕塑编[M].兰州:甘肃人民美术出版社,1994.

宿白.中国石窟寺研究[M].北京:文物出版社,1996.

敦煌研究院.敦煌石窟内容总录[M].北京:文物出版社,1996.

敦煌研究院.中国石窟　安西榆林窟[M].北京:文物出版社,1997.

张宝玺.甘肃石窟艺术　壁画编[M].兰州:甘肃人民美术出版社,1997.

炳灵寺文物保管所.炳灵寺石窟研究论文集[C].兰州:甘肃宝隆印务有限公司,1998.

天水麦积山石窟艺术研究所.中国石窟　天水麦积山[M].北京:文物出版社,1998.

季羡林.敦煌学大辞典[M].上海:上海辞书出版社,1998.

张志纯,施爱民.张掖文物古迹荟萃[M].张掖:张掖地区地方史志学会,1998.

董玉祥.梵宫艺苑——甘肃石窟寺[M].兰州:甘肃教育出版社,1999.

程晓钟,杨富学.庄浪石窟[M].兰州:甘肃文化出版社,1999.

敦煌研究院,甘肃省博物馆.武威天梯山石窟[M].北京:文物出版社,2000.

敦煌研究院.敦煌研究文集　敦煌石窟考古篇[C].兰州:甘肃民族出版社,2000.

彭金章,王建军.敦煌莫高窟北区石窟:第1—3卷[M].北京:文物出版社,2000—2004.

胡宗秘.凉州石窟[M].兰州:甘肃人民出版社,2001.

史苇湘.敦煌历史与莫高窟艺术研究[M].兰州:甘肃教育出版社,2002.

贺世哲.敦煌石窟论稿[M].兰州:甘肃民族出版社,2004.

贺世哲.敦煌图像研究——十六国北朝卷[M].兰州:甘肃教育出版社,2006.

敦煌研究院.敦煌石窟全集:第1—26卷[M].香港:商务印书馆,1997—2005.

段文杰.敦煌石窟艺术研究[M].兰州:甘肃人民出版社,2007.

阎文儒.中晚唐的石窟艺术[J].敦煌研究,1983(创刊号).

霍熙亮.安西榆林窟第32窟的《梵网经变》[J].敦煌研究,1987(3).

段文杰.榆林窟第25窟壁画艺术探讨[J].敦煌研究,1987(4).

刘玉权.榆林窟第3窟《千手经变》研究[J].敦煌研究.1987(4).

段文杰.榆林窟党项、蒙古政权时期的壁画艺术[J].敦煌研究,1989(4).

霍熙亮.敦煌石窟的《梵网经变》[C]//1987年敦煌石窟国际讨论会论文集　石窟考古编.沈阳:辽宁美术出版社,1990.

赵声良.榆林窟艺术概述[J].丝绸之路,1996(5).

刘玉权.榆林窟第29窟窟主及其营建年代考论[C]//段文杰敦煌研究五十年纪念文集.北京:世界图书出版公司,1996.

张宝玺.五个庙石窟壁画内容[J].敦煌学辑刊,1986(1).

王惠民.肃北五个庙石窟内容总录[J].敦煌研究,1994(1).

赵声良.清新隽永　恬淡细腻——肃北五个庙石窟艺术[J].敦煌研究.1994(1).

张伯元.东千佛洞调查简记[J].敦煌研究,1983(创刊号).

张宝玺.东千佛洞西夏石窟艺术[J].文物.1992(2).

史岩.酒泉文殊山石窟遗迹[J].文物参考资料,1956(7).

甘肃省文物工作队.马蹄寺文殊山、昌马诸石窟调查简报[J].文物,1965(3).

姚桂兰,格桑美卓.张掖马蹄寺石窟群内容总录[J].敦煌学辑刊,1995(2).

董玉祥,臧志军.甘肃武山水帘洞石窟群[J].文物,1985(5).

李亚太.甘肃甘谷大像山石窟[J].文物,1991(1).

罗杰伟.北周拉稍寺艺术中的中亚主题[M]//巫鸿.汉唐之间文化艺术的互动与交流.北京:文物出版社,2001.

魏文斌,吴荭.甘肃武山水帘洞石窟北周供养题记反映的历史与民族问题[C]//2005年云冈国际学术讨论会论文集.北京:文物出版社,2006.

图版目录

图 1　甘肃省主要石窟分布图 / 〇〇三

图 2　莫高窟　外景 / 〇一〇

图 3　莫高窟第 275 窟　内景　十六国 / 〇一七

图 4　莫高窟第 257 窟　西壁　九色鹿本生(局部)　北魏 / 〇一九

图 5　莫高窟第 254 窟　北壁　尸毗王本生　北魏(隋重修)/ 〇二〇

图 6　莫高窟第 254 窟　平剖面图 / 〇二一

图 7　莫高窟第 251 窟　中心柱东向面 / 〇二三

图 8　莫高窟第 248 窟　中心柱东向面 / 〇二五

图 9　莫高窟第 249 窟　内景　西魏 / 〇二八

图 10　莫高窟第 249 窟　窟顶南披　西王母　西魏 / 〇二九

图 11　莫高窟第 285 窟　内景　西魏 / 〇三〇

图 12　莫高窟第 285 窟　平剖面图 / 〇三一

图 13　莫高窟第 285 窟　窟顶东披　伏羲、女娲　西魏 / 〇三三

图 14　莫高窟第 428 窟　东壁　萨埵太子舍身饲虎　北周 / 〇三六

图 15　莫高窟第 428 窟　内景　北周 / 〇三八

图 16　莫高窟第 296 窟　内景　北周 / 〇四〇

图 17　莫高窟第 244 窟　内景 / 〇四三

图 18　莫高窟第 302 窟　内景　隋代 / 〇四六

图 19　莫高窟第 302 窟　平剖面图 / 〇四七

图 20　莫高窟第 305 窟　窟顶北披　东王公 / 〇四八

图 21　莫高窟第 419 窟　西壁龛内　彩塑　隋代 / 〇五三

图 22　莫高窟第 420 窟　平剖面图 / 〇五四

图 23　莫高窟第 427 窟　内景　隋代 / 〇五五

图 24　莫高窟第 427 窟　平剖面图 / 〇五六

图 25　莫高窟第 220 窟　南壁　阿弥陀经变　初唐 / 〇六〇

图 26　莫高窟第 322 窟　平剖面图 / 〇六二

图 27　莫高窟第 332 窟　西壁　涅槃像　初唐 / 〇六三

图 28　莫高窟第 321 窟　西佛龛　全景 / 〇六五

图 29　莫高窟第 328 窟　西壁龛内　全景　初唐 / 〇六六

图 30　莫高窟第 329 窟　窟顶　藻井　初唐 / 〇六八
图 31　莫高窟第 322 窟　内景　初唐 / 〇七〇
图 32　莫高窟第 323 窟　西佛龛 / 〇七二
图 33　莫高窟第 323 窟　南壁　石佛浮江故事　初唐 / 〇七三
图 34　莫高窟第 96 窟　大佛　初唐 / 〇七五
图 35　莫高窟第 217 窟 / 〇七六
图 36　莫高窟第 45 窟　西壁龛内　彩塑　盛唐 / 〇七八
图 37　莫高窟第 45 窟　西壁龛内　迦叶像　盛唐 / 〇七九
图 38　莫高窟第 45 窟　平剖面图 / 〇八〇
图 39　莫高窟第 103 窟　东壁　维摩诘像　盛唐 / 〇八三
图 40　莫高窟第 130 窟　倚坐弥勒像　盛唐 / 〇八六
图 41　莫高窟第 172 窟　北壁　观无量寿经变　盛唐 / 〇八八
图 42　莫高窟第 158 窟　平剖面图 / 〇九四
图 43　莫高窟第 158 窟　释迦涅槃像 / 〇九五
图 44　莫高窟第 159 窟　西壁龛内　彩塑　中唐 / 〇九六
图 45　莫高窟第 112 窟　南壁　观无量寿经变之乐舞图　中唐 / 〇九八
图 46　莫高窟第 156 窟　南壁　张议潮出行图(局部)　晚唐 / 一〇二
图 47　莫高窟第 196 窟　木构窟檐建筑　晚唐 / 一〇四
图 48　莫高窟第 16、17 窟　甬道　晚唐 / 一一〇
图 49　莫高窟第 17 窟　内景　晚唐 / 一一二
图 50　莫高窟第 61 窟　西壁　五台山图(局部)/ 一一八
图 51　莫高窟第 55 窟　平剖面图 / 一二五
图 52　莫高窟第 55 窟　中心佛坛　彩塑　宋代 / 一二六
图 53　莫高窟第 431 窟　窟檐外景 / 一三〇
图 54　莫高窟第 97 窟　南壁　戌博迦罗汉 / 一三二
图 55　莫高窟第 3 窟　平剖面图 / 一三四
图 56　莫高窟第 3 窟　北壁　十一面千手眼观音像　元代 / 一三四
图 57　莫高窟第 465 窟　内景　元代 / 一三六
图 58　第 465 窟　南壁中央　喜金刚　元代 / 一三七
图 59　老君堂慈氏塔 / 一四〇
图 60　西千佛洞　外景 / 一四七
图 61　西千佛洞第 7 窟　内景 / 一四九

图 62　西千佛洞第 11 窟　东壁　禅定佛及二胁侍菩萨像　北周 / 一五一
图 63　西千佛洞第 11 窟　内景 / 一五一
图 64　五个庙石窟　外景 / 一五六
图 65　榆林窟　外景 / 一六〇
图 66　榆林窟第 17 窟　内景 / 一六三
图 67　榆林窟第 6 窟　东壁　大佛　唐 / 一六五
图 68　榆林窟第 25 窟　南壁　观无量寿经变　中唐 / 一六六
图 69　榆林窟第 25 窟　内景 / 一六七
图 70　榆林窟第 25 窟　平剖面图 / 一六八
图 71　榆林窟第 15 窟　前室南壁　天王 / 一六九
图 72　榆林窟第 32 窟　内景　五代 / 一七一
图 73　榆林窟第 38 窟　内景 / 一七四
图 74　榆林窟第 29 窟　西壁　男供养人　西夏 / 一七六
图 75　榆林窟第 3 窟　西壁　普贤变 / 一七八
图 76　榆林窟第 4 窟　平剖面图 / 一八一
图 77　东千佛洞　外景 / 一八二
图 78　东千佛洞第 2 窟　平剖面图 / 一八三
图 79　东千佛洞第 2 窟　十一面八臂观音变 / 一八四
图 80　东千佛洞第 5 窟　平剖面图 / 一八六
图 81　东千佛洞第 5 窟　内景 / 一八七
图 82　东千佛洞第 7 窟　内景 / 一八八
图 83　东千佛洞第 7 窟　接引佛图 / 一八九
图 84　文殊山石窟前山　外景 / 一九四
图 85　文殊山石窟后山　外景 / 一九四
图 86　文殊山石窟前山千佛洞　平剖面图(引自甘肃省文物考古研究所编《河西石窟》,文物出版社,1987 年)/ 一九五
图 87　文殊山石窟前山千佛洞　伎乐飞天 / 一九六
图 88　文殊山石窟前山万佛洞　内景 / 一九八
图 89　文殊山石窟前山万佛洞　西方净土变 / 一九九
图 90　文殊山石窟后山千佛洞　平剖面图 / 二〇〇
图 91　金塔寺石窟　外景 / 二〇三
图 92　金塔寺石窟东窟　平剖面图(引自甘肃省文物考古研究所编《河西石窟》,文物出版社,1987

年)/二〇四
图93　金塔寺石窟东窟　中心柱　塑像/二〇四
图94　金塔寺石窟东窟　中心柱东北角/二〇五
图95　金塔寺石窟西窟　中心柱　塑像/二〇七
图96　金塔寺石窟西窟　中心柱西北角/二〇八
图97　马蹄寺千佛洞　外景/二一一
图98　马蹄寺千佛洞第1、2窟　平剖面图/二一一
图99　马蹄寺千佛洞第1窟　立佛像/二一二
图100　马蹄寺千佛洞第2窟　中心塔柱/二一三
图101　马蹄寺千佛洞第4窟　内景/二一五
图102　马蹄寺千佛洞第8窟　释迦、多宝说法图/二一六
图103　天梯山石窟　倚坐大佛/二二〇
图104　天梯山石窟第1窟　平剖面图(引自敦煌研究院、甘肃省博物馆编著《武威天梯山石窟》，文物出版社，2000年)/二二三
图105　天梯山石窟第4窟　胁侍菩萨/二二七
图106　炳灵寺石窟　外景/二三七
图107　炳灵寺石窟全景立面图/二三八
图108　炳灵寺第169窟　内景(一)/二四〇
图109　炳灵寺第169窟　内景(二)/二四〇
图110　炳灵寺第169窟　第3龛　塑像/二四一
图111　炳灵寺第169窟　第6龛　塑像/二四二
图112　炳灵寺第169窟　第7龛　塑像/二四三
图113　炳灵寺第169窟　第11龛　维摩诘经变/二四五
图114　炳灵寺第169窟　第11龛　说法图/二四五
图115　炳灵寺第169窟　第12龛　说法图/二四六
图116　炳灵寺第169窟　第22龛　佛像/二四八
图117　炳灵寺第169窟　第23龛　佛像/二四九
图118　炳灵寺第172窟　佛像/二五一
图119　炳灵寺第16窟　卧佛/二五二
图120　炳灵寺第132窟　交脚菩萨像/二五三
图121　炳灵寺第126窟　释迦、多宝佛/二五五
图122　炳灵寺第6窟　佛像　北周/二五八

图 123 炳灵寺第 8 窟 供养人 隋代 / 二五九
图 124 炳灵寺第 171 窟 大佛像 / 二六四
图 125 麦积山石窟 外景 / 二七五
图 126 麦积山石窟线描立面图 / 二七六
图 127 麦积山石窟第 78 窟 主尊佛像 / 二八一
图 128 麦积山石窟第 128 窟 右壁 / 二八三
图 129 麦积山石窟第 115 窟 内景 / 二八六
图 130 麦积山石窟第 121 窟 菩萨与弟子 / 二八九
图 131 麦积山石窟第 133 窟 平剖面图(引自天水麦积山石窟艺术研究所编《中国石窟·麦积山石窟》,文物出版社,1998 年)/ 二九一
图 132 麦积山石窟第 133 窟 造像碑 / 二九二
图 133 麦积山石窟第 142 窟 交脚菩萨 / 二九五
图 134 麦积山石窟第 127 窟右壁 西方净土变 / 二九八
图 135 麦积山石窟第 135 窟 说法图 / 三〇一
图 136 麦积山石窟第 44 窟 佛像 / 三〇四
图 137 麦积山石窟第 4 窟 外景 / 三〇七
图 138 麦积山石窟第 4 窟 薄肉塑飞天 / 三〇八
图 139 麦积山石窟第 26 窟 涅槃经变 / 三一一
图 140 麦积山石窟第 27 窟 法华经变 / 三一二
图 141 麦积山石窟第 62 窟 佛像 / 三一五
图 142 麦积山石窟第 24 窟 佛像 / 三一八
图 143 麦积山石窟第 5 窟 中央龛内 塑像 / 三一九
图 144 仙人崖石窟 外景 / 三二三
图 145 拉梢寺石窟 外景 / 三三〇
图 146 拉梢寺石窟 第 1 号摩崖造像 / 三三一
图 147 拉梢寺石窟 第 2 龛 / 三三二
图 148 水帘洞石窟 第 2 号(龛) 壁画 / 三三五
图 149 拉梢寺千佛洞 摩崖壁画 / 三三七
图 150 拉梢寺千佛洞 第 10 龛 飞天 北周 / 三三九
图 151 木梯寺第 5 窟 平剖面图 / 三四一
图 152 木梯寺第 7 窟 平剖面图 / 三四二
图 153 大像山石窟 大佛像 / 三四四

图 154　华盖寺石窟　外景 / 三四五

图 155　北石窟寺　外景(一)/ 三五一

图 156　北石窟寺　外景(二)/ 三五二

图 157　北石窟寺第 165 窟　平剖面图 / 三五四

图 158　北石窟寺第 165 窟　外景 / 三五五

图 159　北石窟寺第 165 窟　内景(一)/ 三五六

图 160　北石窟寺第 165 窟　内景(二)/ 三五六

图 161　北石窟寺第 165 窟　佛像 / 三五七

图 162　北石窟寺第 165 窟　菩萨像 / 三五八

图 163　北石窟寺第 165 窟　明窗　罗汉像　宋代 / 三五九

图 164　北石窟寺第 165 窟　阿修罗王 / 三六〇

图 165　北石窟寺楼底村 1 号窟　中心柱 / 三六一

图 166　北石窟寺楼底村 1 号窟　平面图 / 三六二

图 167　北石窟寺第 135 窟　内景 / 三六三

图 168　北石窟寺第 240 窟　佛像　北周 / 三六五

图 169　北石窟寺第 85 窟　雕塑　隋代 / 三六六

图 170　北石窟寺第 32 窟　佛像　盛唐 / 三六九

图 171　北石窟寺第 222 窟　佛像　盛唐 / 三七〇

图 172　北石窟寺第 263 窟　平剖面图 / 三七一

图 173　北石窟寺第 263 窟　佛像 / 三七二

图 174　北石窟寺第 267 窟　佛像 / 三七三

图 175　南石窟寺　外景 / 三八〇

图 176　南石窟寺碑 / 三八一

图 177　南石窟寺第 1 窟　正壁　佛像 / 三八二

图 178　南石窟寺第 1 窟　内景(一)/ 三八三

图 179　南石窟寺第 1 窟　内景(二)/ 三八三

图 180　南石窟寺第 1 窟　窟顶　佛传故事 / 三八四

图 181　王母宫石窟　外景 / 三八五

图 182　王母宫石窟　平面图(引自甘肃省文物工作队、庆阳北石窟寺文管所编《陇东石窟》,文物出版社,1987 年)/ 三八六

图 183　王母宫石窟　中心柱立面示意图(引自甘肃省文物工作队、庆阳北石窟寺文管所编《陇东石窟》,文物出版社,1987 年)/ 三八六

图 184　王母宫石窟　内景 / 三八七
图 185　罗汉洞石窟　外景 / 三八八
图 186　罗汉洞石窟第 10 窟　内景 / 三八八
图 187　丈八寺石窟　外景 / 三八九
图 188　石拱寺石窟　外景 / 三九八
图 189　石拱寺石窟第 2 窟　平剖面图 / 三九九
图 190　石拱寺石窟第 6 窟　平纵剖面图 / 四〇〇
图 191　石拱寺石窟第 8 窟　平剖面图 / 四〇一
图 192　石拱寺石窟第 11 窟　平剖面图 / 四〇三
图 193　石拱寺石窟第 11 窟　佛像 / 四〇四
图 194　石拱寺石窟第 12 窟　佛像 / 四〇六
图 195　保全寺石窟　外景 / 四〇九
图 196　莲花寺石窟　内景 / 四一一

甘肃省石窟分布一览表

所在市县(区)		石窟名称	地　点	时　代	窟(龛)数	保护级别
酒泉市	肃州区	庵儿庙石窟	金佛寺镇上河清村东南 3 公里	明	14	
		闪寺坝石窟	红山乡西南 11 公里闪寺坝河口西岸	清	4	
		佛洞窟石窟	西洞镇南 15 公里洪水坝河口西	清	1	
	敦煌市	莫高窟	市区东南 25 公里鸣沙山东崖	北凉、北魏、西魏、北周、隋、唐、五代、宋、西夏、元、明、清	735	国保
		西千佛洞	市区西南 33 公里	北魏、唐	17	国保
		东水沟石窟	市区东约 44 公里	北朝	1	
		南湖店西窟	市区西南 31 公里	元	1	
		南湖店东窟	市区西南 30 公里	北魏	1	
	肃北县	五个庙石窟	别盖乡花海庄子村北 4.5 公里	北魏、唐、五代	4	省级
		一个庙石窟	别盖乡查干仓吉村北 6 公里	北魏、唐	2	
	瓜州县	榆林窟	踏实乡南 22 公里	北魏、唐、五代、宋、西夏、元、清	41	国保
		东千佛洞	桥子乡南坝村长山子北麓河谷两岸	西夏、元、清	23	国保
		旱峡石窟	踏实乡农丰村东南 18 公里旱峡口	北魏、唐、五代、西夏	2	县级
		碱泉子石窟	桥子乡南坝村碱泉子峡谷	唐、西夏	24	县级
		下洞子石窟	踏实乡南 14 公里	唐、五代、宋、元、清	12	
	玉门市	昌马下窖石窟	昌马乡下窖村西侧山崖上	北凉、五代、宋	11	省级
		十佛洞石窟	赤金镇新光村西 1 公里	清	1(10)	市级
	金塔县	石庙石窟	天仓乡中丰村北 1 公里	清	1	县级

所在市县(区)		石窟名称		地点	时代	窟(龛)数	保护级别
嘉峪关市		善家庙石窟		文珠乡团结村西南 3.5 公里	明代	2	
金昌市	金川区	亥母寺石窟		宁远堡乡宁远村西 25 公里	唐、明、清	3	
金昌市	永昌县	石佛崖石窟		南坝乡石门子沟南石崖上	北凉、清	16	县级
金昌市	永昌县	灵宫殿石窟		南坝乡石门子沟内	宋、元	3	
金昌市	永昌县	云庄寺石窟		南坝乡云庄寺沟崖壁上	南北朝		县级
张掖市	高台县	龙泉寺石窟		新坝乡暖泉村西 200 米	清	16	县级
张掖市	临泽县	牛魔王洞石窟		板桥乡土桥村北 40 米	清	1	
张掖市	民乐县	童子寺石窟		民联乡翟寨子村	北朝—清	10	县级
张掖市	民乐县	上天乐石窟		顺化乡上天乐村东	清	36	县级
张掖市	山丹县	赐儿山石窟		位奇乡新开村西 1.5 公里	元—清	7	县级
张掖市	肃南县	马蹄寺石窟群	金塔寺石窟	大都麻乡冰沟嘴子村西南 2.5 公里	北凉—元	2	国保
张掖市	肃南县	马蹄寺石窟群	千佛洞石窟	马蹄区东北 3 公里	北凉—清	10	国保
张掖市	肃南县	马蹄寺石窟群	马蹄寺石窟	马蹄区长岭村西南 3.5 公里	元、明	30	国保
张掖市	肃南县	马蹄寺石窟群	观音洞石窟	大都麻乡西北 3 公里	元、明、清	25	国保
张掖市	肃南县	景耀寺石窟		大河区韭菜沟乡石坡子村东北 2.5 公里	清	40	县级
张掖市	肃南县	文殊山石窟		祁丰区文殊沟村北 1 公里	北凉—明	5	国保
张掖市	肃南县	小口沟石佛崖石窟		泱翔乡沙沟寺村东北 2 公里	唐	10	县级
张掖市	肃南县	大湖滩石佛崖石窟		东滩乡大湖滩村东	唐、元	7	县级
张掖市	肃南县	头沟口佛龛		泱翔乡河东村东大河北崖	时代不详	1	县级

所在市县(区)		石窟名称	地　点	时　代	窟(龛)数	保护级别
武威市	凉州区	天梯山石窟	中路乡灯山村下坡东北800米	北凉、唐、清	17	国保
		亥母洞石窟	新华乡缠山村寺底下南400米	西夏、明	3	市级
		石佛崖石窟	金山乡小口子村南500米	北魏	6	市级
		杂木寺摩崖石刻	古城乡八五村西南1公里	西夏	像11尊	市级
		观音山修行洞石窟	张义乡堡子村北50米	清	5	
		五沟湾石窟	西营乡五沟湾村西150米	时代不详	1	
兰州市	永登县	红门寺石窟	河桥镇四渠村西北约1.5公里	明	2	
	榆中县	佛洞沟石窟	上庄乡尖山村东南1公里	魏晋	1	县级
临夏州	永靖县	炳灵寺石窟	王台乡小坪村东北小积石山大寺沟内	西秦、北魏、北周、隋、唐、宋、西夏、元、明、清	196	国保
白银市	平川区	红山寺石窟	共和乡共和村西300米	元—清	1	省级
	景泰县	沿寺石窟	五佛乡兴水村西南2.6公里	北魏、唐、五代、宋、明、清	1	县级
	靖远县	寺儿湾石窟	北湾乡天字村东北2公里	唐、清	1(6)	省级
		接引寺石窟	糜滩乡下滩村西侧	北魏	1	县级
		法泉寺石窟	东湾乡杨梢村西5.5公里	北魏—清	30	省级
		劈佛寺石窟	糜滩乡劈佛寺村西北500米	北魏—清	2	县级
		三清洞石窟	五合乡砂泉子村西南500米	宋、明、清	1	县级
		朝阳洞石窟	糜滩乡朝阳村西侧	明、清	1	县级
		刘家寺石窟	双龙乡双龙村西北侧	明、清	1	
		西番岔石窟	箬笠乡西番岔村东北侧	明、清	1	县级
	会宁县	桃花山石窟寺	县城南2公里	西夏、清	10	县级
定西市	临洮县	佛沟寺石窟	建宁乡旭东村西500米	清	4	
		玉井峰石窟	玉井乡孟家坪村东1.2公里	清	3	
	岷县	三三洞石窟	西寨乡刘家堡村西北500米	清	1	
		崖寺石窟	岷山乡下崖寺村	清	1	

所在市县(区)		石窟名称	地　点	时　代	窟(龛)数	保护级别
定西市	渭源县	马鹿山石窟	莲峰乡孟家庄村东300米马鹿山	南北朝—清	28	县级
		高石崖寺石窟	田家河乡拉布村北700米	明	5	县级
		五竹寺石窟	五竹乡五竹村南约2公里五竹山上	明—清	8	县级
		凤凰山鹿鸣寺石窟	五竹乡上鹿鸣村西300米	清	2	
		云盘寺石窟	五竹乡路麻滩村北400米	清	9	县级
		竺尼寺石窟	会川镇北庄村西300米	清	4	
		门楼寺石窟	峡城乡门楼寺村北300米	清	2	
天水市	秦州区	佛崆寺石窟	太京乡二十里铺村西500米	北魏	19	
	麦积区	麦积山石窟	麦积区麦积镇上河村南1.5公里	后秦、北魏、西魏、北周、隋、唐、宋、元、明、清	211	国保
		仙人崖石窟	麦积区麦积镇后川村南500米	北魏、宋、明、清		国保
		罗汉崖摩崖造像	麦积区麦积乡草滩村东北2公里	宋	1	
		千佛洞石窟	街子乡滩子村西1.5公里	明、清	3	
		佛洞沟石窟	利桥乡西5公里佛洞内	明、清	1	县级
		碧莲洞石窟	五龙乡石涧沟村西2.5公里	清	1	县级
	武山县	水帘洞石窟群(包括千佛洞、水帘洞、拉梢寺、显圣池四个部分)	榆盘乡钟楼村南2公里响河沟内	北周,唐、五代、宋、金、元、明、清		国保
		木梯寺石窟	马力乡阳坪村西北4公里柏林山上	唐、五代、宋、清	19	国保
		鲁班山石窟	榆盘乡鲁班村南1公里	北魏、清	8	
		佛儿崖石窟	榆盘乡半下里村西1公里	北魏	1	
		光明寺石窟	榆盘乡马河村东1公里	宋代	1	
		无量殿石窟	马力乡南阳村北300米	元、清	2	
		平凤山石窟	马力乡花崖(刘家山)村西南2.5公里	元—民国	2	

所在市县(区)		石窟名称	地点	时代	窟(龛)数	保护级别
天水市	武山县	禅殿寺石窟	马力乡远中山村西北 2.5 公里	明、清	9	县级
		灵严寺石窟	嘴头乡管家沟村西南 1 公里	明、清	5	
		旱阳寺石窟	袁河乡臭沟门村东北 400 米	明、清	1	
		铁笼山石窟	高楼乡石巷口村西南约 800 米	清	4	县级
		九间洞石窟	杨河乡东大松嘴北侧云雾山山崖上	清	9	
		悬崖寺石窟	马力乡民武村北 80 米	清	12	
		麦林寺石窟	山丹乡贺家店村东 1 公里	清	1	
	甘谷县	大像山石窟	甘谷县城西南 2.5 公里	北朝、唐、明、清	22	国保
		华盖寺石窟	十里铺乡二十里铺村东 750 米	元、明、清	25	省级
		朝阳洞石窟	盘安乡三十里铺村南南山悬崖上	清	2	
		黑儿洞石窟	十里铺乡史家村东南 300 米	明、清	7	县级
		杨家洞石窟	十里铺乡杨赵村南 200 米	清	5	
	张家川	佛爷崖石窟	马鹿乡花园村东 3 公里	明	1	县级
		花果山石窟	闫家店乡付堡村东 2.5 公里	明	3	县级
陇南市	武都区	朝阳洞石窟	角弓乡陈家坝村南 500 米仙人崖	明	22	县级
	西和县	法镜寺石窟	石堡乡石堡村东 100 米	北魏、明、清	30	县级
		八峰崖石窟	石峡乡石峡村西南 7 公里	宋、元、明、清	16	县级
	徽县	佛爷崖摩崖造像	水阳乡姚家山村西 200 米	北魏—北周	像 18 尊	县级
		江洛石窟	江洛镇江西 200 米	唐	3	
		罗汉洞造像	虞关乡穆坪村	宋	1	
		真空寺石窟	柳林镇磨沟村北 300 米	明	6	
	两当县	西姑庵石窟	云乡西沟峡村西约 3 公里西姑山	清	1	
		千佛洞石窟	广金乡贺家坝村北广金河两岸崖石上	清	3	
		土峰沟石窟	杨店乡土峰沟村北 500 米	清	4	
平凉市	崆峒区	石佛峡石窟	大寨乡老庄村西南 1 公里	北周	2	

所在市县(区)		石窟名称	地点	时代	窟(龛)数	保护级别
平凉市	庄浪县	陈家洞石窟	通化乡陈家堡村东北 2.5 公里	北魏、唐、金、明、清	9	国保
		云崖寺石窟	韩店乡黄草村东南 2.7 公里	北魏、北周、宋、明、清	19	国保
		大寺石窟	韩店乡黄草村东南 4.5 公里	北周、明	12	
		西寺石窟	韩店乡黄草村东南 4 公里	明	7	
		红崖寺石窟	韩店乡黄草村东南 5.7 公里	明	14	
		主林寺石窟	韩店乡黄草村东南 1 公里	宋、元、清	5	县级
		佛沟崖石窟	韩店乡佛沟门村东 1 公里	北魏	4	
		贺家峡石窟	郑河乡贺家峡村东 500 米	唐、清	6	
		石窑河湾石窟	阳川乡张家大湾村北 3 公里	金	3	
		三教洞石窟	韩店乡黄草村西南 1 公里	元、明	1	
		金瓦寺石窟	韩店乡黄草村东南 2 公里	明	3	
		石桥石窟	韩店乡石桥村北侧	明	2	
		店峡石窟	韩店乡店子峡村西南 300 米	明	2	
		殿湾石窟	韩店乡黄草村东南 6 公里	明	5	
		罗汉洞石窟	韩店乡黄草村东南 4.3 公里	明	1	
		乔阳寺石窟	韩店乡店峡村北 2 公里	明	3	
		千佛崖摩崖石刻	韩店乡佛沟门村东北 500 米	明	4	
		李家梁造像龛	柳梁乡李山村北 1.5 公里	明	1	
		佛崖湾石窟	通边乡毛沟李家中庄村北 1 公里	明、清	5	
		葛家洞石窟	永宁乡韩家峡口村东北 2 公里	明、清、民国	4	
	华亭县	石拱寺石窟	上关乡半川村石拱寺庄北 200 米	北魏、北周、隋、唐	14	省级
		红山石窟	安口镇西北 800 米	唐		县级
		佛爷崖石窟	安口镇西 1 公里	明		县级
		朝阳洞石窟	上关乡上关村北 300 米	清		县级
	泾川县	王母宫石窟	泾川县城西回山脚下	北魏	1	国保
		南石窟寺	城关镇蒋家村东北 2.5 公里	北魏、唐	5	国保

所在市县(区)		石窟名称	地　点	时　代	窟(龛)数	保护级别
平凉市	泾川县	罗汉洞石窟	罗汉洞乡罗汉洞村东 1 公里	北魏、唐、宋、明、清	30	县级
		丈八寺石窟	罗汉洞乡丈八寺村西	北魏	4	
		太山寺石窟	泾川乡庄头村盖郭庄	唐	1	
		郝家石窟	泾明乡白家村西南 500 米	北魏	1	
	崇信县	峡口石窟	铜城乡庙台村峡口东 400 米	唐、清	1	
	灵台县	千佛寺山石窟	新集乡芦子集村西南 600 米	明代	1	
庆阳市	西峰区	北石窟寺	董志镇寺沟川村西北 500 米	北魏、西魏、北周、唐、宋、明、清	282	国保
		小河湾石窟	肖金镇马头坡村西北 800 米	唐	4	
		曹家川石窟	肖金镇曹川村西北 500 米	宋	1	
		石嘴石窟	肖金镇石嘴村北 1 公里	明	5	市级
		老洞庙石窟	肖金镇老山村北 500 米	北宋,元、明、清	7	
	镇原县	石崆寺石窟	城关镇金龙村	宋	7	省级
		玉山寺石窟	彭阳乡刘大夫村南 200 米	宋、金、明	5	省级
		洛阳寺石窟	彭阳乡花赵家村西北	宋	5	
	合水县	安定寺石窟	太白乡龙王庙沟西北	金	1	
		保全寺沟石窟	太白乡糜地沟村东北 3.5 公里	北魏		
		保全寺石窟	太白乡平定川西岸	北魏、西魏	41	省级
		金家砭石窟	太白乡平定川西岸	北魏、元	4	
		张家沟门石窟	太白乡平定川西岸中段	北魏	9	省级
		红渠沟口造像龛	太白乡平定川西岸	北魏	1	
		马勺场石窟	太白乡平定川东岸	北魏	4	
		瓦窑背石窟	太白乡瓦窑村北	宋、金	1	
		莲花寺石窟	太白乡平定川口	唐、宋	24	省级
		千佛砭石窟	太白乡安沟门村东 1 公里	北魏、西魏	4	
		罗汉洞石窟	太白乡李家庄村东北 100 米	明	1	
		黑石沟石窟	太白乡西北 1 公里	明	1	

所在市县(区)		石窟名称	地　点	时　代	窟(龛)数	保护级别
庆阳市	合水县	阳坡石窟	太白乡阳坡村南 500 米	明	1	
		滴水崖石窟	太白乡连家砭村西南 1.5 公里	明	2	
		观音崖石窟	太白乡连家砭村西南 1.3 公里	明	5	
		岳王洞石窟	太白乡店子沟村东北 500 米	明	3	
		东关石窟	太白乡东北 300 米	明	7	
		安沟门石窟	太白乡安沟门村东南 500 米	北宋	2	
		西山石窟	太白乡牛十万沟口村东北 2.5 公里	北宋	2	
		东山石窟	太白乡牛十万沟口村东北 2.5 公里	北宋	2	
	庆城县	万山寺石窟	太白梁乡马塬子村西北 2 公里	唐	3	县级

说明：表中的“保护级别”一栏，“国保”指全国重点文物保护单位。“省级”指甘肃省省级文物保护单位；“县级”指县级文物保护单位。

敦煌
莫高窟
东千佛洞
榆林窟
西千佛洞
昌马石窟
五个庙石窟
嘉峪关市
酒泉市
文殊山石窟
张掖市
马蹄寺石窟

甘肃省石窟分布地图

金昌市
武威市
天梯山石窟
法泉寺石窟
白银市
寺儿湾石窟
兰州市
炳灵寺石窟
临夏回族自治州
定西市
云崖寺石窟
水帘洞石窟
甘南藏族自治州
木梯寺石窟
大象山石窟
天水市
麦积山石窟
陇南市
莲花寺石窟
庆阳市
北石窟寺
南石窟寺
平凉市
王母宫石窟
石拱寺石窟
石窟
世界文化遗产

马蹄寺千佛洞第 8 窟　菩萨　北魏